"十一五"国家重点图书出版规划项目　　　　大连市软科学资助出版项目

21世纪科技与社会发展丛书
（第一辑）

丛书主编　徐冠华

软件服务外包与软件企业成长

原毅军／著

科学出版社

北京

内 容 简 介

软件服务外包业是以技术密集程度高、技术进步速度快为显著特点的产业。技术扩散不只是整个产业发展的关键因素，更是在其中经营的企业成长的关键因素。本书从产业和企业两个层面系统地分析了软件服务外包产业的市场特点、产业组织形式和未来发展趋势及软件企业成长的成功要素，研究并阐述了有关软件服务外包产业发展和软件企业成长规律、动因的理论解释和政策建议。

本书适合从事软件产业发展的研究人员、政府相关管理人员及对软件产业发展感兴趣的读者参阅。

图书在版编目（CIP）数据

软件服务外包与软件企业成长／原毅军 著. —北京：科学出版社，2009
（21世纪科技与社会发展丛书）
ISBN -978-7-03-024904-3

Ⅰ. 软⋯ Ⅱ. 原⋯ Ⅲ. ①软件－对外承包－研究－中国 ②软件－电子计算机工业－工业企业管理－中国 Ⅳ. F426.67

中国版本图书馆 CIP 数据核字（2009）第 109397 号

丛书策划：胡升华 侯俊琳
责任编辑：侯俊琳 郭勇斌 卜 新／责任校对：陈玉凤
责任印制：赵德静／封面设计：黄华斌
编辑部电话：010-64035853
E-mail：houjunlin@mail.sciencep.com

科学出版社 出版
北京东黄城根北街16号
邮政编码：100717
http://www.sciencep.com

中国科学院印刷厂 印刷
科学出版社发行 各地新华书店经销

*

2009 年 8 月第 一 版　开本：B5（720×1000）
2009 年 8 月第一次印刷　印张：17 3/4
印数：1—2 500　字数：343 000

定价：**54.00 元**
（如有印装质量问题，我社负责调换）

"21世纪科技与社会发展丛书"第一辑编委会

主　编　徐冠华
副主编　张景安　曲晓飞
委　员　刘晓英　胥和平　胡　珏
　　　　杨起全

编辑工作组组长　刘晓英
副组长　赵　刚　赵人楠　胡升华
成　员　侯俊琳　李　军　邹靖白
　　　　魏建军　纪丰岩

总　　序

进入 21 世纪，经济全球化的浪潮风起云涌，世界科技进步突飞猛进，国际政治、军事形势变幻莫测，文化间的冲突与交融日渐凸显，生态、环境危机更加严峻，所有这些构成了新世纪最鲜明的时代特征。在这种形势下，一个国家和地区的经济社会发展问题也随之超越了地域、时间、领域的局限，国际的、国内的、当前的、未来的、经济的、科技的、环境的等各类相关因素之间的冲突与吸纳、融合与排斥、重叠与挤压，构成了一幅错综复杂的图景。软科学为从根本上解决经济社会发展问题提供了良方。

软科学一词最早源于英国出版的《科学的科学》一书。日本则是最早使用"软科学"名称的国家。尽管目前国内外专家学者对软科学有着不同的称谓，但其基本指向都是通过综合性的知识体系、思维工具和分析方法，研究人类面临的复杂经济社会系统，为各种类型及各个层次的决策提供科学依据。它注重从政治、经济、科技、文化、环境等各个社会环节的内在联系中发现客观规律，寻求解决问题的途径和方案。世界各国，特别是西方发达国家，都高度重视软科学研究和决策咨询。软科学的广泛应用，在相当程度上改善和提升了发达国家的战略决策水平、公共管理水平，促进了其经济社会的发展。

在我国，自十一届三中全会以来，面对改革开放的新形势和新科技革命的机遇与挑战，党中央大力号召全党和全国人民解放思想、实事求是，提倡尊重知识、尊重人才，积极推进决策民主化、科学化。1986 年，国家科委在北京召开全国软科学研究工作座谈会，时任国务院副总理的万里代表党中央、国务院到会讲话，第一次把软科学研究提到为我国政治体制改革服务的高度。1988 年、1990 年，党中央、国务院进一步发出"大力发展软科学"、"加强软科学研究"的号召。此后，我国软科学研究工作体系逐步完善，理论和方法不断创新，软科学事业有了蓬勃发展。2003～2005 年的国家中长期科学和技术发展规划战略研究,是新世纪我国规模最大的一次软科学研究,也是最为成功的软科学研究之一,集中体现了党中央、国务院坚持决策科学化、民主化的执政理念。规划领导小组组长温家宝总理反复强调,必须坚持科学化、民主化的原则,最广泛地听取和吸收科学家的意见和建议。在国务院领导下,科技部会同有关部门实现跨部门、跨行业、跨学科联合研究,广泛吸纳各方意见和建议,提出我国中长期科技发展总体思路、目标、任务和重点领域,为规划未来15年科技发展蓝图做出了突出贡献。

在党的正确方针政策指引下,我国地方软科学管理和研究机构如雨后春笋般大量涌现。大多数省、自治区、直辖市政府,已将机关职能部门的政策研究室等机构扩展成独立的软科学研究机构,使地方政府所属的软科学研究机构达到一定程度的专业化和规模化,并从组织上确立了软科学研究在地方政府管理、决策程序和体制中的地位。与此同时,大批咨询机构相继成立,由自然科学和社会科学工作者及管理工作者等组成的省市科技顾问团,成为地方政府的最高咨询机构。以科技专业学会为基础组成的咨询机构也非常活跃,它们不仅承担国家、部门和地区重大决策问题研究,还面向企业提供工程咨询、技术咨询、管理咨询、市场预测及各种培训等。这些研究机构的迅速壮大,为我国地方软科学事业的发展铺设了道路。

软科学研究成果是具有潜在经济社会效益的宝贵财富。希望"21世纪科技与社会发展丛书"的出版发行,能够带动软科学的深入研究,为新世纪我国经济社会的发展做出积极贡献。

徐冠华

2009年2月11日

第一辑序

随着经济与社会的发展，软科学研究的体系和成果为经济与社会发展的科学决策提供了重要支撑。"21世纪科技与社会发展丛书"的出版，旨在充分挖掘国内地方软科学研究的优势资源，推动软科学研究及其优秀成果的交流互补和资源共享，实现我国软科学研究事业的健康发展，为我国经济与社会发展的科学决策做出积极贡献。

大连市有着特殊的地缘位置，地处欧亚大陆东岸、辽东半岛最南端，东濒黄海，西临渤海，南与山东半岛隔海相望，北依东北平原，是东北、华北、华东及世界各地的海上门户，与日本、韩国、俄罗斯、朝鲜等国往来频繁。作为著名的港口、贸易、工业、旅游城市，大连市的经济社会发展对于东北地区、全国乃至整个东北亚地区都有着重要的战略意义。这个大背景为大连市软科学的发展提供了肥沃的土壤，同时大连市还拥有众多大学、科研院所及高水平的科研队伍，因此，大连市发展软科学有着得天独厚的优越条件。近年来，大连市的软科学事业发展很快，已经在产学研合作、自主创新、体制改革、和谐社会建设、公共管理、交通运输、文化交流等领域，开展了深入而广泛的软科学研究，取得许多令人瞩目的成绩。

通过"21世纪科技与社会发展丛书"的出版，大连市软科学研究的优秀成果及资源得到了科学整合。一方面，能够展现软科学事业取得的进步，凝聚软科学研究人才，鼓励多出高质量、有价值的软科学成果，为更多的决策部门提供借鉴和参考；另一方面，能够通过成果展示，加强与其他城市和地区软科学研究人员的沟通和交流，突破部门、地方的分割体制，改善软科学研究立项重复、资源浪费、研究成果难以共享的状况，有利于我国软科学研究的整体健康发展。

第一辑编委会
2009年2月5日

第一編

前　言

在现代市场经济中，微观经济活动的组织有两种基本形式，即企业和市场。企业作为微观经济活动的基本组织形式，依靠企业家把各种生产要素整合起来，运用一套有效的经营管理机制，生产出特定的产品和服务，在满足社会需要的同时实现其价值。企业组织和协调微观经济活动的范围和规模是有限度的，制约企业规模扩张的一个最主要因素是企业内部的组织管理成本。随着企业组织和协调的微观经济活动的种类增加，规模扩大，地理范围拓展，其内部管理的复杂性将会显著提高，因此必须建立复杂的组织结构，把更多的资源用于解决复杂的组织管理问题。这导致组织管理效率降低，成本提高。当企业组织管理成本的提高大于其规模扩大所产生的规模经济和范围经济效益的增加时，继续采用企业的形式组织微观经济活动，就不是理性的选择了。众多成功企业的成长实践表明，追求大而全或小而全的企业组织模式的时代已经过去，为了避免因规模扩大而导致组织管理成本上升，除了借助更先进的管理技术和手段，不断提高管理人员的组织管理能力之外，更主要的是借助市场力量，把与核心业务没有直接关系的业务甚至管理职能活动外包给专业化强、效率高的外包业务承包商，把有限的资源集中到加强核心业务的建设上。借助外包简化组织结构，以核心业务的做强做大为目标组织经营管理活动，是推动企业可持续成长有效模式。

企业外包的做法由来已久，没有哪个企业能够样样精通。企业经营所需要的投入要素或业务活动总有一部分是通过外包的形式获得的。因社会大生产过程中的分工细化所产生的各个产业之间的投入产出关系，通过企业的外包活动链接起来。传统上，企业的外包活动集中在获得原材料、零部件和机器设备等有形物质要素上。随着现代服务业的发展，服务外包市场的日益完善，企业的外包活动越来越多地集中到从专业化服务领域获取无形的技术资源、管理资源、环境资源和支撑企业发展的社会资源。企业的人力资源管理、采购、营销、会计和战略发展规划等传统组织结构中的绝大部分职能部门的活动，甚至生产过程的部分环节，都可以借助外包来完成。服务外包已经成为企业简化组织结构从而提高组织管理效率的有效手段。

企业是否采用服务外包的形式，在很大程度上依赖于服务外包市场的发展。市场作为微观经济活动的另一种基本组织形式，通过价格机制、供求机制、竞争机制和风险机制等对参与市场经济活动主体的经济行为进行调节。古典经济学认为，在完全竞争的市场经济条件下，价格机制可能实现资源的有效配置。然而，现实世界中的市场多是不完全竞争市场，因信息不对称、交易风险、对执行契约的监督等因素所产生的交易成本，是采用市场形式组织微观经济活动的代价。对于服务外包来说，随着专业化服务市场的发展水平不断提高，市场交易成本会趋于降低。

专业化服务外包市场的发展水平是由市场需求和供给的发展水平决定的，二者相辅相成、缺一不可。近20年，制造企业的组织结构创新和服务化升级发展对推动专业化服务市场需求的高水平发展发挥了关键性的作用。借助信息技术尤其是软件技术的广泛应用，众多制造企业实现了由"以生产为中心"向"以服务为中心"的转型。这些企业越来越多地进行"服务外包"或"服务剥离"，将产前、产中或产后环节的内部服务功能独立出来，外包给其他企业完成。一方面，这一转变促使提供生产性服务的专门企业迅速成长起来，推动了现代服务业的迅速发展，成为新的经济增长点。另一方面，专业化服务提供商的业务能力、服务质量、服务产品的创新及从业人员的职业化素质决定了市场的供给发展水平。

作为一个为国民经济其他产业提供增值服务的产业，软件服务外包业是近些年专业化服务外包市场中发展最快、增值潜力最大的一个产业。如果说，软件产业服务化的程度反映了软件产业发展水平，软件服务外包产业的发展则代表了软件产业的服务化水平。软件企业的核心能力建立在客户服务能力基础上，产生企业价值的核心资源就是围绕客户服务建立的各种市场关系。即使在软件产品制造企业中，也出现了把软件外包服务当做一个相对独立甚至完全独立的业务来规划的趋势。软件外包服务业将是软件企业最终较量的战场。随着信息技术的进步和普及应用，软件企业将通过多种手段走入软件服务外包业的领域，真正成为高度职业化的提供软件服务的"软"企业。

在推动软件服务外包业发展的诸多因素中，经济全球化无疑是最重要的因素之一。经济全球化对软件服务外包业发展的影响表现在不同层面上。首先是推动整个市场的全球化发展，促使不同国家经济中的软件服务外包市场具有类似的竞争条件和成功要素，服从统一的服务标准。其次是为软件企业的全球化发展创造了有利条件，软件企业通过跨国经营满足来自不同国家的顾客对软件服务的需求。市场竞争的全球化，使得软件企业在不同国家市场中面对的可能是相同竞争对手，这要求他们必须以全球市场为目标，制定和有效实施与主要竞争对手抗衡的全球性竞争战略，在提供服务的速度、质量和成本上获得明显优势，才能生存和不断发展。

近 10 年中国的软件服务产业发展迅速，在国民经济中发挥的作用日益显著。借助国外直接投资，中国境内的软件企业加快了与国际市场接轨的步伐，逐渐成为满足各国软件服务需求的重要力量。而作为推动软件产业服务化的最重要的一股力量，目前软件服务外包已拓展到众多领域：计算机相关服务，互联网相关服务，金融服务，商务服务，医疗服务，制造业重大装备运行的监控，交通运输服务，以及法律、会计、审计、咨询、建筑设计等职业化的专业服务领域，软件服务外包的市场规模快速扩大，推动了软件企业和整个软件产业的持续成长。

撰写本书的目的，是期望通过较为系统地探讨软件服务外包产业的市场特点、产业组织形式和未来发展趋势，以及对软件企业成长的影响，总结出一点有关软件服务外包产业发展和软件企业成长的规律及动因的理论解释和政策建议，能为促进中国软件服务业的健康、快速发展做些贡献。

本书的价值主要体现在两个层面上：

首先是产业层面的研究，较为系统地分析了软件服务外包市场的构成、演进路径和阶段，以及未来的发展趋势。从产业组织的角度总结了软件服务外包产业的市场结构、企业竞争行为、市场绩效和产业政策四个方面的特点。价值创造潜力大是软件服务外包业发展迅速的一个关键性因素，从价值创造过程、价值链构成和价值创造能力的决定因素的角度研究软件服务外包业的发展规律是本书的一个主要特点。

其次是企业层面的研究，从企业的内部治理和能力建设、研发、融资和跨国经营等多个方面探讨了软件企业成长的一般模式、动因和成功要素。软件服务外包业是以技术密集程度高、技术进步速度快为显著特征的产业，技术扩散不仅是整个产业发展更是在其中经营的企业成长的决定要素。深入、系统地研究软件技术扩散的特点、路径及其对软件企业成长产生的影响是本书的另一个特点。

自 2002 年以来，我作为负责人带领课题组承担并完成了多项与中国服务业发展和软件企业成长有关的科研课题，特别需要提及的是，2007 年大连理工大学启动了人文社会科学研究计划,我申报的重大项目"生产性服务业带动制造业升级的机理和模式研究"获得资助。本书是以这些科研课题的研究成果为基础撰写而成的。在完成书稿的过程中,我指导的研究生郭丽丽和李大伟做了大量工作,在此对他们的帮助表示感谢。同时,也真诚地感谢大连市科技局对本书出版给予的资助。

原毅军
2009 年 5 月于大连

目　　录

总序 ∕ i

第一辑序 ∕ iii

前言 ∕ v

第一章　绪论 ∕ 1
　　第一节　经济全球化背景下的软件产业发展 ∕ 1
　　第二节　软件产业的市场细分 ∕ 9
　　第三节　软件产业的服务外包 ∕ 19
　　第四节　服务外包环境中的软件企业成长 ∕ 26

第二章　软件服务外包市场 ∕ 33
　　第一节　全球软件服务外包市场的形成与发展 ∕ 33
　　第二节　中国软件服务外包业的发展趋势 ∕ 38
　　第三节　软件外包业的价值链构成与特点 ∕ 43
　　第四节　软件服务外包的价值创造模式 ∕ 49

第三章　软件服务外包业的产业组织 ∕ 56
　　第一节　软件服务外包市场结构 ∕ 56
　　第二节　软件服务外包企业的经营行为 ∕ 66
　　第三节　软件服务外包市场绩效 ∕ 73
　　第四节　相关产业组织政策 ∕ 77

第四章　技术扩散与软件服务外包 ∕ 83
　　第一节　技术扩散理论 ∕ 83

第二节　软件技术特性 / 96
第三节　软件企业技术扩散模式 / 100
第四节　软件服务外包中的技术扩散 / 104

第五章　软件企业的成长模式 / 107

第一节　企业成长理论 / 107
第二节　软件企业成长的本质 / 119
第三节　软件企业成长的一般模式 / 133
第四节　软件企业成长模式的选择 / 144

第六章　技术扩散、网络外部性与软件企业成长 / 152

第一节　技术扩散与软件企业成长 / 152
第二节　软件企业成长的技术扩散战略 / 159
第三节　技术扩散过程与软件企业成长周期 / 162
第四节　网络外部性对软件企业的影响 / 164
第五节　网络外部性下的软件市场结构 / 170

第七章　软件企业成长的研发模式 / 175

第一节　研发在软件企业成长中的地位 / 175
第二节　中国软件企业的研发活动 / 181
第三节　软件企业成长的研发需求及研发模式 / 197

第八章　软件企业成长的融资模式 / 205

第一节　软件企业的融资模式 / 205
第二节　软件企业融资的国际经验 / 208
第三节　中国软件企业融资现状 / 212
第四节　风险投资与软件企业成长 / 217

第九章　软件企业成长的国际经验 / 223

第一节　软件企业成长的跨国经营模式 / 223
第二节　微软公司的成长模式 / 239
第三节　印度软件企业成长的经验与规律 / 248
第四节　软件企业高速成长的共性 / 257

参考文献 / 264

第一章 绪 论

第一节 经济全球化背景下的软件产业发展

软件产业是近20年发展最快、价值创造潜力最大的新兴产业之一。作为一种"无污染、低能耗、高就业"的产业，软件产业的发展不但显著提高了全球经济的运行效率，而且在许多国家或地区成为带动经济增长的主导产业。2006年以后，软件产业进一步发展壮大，呈现出多元化、分散化和标准化的新趋势。与此同时，全球化趋势亦日益凸显，逐渐形成了以美国、日本与欧洲、印度等为代表的三大板块。软件交易方式越灵活，软件与信息服务外包业务增长越迅速。推出高质量的软件及服务成为世界各国共同面临的挑战和机遇。纵观现今的全球软件产业，开源软件、嵌入式软件与系统、网络安全、企业应用管理软件、软件外包、网络信息服务、数字内容等领域已成为产业发展热点。

一、全球软件产业的发展历程

全球软件产业的发展大体上经历了五个阶段：1949～1965年的萌芽期、1966～1970年的起步期、1971～1980年的成长期、1981～1993年的革命期、1994年至今的网络化时期。

（一）1949～1965年

计算机产业的迅速发展始于第二次世界大战以后。不过，那时的计算机需要程序员设置机器语言、完成指令和数据的输入，不存在软件。一直到1949年，英国首次实现计算机存储程序，软件技术才真正诞生。

早期从事软件开发活动的经济组织主要是计算机制造商（IBM等）、根据自身需求自行开发软件的客户以及提供软件编程服务的第三方机构。它们的共同特点是受益于"制造"软件而非"购买"软件。在软件供应市场中，计算机制造商提供应用软件开发的"工具"（软硬件捆绑），一部分客户自己开发应用软件，另一部分客户则雇佣第三方服务机构满足他们的信息处理需求。

第一批独立于客户的第三方软件服务机构是为客户开发定制软件的专业软件

服务公司，服务内容包括技术咨询、软件编程和软件维护。美国政府为国内这批软件公司提供了重要的学习机会，使其成为后来软件产业中的主角。1949～1962年美国政府开发的 SAGE 空中防御系统是很好的例证。据估计，20 世纪 50 年代末美国的 1200 名程序员中有 700 名从事该项目的研究，这在一定程度上为软件产业的早期发展培养了技术力量。在欧洲，软件服务机构也在这一时期开始发展，但由于没有大项目支撑，其发展速度和水平落后于美国。

这时期的软件产业只是一门技术和服务，还没有成为独立的行业，随后的 1966～1970 年才是软件产业至关重要的起步阶段。这期间，IBM 成功研制了第三代计算机——System/360 集成电路计算机，并根据计算机的类型采取分类定价的策略，取消软件和硬件的捆绑。这种新策略降低了软件领域的进入门槛，为软件产业的规模扩张创造了必要条件。

（二）1966～1970 年

20 世纪 60 年代后期，独立软件供应商的数量迅速增长，它们的业务收入主要来源于为政府提供服务或代表计算机生产商开发系统。其中，成立于 1959 年的 Computer Sciences 公司（CSC）是最大的供应商，该公司 1964 年、1965 年和 1970 年的收入分别为 570 万美元、1780 万美元和 8200 万美元。CSC 的这段成长反映出，为会计、票务、所得税、商业贷款和系统操作等开发多用户软件包的公司发展过程。据估计，1965 年美国有 40～50 家大型软件商和几百个小型软件商，到 1969 年增长为 2800 家。这些公司主要致力于合同项目服务，大约有 6 亿美元的收入来源于此，而其中出售软件产品的收入只有 0.2～0.25 亿美元。与此同时，在英国、欧洲及日本等地区，也出现了专门为 IBM 大型机、IBM 兼容机或其他类似的大型机开发定制系统的软件公司。

尽管这一阶段软件产品的销售收入不高，但是这期间发生的一系列事件为独立软件供应商及软件产品市场在 20 世纪 70 年代的发展创造了良机。

1. System/360 系列计算机的诞生

1964 年 IBM 开发了与主机兼容的 System/360 系列计算机。该系列计算机采用统一的 OS/360 系统操作软件，并免费提供给购买或租赁 System/360 的用户，允许用户自行开发能在 OS/360 上运行的应用程序。System/360 是第一个为计算机广阔的"安装基础"提供单一操作系统的产品，其软件的兼容性使客户在 System/360 系列产品中更换型号时无需再重新编写软件，可以直接利用已有的软件开发成果。同时，它还促进了早期软件产品的诞生，第一次使独立软件供应商有机会向不同的用户销售相同的产品。

2. 软硬件捆绑的取消

为了促进独立软件部门的成长，1969 年 IBM 决定取消硬件和软件的捆绑，进行分别销售。IBM 这一决定的动机一直存在争议。一种解释是 IBM 为了避免官司，因为美国司法部会认为绑定是一种垄断行为；另一种解释是 IBM 的软件支持成本不断增加，需要对新软件产品以及产品的维护和升级收取费用。

3. 小型计算机的发展

1965 年，美国数字设备公司推出了 PDP-8 型计算机，标志着小型机时代的到来。小型机虽然计算速度和计算能力不及大型机，但是其成本远低于大型机，PDP-8 每月租金只是 IBM 公司 System/360 系列低端产品租金的 6%。因此，对于只需完成单一任务并在小范围内实现共享的中小企业来说，小型机是比大型机更好的选择。与此同时，新型机的出现带来了新的软件需求，小型机的推广促进了软件产业的发展。

总之，20 世纪 60 年代末期，IBM 的软硬件分类定价策略，以及小型计算机的发展，使独立软件供应商迎来了开拓市场的机会，出现了第一批软件产品，这些初级的软件产品被专门开发出来重复销售给多个用户，初步包括软件产品的概念、定价、维护以及法律保护手段。

（三）1971~1980 年

20 世纪 70 年代早期，软件产业的成长是由硬件技术推动的。1971 年，IBM 开发的 System/370 计算机采用新硬盘技术，第一次实现联机磁盘存储超过联机磁带存储。这个发展戏剧化地提高了分时系统的响应时间，改善了系统结构的性能，为新型软件活动组织——分时服务公司提供了发展机遇。

IBM 公司 System/370 专注于集中式数据处理能力的提高，数字设备公司（Digital Equipment Corporation，DEC）等小型机生产商则致力于分散式数据处理。1970 年，小型机和大型机的销售数量比约为 1∶1，1976 年为 6∶1，1980 年超过了 10∶1。小型机是中小企业的首选，但中小企业对软件的需求各有不同。因此，小型机的销售量虽然很大，但是其应用软件的多样性导致了"打包"式小型机软件的单个市场规模受限。1977 年调查显示，只有 199 个软件包为 5 家以上客户服务。小规模市场限制了软件包的规模经济，致使小型机软件产业结构类似于大型机，完全不同于 80 年代的 PC 机软件的大规模市场。

与应用软件市场形成鲜明对比的是数据库软件市场。数据库系统软件主要有：操作系统（Unix 或 Windows）、数据库管理系统（Oracle、IBM 的 DB2、微软的 SQL Server 或 Access）、数据库系统开发工具（PowerBuilder、Delphi、Visual

C/C++）等。其中，数据库管理系统（database management system，DBMS）是位于用户与操作系统之间的一层数据管理软件，它为用户或应用程序提供了访问数据的方法，包括数据库的建立、对数据的操纵、检索和数据控制。20世纪70年代数据库的发展是以DBMS为主。几乎所有行业都需要数据库，但计算机生产商提供的数据库系统不够完善，它们只能求助于独立的数据库服务商，使得数据库市场成为70年代最活跃的市场之一。表1-1列出了这一时期成立的独立数据库服务商，它们中很多公司现在已成为著名的跨国公司。

表1-1　20世纪70年代的独立数据库服务商

Cullinane （美国）	1968年，由前IBM数据库专家卡林纳（John Cullinane）创立，典型的软件产品市场供应商，完全以产品为导向，不进行软件承包或计算机服务
Software AG （德国）	1969年，由6名应用信息处理研究所成员创立，开发和营销其数据库系统ADABAS（可改写的数据库系统），1972年，进入美国市场，不久就在全球销售它的主打产品
Computer Associates International （美国）	1976年，由美籍华人王嘉廉组建，是第一批以合并和收购为增长战略的大公司之一，以拥有大销量产品的软件公司为行动目标。目前CA是全球仅次于微软的第二大软件公司，主要从事企业管理软件的生产和开发
SAP （德国）	1972年，由5名前IBM的同事创立，以生产销售统一商业标准软件为目标，最成功的是SAP（系统、应用和产品）软件。现在是全球最大的企业管理和协同化商务解决方案（ERP）供应商和全球第三大独立软件供应商，其目标就是生产销售统一商业标准软件
Bann （荷兰）	1978年，由博安两兄弟（Jan Bann和Paul Bann）创立，致力于向企业提供最高级的解决方案，1982年发布了其第一个企业解决方案产品。2000年，被英国自动控制行业巨头Invensys集团收购，ERP全球排名第三
Oracle （美国）	1977年，由埃里森以关系软件公司的名义创立，目前是全球最大的信息管理软件及服务供应商

（四）1981～1993年

20世纪80年代，独立软件产业迎来了成熟期。除IBM以外大多数计算机制造商退出软件市场。购买计算机时，制造商除了基础的操作系统不再提供其他软件。同时，个人计算机、工作站和外包进入人们的视野。尽管大型机和小型机的应用和销售量不断扩大，但是工作站和个人计算机的出现打破了原有的市场格局。

（1）个人计算机　它带来了具有革命性的全新组织原则及大量打包式软件。

（2）工作站　一种高档的微型计算机，以个人计算机和分布式网络计算为基础，主要面向专业应用领域，具备强大的数据运算与图形、图像处理能力，为满足工程设计、动画制作、科学研究、软件开发、金融管理、信息服务、模拟仿真等专业领域而设计开发的高性能计算机。

(3) 外包 20世纪80年代的个人计算机在性能上不及大型机，同样面临着软件维护和扩大应用的问题，解决这些问题需要精通数据处理的服务公司，外包服务公司应运而生。

这时期软件企业的经济增长主要是通过规模化实现的。个人计算机软件公司以"出版"软件产品的方式实现规模经济，处于领导地位的公司，不断通过技术和兼容性的正外部性巩固地位。工作站以巨大的安装基础和公有的UNIX操作系统作为支持，快速发展专业化软件。而对大型机来说，软件已升级为相对成熟的专业化产品，细分市场也已经有规模化的组织、有效的分配方法和稳定的客户源。虽然客户自制软件仍然继续吸收大量资源，但是独立软件产业的生存能力和稳定性已经不容置疑。值得注意的是，软件和硬件的快速发展也使兼容性问题日益突出。

(五) 1994年至今

20世纪90年代初，商业网络和大量商业公司进入互联网，网上商业应用发展迅速，互联网开始为用户提供更多的服务。如今互联网已不仅仅单纯服务于科学研究，其多元化的发展正逐步走进日常生活的各个领域，成为名副其实的"全球网"。

互联网的雏形形成于1969年，美国国防高级研究计划署（Advanced Research Projects Agency，ARPA）准备建立一个命名为ARPANET的网络，当时建立这个网络的目的只是为了将美国的几个军事及研究应用计算机主机连接起来。发展互联网时沿用了ARPANET的技术和协议，而且在互联网正式形成之前，已经建立了以ARPANET为主的国际网，这种网络之间的连接模式，也是随后互联网所用的模式。1985年，美国国家科学基金会（NSF）开始建立NSF-NET。NSF规划建立15个超级计算中心及国家教育科研网用于支持科研和教育，并以此作为基础，实现同其他网络的连接。NSFNET成为互联网上主要用于科研和教育的主干部分，代替了ARPANET的骨干地位。1989年，MILNET（由ARPANET分离出来）实现和NSFNET连接后，就开始采用互联网这个名称。自此以后，其他部门的计算机网相继并入互联网，ARPANET就此宣告解散。这种把不同网络连接在一起的技术使计算机网络进入了一个全新的时代，形成由网络实体相互连接而构成的超级计算机网络——互联网。

由于互联网的介入，软件产业开创了一个全新的时代。软件是建立在计算机平台上的，互联网出现以后，网络逐渐成为软件产品的新平台，涌现出大量基于网络的软件产品和服务，越来越多的软件用户不再购买和安装个人计算机软件，转向网络服务公司租用软件所提供的功能。另外，线上软件的发展，也使得使用者不需购买或安装程序，即可向互联网服务业者取得免费程序。互联网改变了人们"消费"软件的方式，大大促进了软件产业的发展。

软件产业的发展历程划分不尽相同。麦肯锡的划分方法与上述不同，它将全球软件产业的发展大致分为五个阶段，依次为独立编程服务、早期软件产品、企业解决方案、大众套装软件、互联网和增值服务，如图1-1所示。

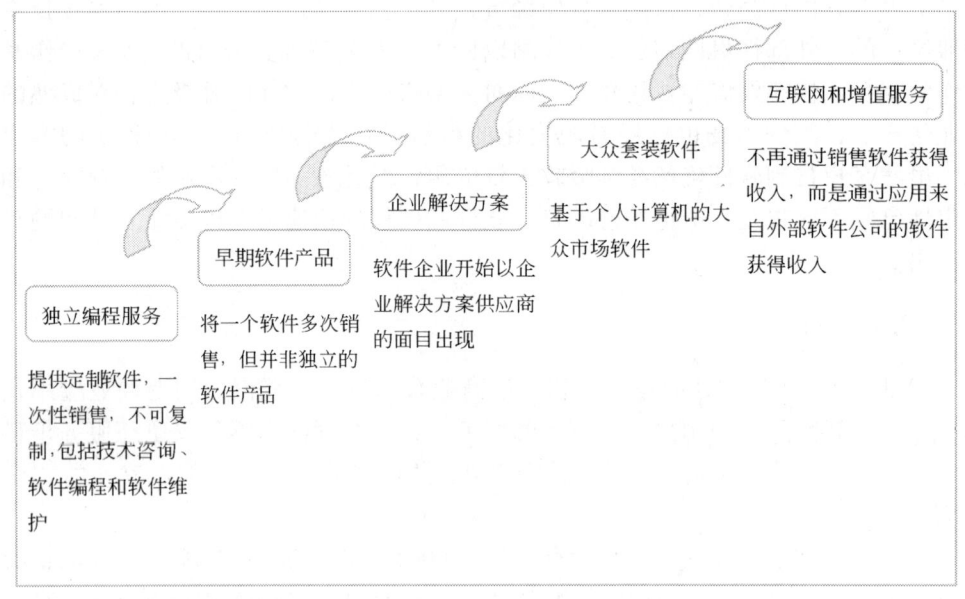

图1-1　全球软件产业的发展历程

资料来源：http://jiuban.chinalabs.com/view/ZXKM0B8Q.html

二、全球软件产业现状

软件、软件企业及软件产业经过多年发展，已经形成以美国、印度、爱尔兰等国为主的国际软件产业分工体系。软件产业链的上游是操作系统、数据库等基础平台软件的开发，主宰着整个产业，决定产业内的游戏规则，大部分上游企业位于美国。软件产业链的中游主要分为子模块开发和独立的嵌入式软件开发两类，它们可以回溯影响上游规则的制定，前一类以印度、爱尔兰为代表，后一类日本实力比较强大。软件产业链的下游分为高级应用类软件开发（ERP、SCM等）、一般应用类软件开发和系统集成中的软件开发三类，主要是在上游的基础平台上进行的二次开发，中国在这个方面发展较快。

不同国家的软件产业总是会根据自身的软件发展历史和具体国情来选择合适的产业发展模式。从国际软件产业发展的状况来看，目前得到公认的产业发展模式有美国模式、日本模式、印度模式、爱尔兰模式等,各种模式的特点如表 1-2 ~ 表 1-5 所示。

表 1-2 美国模式——技术与服务领导型

生产要素	人才数量多,人才高端,人才结构合理,外部资金雄厚,基础设施齐全,知识产权、专利数、高校数、培训机构都处于世界领先地位
需求条件	国内国际需求巨大
支援产业与相关产业	美国在计算机产业、通信产业、互联网产业名列前茅,传统产业对软件的需求(即信息化)逐步增加
企业战略结构与竞争状态	全球软件企业 500 强大多在美国,企业竞争激烈,企业创新能力强,拥有领先的技术储备、制定产业标准的控制力、门类齐全的软件产品和完善的服务体系,开发国际市场并制定标准 ● 目标市场:全球 ● 产业链定位:全程 ● 价值链定位:以产品化环节为核心,逐渐将生产和分销环节外包给其他国家

资料来源:http://jiuban.chinalabs.com/view/ZXKM0B8Q.html

表 1-3 日本模式——嵌入式系统开发型

生产要素	人才数量一般,人才结构一般,外部资金雄厚,基础设施齐全,知识产权、专利数、高校数、培训机构都处于世界领先地位
需求条件	国内需求巨大
支援产业与相关产业	日本在消费电子产品类、通信产业名列前茅,传统产业对软件的需求逐步增加(即信息化,如汽车行业)
企业战略结构与竞争状态	主要依附硬件产业,定制开发 ● 目标市场:本国 ● 产业链定位:应用(服务于硬件产业,没有完整的软件产业链) ● 价值链定位:以产品环节为核心,逐渐将生产外包给其他国家

资料来源:http://jiuban.chinalabs.com/view/ZXKM0B8Q.html

表 1-4 印度模式——国际加工服务型

生产要素	人才数量多,人才结构优,外部资金雄厚,基础设施齐全,高校处于世界一流,知识产权、专利数、培训机构都处于世界一流地位
需求条件	国内需求不旺盛,主要依靠出口
支援产业与相关产业	很弱
企业战略结构与竞争状态	主要集中于企业和行业应用软件、外包软件的开发,企业竞争能力强,管理能力强,引入期权薪酬机制,和美国企业保持密切的联系 ● 目标市场:国外 ● 产业链定位:没有国内完整的产业链 ● 价值链定位:生产环节,成为美国的软件工厂

资料来源:http://jiuban.chinalabs.com/view/ZXKM0B8Q.html

表1-5 爱尔兰模式——生产本地化型

生产要素	人才数量少,人才结构一般,主要集中在高端知识型人才,外部资金雄厚,基础设施齐全,高校处于世界一流,知识产权、专利数、培训机构都处于世界一般地位
需求条件	国内需求不旺盛,主要依靠出口
支援产业与相关产业	很弱
企业战略结构与竞争状态	主要是转口贸易加中高端技术小型软件开发,成为美国公司进入欧洲市场的门户和集散地,强调面向国际化的软件产品的系统化服务,提供从手册、包装到CD-ROM 的制作等全方位的服务,将美国成功的商业软件欧洲化 ● 目标市场:国外 ● 产业链定位:没有国内完整的产业链 ● 价值链定位:分销环节,成为美国产品进入欧洲的分销基地

资料来源:http://jiuban.chinalabs.com/view/ZXKM0B8Q.html

三、全球软件产业的发展趋势

从世界层面来看,与早期的软件发展中相对独立的研究与应用情形相比,现在各国的软件科技和产业已在经济全球化的背景下,具有共用的软件研发平台与应用平台、共同的软件产品市场。软件科技与产业相互关联,并在一定程度上实现软件研发人力资源在世界范围的配置与共享。各国软件产业发展之间的相互影响、竞争和制约,构成一个世界范围内相互依赖、互补、合作、竞争的软件产业体系,造就了开放化、融合化和服务化三大发展趋势。

1. 开放化

全球化背景下的网络化给软件产业打上深深的烙印,使"开放"成为必然趋势。这种开放主要体现在两方面:标准化和开源。标准化使全球软件商共同遵循开放标准,保证软件产品的相互兼容,保证软件市场的平等竞争秩序。开源是指软件程序的源代码可以自由获取。开源的典型理念是当软件代码能够被自由读取、修改并重新发布时,软件可以依靠群策群力的集体智慧以一种惊人的速度发展。开源软件运动大大推动了软件产业的创新,世界各地的程序员通过互联网参与到广泛并松散的协同创新工作中,现在最成功的源代码开放案例是 Linux 操作系统、Apache Web 服务器(世界上最流行的 Web 服务器)以及 Mozilla 互联网浏览器。

另外,开源也可以对垄断产生一定的遏制。目前全球软件销售主要分为两种模式:许可证销售和订阅。以微软为代表的传统软件公司一般采用许可证销售方式,新产品发布之后,往往会通过终止对老版本的销售来达成强制升级,从而带来更多销售收入。另一类便是以开源软件为代表的订阅模式,用户可以免费试用产品,根据不同价格享有不同级别和期限的服务。近年来兴起的软件在线托管或SaaS(software as a service),同样继承了订阅模式。

2. 融合化

当前信息技术的发展日新月异,技术创新和融合的趋势非常明显,互联网、通信网、广电网的融合,软硬件的融合以及制造业与软件业的融合催生很多技术和应用模式,同时各个产业领域的边界区域模糊,带来新的市场需求,为创新活动提出了更广阔的空间。

软件产业的融合首先表现在软件与硬件的融合,在这一融合的推动下,嵌入式软件快速发展;软件与服务的融合使软件服务化趋势明显,收取服务费成为重要的商业模式。同时,软件与网络融合的趋势也不可忽视。在这一融合推动下,通信、计算机、广播电视三网合一加快发展。此外,软件技术的融合,使各种开源技术、构件技术广泛应用,不仅使软件开发更加透明,也促进其生产规模和效率快速上升。软件产业的融合还表现在软件企业的融合,企业兼并将掀起新一轮热潮,产业格局面临新的"洗牌"。

3. 服务化

软件服务模式有别于传统软件的产品模式,重心不再是软件产品,而是软件服务。软件服务模式是以用户为中心,通过软件不断升级和其他个性化服务,满足用户不断变化的需求,主要体现在软件部署方式的服务化和软件提供方式的服务化。互联网的广泛应用使各类软件产品以服务的形式向最终用户提供成为可能。未来绝大部分应用都将通过互联网提供服务,软件服务化将在绝大部分应用软件中实现。软件服务将使目前的软件授权、开发、维护方式发生巨大变化,软件应用模式和商业模式也将随之发生改变。

另外,软件安全也是全球化背景下软件产业必须解决的问题。全球数据丢失和滥用的案例急剧增加,凸显了现有系统和业务流程的脆弱性,揭示了在公司和国家这一层面确立安全政策和构建安全环境的迫切性。安全的整体解决方案和服务会成为主导性需求。

第二节 软件产业的市场细分

软件产业是信息产业的核心,是当前世界上增长最快的朝阳产业。1991年以来,世界软件产业的增长率始终保持在10%~20%。到2000年,软件和信息服务业发展成为世界最大产业之一,产值接近5000亿美元。在全球软件市场中,美国软件市场是发展最为成熟的市场，亚太市场是最有发展前途的市场。中国软件产业以超过30%的速度持续增长10年，在亚太市场中的影响日益显著。中国加入世贸组织之后，国内软件市场与国际软件市场接轨的速度加快。国内软件企业直接面对的竞争压力越来越多地来自实力雄厚的全球性竞争对手。在这种背景下，要加快中国软件产业的发展速度，必须对软件市场的细分进行深入、系统的研究，为中国软件企业在市场中进行准确定位提供依据。

一、软件市场的细分

软件产业是一个快速发展的新兴产业，不断产生具有不同性能、形式和内容的新的软件产品、软件服务和需求领域。因此，在软件产业发展的不同阶段，软件市场的内涵和外延都在不断发生变化，软件市场的细分也不断变化。软件产业的早期发展侧重于软件产品的制造。因此，软件产业通常被认为是属于制造业中的一个行业。在计算机软件制造中，有两个细分的软件市场：一是基于大型和中型计算机的企业解决方案市场。在这一市场中，具有影响的企业有美国的 SAP 和 Oracle、荷兰的 Bann，由这些公司开发的 ERP（企业资源规划）软件是企业解决方案中最重要的产品之一。二是针对个人计算机的大众成套软件市场，美国微软公司是这一市场中最有影响的公司，Windows 是最重要的产品。软件企业的客户所处的行业不同，需要借助软件解决的问题也不同，因此针对客户需求专门设计软件实际上是在一种思维方式指导下解决问题的方法。软件企业和其客户的互动是一个软件功能得到充分发挥的前提，这要求软件企业和客户分享自己的经验、智慧、技巧和对行业规范的理解，面向服务，而不是面向生产。成功的软件企业，在开发产品之前都会对客户做大量调查，其中的很多数据都来自对老客户的服务。于是，软件产业出现了服务化发展的趋势。到 20 世纪 80 年代中后期，软件产业已被认为是介于制造业和服务业之间的一个产业。产业的特点突出体现在三个方面：第一，软件开发是一种以智力为基础的劳动密集型活动，制造成本可以忽略不计；第二，软件生产是创新性质的活动，其目的就是生产出新产品或运行现有功能的新方式；第三，软件是一种后验品，只有当客户使用之后才能对其性能和质量做出评价，因此新产品开发具有很大的不确定性和市场风险。随着软件产业中的软件服务活动日趋活跃，软件服务业逐渐发展成为一个独立的细分市场。软件服务本身是一种知识含量高、专业技能要求高、服务价值高的工作。对软件企业来说，软件服务化意味着更有效的成本控制、更快捷的市场响应速度以及更可观的利润回报。对用户来说，软件服务化则意味着更加完善的功能、更加低廉的价格和更高品质的服务。于是，由销售软件产品到销售软件服务，软件产业正在向订购专门软件服务的方向转变。目前，在不同国家，对软件产业的市采用的分类方法不尽相同。在全球软件产业中，一种普遍接受的方法是把软件市场分为软件产品和软件服务两个细分市场，而软件产品还可以进一步细分为企业解决方案市场和大众成套软件市场，如图1-2所示。

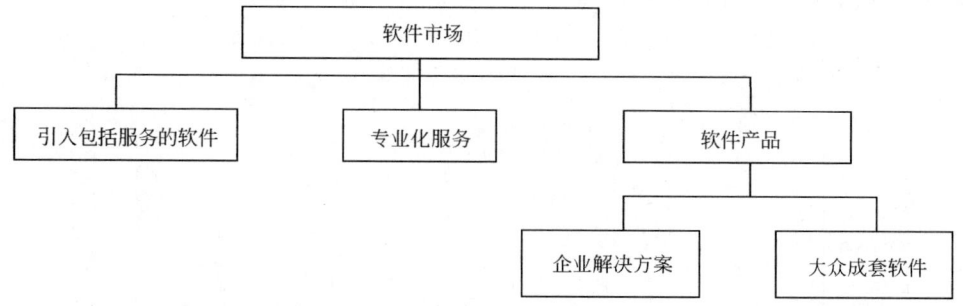

图1-2 软件市场的细分

2007年，在技术不断创新、产品推陈出新以及网络应用持续增长、需求多样化和资本运作等内外因素的联合推动下，全球软件产业规模达到9716亿美元，同比增长10.99%，如图1-3所示。

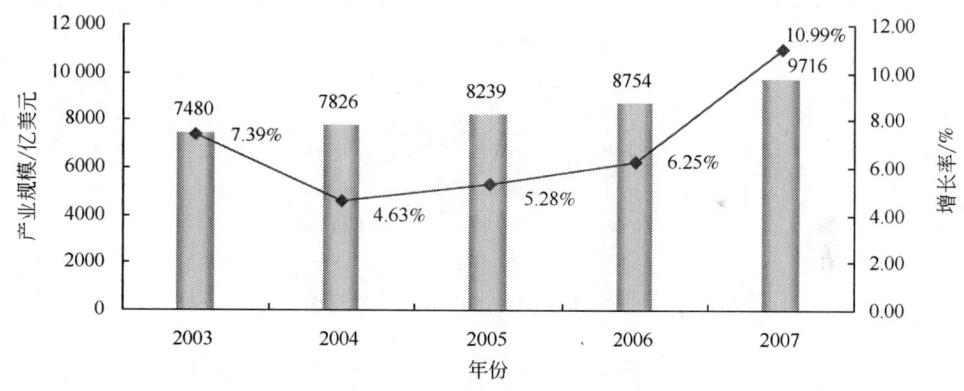

图1-3 2003~2007年全球软件产业规模及其增长率
资料来源：http://www.istis.sh.cn/list/list.aspx?id=5239

二、中国细分软件市场的发展现状

（一）软件产品市场的细分与发展

近几年，中国软件产品市场发展迅速，大体上可以分为系统软件、支撑软件和应用软件三个细分市场，其中应用软件市场发展速度最快，所占份额也最大。国内软件企业开发的软件产品主要集中在与本地化相关的应用软件上，如财务管理、企业管理、电子排版、教育软件、翻译软件及文字处理和杀病毒软件等等。2006 年，应用软件市场的销售收入为 1864 亿元，系统软件的销售收入为 164 亿元，支撑软件的销售收入为 282 亿元（图 1-4）。在整个软件产品市场中，应用软件占 80.7%，如图 1-5 所示。

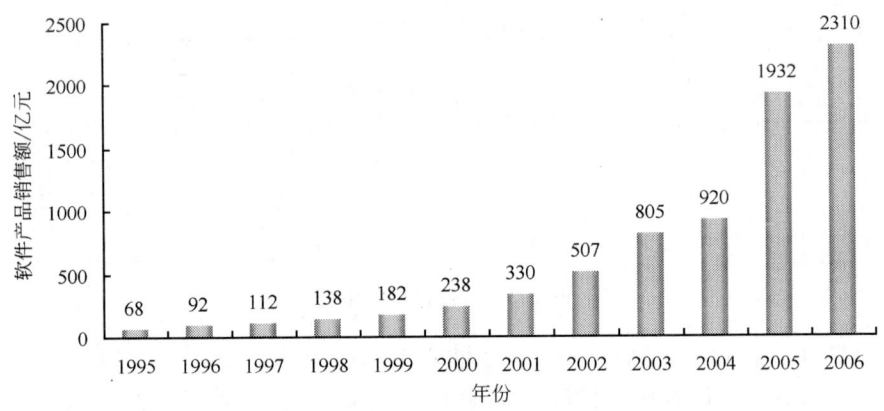

图 1-4　1995～2006 年中国软件产品销售额
资料来源：中国电子工业年鉴 2002，中国经济年鉴 2005，中国经济年鉴 2007

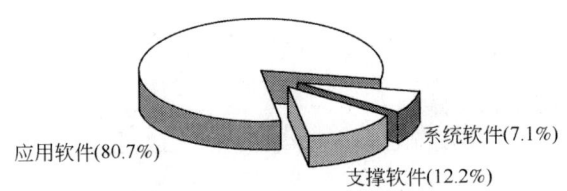

图 1-5　2006 年中国软件产品市场构成
资料来源：中国经济年鉴 2007．http：//www.soshoo.com.cn

1. 系统软件

计算机系统软件是管理、监控和维护计算机硬件与软件资源，合理地组织计算机工作流程，以及方便用户操作使用的软件，是软件的基础和核心。目前，国内的系统软件主要有操作系统和中文平台。从应用角度看，操作系统包括 PC 操作系统、大中小型机操作系统、工作站操作系统、网络操作系统；从技术角度看，系统软件包括 Windows 类、UNIX 类、Linux 类及嵌入式操作系统。国际上的主流操作系统分为三大类：一是微软的操作系统；二是一些厂家为自己的硬件产品提供的专用操作系统，如 VMS 的操作系统和 IBM 的 OS/2；三是开放的操作系统，典型代表是 UNIX。国内的操作系统软件市场基本由国外软件企业所垄断。据统计，国外系统软件和支撑软件的供应商长期在中国保有 90% 以上稳定的市场份额。这个市场由于产品技术较成熟，市场竞争比较规范，市场成长也相对稳定。虽然系统软件在软件产品市场中所占份额最小，但是增长速度却是最快的。从1992年到2006年，国内系统软件的销售额从1.6亿元增长到164亿元，如图1-6所示。有关研究发现，服务器操作系统，特别是NT，都将继续保持强劲增长态势。Windows系统的系统软件在操作系统市场中占据95%的市场份额，并将继续保持主导地位。在这一市场中的国内主要软件企业及其产品有：中软总公司研制的UNIX类高端COSIX64操作系统；中国计算机软件与技术服务总公司、北京中科红旗软件技术有限公司、联想集团、深圳蓝点软件技术有限公司、北京拓林思软件有限公司、北京冲浪平台软件技术有限公司研制的Linux类操作系统等。

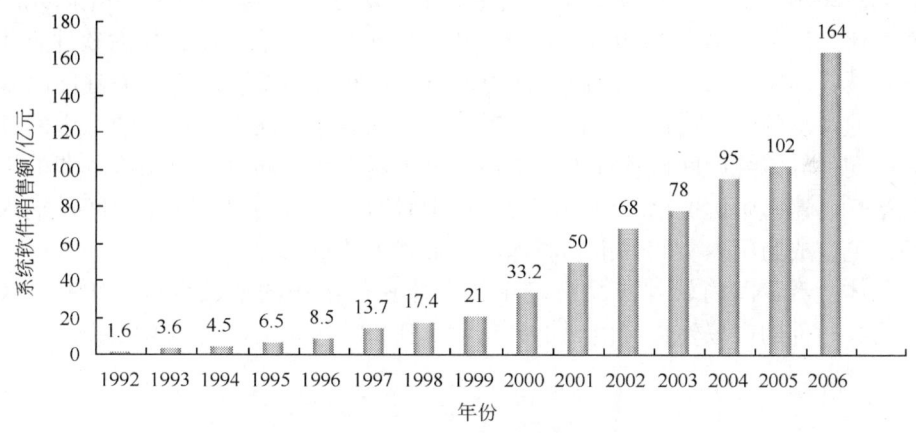

图1-6 国内系统软件市场的增长

资料来源：中国软件行业协会．http：//www.soshoo.com.cn

目前，系统软件市场的发展呈现出以下趋势：①信息网络化促进了网络操作系统软件市场的高速增长，近几年，在系统软件类产品中，网络操作系统的增长最快；②Linux类系统软件的兴起和快速发展引起越来越多用户的兴趣和大众平台类软件厂商的关注；③信息技术的全球化发展强化了技术开放性，开放系统要求符合统一标准，从而促进了开放系统平台及其符合性验证技术的发展；④安全软件产品，例如系统软件中有关的安全部分，快速发展。

系统软件的发展并不是孤立的，必须走开放、兼容的道路，适应计算机硬件系统、外部设备以及上层软件和应用软件的发展。中国研制系统软件已有几十年的历史，经历了从无到有、从单一经营到品牌经营的发展阶段，积累了一定的技术经验，也取得了若干创新成果。目前，国内越来越多的有识之士对开发自主操作系统予以肯定。随着国内更多有实力软件的企业投入到操作系统类软件的开发中，中国软件产业的发展会上一个新的台阶。

2. 支撑软件

支撑软件包括数据库软件、软件开发工具和介于操作系统与应用软件之间的中间件软件。同系统软件市场相似，国外软件企业在国内支撑软件市场中占有支配地位。近些年，国内一些软件企业在开发支撑软件的技术上取得突破，如东方通科技、东大阿尔派、北大青鸟、金蝶、托普等软件企业，纷纷向包括支撑软件在内的高端软件产品进军，取得了部分支撑软件市场的份额，降低了产品的价格，保护了国内用户的利益。在支撑软件市场中，中间件软件近年增长较快。中国软件行业协会的研究认为，中间件软件市场业已迈过发展的萌芽期，进入快速成长期。2006年，中间件软件总销售额达到282亿元，与2005年196亿元的销售额相比，增长率高达43.9%。在这个细分的市场，具有支配地位的软件企业有东方科技、IBM、BEA三家厂商。推动国内中间件市场发展的一个关键性因素是电信行业市场的全面启动。电信行业需求较大的数据访问中间件、消息中间件和交易中间件等传统中间件软件占据了最大的市场份额，同时，应用服务器的市场份额增长迅速。中国电信、中国移动、中国联通等大型用户正式把中间件纳入技术性规范，成为国内中间件市场高速增长最强劲的推动力。

总体上看，国内软件产品市场中，支撑软件市场的增长较快，1992~2006年，支撑软件的市场销售额由5.4亿元增长到282亿元，如图1-7所示。

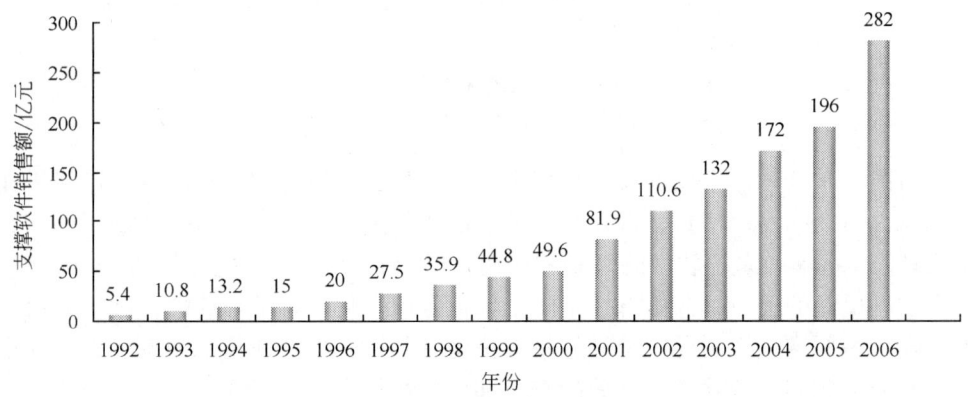

图1-7　国内支撑软件市场的增长

资料来源：中国软件行业协会．http：//www.soshoo.com.cn

目前，中国中间件软件市场的发展主要体现在两个方面：一是传统业务系统的全面改造，二是电子商务应用系统的建设。伴随着中国信息网络化建设，为解决电子商务应用的安全性、可靠性、可扩充性，中间件软件企业在推出应用服务器产品和电子商务解决方案时会面临巨大的市场增长。中国软件行业协会的研究预计，未来几年中国将成为亚太地区最大的中间件软件市场之一。

国内中间件市场近些年发展的一个显著特征是,越来越多的企业、大学、研究所开始进入中间件领域。清华紫光、托普软件、东大阿尔派、中创软件、天大天财等软件企业均选择中间件作为投资方向。它们从单一品种或单一应用入手,寻找进入中间件领域的途径。国外软件企业,诸如 Microsoft、Inprise、IONA、Silver-stream、iPlanet、Persistence、TIBCO、Oracle、Sybase 等也纷纷通过各种方式逐渐向中国中间件市场渗透。国内外软件企业的过度进入,使得中间件市场成为国内软件市场中竞争最激烈的市场。

3. 应用软件

中国应用软件的特点是量大面广,在软件产品市场中所占市场份额最高。应用软件种类繁多,市场需求较大的应用软件大体上可以分为 5 类,即网络类应用软件、工具类应用软件、行业分类应用软件、教育类应用软件、计算机辅助设计或制造类软件。1992～2006 年,中国应用软件市场的销售额从 12.8 亿元增长到 1864 亿元,如图 1-8 所示。

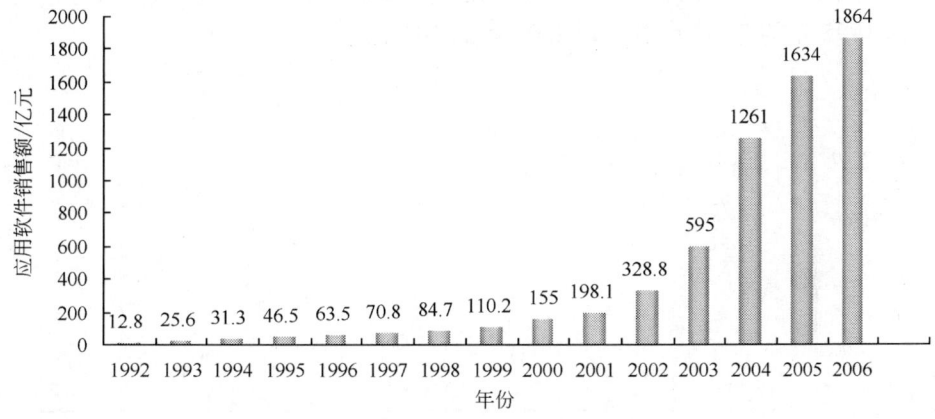

图 1-8 国内应用软件市场的增长

资料来源:中国软件行业协会. http://www.soshoo.com.cn

在应用软件市场中,国内软件企业开发的软件产品主要集中在与本地化相关的产品上,如在财务管理、企业管理、商业管理、电子排版、教育软件、翻译软件及某些专用领域方面,国内软件产品占主导地位。市场占有率较高的著名软件品牌有:金山公司的 WPS 中文处理软件、北大方正公司的维思/飞腾电子排版软件、江民公司的 KV3000 杀病毒软件、瑞星公司的瑞星杀病毒软件、用友和金蝶公司的财务管理软件以及某些行业领域的应用软件。

(二) 软件服务市场

作为一个为国民经济其他产业提供增值服务的产业，软件产业从业务性质看是一种服务业。尽管软件产品在软件产业中仍占有最大市场份额，软件服务却代表了软件产业的发展方向。可以说，软件产业服务化的程度反映了软件产业发展水平。未来软件企业的核心能力建立在客户服务能力的基础上，产生企业价值的核心资源就是围绕客户服务建立的各种市场关系。即使在软件产品制造企业中，也出现了把软件服务当做一个相对独立甚至完全独立的业务来规划的趋势。一些软件产品制造企业已经把服务当做新的利润增长点，而不是软件产品销售的后续部分。例如，微软公司就已经把自己的软件服务业未来的营业指标定位在年收入总额的80%左右，这对于国内的软件企业是一个明确的信号。显然，软件服务业将是软件企业最终较量的战场。随着信息技术的进步，软件企业将摆脱传统介质的束缚，通过多种手段走入软件服务业的领域，软盘、光盘、网络、无线网络都可以成为软件服务的媒介，软件企业将真正成为服务导向的"软"企业。

近些年，中国的软件服务业发展较快，如图1-9所示，中国软件服务市场销售额由1995年的77亿元增长到2006年的2022亿元。

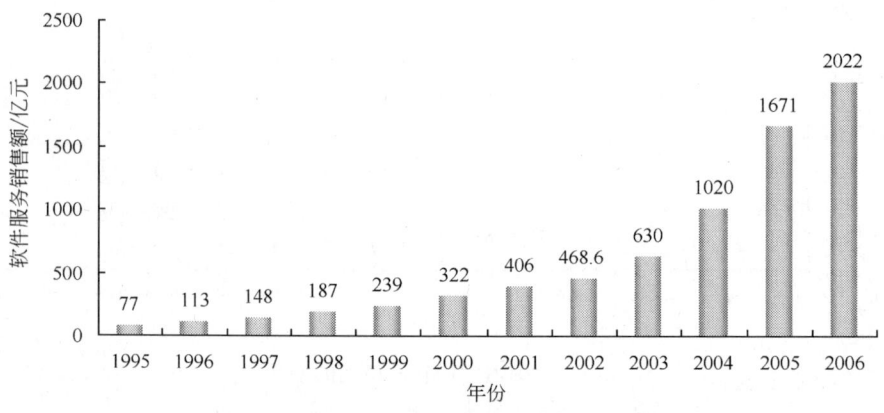

图1-9　1995~2006年中国软件服务销售额

资料来源：《中国电子工业年鉴2002》、《中国经济年鉴2005》和《中国经济年鉴2007》.
http://www.soshoo.com.cn

三、中国细分软件市场的未来发展

中国加入世界贸易组织对软件产业的发展产生了意义深远的影响，加快了国内软件市场与国外软件市场全面接轨的进程。中国软件产业中的不同细分软件市场在未来的发展趋势与特点必须从全球经济角度来考察。

1. 软件服务业的规范化发展

作为软件产业的一个独立的细分市场，软件服务业具有许多与软件产品市场不同的特点。这些特点决定了中国软件服务业必须走规范化发展的道路，才能尽快缩短与世界软件服务业的差距。

首先，软件产品企业和软件服务企业的最大区别是采用的营销方法不同。软件服务业营销的是信用，它是建立在信任基础上的个人的、一对一的关系。成功的软件服务企业始终致力于建立客户的信任，为客户提供终身的、更好的服务是它们的目标。客户不能在购买之前尝试软件服务，因此软件服务企业必须承诺去解决客户的一个问题。这使得信用成为最重要的因素。软件服务业是一个高风险行业，为了获得软件服务项目，软件服务企业必须采取各种手段在市场上创造良好的信誉形象，包括积极宣传成功的业绩，在有声望的出版物上发表论文以证明自己突出的强势领域，追踪、分析和评估客户满意度，邀请客户的首席信息官（CIO）沟通思想，使他们有到家的感觉等等。有关研究发现，美国的一些软件企业花在营销上的费用要比快餐业的麦当劳的营销费还多。

其次，软件服务业与管理咨询业、法律咨询业或注册会计师行业一样，都是职业性服务行业。这类行业中最关键的成功要素是具有职业素质的杰出专业服务人才，以及拥有这些人才的公司的形象。在软件服务企业中，没有什么比员工的素质和技能水平更重要。杰出的人才不仅要具备高超的软件专业技能，还必须有商业管理技能，这样才能把自己的服务推销出去。因此，成功的软件服务企业十分注重对杰出人才的选拔和员工商业沟通技能的培训。行业的职业规范也是保证软件服务业健康发展的一个充要条件。软件服务需要有统一服务标准和规范，以确保服务质量。"以顾客为中心，建立长期客户关系"的服务经营理念，要求对软件企业进行职业化和规范化管理。

最后，软件服务是一种主动性的服务，而不是维修式的被动性服务，定期、主动、全面服务是软件服务业的重要特点。软件服务企业经过合理的安排，可以自己组织相应的服务流程和服务规范。软件服务业的工作是系统性的，而不是个案性服务。因此，软件服务项目通常是针对客户面临的各种问题提供系统性解决方案，包括对客户提供相关的知识、技能培训，项目研制过程中的相互交流，以及项目实施后的效果跟踪。由于对软件服务产生需求的客户种类繁多，需求差异较大，很难设计出统一的服务模式。企业必须针对客户类型及其特定需求开展服务。这意味着，在软件服务业存在着不同的细分市场。一般地，软件服务模式主要有两种：一是呼叫式服务，客户在软件使用中通过选择自己偏爱的交流渠道，登录企业服务网络，发出呼叫申请，软件企业提供在线服务；二是量体裁衣式服务，这类服务面对的是大型客户，服务项目持续时间长、项目金额大，服务的方式是针对这些客户的特定需求提供专门解决方案,并提供跟踪服务。第二种服务具有更大的发展潜力。

2. 软件市场的国际化发展

在经济全球化趋势的推动下,软件市场已经发展成为一个全球化程度很高的市场。一个国家的软件市场,只有坚持开放、走国际化的道路,与全球软件产业接轨,才能有发展潜力。软件企业的国际化发展是软件市场国际化发展的基础。软件企业的国际化发展通常需要经历一个由单纯的国内经营企业发展成国际化经营企业的过程。在这个过程中,企业的国际性经营活动,如出口、国际技术合作、跨国兼并与收购、创建国外独资企业或合资企业等,规模不断扩大,并对企业的未来发展产生越来越显著的影响。

软件企业的国际化进程通常由多个阶段组成,在不同阶段上,企业开展跨国生产经营活动的侧重点是不同的。从一个地区软件产业国际化发展的角度来研究软件企业的国际化发展,可以从两个方面考察:一是由内向外发展的国际化进程;二是由外向内引进的国际化进程。这两种不同方向的国际化进程及其主要构成阶段如表1-6所示。

表1-6　两种不同方向的企业国际化进程

由内向外发展的国际化进程	由外向内引进的国际化进程
软件产品或服务出口	软件产品或服务进口,从国外购买技术专利
向国外出售技术许可证	引进国外直接投资,建立合资企业或战略联盟
到国外建立合资企业或战略联盟	
到国外建立独资企业	引进国外直接投资,建立独资企业

对于中国这样的发展中国家,软件产业发展落后于世界先进水平,软件企业在国际市场上也缺乏竞争力,走国际化发展的道路需要更多地依靠引进国外软件企业的资金、产品、技术、人才、管理技能甚至企业信誉。但是,问题的关键是如何在全球范围内把中国软件产业发展所需要的各种软件人才吸引进来。解决这个问题,必须深入研究国外软件企业进入中国市场的动因和中国吸引外资的条件。

一般地,国外软件企业到中国进行直接投资主要出于四种动因:一是获取低成本投入要素;二是开拓新的市场;三是在全球范围内优化战略性资源的布局;四是为获取资本赢利而进行的被动投资。

(1) 通过提供投入要素的比较优势吸引外资。在软件产业,最重要的投入要素是软件人才,包括软件开发、软件编程、软件项目管理、软件系统集成、软件产品营销以及软件企业家等在软件产业创造和实现价值的人才。印度之所以能够吸引很多国际著名的软件企业，一个重要原因是拥有丰富的高质量、廉价的软件人才。软件制造尤其是软件编程，实际上是劳动密集型生产，劳动力成本低有助于软件企业建立成本优势。中国要在建立投入要素的比较优势上吸引外资，必须加大培养软件人才的力度。不过，随着中国经济发展，软件产业劳动力成本会趋于提高，国外软件企业可能会把生产向劳动力成本更低的国家转移。这种以获取廉价劳动力为目的的直接投资，不可能长期在一国维持下去。

（2）通过发展软件产品和软件服务的需求市场吸引外资。目前，软件市场集中在美国、欧洲和日本。由于软件产业技术进步速度快，软件企业只有靠近市场才能更好地发展客户，降低风险。国外软件企业在本国的客户或供货商把它们的生产经营活动扩展到中国，为了保持与客户或供货商的业务关系，软件企业需要进入中国市场。

（3）把中国软件产业建成软件企业在全球范围内优化资源配置、提高效率的一个重要基地。国外软件企业为提高效率进行对外直接投资，目的是利用各国在生产要素、文化、经济体制、政策等方面的差异，在全球范围内合理配置资源，从而获得规模经济、范围经济或分散风险所产生的效益。这类对外直接投资能否成功，取决于两个前提：一是存在产品的全球性市场；二是有效利用不同国家生产条件的差异。产品的全球性市场是指产品不需要根据各国消费者的口味、偏好或其他要求进行适应性调整，就能被广泛接受。国外软件企业可以在世界范围内建立少数专业化程度很高的生产基地，大规模生产产品，销往各国市场。

（4）通过提供资本增值的机会吸引国外直接投资。这类直接投资也叫被动性投资，它是指软件企业在中国通过直接投资获得企业股份或资产经营权，但是不积极参与管理。被动性对外直接投资大体上分为两类。一类是专门从事买卖企业的大型集团公司，以获取资本收益为目的在中国进行的直接投资。这些大型集团公司收购了企业后，虽然不积极参与管理，但是为了增加被收购企业的价值，通常需要注入技术或管理技能，并提高其市场营销、财务管理和组织管理的能力。另一类是小型企业或个人在国外房地产上的投资。这类投资或者是期望从房地产增值中获益，或者是为了方便到国外度假。被动性对外直接投资多采用跨国兼并与收购方式而不是新建方式。随着资本市场的发展，这类投资呈增加趋势，而且被收购资产所有权的易手速度也在加快。

第三节 软件产业的服务外包

一、外包

外包（outsourcing）是发包方以某种合约形式从接包方持续获得产品或服务

以提高自身竞争力的一种企业行为。企业为了合理配置资源、专注核心竞争力，往往将部分或全部非核心业务外包给第三方，获得专业服务。采取外包的这样一种商业模式的原因有很多，一般有以下几点：控制成本；专注于核心竞争力；整合、获取全球范围内所需的资源；与商业伙伴分担风险；减少内部流程，提高运营效率。

目前，企业采用的主要外包模式有四种：活动外包、服务外包、合包和利益关系。其中，合包和利益关系这两种方式刚刚起步，运作方式仍在持续发展中。

活动外包 是指企业将内部需求链中与企业远景规划发展过程无关的活动委托给第三方企业的行为。活动外包通常应用于低水准的周边服务，如清洁和卫生管理等等。这是一种用于解决迫切问题的短期策略解决方案。

服务外包 仔细选择、雇用专业的外部服务供应商，促进企业组织再定义、再聚焦，并在必要时，根据服务供应商的专业累积，创新扩大服务层面。如果管理得宜，就深层的策略面而言，组织可从与服务供应商的合作中获益，并促使企业更专注于其所擅长、具备竞争优势的业务。

合包 供应厂商和企业雇主间的关系，比正规外包模式更为紧密。合包通常是指由企业雇主提供外包业务所需的人员或经理人，采用这种形式的关键不在于人员的流动，而是企业是否愿意让专业知识永远流失。以前经理人常为了留住人才而拒绝外包，但是合包则是双方组织都有责任提供达到目标所需的资源。这种方式当然会有风险，如果无法达到目标，企业不会得到任何补偿。

利益关系（benefit-based relationships） 这是一种长期合作关系，双方先为此关系进行投资，再根据预先拟定的协议分享利益。双方共同承担风险，同时共享报酬。如果利益无法实现，供应商不会因他们的努力与投入而获得任何报酬。

不同领域的外包内容是不同的，没有成体系的规范模式，但是一般可以将外包的实施过程分为四个阶段，即项目启动、服务实施、最终协议和项目完成。

二、服务外包

（一）服务外包的界定

目前服务外包已广泛应用于众多领域：计算机相关服务，提供计算机硬件和软件工具安装服务、数据加工、包括计算机在内的办公设备维护和维修以及其他计算机服务；互联网相关服务，提供互联网本身、通信服务、互联网内容、混合商务服务、音像服务、计算机及相关服务；金融服务，提供银行及金融信息服务、保险和与保险相关的服务等其他的金融服务；商务服务，提供各种办公室流程，客户交易和技术支持；医疗服务，提供实验室标本的运输、诊断、鉴定和通过传统邮递方式或电子手段提供咨询；各类专业服务，包括法律服务、会计服务、审计服务、税务服务、建筑设计服务等，代表了服务外包的尖端领域。

服务外包随着应用领域的逐渐扩大，服务层次不断提升，服务附加值也不断提高。目前，服务外包主要由三部分组成，即信息技术外包、业务流程外包和知识流程外包。

1. 信息技术外包

信息技术外包（information technology outsourcing，ITO）是客户将全部或部分信息技术工作包给专业性公司完成的服务模式。它可以进一步细分成数据中心、桌面、网络与企业应用外包等。数据中心外包涉及运营服务器/主机平台方面的日常管理职责，其中包括分布式服务器与存储器在内。桌面外包涉及运营桌面/客户平台方面的日常管理职责。这些服务包括产品支持与专业服务的任意组合，只要它们与桌面资源（包括桌面外设）的持续管理有关。网络外包涉及管理、强化、维护及支持终端或核心网络基础设施等方面。企业应用外包涉及在服务器/主机或桌面平台中管理、强化及维护定制应用或打包应用软件等方面。

从市场结构来看，信息技术外包市场可以分为软件外包市场、硬件外包市场、IT培训和IT咨询四种。中国2006年的ITO市场结构如图1-10所示。

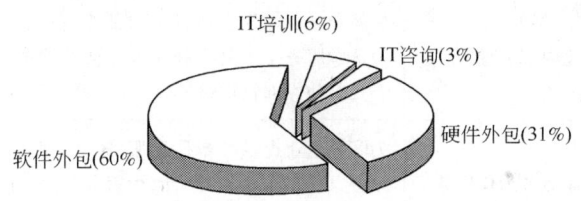

图1-10　2006年中国ITO市场结构

2. 业务流程外包

随着互联网技术的发展和宽带能力的提升，服务外包逐渐延伸至一系列企业管理事务中，企业可以将某个业务流程环节分离出来交给承包商实施业务流程外包。业务流程外包（business process outsourcing，BPO）一般是指客户将自己基于IT技术上的一种或几种业务流程委托给专业服务公司，由其按照服务水平协定的要求管理、运营、维护被委托的业务系统的服务过程。BPO是以长期合同的形式，将公司的某项业务交由外部业务提供者去完成，以便企业能够将资源聚集在体现核心竞争力的业务上。业务流程外包常见于金融（包括银行和保险、资产管理）、保健、客服、人力资源、营销以及与互联网有关的其他服务中。

信息技术外包服务（ITO）和业务流程外包服务（BPO），都是基于IT技术的服务外包，ITO强调技术，更多涉及成本和服务，BPO强调业务流程，解决的是有关业务的效果和运营的效益问题，往往涉及若干业务准则并常常要接触客户，如表1-7所示。不仅IT行业需要BPO，而且BPO的每项业务都离不开IT业务的支持，从而产生IT外包机会。BPO像一种商业伙伴关系，更注重业务效果。如果把整个软件外包比喻成一座金字塔，从金字塔的底部向上，对外包企业的人员、技能、管理等要求逐次提高，那么ITO处于金字塔的底部，BPO则处于金字塔的顶端。在向上攀升的过程中，业务的利润率逐步提高，竞争对手不断减少，市场的空间会显著放大。

表1-7 ITO和BPO的分类和内容

类别		内容
信息技术外包（ITO）	系统操作服务	银行数据、信用卡数据、各类保险数据、医疗/体检数据、税务数据、法律数据的处理及整合
	系统应用服务	信息工程及流程设计、管理信息服务系统、远程维护等
	基础技术服务	承接技术研发、软件开发设计、基础技术或基础管理平台整合或管理整合等
业务流程外包（BPO）	企业内部管理服务	为客户企业提供企业各类内部管理服务，包括后勤服务、人力资源服务、工资福利服务、会计服务、财务中心、数据中心及其他内部管理服务等
	企业业务运作服务	为客户企业提供技术研发服务、销售及批发服务、产品售后服务（售后电话指导、继续服务）及其他业务流程环节的服务等
	供应链管理服务	为客户企业提供采购、运输、仓库/库存整体方案服务等

资料来源：根据商务部定义整理

3. 知识流程外包

知识流程外包（knowledge process outsourcing，KPO）是继ITO、BPO之后出现的新型服务外包，其核心是通过提供业务专业知识而不是流程专业知识来为客户创造价值。KPO将服务外包业务从简单的"标准过程"执行演变成知识密集型的分析、判断、解释、决策和结论的高端服务。以银行账单为例，处理账单是典型的BPO业务，但是进一步分析账单，进行各种统计分析、模型分析等则属于KPO业务。金融业是KPO的重要领域，其他服务领域还包括知识产权研究、数据研究、整合和管理等等。

（二）承接服务外包的作用

发展服务外包有利于提升服务业的技术水平、服务水平，推动服务业的国际化和出口，从而促进现代服务业的发展。其对经济的具体作用表现为：

1. 提升产业结构

承接外包服务，可以增大服务业占 GDP 的比重，提升产业结构，降低能源消耗，减少环境污染。服务外包产业是现代高端服务业的重要组成部分，具有信息技术承载度高、附加值大、资源消耗低等特点。承接服务外包对服务业发展和产业结构调整具有重要的推动作用，能够创造条件促进以制造业为主的经济向服务经济升级，推动增长方式向集约化发展。

2. 转变对外贸易增长方式

承接外包服务可以扩大服务贸易的出口收入，形成新的出口支撑点。近年来，中国外贸出口在稳步发展，但同时也遇到许多问题，例如，出口退税政策调整、国外贸易设限、贸易摩擦、人民币升值等。保持对外贸易持续快速增长的难度逐渐加大。相对而言，服务外包对资源成本依赖程度不高、国外设限不强，并且中国人力资源成本较低，因此服务外包具有快速增长的余地，有望成为出口贸易增长的新动力。

3. 优化外商投资结构

中国制造业利用外资有 20 多年的历史，随着经济的不断发展，各个城市都将面临或已经面临着能源短缺、土地容量有限的现实问题，而服务外包项目对土地资源要求不高，在一定程度上可以缓解土地资源紧张局面。服务业是中国下一轮对外开放的重点，服务业的国际转移主要就是通过服务外包来实现的。承接服务外包产业，就能够实现国际先进服务业逐步转移，从而优化利用外资的结构，和谐发展城市经济。

值得关注的是服务外包也正在升级，新的服务外包模式正在创新中，从制造外包向 IT 服务外包，从业务流程外包向研发外包，逐步向高端服务外包转型。作为高端劳动密集型产业，外包服务的重要特征就是企业的能力和人员规模基本上成正比。

三、软件服务外包

（一）软件服务外包的界定

服务外包已成为当今全球新一轮产业革命和转移中不可逆转的必然趋势。与全球制造业经历了从欧洲向美国、从美国向日本与韩国、从日韩向中国台湾和东南亚以及 20 世纪 90 年代开始向中国内地的转移相似，全球服务外包目前正经历从爱尔兰等中等发达国家向印度、菲律宾和中国等发展中国家的转移。服务外包的飞速增长也为全球经济和产业提供了新的发展机会，成为跨国企业全球布局、提高国际竞争力的重要考虑因素。

软件服务外包（software outsourcing）是一种依托于软件技术的服务模式，是指企业为了将有限的资源专注于核心竞争力，由外部专业服务商的知识劳动力使用软件技术手段来完成原先由企业内部承担的工作，从而使企业实现降低成本、提高效率、增强企业市场应变能力并优化企业核心竞争力的目标。

软件服务外包按地域分类，可分为在岸外包（onshore outsourcing）和离岸外包（offshore outsourcing）。

在岸外包是指发包商与承包商来自同一个国家，外包工作在国内完成。离岸外包指发包商与承包商来自不同国家，外包工作跨国完成。由于劳动力成本的差异，发包方通常来自劳动力成本较高的国家，如美国、西欧和日本，接包方则来自劳动力成本较低的国家，如印度、菲律宾和中国。

离岸外包能否顺利实施的前提是软件开发过程中有没有统一的技术标准。软件工程协会的软件开发能力资格认证 CMM（capability maturity model）是软件开发的质量和管理的准则，能够控制和改进软件质量，并提高编程者的劳动生产率。目前 CMM 已经成为行业公认的选择外包合作者的硬指标和开展外包业务的"敲门砖"。

（二）软件服务外包的作用

现今，软件服务化与全球化是软件产业发展的趋势，包含服务化、全球化理念的软件服务外包在软件市场中发挥着积极的作用。

1. 软件服务外包促进软件服务化

网络需求发展推动了计算机网络技术的快速发展。在网络环境下，软件研究、开发、测试和经营的传统模式逐渐发生转变。软件的服务化成为一种趋势。

传统的软件产品开发方式可以称之为"打包式"：企业首先结合用户和市场的需求，对软件的整体架构、功能设置进行定义，然后进行开发和成品测试；之后技术部门根据用户的反馈及各方意见对软件的功能进行调整和完善；直至一两年后推出新的软件版本。厂商从这样一个"研究－发布－释放－新版"的循环中获利。而软件服务则是把软件看成一种连续的过程，没有"完成版"只有测试版，升级的周期被大大缩短，快速及时地升级，让用户感觉软件时刻都能满足自己的最新需求。对于软件中出现的问题，服务的提供者早已准备好了修复的工具。由此可见，软件服务业将是软件企业最终较量的战场，软件产业服务化的程度将反映软件产业发展水平。当越来越多的企业开始重视服务化的时候，对用户来说，就意味着更加完善的功能、更加低廉的价格和更高品质的服务；对软件企业来说，软件服务化则意味着更有效的成本控制、更快捷的市场响应速度以及更可观的利润回报。

2. 软件服务外包促进软件产业全球化

在经济全球化趋势的推动下，特别是以互联网为代表的信息技术的全面发展，软件市场已经发展成为一个全球化程度很高的市场，全球化开始成为大型IT企业的优先发展战略，包括发展战略的全球化、产品的全球化、服务的全球化、人才的全球化。软件产业作为IT产业中发展最快、所占比例越来越高的门类，更是成为IT产业全球化的前锋。

软件企业的国际化发展是软件市场全球化发展的基础。软件企业的国际化主要指跨国软件企业的本土化和国内软件企业的全球化。现在微软、Google、Yahoo等跨国企业在中国的本土化屡见不鲜，国内软件企业全球化则相对较少。目前国内软件企业的国际化通常有以下四种模式：进行委托加工的软件外包模式，拓展海外销售市场的营销扩展模式，在海外设立研发和销售中心的研发和销售并重模式，通过合资、并购、上市的资本运作模式。

营销扩展模式、研发和销售并重模式、资本运作模式的门槛较高，除了华为、中兴、金蝶、用友等少数企业初步获得成功外，这三种模式对于其他企业不具有普遍意义。因此，利用自身优势采用软件外包模式应该是中国软件企业国际化的第一步。

3. 软件服务外包有利于双方的共同演化

共同演化的概念来源于生物学，是指发生在两个或多个相互依赖、单一的物种上的持续变化，导致其演化轨迹相互交织，相互适应。"共同"并不一定强调时间上的同步，而是强调必须存在一种相互的反馈机制，这种反馈机制传递的信息可能存在时滞。"演化"是指彼此的影响能够促使双方的适应性特征发生变化。图1-11以日本和中国间的软件外包为例，分析了软件外包过程中的共同演化。另外，该图也揭示了创新与制度体系之间共同演化的重要性。20世纪90年代，日本创新速度的减缓就是因为创新与制度体系之间没有共同演化关系，创新无法适应制度体系从工业社会模式向信息社会模式的转变。

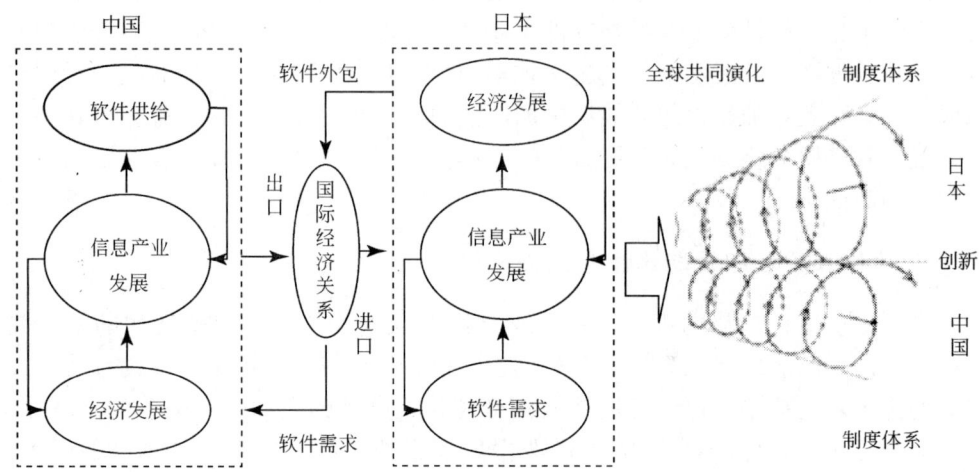

图 1-11　日本与中国软件外包关系中的共同演化

资料来源：Zhao Weilin, Chihiro Watanabe. 2008. A comparison of institutional systems affecting software advancement in China and India: The role of outsourcing from Japan and the United States. Technology in Society, 30（3）：429～436

第四节　服务外包环境中的软件企业成长

一、软件企业成长要素

软件产业是典型的高科技产业，具有创新推动、短暂的产品和技术生命周期、高度知识技术密集性和全球市场特性特点，是"大脑产业"。软件企业成长发展具有高固定成本、低边际成本带来的规模效益，标准和网络外部性带来的先行者优势，迅速的技术创新和高的市场开发成本带来高的经营风险，软件系统性和应用复杂性带来软件产业链上的竞争和合作并存的市场结构等。这些特点决定了软件企业的成长机制有别于其他企业。

软件企业成长需要三方面的要素：外部环境要素、内部资源要素以及过程要素。外部环境要素主要包括潜在市场规模、产业政策、技术特征、经济技术基础设施和地域特征。内部资源要素主要指营销技能、人力资源、技术创新能力、融资能力以及组织管理和企业文化等。过程要素主要包括发展愿望、战略制定、战略实施和战略控制等，如表1-8所示。软件企业成长要素之间的作用机制如图1-12所示。

表 1-8 软件企业成长要素

外部环境要素	潜在市场规模	潜在市场规模取决于产业发展潜力和企业的市场竞争地位。产业技术优势和企业自身在技术创新方面的核心能力是软件企业潜在市场规模的决定因素，其中产业技术优势的影响更为深远
	政府直接支持和产业政策	政策主要包括三方面：环境面政策、需求面政策和供给面政策
	技术特征	包括技术标准、技术生命周期和技术垄断性等，其中技术标准是专业化分工协作、规模化生产的前提，是企业内部与外部产品技术协调的依据
	经济和技术基础设施	包括风险资金的可获得性、产业集群化程度、公共网络技术支撑平台、交通供电通信等公共基础设施、软件园和孵化基地能力建设、企业信息化建设水平等
	地域特征	包括软件企业生态居住环境、区域和发展水平、产业集群化程度
内部资源要素	营销技能	包括营销人员的创造性、关系营销技巧、渠道扩展和融合能力、全球营销能力等
	人力资源与激励能力	包括以有效的招聘方式吸引人才、建立和谐融洽的企业文化氛围和有魅力的激励手段、巧妙应对和合理利用人才高流动特性，确保纳新和留住关键性人才，如高端软件技术人才、熟悉行业知识和行业市场的行业专家、有经验的营销人才
	技术创新和项目管理能力	高端软件产品开发上的技术优势，基于具体行业知识的行业优势。
	风险资金和融资能力	软件企业的投融资能力一般取决于资本市场的发达程度、风险投资体制及软件企业自身的业务特点、发展方向、经营管理能力等
	组织管理和企业文化	实行以"人本管理"为核心扁平化的弹性组织结构，建立科学规范化的管理制度，营造和谐创新、团队协作的优秀企业文化是软件企业永葆青春活力的前提条件
	合作活动能力	产业链上不同定位企业之间存在着开发合作需求和市场合作需求，开发合作需求使软件企业能够专注于自己关键特长的技术领域、降低开发成本、填平技术或人力资源缺口；市场合作需求加快市场进入速度，获得先行者优势，还能够低成本地加强市场渗透，创造市场容量
过程要素	发展愿望	发展愿望直接体现在富有开拓进取精神的软件企业家及其管理团队身上
	战略制定	软件企业在创业初期必须根据外部环境和自身资源、技术特点进行自我定位，制定最初的企业发展战略
	战略实施	在战略实施过程中不断积累、培养和更新自身核心技能
	战略控制	当出现新的技术趋势和市场机会，或者分析企业实际成长效果出现偏差时，企业需要修改战略或制定新的战略。整体企业在这种"灵活地再循环"过程中得到扩张，能力得到提升
	战略创新	软件产业的创新推动性和市场环境多变性，要求软件企业以技术优势为基础的战略创新必须贯穿整个战略管理过程

资料来源：根据"软件企业成长机制与成长制约因素分析"整理．山红梅．2007．科技管理研究，27（2）：62~65

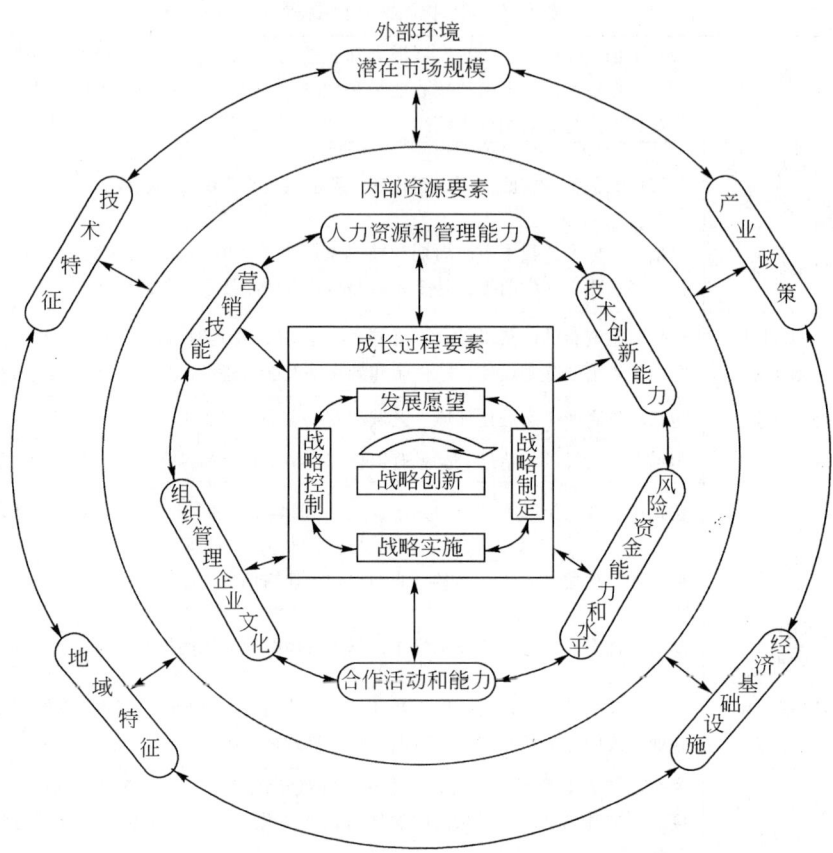

图 1-12　软件企业成长要素之间的作用机制

资料来源：信息产业部软件与集成电路促进中心.2008.软件企业成长机制与成长制约因素分析（简版）

二、中国服务外包环境中的外部成长要素问题

（一）市场规模

潜在市场规模取决于产业发展潜力和企业的市场竞争地位。产业技术优势和企业自身在技术创新方面的核心能力是软件企业潜在市场规模的决定因素，其中产业技术优势的影响更为深远。

中国 IT 服务外包市场属于极度分散型市场，市场上虽然充斥着数千家外包商，但是其规模实力和服务能力差异巨大。国际级的 IT 服务外包商凭着其国际经验、品牌知名度、资金规模等优势在国内 IT 服务外包市场一直具备竞争强势。中国市场上的 IT 服务外包商前几名绝大多数都是外资企业，如 IBM、HP、CSC

等。中国 IT 服务外包市场自 1998 年起步，经过六七年的发展，2004 年中国 IT 外包市场容量为 4.38 亿美元，占整体服务市场的 9.9%。市场规模仍处于起步阶段。

从行业来看，2000 年以前国内 IT 服务外包的客户都是外资企业在中国的分支机构，2000 年以后才有国内企业选择接受 IT 服务外包。目前国内客户主要集中在金融、电信、制造等重点大企业。

从经济学角度分析，导致国内 IT 服务外包市场不成熟的原因主要来自两个方面：

1. 需求方面

中国信息化发展速度虽然很快，但社会总体信息化程度依然较低，企业，特别是众多中小企业用户对信息技术系统的依赖仍然相对较弱，所以中国 IT 服务外包市场的全面兴起必然有赖于社会和企业总体信息化水平的提高，有赖于国内中小企业用户需求的启动。许多企业不愿将其 IT 服务外包出去的另外一个原因是中国本土的人力成本比较低，一些低端的 IT 服务在企业内部就可以解决。当外包成本高于自己设立 IT 服务公司时，企业会选择后者。况且，这样还可以解决就业问题。因此只有当 IT 技术深入到企业的核心业务，影响企业的决策和发展，而企业对 IT 环境的可靠性、可用性和快速适应性提出了越来越高的要求的时候，随着市场化进程的不断深入、竞争的进一步加剧，使企业控制 IT 成本的压力越来越大的时候，企业的外包才会成为主流。

中国 IT 外包服务市场的全面启动还要克服用户对外包的片面认识问题，由于缺乏一个合理的行业规范，更没有政策依据，企业对 IT 服务外包的益处、作用、分类和具体内容的了解不够深入等因素，都限制了 IT 外包服务市场的成熟和发展。中国人习惯了"麻雀虽小，五脏俱全"的做法。由于习惯、对信息安全的担心、难以接受收费服务形式等因素的影响，很多企业也倾向于将资源控制在自己手中。因此，国内企业对 IT 服务和外包概念的认识仍需要突破。

2. 供给方面

国内 IT 外包服务市场目前相对分散，仍缺乏绝对的主导者。调查显示，即使是国内占据头把交椅的 IT 外包服务商 IBM，其市场份额也不到 10%，无法实现规模效益和利润，亏损的交易屡见不鲜，如上海通用项目，IBM 是亏损的，同样，HP 在上海通用项目上也不赚钱。这种状况一定程度上限制了更多服务商进入市场。

低端 IT 外包服务市场进入门槛很低，众多规模小的公司进入 IT 外包服务领域，加剧了市场竞争。由于对 IT 外包服务市场挖掘不深，使得许多服务商无法得到合理的利润,反而为规模的膨胀而不断付出增购技术设施的代价。由于国内IT服务外包仍处于起步阶段,市场上缺乏非常专业化的服务提供商,所提供的服务往往不能满足企业的需求,也削弱了客户对该业务的接受程度和需求。Gartner公司研究报告显示,目前80%的大型外包项目都没有达到合约目标。因此,如何确保服务质量、不断增强服务能力,也成为开拓这一市场的关键。

另外,由于整个市场缺乏主导厂商的引领,没有在如何帮助客户降低成本,并提高竞争力等方面形成一个合理的行业规范,再加上缺乏政策依据,从而限制了IT服务外包市场的进一步成熟和发展。此外,由于盗版、社会心理认同低、政府采购不规范等多种原因,用户忽视软件价值和"重硬轻软"现象仍较普遍。据统计,中国在硬件和网络上的投资与在软件和咨询服务上的投资比例为6:4,而发达国家一般为3:7。尽管潜在市场的需求很大,但在现实市场中的实际需求非常有限,支持产业持续发展的市场驱动力不强。

(二)产业政策

政府直接支持表现为政府对软件企业的资金投入,由于国家对软件采取了"政策引导,多方投资"的产业发展模式,因此优惠的产业政策更为重要。政策主要包括三方面:一是环境面政策,如税收和财政激励、金融政策、反盗版和知识产权保护体系等;二是需求面政策,如政府采购法规政策和进出口管理;三是供给面政策,如软件人才教育培训体系和相关产业服务体系。

目前,中国已经初步形成扶持服务外包发展的政策体系。2006年公布的《国民经济与社会发展第十一个五年规划纲要》明确指出,要"加快转变对外贸易增长方式","建设若干服务业外包基地,有序承接国际服务业转移"。2007年《政府工作报告》也强调,要"大力承接国际服务外包,提高中国服务业发展水平"。按照这个要求,《国务院关于加快发展服务业的若干意见》、《国务院关于印发鼓励软件产业和集成电路产业发展若干政策的通知》出台了,国务院办公厅下发了《振兴软件产业行动纲要》,商务部等相关部委下发了《关于实施"千百十工程"的通知》,财政部、国家税务总局、商务部、科技部《关于在苏州工业园区进行鼓励技术先进型服务企业开展试点工作有关政策问题的通知》和财政部、国家税务总局、海关总署《关于鼓励软件产业和集成电路产业发展有关税收政策问题的通知》等一系列文件也相继出台。

2006年商务部开始实施服务外包"千百十工程",截至2007年10月底,商务部已经会同科技部认定了2个中国服务外包示范区——苏州工业园区、无锡太湖保护区;认定了11个中国服务外包基地城市(简称基地城市),分别为:大连、成都、上海、西安、深圳、北京、天津、南京、杭州、济南、武汉,各基地城市分别出台了促进服务外包发展的有关政策。

2006年12月31日，财政部、国家税务总局、商务部、科技部联合下发了《关于在苏州工业园区进行鼓励技术先进型服务企业开展试点工作有关政策问题的通知》，通知明确，扩大苏州工业园区高新技术企业的认定范围，对园区内符合规定条件的从事软件研发及服务、产品技术研发及工业设计服务、信息技术研发服务、信息技术外包服务以及技术性业务流程外包的技术先进型服务企业，可认定为高新技术企业，并享受相关的税收优惠。

根据商务部下发的《关于实施"千百十工程"的通知》，国家将在服务外包人才培训、支持服务外包企业做强做大、大力开展"中国服务外包基地城市"建设、创建中国服务外包信息公共服务平台、鼓励和支持中西部地区发展服务外包业务、完善服务外包知识产权保护体系、积极有效开展服务外包投资促进工作和做好服务外包业务的统计工作等方面给予政策、资金支持。

在人才培训方面，在商务领域人才培训资金中，安排服务外包公共培训专项资金，主要用于支持大学生增加服务外包专业知识和技能，鼓励服务外包企业新增大学生就业岗位的各类人才培训项目，重点培训大学应届毕业生和尚未就业的大学毕业生，以及服务外包企业新入职员工，力争在5年内培训30万~40万承接服务外包所需的实用人才，吸纳20万~30万大学生就业，有效解决服务外包产业人才短缺和大学生就业问题。

在支持服务外包企业做强做大方面，鼓励服务外包企业取得国际认证。对符合条件且取得行业国际认证的服务外包企业给予一定的奖励，并采取有效措施支持其国际认证的维护和升级。为服务外包企业发展提供政策性贷款和相关服务。支持服务外包企业大力开拓国际市场承接国际（离岸）服务外包业务。对符合条件的服务外包企业进入国际市场开拓活动可根据《中小企业国际市场开拓资金管理办法》的相关规定给予资金支持。

在大力开展"中国服务外包基地城市"建设方面，商务部、信息产业部、科技部将选定一批具有服务外包发展基础和增长潜力的中心城市为"中国服务外包基地城市"，在宏观政策、规划设计、人才培训、招商引资、综合协调等方面给予支持，并设立专项资金，支持基地城市的建设。国家开发银行与商务部合作，对基地城市根据服务外包产业发展需要进行的服务外包技术支撑公共服务平台建设、公共信息网络建设、基础设施和投资环境建设提供政策性贷款。

目前，实施软件振兴的国家战略认识上能统一，但是执行中政策、资金等资源相对分散，未能形成支持软件产业发展的有效合力。国家支持软件与信息服务业发展的措施依然停留在政策层面，持续性和稳定性差，难以适应WTO和依法行政环境下产业发展的需要。已有的政府采购、投融资、装备、软件出口等重要政策落实不到位，地方在落实18号文件《鼓励软件产业和集成电路产业发展的若干政策》规定的税收政策上存在着不平衡的现象。以信息技术改造传统产业的鼓励性政策缺乏，对行业应用的引导和支持在深度和广度上力度不够。因此，政府优惠政策的有效落实仍是重要制约因素。

（三）经济基础设施

经济基础设施包括风险资金的可获得性、产业集群化程度、公共网络技术支撑平台、交通供电通信等公共基础设施、软件园和孵化基地能力建设、企业信息化建设水平等，其中，风险资金的可获得性是目前遏制中小企业发展的主要因素。

中小型软件企业，依托国内特别是华南如火如荼的信息化市场在这几年中成长起来。他们起家时一般只有几个人，几台机器，十余万元，以研发、推广各类管理软件为主，靠找关系、接项目为主，取得了资本的原始积累。在维持企业基本生存的同时，也在时间的推移中逐渐成长起来，并具备了一定的规模。但随着这些年市场的成熟，尤其是服务外包市场的发展，竞争愈加激烈，强者更强，弱者越弱。在服务外包市场中，中小企业既想有所突破，又怕原有的一点优势丧尽；想坚守并再深入，又缺乏资金和人才的推动。

目前中小软件企业融资主要有三种方法：一是找投资公司，作为新兴的高利润公司，不少投资者表示感兴趣，但鉴于高利润所伴生的高风险，吸引投资并不容易；二是由政府设立专门的基金，但这方面的投资金额小，条件也非常严格；三是IT行业内部注资或并购，但这方面的量更小。在实际的投融资过程中，这三种方法都会产生一定的问题：一是软件企业为了能适应投资的要求，往往会削足适履；二是投资和融资两方一般处于不同的行业，在企业文化、运作方式上隔阂，在管理上的冲突让双方付出了更多的代价；三是中小软件企业的规模比较小，营业收入规模小，难以成为投资企业的主营产业，属于边缘性资产，一旦投资企业调整自己的产业架构，其产业一定就会首当其冲被剥离开。业内就有软件企业被多次转让的境遇，这一切都给软件企业的发展带来更多的未知问题。

第二章 软件服务外包市场

第一节 全球软件服务外包市场的形成与发展

美国 Electronic Data System（EDS）公司被公认为是第一家从事软件服务外包的软件公司。20 世纪 60 年代，它曾为菲多利（Frito-Lay）、蓝十字（Blue Cross）和蓝盾（Blue Shield）提供各种数据处理服务，但是它同其他企业一样，直到 80 年代后期软件外包市场正式形成后才开始逐渐壮大。

1989 年，美国 Eastman Kodak 公司将其主要 IT 项目外包给 IBM，这笔大额交易标志着软件服务外包市场的正式形成。随后，British Aerospace、British Petroleum、Canadian Post Office、Chase Manhattan Bank、Continental Airlines、South Australian Government、Swiss Bank 等各国大公司纷纷效仿 Eastman Kodak 公司的做法，将软件项目进行外包。它们的效仿不仅显示了软件服务外包的发展速度，也说明了软件服务外包的范围不再仅限于美国本土，更多的国家开始参与软件服务外包市场。

一、软件服务外包市场的构成

如今全球化的外包市场主要由两部分构成，作为发包方的美国、欧洲和日本，以及作为接包国的印度、爱尔兰和中国。

（一）主要发包市场

全球软件外包市场中，美国、欧洲和日本是主要的需求方，美国约占发包市场 65% 的份额，欧洲约占 15%，日本约占 10%。这三个地区软件外包市场的发展经历大致相似，下面以美国为例讲述发包市场的发展历程。

美国软件服务外包市场主要经历了三个阶段：

第一阶段（20 世纪 60～80 年代），美国软件公司接受本国软件外包项目。60 年代，价格昂贵的计算机经常超出很多公司的预算，因此一些公司选择与服务柜（Service Bureaus）、系统屋（System House）或者其他 IT 外包卖方签订外包合同。70 年代，标准化的应用软件产品进入市场，因为标准软件不是为某个客户专门定制的,所以需要特殊定制的客户不得不继续与软件外包公司签订外包合同。到了 80 年代,软件外包成本低于企业自己开发的成本,管理者开始视软件为"日用品",在柯达公司将这理念彻底付诸行动后,软件外包市场开始蓬勃发展。

第二阶段(20 世纪 90 年代),有能力管理离岸关系的软件公司,将非核心业务外包给其他国家的软件公司,开始向发包国转型。美国软件服务业的高速增长,造成了美国国内软件人才的严重短缺。过高的本地软件人才成本,使美国需要从海外进口大量软件服务,将软件测试与维护等非核心业务外包给第三方国家,削减成本。

第三阶段(21 世纪初),软件公司开始与离岸承包商建立战略联盟,组建专门的离岸信息服务中心,或者全资组建本地化离岸服务中心,加强信息传递与业务协调。

虽然有相似的发展历程,日本式软件外包与欧美式软件外包仍具有很大的差异。日本软件外包项目一般先由日本企业承包,经过分解之后,将其中技术含量较低、人工需求量较高的加工型业务分包给其他的承包商。这些业务人员规模和项目复杂度相对比较小,对外包服务供应商的规模要求不高。美国软件外包一般以整体外包的方式提供给承包商,也就是发包方提出需求后,要求承包商分析需求并提出解决方案、完成系统设计、详细设计、分解模块、模块的工程实现、需求修订、实施更正、测试、系统集成、现场安装和售后服务等一系列工作。也正因为如此,美国的软件外包项目常常含有一些技术含量较高的工作,要求承包商具有一定的规模和开发大型项目的经验。

(二) 主要接包市场

1. 印度

印度软件业起步于 20 世纪 80 年代中期,时至今日,其发展历史并不算长,但其软件产业的成长力却是惊人的。据印度软件和服务厂商协会(NASSCOM)统计,整个 90 年代印度软件产业每年以 46.5%~66.5% 的速度增长,远远超过世界软件业 15% 的年增长速度。软件业产值从 1988~1989 年度的 2000 万美元一跃增长到 1999~2000 年度的 56.5 亿美元。

迅速成长的印度软件外包市场大概经历了两个发展阶段:

第一阶段,20 世纪 80~90 年代中期的专业代工(body shopping)。80 年代,美国和欧洲各国出现了个人电脑普及的高潮,随之而来的是局域网的流行和大众 BBS 网络的兴起。印度抓住这个机遇,利用语言相通的优势,向美国派出大量的工程技术人员,一边学习美国的软件技术,一边提供技术产品和劳动,获得了印度软件产业在美国的最初业务机会。80 年代后期,国际卫星通信开始普及,西方公司开始普遍采用雇佣廉价的印度人才开发应用软件的模式。进入 90 年代,随着海湾战争和冷战的结束,美国开始实行以知识经济为基础的新经济政策,军用工业转为民用工业的重点就是以互联网为基础的通信技术和太空技术,印度再次抓住机会,输出大量的软件劳动力。

第二阶段,20 世纪 90 年代后期~21 世纪初的离岸服务。20 世纪 90 年代,在全球产业链重组、制造业与服务业国际转移加速的大背景下,西方的大公司纷纷把一部分业务外包给发展中国家。由于信息技术的迅速发展以及互联网的广泛应用,又恰逢"千年虫"危机和欧洲统一货币,国际软件业务急增,印度的软件产业借此机会迅速成长、壮大,出现了 InfoSys、Wipro、TCS(塔塔)和 Satyam(萨帝扬)等国际著名的软件公司。

经过多年的发展,印度软件外包市场已经形成了如下特点:一是客户多为大型企业,印度软件企业瞄准全球重要的北美市场、欧洲市场,拥有一批像美国通用、波音那样的著名大客户;二是企业规模大,印度目前软件公司中 5000 人以上的公司 16 家,10 000 人以上的公司 6 家,而且大多已走出国门,目前,印度软件企业在欧美国家有上百家分支机构;三是发展速度快,一些大的软件公司,人均产值近 5 万美元,在公司近万人规模的基础上仍能保持 40%~70% 的年增长速度,印度软件产业近 5 年的年均增长率高达 56%;四是管理能力强,印度的几家大软件公司,其软件项目按合同完成率高达 96% 以上,Wipro 更是达到了 99.3%。

印度软件外包业如此成功,应该归功于对质量的重视、软件技术人才的培养和政府的扶持。印度软件企业力争在每个角度、领域都能够做到最好的质量,它们在提交完成软件系统时会给客户演示每一个步骤的编程时间、修改时间、用到了什么技术等。这些细节为它们赢得了不少的客户。除了对质量的关注,印度软件企业还大力培养软件技术专业人才,储备了大量优秀人才。在信息基础建设方面,印度政府投巨资为软件企业和海外的研发机构、客户提供高速可靠的数据通信连接。为了促进软件出口,政府还成立了专门的中介服务机构,如印度全国软件和服务公司协会和电子与计算机软件出口促进会等。与此类似的一些科技园还设立自己的国际商务支持中心,以及时反馈来自美国的市场信息、加强本国公司与美国企业界的联系与沟通。这些机构都为印度软件业的发展做出了突出贡献。不光行动上有支持,在一些法规文件的制定上,印度政府也花了很大的力气。20 世纪 90 年代初就制定了《信息技术法》、《软件技术园区(SPT)计划》等法规,并成立软件科技园以促进印度软件的出口。此外政府还给予出口导向型软件公司五年的特别免税优惠,实施政府采购和促进消费政策,强制性购置国产 IT 产品。

2. 爱尔兰

根据欧洲市场20多种不同语言的实际需要，爱尔兰将自己定位为美国软件公司产品欧洲化版本的加工基地。吸引跨国软件公司和国际知名学府在国内建立研发和分支机构，实现国外软件产品本地化。

爱尔兰软件企业规模较小，软件企业原来大都从事软件咨询与服务业务，上百人的规模就算大企业。由于本国人口少、传统产业规模有限、市场需求也有限，爱尔兰较早地把软件产业发展的目光瞄准了国外市场，使自己的研究开发牢固地建立在国际市场的需求之上。大部分企业在为跨国公司提供咨询服务的后期，找到了自我发展的定位和机会，开始形成了一些产品或产品方向。由于爱尔兰从咨询服务转向软件产品开发时间还不长，对企业质量体系认证的重视程度远不如印度，但爱尔兰软件企业善于自我包装和宣传，其明显特征就是在公司名称前通常冠以"某某集团"，其资金主要来自私人资本、风险投资和少量政府资助。

爱尔兰根据本国软件人才资源的不同特点，发展中间件产品，接受外包代工订单（以软件工程、项目为主），主攻非品牌软件出口。其充分依靠与美国的特殊历史渊源关系，大量吸引以美国公司为主的技术与资金，包括微软、IBM、戴尔、英特尔和摩托罗拉等世界著名跨国公司在内的约上千家外国公司。同时，本国的软件开发也发展迅速。现在爱尔兰软件产业从业人员达3万余人，几乎占全国人口的1%。目前欧洲使用的各类软件，60%以上来自爱尔兰。

3. 中国

中国企业近年来才加入承接软件外包的竞争行列，属于全球软件外包市场的后起之秀。日本是中国最大的发包市场，约占60%。这与文化相近、长期合作、地理位置等优势相关，印度、越南等竞争对手难以仿制。欧美出于防范风险、降低成本和开拓中国市场的需要，也将有意分流订单到中国。同软件外包大国印度相比，中国软件行业的人力成本优势明显，仅相当于印度同类人员的40%。因此尽管中国软件外包业务启动比较晚，但一直呈高速增长态势，被公认为是新兴的国际软件外包中心。

二、全球软件外包市场的发展趋势

1. 交易规模扩大

交易规模的扩大主要表现在两个方面：一是外包的金额增大，二是外包的工作岗位增多。根据美国商务部发表的统计数字，2003年美国公司外包的一些呼叫中心及数据输入工作的总价是773.8亿美元。据估计，全球各行业的外包市场已经从 2001 年的 1500 亿美元增长到 2004 年的 3000 亿美元，其中仅软件服务跨境外包市场就以平均每年 29.2% 的速度增长。目前，工作流向较低劳动力成本国家的数量急剧增加。据美国从事信息技术研究的 Forrester 研究公司的最新估计，2000 年以来美国大约向外流失了 40 万个服务业工作岗位。

2. 业务范围拓宽

为了专注核心业务，许多公司不仅将数据输入、文件管理等低端服务转移出去，而且还将风险管理、金融分析、研究开发等技术含量高、附加值大的软件业务外包出去。目前，新的领域正在全球范围内出现，初步可划分为以下四类：

IT 应用服务外包　把企业的信息化建设工作交给专业化服务公司来做，包括应用软件的开发与维护、系统集成和咨询。

业务流程外包　指企业将一些流程或职能外包给供应商，并由供应商对这些流程进行重组，比如人力资源、财务、采购和客户支持中心等。

IT 基础设施服务　涉及 IT 基础运营的硬件、软件、相关配套设施和人员的离岸与外包，内容包括数据中心、网络、服务器和大型主机的运营与管理以及桌面与用户支持等服务，如 SaaS 模式。

设计研发服务　指和产品开发相关的设计与研发离岸外包活动，包括产品的概念设计、计算机辅助设计、嵌入式软件的设计开发、产品开发、测试与本地化等活动。

其中，IT 基础设施服务和设计研发服务将成为推动离岸外包继续飞速发展的新动力。随着通信成本不断降低以及电信基础设施不断改善，人员成本在 IT 基础设施运营中的比重不断提高，领先的跨国企业纷纷开始将 IT 基础设施服务在全球范围内进行离岸外包，由此节省的 IT 基础设施运营成本可能达到 30%，节省的人力成本则最高可达 60%。与此同时，设计研发服务向发展中国家进行离岸也正成为另一个新兴潮流，跨国企业正在将设计研发向东欧、印度、中国等地进行转移。离岸目的国将在本国乃至面向全球市场的产品设计研发中发挥日益重要的作用。

3. 参与群体增多

外包客户的范围不断延伸，外包承接国不断增加。目前，软件服务外包不仅局限于发达国家和一些大型跨国公司，发包市场还延伸到发展中国家和一些中小企业，它们同样为了降低成本将部分业务进行外包。与此同时，外包服务的承接国家也越来越多，一些发展中国家纷纷参与到承接国际服务外包的竞争行列中来，如中国、印度、韩国、菲律宾、越南等。

4. 离岸方式趋势明显

软件离岸服务外包可以使企业拥有丰富的人力资源，帮助企业跨时区建立

24小时生产线对核心部门提供资源支持，致使越来越多的服务外包以离岸方式进行。世界上最大的1000家公司中，大约70%的企业尚未向低成本国家外包任何业务。如今，全球离岸外包市场呈现四个发展趋势：第一，越来越多的企业开始寻求离岸外包服务，财富500强公司中一半在印度使用外包服务，印度目前占据着50%的离岸外包市场；第二，离岸外包的项目规模越来越大，现在一个典型的离岸外包项目的成本是2500万美元，而在2001年离岸外包项目的成本仅为100万~400万美元；第三，离岸外包地的范围越来越广，使得中国、俄罗斯、越南等国家也快速成为离岸外包服务的提供国；第四，全球离岸服务外包的潜在市场规模巨大，已达4650亿美元，其中IT应用服务、业务流程外包、IT基础设施服务和设计研发服务潜在市场分别为900亿美元、1700亿美元、850亿美元和1200亿美元，到2010年潜在市场规模可望增长到6000亿美元。目前，在4650亿美元的潜在市场中，仅有约9%实现了离岸外包，分别为IT应用服务170亿美元、业务流程外包100亿美元、IT基础设施服务10亿美元和设计研发服务120亿美元。由此可以看出，软件离岸外包行业仍拥有巨大的发展潜力。

第二节 中国软件服务外包业的发展趋势

一、中国服务外包的发展现状

近年来，中国服务外包从无到有，规模不断扩大、领域逐步拓宽，业务范围主要涉及电子信息产业、生产性服务业以及文化创意产业，服务对象涉及日、韩、欧、美、印度等。在全球服务外包市场分布中，中国所占市场份额还比较小。2005年中国软件外包出口的总量大约为9.6亿美元，仅占全球软件外包出口总额的2.3%，其他外包服务业的市场份额则更小。在上海、北京等城市形成了一批外包产业集聚、经济效益显著的国际服务外包园区；本土外包企业迅速成长，逐步改变了最初以外资企业为主的格局。

2007年，中国的软件与信息服务外包市场规模达到了152亿美元，其中ITO市场规模约为90.4亿美元，BPO市场规模约为61.6亿美元。中国软件外包主要对象是日本，日本发包方一般都经过总包、二级承包等中间环节，当软件分包到中国软件企业时，业务往往是属于ITO的代码服务。另外，目前中国大部分软件服务外包企业从事的是ITO业务，从事BPO业务的企业相对较少，并且BPO企业中，BPO业务占70%以上的企业比例更小，仅为9.8%，如图2-1所示。因此，ITO市场规模高于BPO市场规模。

ITO各细分业务中，从业企业数量最多的是软件开发，其次是软件测试、软件产品支持业、应用实施、系统集成、IT咨询、IT培训。在BPO细分业务中，

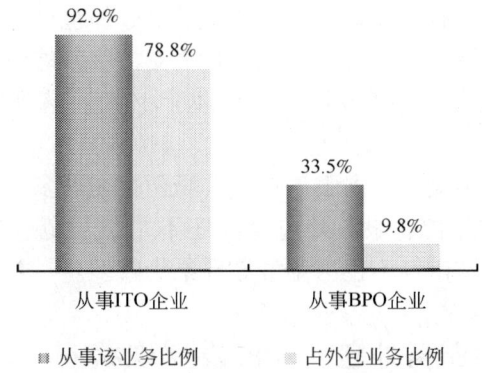

图 2-1 2007 年 ITO/BPO 业务比例
资料来源：信息产业部软件与集成电路促进中心．2008. 2008 年中国软件与信息服务外包企业发展调研报告（简版）

从业企业数量最多的是涉及营销销售的外包业务，其次是涉及人力资源管理外包业务、客户关系管理外包业务、财务管理外包业务、研发外包业务、采购外包业务。可以看出，目前业务流程外包主要集中在金融与财务、人力资源、供应管理、特定行业流程四大关键领域中，供应管理很有可能成为中国企业的第一突破口。

为推动中国服务外包业的发展，国务院已在"十一五"规划纲要中明确提出要在全国建设若干个服务外包基地，有序承接国际服务业转移。商务部 2006 年开始启动了承接服务外包的"千百十"工程，确定的首批五个服务外包基地城市，分别是大连、西安、成都、上海、深圳；2007 年初，天津、北京、南京、杭州、武汉和济南被认定为第二批"中国服务外包基地城市"。首批五个基地城市服务外包业务发展的规模、水平和方向各有特点。但是，中国承接国际服务外包的发展还存在以下一些突出问题：

第一，人才资源结构不尽合理。中国虽然拥有许多高校，具有丰富的人才储备，但人才结构并不十分合理。以软件产业为例，目前软件产业对人才的需求呈金字塔形结构，而软件人才结构则呈"橄榄形"，位于产业上层的软件架构师、系统设计师严重短缺，属于产业基础的软件蓝领非常稀少，而处于金字塔中层的系统工程师相对过剩。

第二，布局分散难以形成集聚效应。产业集聚能够产生显著的经济效应，服务外包也很讲究规模效应，但目前中国服务外包发展布局比较分散，企业规模小，缺少龙头企业和知名品牌，缺乏规划布局引导政策，承接与开发大型服务外包项目的能力不足，集聚效应受到较大制约和影响。

第三，缺乏必要的政策扶持。服务外包的发展涉及宽领域、多部门，需要完善的配套措施进行产业支持。从外包企业的工商登记政策、人才政策到税收政策、财政政策等,需要有一整套的优惠政策对服务外包进行扶持。目前中国还没有相关配套的扶持政策,虽说目前中国有政策支持服务外包的发展,但是这些政策仅涉及某一领域,加之有些政策(如税收)又无法落到实处,政策效应很难体现。

第四,市场不够规范。中国服务外包市场还存在许多不规范的现象,如外包服务质量的监控还不到位、服务外包合同还不是很规范、履行合同也不是很严格、缺乏行业标准以及市场不正当竞争等现象仍较多。

二、中国软件服务外包企业的发展现状

中国软件服务外包公司的起源可以追溯到20世纪90年代中期。早期进入中国的跨国公司需要一批优秀的本土程序员实现软件的汉化,这个需求催生了中国早期的外包公司。博彦科技和文思创新等企业正是在为微软和IBM等跨国公司"打工"的过程中,积累了第一桶金。至今,它们仍是中国承接欧美市场外包业务的佼佼者。但那时,政府和业界尚未意识到这一领域的巨大增长潜力,软件服务外包企业并未受到重视。然而,随后印度软件服务外包的崛起改变了这一现状。2004年科技部启动了中国软件欧美出口工程。该工程是科技部为贯彻国家振兴软件产业的行动纲要、推进中国软件产业国际化而组织发动起来的一个系统工程。该计划的核心是,科技部每年扶持100家企业,帮助它们筹备出口资源,促进对欧美市场的软件出口。同年,中国软件外包市场实现了49.9%的增长,市场规模达到5.99亿美元。

中国软件服务外包离岸与在岸市场都具有很大潜力,预计到2010年,在岸外包市场规模将达到224亿美元,离岸外包市场规模将达到56亿美元。目前,中国软件服务外包离岸市场(仅指直接从海外获得的外包市场)规模小于在岸市场,日韩市场仍然是中国离岸软件外包的主体市场,占总体市场规模的51.8%,与2006年相比,以32.2%的增速稳步增长。图2-2对比了2007年和2010年(预测)中国软件服务外包产业内外需比例。

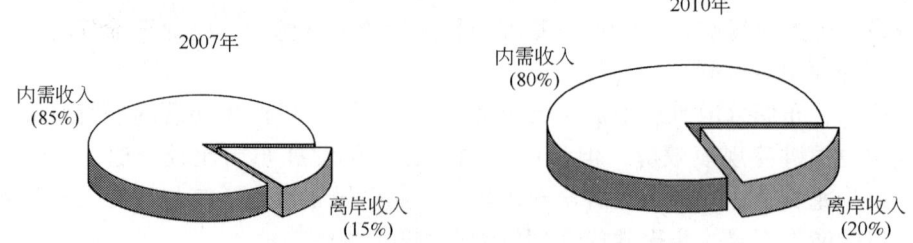

图2-2 2007年和2010年(预测)中国软件服务外包产业内外需比例

资料来源:信息产业部软件与集成电路促进中心.2008.2008年中国软件与信息服务外包产业发展白皮书(简版)

目前，中国软件服务外包企业总数达到 3000 家。其中，民营企业数量所占比例最大，其次是外商独资企业、合资企业和国有企业，如图 2-3 所示。总体来说，民营企业和外商独资企业是软件服务外包企业的主要形式。从企业成立时间来看，大多数企业历史较短，2000 年及 2000 年以后成立的企业占总数的 77.2%，并且大多从事的是新兴行业。

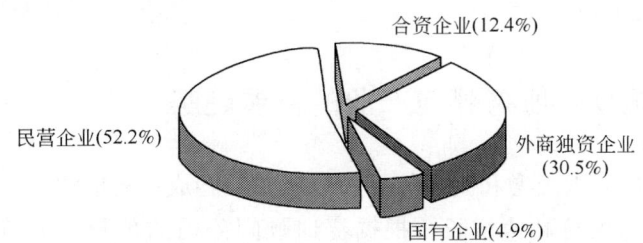

图 2-3　中国软件服务外包企业性质比例
资料来源：信息产业部软件与集成电路促进中心．2008．2008 年中国软件与信息服务外包企业发展调研报告（简版）

国内软件服务外包企业的数量虽多，但大部分规模较小，接包能力有限，相对地，企业抗风险能力较弱，追求短期利益的功利趋向明显。许多企业集中在比较明朗但却相对狭窄的市场中竞争，产品种类单一，产品质量不高。在承接软件与信息服务外包业务时，单个项目的合同金额普遍较小，只有少数企业能够承接 500 万美元以上大型服务外包项目合同。根据调研结果统计，单个金额在 1000 万美元以上的合同只占合同总数的 1.6%，金额在 500 万~1000 万美元的占 1.9%，金额在 100 万~500 万美元的占 7.7%，金额在 50 万~100 万美元的占 12.7%，而大多数合同的合同金额在 50 万美元以下，占总数的 76.1%，如图 2-4 所示。

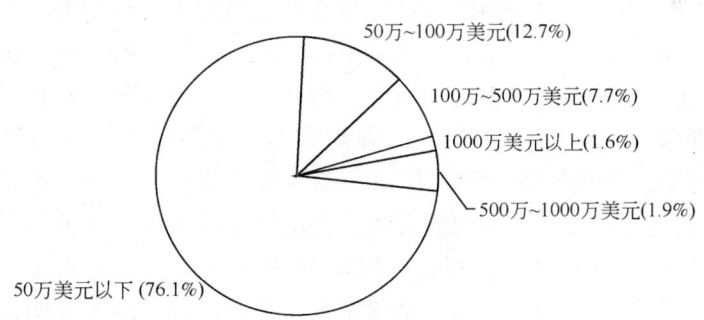

图 2-4　合同金额结构
资料来源：信息产业部软件与集成电路促进中心．2008．2008 年中国软件与信息服务外包企业发展调研报告（简版）

中国软件外包企业技术人才总体结构分布呈现两头小、中间大的橄榄形，即软件高端人才和低端人才短缺，缺乏优秀的软件人才和软件架构师。中国软件服务外包企业从业人员主要可以分为两大类：管理及销售人员，包括企业管理人员、项目管理以及市场销售人员几类；项目交付人员，包括项目实施人员、专业技术人员以及各类服务人员等类别。管理及销售人员占现阶段软件与信息服务外包企业总人数的 16%，平均年收入 28.5 万元，占企业总人力资源成本的 56.5%；项目交付人员占总人数的 84%，平均年收入约为 4.2 万元，占企业总人力资源成本的 43.5%。

三、中国软件服务外包产业的发展趋势

在国际外包需求激增和国内软件外包企业日趋成熟的前提下，中国软件服务外包市场将继续保持高速增长。根据赛迪顾问公司的预测，中国软件外包市场 2008~2012 年年均复合增长率为 35% 左右，而同期国内软件市场的增长率为 16.4%，软件外包成为中国软件企业实现规模化和国际化的推动力和利润来源。

1. 产业发展趋势

中国已经成为全球几个主要软件接包国之一，但由于中国软件外包企业规模还较小，难以占据市场份额，需要在规模上加以提升。软件属于规模性行业，没有大规模就无力承担较大的项目，规模效应是软件外包企业接单的决定因素。中国的软件外包企业规模尚不具有竞争力。与印度相比，中国大约有 8000 家软件服务供应商，其中员工少于 50 人的占 3/4，而印度的软件服务供应商不到 3000 家，至少有 15 家拥有 2000 名以上的员工。纵观发达国家软件产业的发展历程，在市场仍未成熟的时期，具备优势的软件企业将进一步扩大其优势最终形成一个比较稳定的竞争态势。目前中国软件外包企业通过资本运作的方式扩大规模的条件已经具备，通过兼并、重组等方式来全面提升企业的能力将成为国内软件外包商必然的选择，会初现资本和规模效应。与此同时，实力企业将在国外建立分支机构，增强国际竞争力。有规模、品牌优势和发展前景的软件外包企业将实施"走出去"战略，在境外设立研究开发、市场营销及服务机构，使其更贴近发包市场，为客户量身定做符合发包商习惯并且能够适应中国市场特殊要求的解决方案，使客户满意度达到最大。例如，2006 年用友在日本东京成立了分公司，软通动力在韩国市场专门设立了第一个离岸开发中心。种种迹象表明，未来将有越来越多的中国外包企业进入发包国市场，在国际市场上进行贴身的、全方位的竞争。另外，低端业务程序外包的恶劣竞争会摊薄承包商的利润，承包商需要不断提升自身的服务能力、管理能力以及专业性，为客户提供更为高端的服务，增加客户满意度，巩固自己的市场份额。因此，建设软件服务外包公共支撑平台，构建产业公共服务体系，充分发挥产业联盟的促进作用，推动企业合作和产业联

合，走集群化道路，是中国软件服务外包产业的必然趋势。

2. 地域市场发展趋势

从发包市场的地域来看，由于地缘优势，中国仍然会保持对日韩地区的外包优势地位。中国软件外包企业在日本市场已经建立起了良好的信誉和品牌，日本企业在发包时，已经在金融、流通、制造等领域尽量集中发包给固定的公司，以使中国各承包企业在某一领域通过知识积累增强专业性，发包量及发包层次也在不断提升。这使中国软件外包企业逐渐开始参与到解决方案设计的外包业务中，使中国企业承接到一些规模较大、系统相对完整的项目。高端项目的承接使得外包利润率正逐步提高。相反地，由于欧洲对于外包的态度一向小心谨慎，因此在短期内中国将主要承担二级承包商的角色。

从接包市场地域来看，软件外包业务加速向第二梯队城市转移。随着软件外包进入快速成长期，北京、上海、大连、深圳等一线城市已经很难满足产业发展所需的人才资源，产业加速向第二梯队城市转移，而天津、武汉、西安、长沙、成都、重庆等城市，有望成为软件服务外包发展的第二梯队。

全球软件服务外包是不可逆转的、发展迅猛的潮流，它将深刻影响和改变世界的旧有软件产业格局，包括资源的配置、经营活动的调整和经济利益的分配。而随着相关配套设施的完善、相关法规的健全、相关机构的建立，中国企业在全球软件服务外包市场将会扮演越来越重要的角色。中国软件外包一旦发展起来，将会更多体现出符合大国地位的特点，从而改变现有的全球软件外包状况。目前，软件外包主要是由跨国公司所主导，而各发展中国家在其软件产业成长过程中所面对的跨国公司是由不同国别、不同类型的跨国公司共同组成，这些跨国公司的利益与发展中国家建立自己一体化自立型产业的努力既对立又相互统一。中国在参与世界软件服务外包竞争发展外包的同时继承和发展原有的经济特点，在软件服务外包大国地位建立起来后必将体现出符合本国利益的特点，也势必会深刻影响和改变原有的全球外包竞争状况。

第三节　软件外包业的价值链构成与特点

一、软件外包业务流程

软件外包在经历了数十年的发展之后，国际上已经形成了一套严格的软件开发流程。一个软件的开发通常要经历需求分析、设计、编码、测试、交付、维护等几个阶段。需求分析阶段，软件开发者根据顾客提出的需求，对业务需求、用户需求、软件需求进行分析，通常在项目中至少要留出20%的时间用于需求分析，需求分析之后进入设计阶段。其中设计又包括概要设计、详细设计两个环节，在项目中至少要留出 20% 的时间用于设计。详细设计之后软件会形成一个个模块，然后进入编码阶段，编码是整个软件开发中最简单的一个环节。到了编码阶段，程序实际上就已经快要完成了，在项目中，编码的时间至多不超过 40%。编码结束后进入测试阶段，测试又是一个复杂的过程，包括单体测试、集成测试，期间还要编写测试工具，制定测试规则，其难度不亚于系统框架的制定。项目中至少要留出 20% 的时间用于测试。在软件投入使用之后还会涉及软件的维护。具体开发流程如图 2-5 所示。

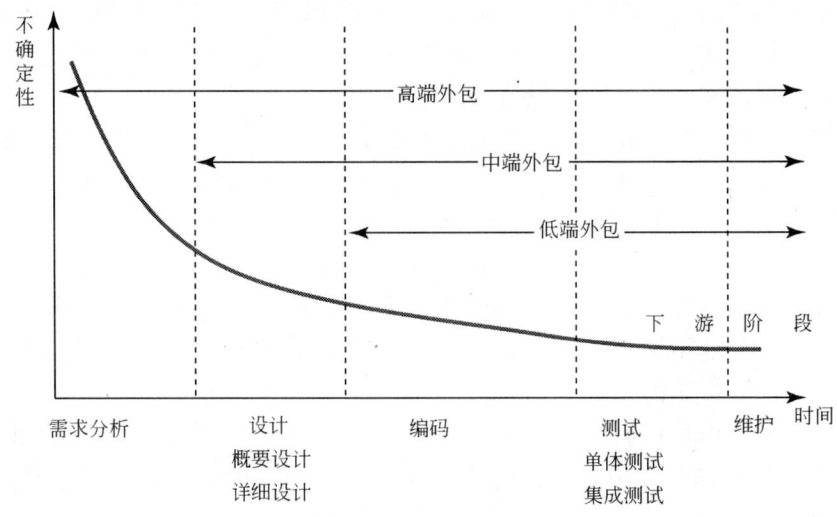

图 2-5　软件开发流程

通常软件外包项目可分为三个层次：第一层，低端的外包加工，承包商不参与需求分析和系统设计，仅负责其中整体系统某些子模块的编程，或将设计结果转换为可执行的程序代码；第二层，中端的外包加工，承包商不参与需求分析，只参与系统设计活动，包括概要设计和详细设计；第三层，高端的外包加工，承包商参与客户整个软件开发的全过程，包括需求分析、系统设计、软件编码，其中重点是参与客户的需求分析过程，包括问题分析和需求分析。

二、软件外包企业价值链构成

软件外包企业价值链与传统企业价值链有所不同，它的产品是数字化的软件程序，以信息的形式体现而不是传统的物流。因此，软件外包企业价值链只涉及信息流和资金流的流动。波特的价值链模型并不完全适用于软件外包企业，对软件外包企业价值链的研究需结合传统价值链与软件行业特性加以阐释。因此，结合传统价值链模型可以将软件外包企业的价值活动分为基本活动和辅助活动。如图 2-6 所示。

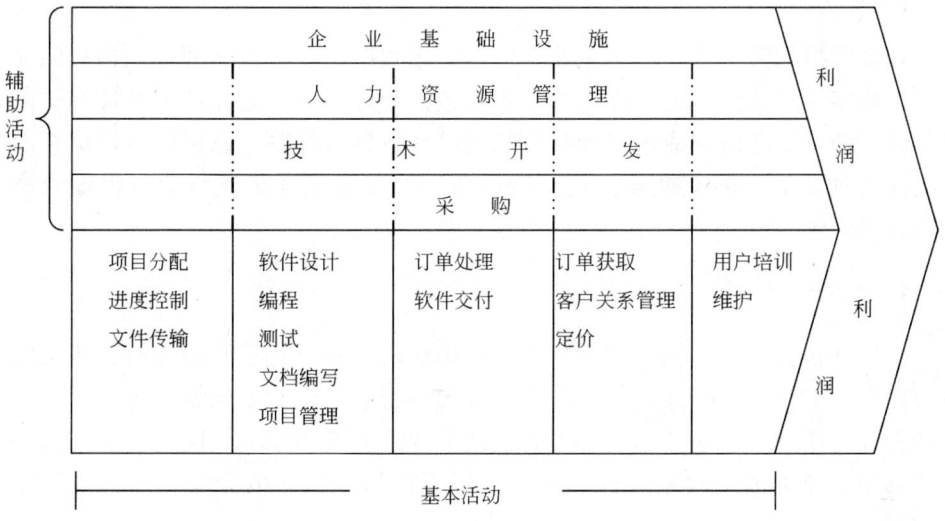

图 2-6　软件外包企业价值链模型

（一）基本活动

基本活动是涉及产品的物质创造及其销售、转移给买方和售后服务的各种活动。根据传统价值链与虚拟价值链模型，软件外包企业的基本活动可以划分为以下五种：

1. 内部虚拟物流

软件外包企业的产品是数字化的程序，不涉及传统产业中原材料搬运、仓储、库存控制、车辆调度等活动，软件外包企业的物流是虚拟的物流，是信息在互联网上的传输。该阶段是软件外包项目中各种信息资源向企业的流入，内部虚拟物流活动中主要涉及项目分配、进度控制、文件传输。该项活动通过影响经营活动的效率来影响顾客价值。

2. 生产经营

生产经营活动指与将投入转化为最终产品形式相关的各种活动。软件外包企业的生产经营活动主要包括软件系统设计、模块的开发、编程、测试、文档编写、顾客沟通、质量管理、项目管理等。软件的开发流程中的环节是软件外包企业的核心业务，项目管理和质量管理是外包项目顺利开展与产品质量的保证。生产经营活动是通过最终产品为顾客创造价值，产品的质量、完成效率都直接影响

45

顾客的最终价值。

3. 外部虚拟物流

外部虚拟物流指软件外包企业与发包商之间信息传输，外部虚拟物流传输的仍然是数字化的信息。外部虚拟物流主要包括对外部订单的处理和软件交付两项工作，这两项工作的完成可以通过互联网进行数据的传输，也可以通过信息的物理载体（如光盘）的交换来实现。该项活动通过对顾客响应与信息传输效率来影响顾客价值。

4. 市场销售

软件外包企业市场销售包括定价、订单获取、客户关系管理、销售机构的设置等内容。软件外包行业是典型的顾客导向型行业，企业需根据顾客需求进行软件的设计与生产，市场营销活动可有效地节约顾客购买成本，同时有效的营销活动能够使企业更加了解顾客的需求，提供更加适合顾客的服务，从而增加顾客价值。

5. 服务

软件外包企业的服务包括软件交付之后的程序维护及用户培训，其中程序维护又包括程序漏洞修改、根据客户需求进行的程序改进。为顾客提供良好的服务能够提升企业在顾客心中的地位，增强企业形象，提升企业竞争力，因此服务是价值链环节中较重要的环节。

（二）辅助活动

辅助活动是基本活动的支撑，并通过提供外购投入、技术、人力资源以及各种公司范围的职能以相互支持。点画线表示采购、技术开发都与各种具体的基本活动相联系并支持整个价值链，人力资源管理和企业基础设施通过整个价值链发挥辅助作用。辅助活动不直接产生价值，但却是价值产生的重要支撑。

1. 采购

采购是指购买用于企业价值链各种投入的活动。软件外包企业的采购主要体现在各个阶段计算机购买和网络服务的购买；生产经营活动中可能发生的固定模块的购买；市场销售活动中销售辅助设施的采购（如房屋的租赁），销售人员为销售活动出差费用和津贴；服务活动涉及的人员出差费用和津贴。采购活动是软件外包企业必须的成本花费，对采购活动的控制有助于企业全面成本管理，有助于形成企业成本优势。

2. 技术开发

此处的技术开发是企业所有活动技能的开发,而并非局限于软件开发技术本身。软件外包企业主要的技术开发在于系统的设计和操作规程的规范与创新。

软件外包企业技术开发活动主要体现在:生产经营活动中的系统设计、新操作标准的开发;市场销售活动中营销人员技能的开发,具体表现为客户挖掘能力、销售能力、沟通能力的提升;服务活动中服务程序与规范的制定与标准化。企业各方面技术的开发能够提升企业整体服务水平,从而提升顾客价值。

3. 人力资源管理

软件外包企业人力资源管理主要包括员工招聘、培训、考核、激励、报酬等活动。企业通过人员的招聘、专业培训等手段,提升员工整体素质,并通过员工素质的提高提升生产效率和产品、服务质量,增加顾客价值。同时,良好的企业激励机制有利于形成企业认同感并培养员工忠诚度,在增加员工为企业带收益的同时减少因企业人员流动带来的不良影响。

4. 企业基础设施

软件外包企业基础设施主要由总体管理、财务、会计、法律等活动组成,对公司的整体运作起支撑作用。

三、中国软件外包产业的价值链

从竞争角度而言,价值是买方愿意为企业提供给它们的产品所支付的价格。价值用总收入来衡量,总收入则是企业产品得到的价格与所销售的数量的反映。如果企业所得的价值超过创造产品所花费的各种成本,那么企业就赢利。价值链列示了总价值,并包括价值活动和利润。价值活动是企业创造对买方有价值的产品的基石,也是构筑竞争优势的基石,这些活动相互依存构成一个系统,利润是总价值与从事各种价值活动的总成本之差。

企业通常可以通过两种机制为顾客创造价值:一方面,企业在充分理解顾客是如何使用产品的基础上,通过分析企业的市场营销、发货及其他各种价值活动过程如何影响着买方成本,就可以找到降低买方成本的各种方法;另一方面,企业在充分了解顾客需求的基础上,采用与顾客相同的价值分析方法提升商品的实用价值和心理价值,就可以达到买方最理想的收益状态。无论在何种类型的市场上,顾客购买都基于上述两种基本的价值判断:支付最小化与产品差别。企业根据顾客的两种基本价值判断塑造企业的竞争优势:一是具备成本优势,一是实行差异化为顾客创造更多价值。图 2-7 表示了全球主要软件出口国成本、价值、利润的比较关系，中国软件外包企业位于图形中的第二象限，具有很强的低成本优势，但价值创造较少，获得的利润也较少。

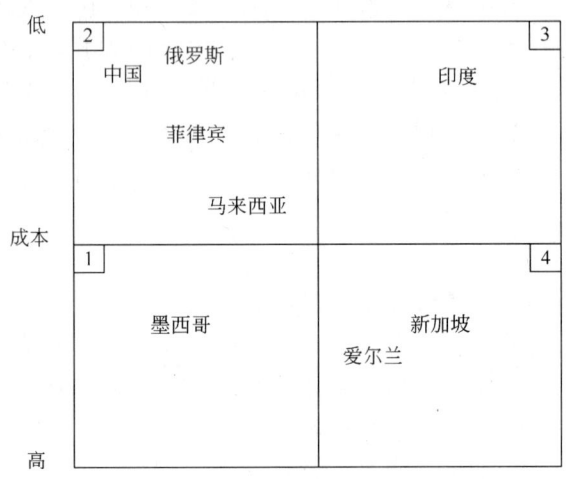

图 2-7　全球主要软件出口国成本、价值、利润对比
资料来源：周树林．2004．软件外包市场发展趋势分析．台湾财团法人信息工业策进会研究报告

中国软件外包企业的低成本优势来源于人力资源成本的低廉，软件外包企业成本的80%左右来自于人力资源成本，中国软件人才的成本较其他国家具有一定优势，平均成本不但比日本、美国等发达国家低很多，而且与印度同类人员相比仍低20%~40%。低廉的成本给中国软件外包企业来了竞争优势，使日本、欧美将软件外包项目转向中国。但是仅仅成本上的优势并不能给中国软件外包行业带来长远的竞争优势，Jenne X 和 Adelekun（2003）在其研究结果中指出，在全球软件外包服务中，成本并非像人们想象的那样是成功因素，而且，随着中国经济的发展，中国软件人才成本会逐渐上升，并且发包商还可以寻找比中国人力资源成本更低的国家，如越南。因此中国软件外包企业若想继续发展，只能通过提升价值创造能力，转向图中的第三象限。

软件外包属于劳动、知识和资本密集型产业，并且企业的发展受到传统行业的发展水平、政府产业政策、贸易等多重因素的影响。国内从事软件外包的企业发展时间短，对软件价值链的上游厂商有很大的依赖性，对国际市场的开拓能力有限，同时缺少软件的核心技术和标准。目前国内软件的外包基本上以软件开发外包为主，软件产品出口和软件服务外包所占比例很小，基本上位于国际软件产业价值链的最低端，软件的国际价值量被严重低估压缩，在国际软件市场竞争中处于被动从属的地位。

因此，中国离岸软件外包行业若想持续发展，不仅要依靠成本优势，更要依靠价值的创造。在价值创造方面，中国软件外包行业所创造的价值是离岸软件外包产业价值链中价值创造最低的，提升企业在整个产业价值链中的位置，对于中国离岸软件外包行业至关重要。价值的创造需要以价值创造环节为核心，其他环节共同协作来完成，软件外包行业的特点决定其核心价值活动是生产经营、人力资源、技术和市场营销。目前中国离岸软件外包行业在价值创造各环节上均存在很大的问题，主要体现在以下方面：

第一，生产方面，中国目前最大的外包市场是日本，但日本外包给中国的项目均是价值增值少、技术含量低、利润微薄的编码和测试业务，这导致中国软件外包企业业务以委托加工为主，不利于中国软件外包企业经验的积累和核心竞争力的提升。同时，中国软件外包企业自身生产过程管理不规范，质量控制不过关等问题使发包商对中国企业的实力产生质疑，不敢将重大项目交给中国，这严重阻碍了中国离岸软件外包行业向软件外包产业价值链高端的发展。

第二，人才方面，中国软件外包技术人才严重缺乏，尤其是高端系统分析人员和低端的编码人员。而且人才流动性大，中国软件公司中人员的更新率每年高达20%，高流动性使企业无法形成稳定的队伍，对企业长期发展很不利。员工普遍存在语言问题，缺少精通日语、英语而且技术过硬的软件人才。企业规模普遍较小，无法形成规模优势，对大型的外包单子望而却步。

第三，营销方面，由于缺少国外营销经验和精通国外文化与语言的营销人员，使得中国软件外包企业普遍守在国内等单子，这使得中国离岸软件外包行业的发展很被动，不能直接与国外终端顾客打交道，不但使中国企业失去了很多机会，而且使企业无法真正了解顾客需求，直接影响企业价值的创造。

因此，企业必须形成完整的软件产业价值链，扩大国内软件外包产业规模，充分利用中国软件人力资源丰富、成本低廉的优势，形成软件出口的比较竞争优势，将更多的价值增值环节留在国内的生产环节，提升企业在软件产业国际价值链中的地位和重要性，逐步占据国际软件产业价值链的核心环节和价值增值的高端。

第四节 软件服务外包的价值创造模式

一、软件服务外包的价值创造活动

菲利普·科特勒的顾客让渡价值理论将顾客让渡价值定义为整体顾客价值与整体顾客成本之间的差额部分。整体顾客价值代表了顾客期望从给定的产品和服务中所得到的全部利益，而整体顾客成本是顾客为取得产品和服务所付出的所有代价。顾客让渡价值理论明确了顾客价值形成的基本等式，即价值＝利益－成本,而且进一步指出了企业增加顾客价值的具体途径。首先,企业可以通过改进产品、服务、人员和品牌价值增加整体顾客价值;其次,可以通过降低顾客的货币、时间、体力和精力成本,削减整体顾客成本。如图2-8所示。

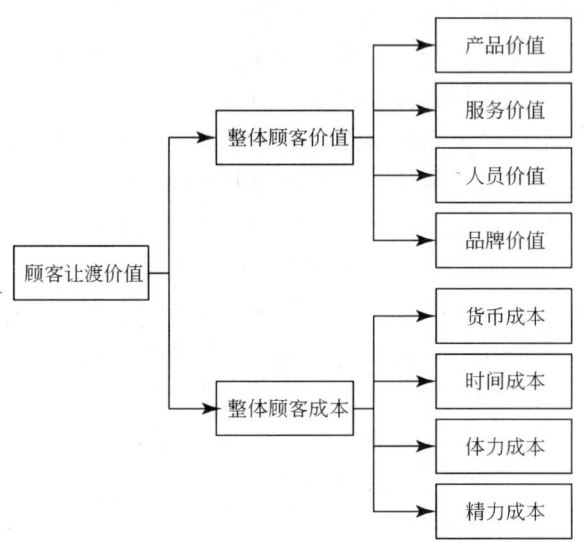

图2-8　顾客让渡价值模型

从顾客价值的角度分析软件外包企业价值链中的价值活动对顾客价值的创造,企业为顾客创造的价值是价值链环节中各项活动所创造的价值的有机结合,基于价值链的顾客价值创造,并通过不断完善、强化企业的内部价值创造系统,以维持持续、高效的价值创造能力。价值链中各价值活动通过直接和间接的方式参与顾客价值的创造,但关键价值活动是价值链中价值创造的主体,提供顾客需求的大部分价值。因此,中国软件外包企业价值创造能力的提升需要找到企业价值链中的关键价值活动,从提升关键价值活动入手,提升企业整体竞争能力。下面将对软件外包企业价值链中的九个价值活动逐一分析,寻找企业价值链中的关键价值活动。

软件外包企业价值链的五个基本活动中,内部虚拟物流和外部虚拟物流两个价值活动已经不是企业竞争力的来源,因为这两项活动主要是通过互联网或公司内部网络来实现。由于现今互联网在全球的普及和软件公司信息系统的建设,各公司在数据传输方面差别不大,对顾客价值创造的贡献没有大的区别,依靠这两种价值活动无法形成企业的竞争优势。而企业价值链生产经营活动、市场营销活动、服务活动三项价值活动能够直接为顾客创造相应的可感知价值。

生产经营活动为顾客创造产品价值,产品或服务是顾客购买的主要目的,也是吸引顾客的最主要因素。产品价值是总顾客价值构成中最重要的部分,生产经营活动通过设计、开发、编码、测试等环节形成最终的产品或服务。因此可以说生产经营活动是价值链的核心环节，是顾客价值创造的最重要活动，也是企业竞争优势与利润的主要来源。

市场营销活动能够创造顾客人员价值、服务价值和品牌价值，是价值链中的战略性环节，对企业的生产经营起着重要作用。市场营销活动可以推广企业的品牌，使顾客迅速知晓并了解公司，提升品牌在顾客心中的感知价值，并依靠品牌推广扩张市场，取得进一步的成功。顾客导向的4C营销理念强调从顾客角度出发，满足顾客欲望与需求，节约顾客成本，方便顾客并与顾客及时沟通以提高顾客让渡价值。市场营销不仅能够创造顾客价值，还能够减少顾客寻求服务的时间成本与货币成本，同时市场营销活动能够深入了解顾客的需求，从而生产出符合甚至超出顾客预期标准的产品，进而提升顾客的产品价值。同时，市场营销人员直接与顾客接触，是顾客感受人员价值、服务价值和品牌价值的直接方式，优秀的市场营销人员能够提升顾客的人员价值、服务价值和品牌价值。

服务也是企业价值创造的有效途径，优质的服务能够提升顾客的服务价值和人员价值，进而提升顾客整体价值。维持稳定的顾客源对于企业的长期发展至关重要，通过与客户建立良好的关系，能够形成顾客对企业的信赖感，促成与企业的进一步合作，使企业获取更多的利润。但优质的服务是以优质的产品为前提并互相作用的，如果企业不具备过硬的技术与产品，再好的服务也不能获得并留住顾客。

基本活动价值的创造离不开辅助活动的支持，辅助活动通过对基本活动的支持间接地创造顾客价值。生产经营活动价值的创造要以人力资源管理、技术开发为基础。人力资本是软件外包产业的发展核心要素，作为精神产品，软件的设计开发是一种更加复杂和高级的精神劳动，具有较高的知识性和较强的创新性，软件的价值主要来源于软件设计开发人员创新性劳动所创造的价值，是所消耗的脑力劳动和体力劳动的凝结。企业的所有生产经营活动都依靠人来完成，企业规模的大小，软件技术人员技能的高低、经验是否丰富、外语是否流利都直接影响企业产品价值的创造。优秀的人力资源管理能够提升员工的技能和积极性，能够以最高的效率和质量为顾客创造更多的价值。同时，良好的人力资源管理能有效的提升员工的素质，使顾客可感知的人员价值得到迅速提升。

技术开发是软件外包项目成功的必备条件，软件外包行业中的技术开发强调对新的软件技术的掌握，对系统、模块的理解，新的设计方法、程序编写规则、流程管理等的创新，而并非编写语言与平台的开发。技术开发能使企业更好地了解顾客需求，并根据顾客需求设计令顾客满意的解决方案或程序，并高质量、高效率地完成外包项目，从而为顾客创造更多价值。

市场营销活动同样离不开人力资源管理以及技术开发活动的支持。营销人员的技能、对发包商业务的熟悉程度、对发包商文化的了解直接影响企业的形象和接单能力，关系到企业能否有效地开拓海外市场和可持续发展。

服务这一价值创造活动同样需要人力资源管理的支持，人力资源管理能够对服务人员进行严格的培训，使服务人员具有很强的专业知识，并具备较高的服务素质，使顾客感受到更高的人员价值和服务价值。

企业基础设施与采购对价值创造具有支持作用，但由于企业基础设施是每个企业所必须具备的，并在各企业间差异性不大，因此不能形成企业竞争优势，而软件外包企业中的采购仅限于计算机硬件、网络服务购买及程序模块的购买，也不能形成企业竞争优势。

目前，中国软件外包企业的主要优势是较低的人力资源成本，但这一优势并不能为企业创造更多价值，不能构成企业长期发展的竞争优势，企业只有依靠提升价值创造能力寻求发展之路。从以上分析中看出，中国软件外包企业价值活动中的关键的价值创造活动是生产经营活动和市场营销活动。人力资源管理活动和技术开发支撑着所有的价值创造活动，对企业发展至关重要。因此，生产经营和市场营销是企业价值创造的关键，人力资源管理和技术开发是重要的辅助活动，也是价值链中的关键环节。

二、软件服务外包价值创造过程

根据国际产业转移理论，在经济全球化条件下，随着产业价值链可分解度的深化，产业转移主要采取把价值链中的低附加值环节转移到他国和在核心环节进行战略联盟的方式。而根据弗农的产品生命周期理论，随着产品由新产品时期向成熟产品时期和标准化产品时期的转换，产品的特性会发生变化，将由知识技术密集型向资本或劳动密集型转换。相应地，在该产品生产的不同阶段，对不同生产要素的重视程度也会发生变化，从而引起该产品的生产在要素丰裕程度不一的国家之间转移。离岸软件外包产业价值链是以软件开发为基础形成的，在整条价值链中存在众多的"价值环节"，但并不是每一个环节都创造等量价值，只有那些战略环节才能创造更高的附加值。只有抓住了这些关键战略环节，才能抓住整个价值链，从而控制该行业。

纵观软件服务产业的总体流程，可以分为需求分析、系统设计、软件编码、系统测试以及后期维护支持五个环节。其中，需求分析阶段是对软件系统所支持的业务功能进行描述，它必须在熟悉顾客业务的专业知识、软件的应用环境等的基础上，长时间、多反馈地与顾客进行探讨与交流，对开发人员技术能力和经验要求最高，是软件开发中最重要的一个环节，这一阶段耗时最长，价值创造也最多。如图2-9"微笑曲线"所示。

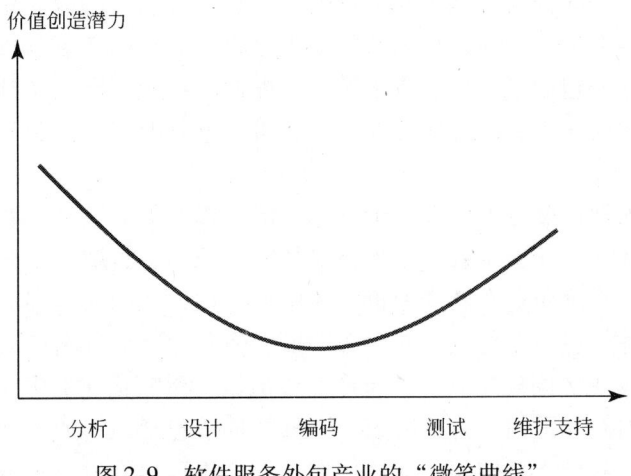

图2-9 软件服务外包产业的"微笑曲线"

系统设计是在需求分析基础上,确定软件的实现方法,包括概要设计和系统设计两个阶段。该阶段是确定系统整体构架的设计、具体算法、模块划分及变量设置。该部分对人员素质要求也很高,需要由开发团队中的核心人物来完成,该阶段价值创造仅次于需求分析阶段。

编码是应用计算机语言具体实现系统构架,将构架用代码表示出来。该阶段通常是些简单的、重复性的脑力劳动,对人员要求不高,一般的编程人员即能完成,价值创造较少。

测试是按照既定的流程检验程序的可靠性、寻找程序的漏洞,技术能力要求较低,大多由初级人员来完成。该阶段分为单体测试和集成测试,单体测试通常由做编码的接包商来完成,是对所编代码的检验,要求较低;集成测试需要掌握整个软件的所有程序源代码,涉及软件的核心,通常由上游发包商来进行。对于集成测试来说,技术能力要求同样不是很高,但其是对软件质量的整体把关环节,创造的价值要高于单体测试。

维护阶段是软件应用之后的长期售后服务过程,通常是由专门的外包公司或进行编码的接包商来完成,该阶段是对程序出现的问题进行修复或根据新需求对原有程序进行改进,需要技术人员对程序和技术有全面的掌握,有时需要在源代码不完整的情况下进行作业,因此对技术人员要求较高,其价值创造要高于编码和测试阶段。可见,整个软件服务外包价值创造的过程中,需求分析、系统设计以及后期维护是价值创造较多的环节,而软件编码和系统测试中的价值创造较少。

三、软件外包企业价值创造能力提升

目前,中国软件外包企业处于软件外包产业价值链的末端,企业为顾客创造的价值是最低的，获得的利润也是最低的。导致这种状况的原因是中国软件服务外包产业价值链缺失，缺少进行高端的需求分析和设计的大型软件外包企业，不能满足顾客软件外包中最大价值需求部分，即便有些企业已具备这种能力也因为营销等诸多问题而得不到国外顾客的信任，难以拿到技术含量和利润均较高的软件外包订单。

因此，中国软件服务外包企业价值创造能力提升的关键在于对现有价值链的重构，企业应从产业角度出发，培养自身核心竞争力，打造中国完整的软件外包产业价值链，并明确企业在新产业价值链中的定位，从而为顾客创造更大的让渡价值。结合软件外包产业特点，并参考印度、爱尔兰等软件出口大国"走出去策略"的经验，构建中国离岸软件外包产业价值链。重新构建的中国软件服务外包产业价值链由国外和国内两部分组成，国外的环节包括最终顾客和大型软件外包公司在国外设置的分支机构，分支机构在国外负责客户开发、获取订单、客户关系维护、与顾客进行沟通、深入挖掘顾客需求；国内部分包括大型软件外包公司和中小型软件外包公司，大型软件外包公司负责根据其国外分支机构获取的订单进行软件开发，主要负责软件开发中高端的需求分析、概要设计、详细设计、集成测试、运营维护部分，中小型软件外包公司负责软件开发中低端的编码、单体测试，有时也参与详细设计和维护工程。

新构建的价值链与原有价值链的主要不同在于：第一，价值链中的主体不同，原有价值链以国外软件外包企业为主，国内企业只参与简单的软件编程和测试环节；新价值链以中国软件外包企业为主，通过大型软件外包企业和中小型软件外包企业构成完整的软件工程流程，为最终客户提供满意的软件服务，为顾客创造价值。第二，与顾客接触方式不同，原有价值链中，中国企业无法直接面对最终顾客，有些项目在完工时也不知道所编程序的最终用途，更无法了解顾客的真正需求；新价值链中，中国企业通过其在国外的分支机构与最终客户直接联系，能够有效地了解并挖掘顾客需求，从而为顾客创造更大的价值。第三，国内软件企业的定位不同，原有价值链中国内大型与中小型软件企业定位无差异化，同样为顾客提供简单的编码和测试服务，相互之间处于竞争状态，不利于产业的整体发展；新价值链中强调大型与中小型企业之间的梯队结构，大型企业负责在国外设置分支机构获取订单，并承担起软件工程中的高端部分，再由中小企业负责进行软件工程中的低端部分。

产业价值链的重构对中国软件服务外包业的发展及软件企业核心竞争力的提升具有很大的意义。首先，它能够深入了解并发掘顾客需求，为顾客创造更大价值。顾客价值是企业利润的来源，能够为顾客创造更大价值的企业就能获得更多的利润。新价值链中，中国软件外包企业能够直接接触到顾客，可以通过与客户的交流充分了解顾客的业务流程及真正需求，为顾客设计出更加符合需求的产品和服务，创造更大的顾客价值。同时，在满足顾客需求的基础上创造顾客需求，引导顾客消费，创造企业利润空间。直接接触顾客还可以减少在软件生产过程中的变更所带来的效率降低，以往为日本企业进行外包服务时，只是根据发包商的模块进行设计，当最终顾客需求改动时，发包商会将模块内容进行变更，中国企业只能根据发包商的意思进行修改，内容频繁的变更不仅延误了工期还增加了成本。

其次，重建后的价值链有助于不同规模的企业专注于自身业务领域，培养自身核心竞争力。大型企业由于多年积累的资金与经验，具备向海外进军的实力，同时通过自身能力的提升能够承担起高端的需求分析与设计的环节。而对于低端的环节来说，大型软件企业并不具有很强的优势，因为软件工程中这部分项目的技术含量不高，无论什么企业来做所得的总收入是一样的，而大型企业的人员成本和管理成本均高于中小型企业，也就是说中小型企业在编码、测试环节的成本更具有优势。因此，大型企业应专注于对外承接订单和软件工程中高端环节，提升自身在这两方面的核心竞争力，而中小型企业由于资金和经验的限制，专注于编码、测试环节，并利用低成本优势来获取企业竞争优势。

在新价值链中，中国软件外包企业的联合形成了完整的离岸软件外包产业价值链，不同的企业集中于自身的领域，专注于自身核心竞争力的培养，并通过上下游企业的紧密协作，增强了产业的整体竞争力，使得大型的软件外包项目可以全部在中国完成。在新的价值链中，中国不再只是以成本作为竞争的优势，而是集成本优势与质量优势于一身，以核心环节为重心，从价值链的各个环节进行价值创造。

第三章 软件服务外包业的产业组织

本章采用传统产业组织理论中的"结构－行为－绩效"范式，从市场结构、企业行为、市场绩效和产业政策等方面考察中国软件服务外包产业的产业组织状况。

第一节 软件服务外包市场结构

一、软件发包市场的需求

（一）全球软件发包市场需求

由于软件发包与该国的软件产业基础、经济条件紧密相连，所以软件服务发包市场一直没有太大变化。美国长期以来处于市场主导地位，其次是欧洲和日本，如图3-1所示。预计美国这种主导地位在相当长一段时间不会发生变化，而欧洲市场由于向亚洲的渗透份额会有所上升，日本市场所占份额估计会略微下降。

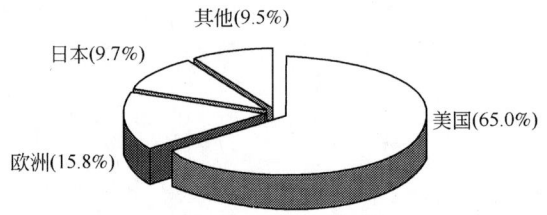

图3-1 2006年全球软件发包市场细分
资料来源：易观国际2006. http://www.analysys.com.cn

1. 美国

在全球软件外包市场中，美国每年软件订单的规模有1400亿美元，大约有20%的软件订单需要发往国外委托加工，约超过70%的美国软件企业倾向于选择软件外包方式。美国企业寻求软件外包服务的原因主要有：①美国软件服务化的发展趋势和软件服务业的高速增长造成了美国国内软件人才严重短缺，本地软件人才成本过于昂贵，使得美国需要从海外大量购买软件服务；②软件服务具有多样性特征,在美国境内无法找到数量合适、具有某种软件技术专长的人才;③简化非核心业务,提升核心竞争力,企业可以更专注于核心业务和系统,而将非核心的业务(如编码、实现、测试等)交给更专业的外包合作伙伴,有利于自身竞争力的提升;④降低成本,减少不必要的开支,例如,美国软件开发人员的年薪约为 63 000 美元,印度和中国的软件开发人员年薪分别为 5850 美元和 4750 美元;⑤简化开发过程,加快开发速度,大大减少自身所需管理。

美国软件外包具有的一个显著特点,就是软件外包一般采取整体外包的方式(图 3-2),提供给外包服务供应商,外包方提出需求后,要求供应商分析需求并提出解决方案,完成系统设计、详细设计、分解模块、模块的工程实现、需求修订、实施更正、测试、系统集成、现场安装和售后服务等一系列工作,从而要求外包服务供应商的人员规模大,项目开发周期也比较长,需要供应商具有一定的规模和开发大型项目的经验。

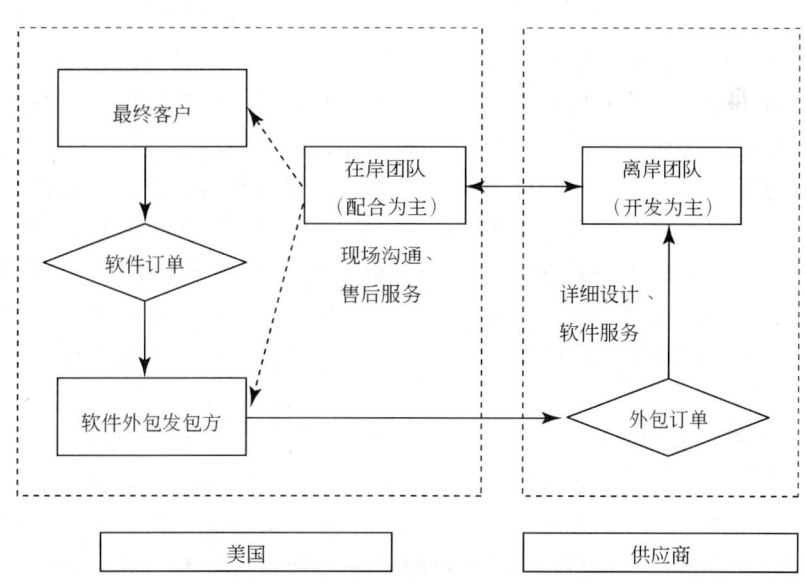

图 3-2　美国软件服务外包业务流程

就具体软件而言,目前外包的软件编程包括重写核心系统、重写结构设计、维护老系统、数据清盘和软件升级。美国企业特别倾向于把老系统外包出去让别人替他维护。电子商务软件如果开发进行到比较成型的环节,仍可外包。很多做电子商务软件开发的企业,虽然要求的时效性很强,但外包出去以后反而抢时间,利用时差,可以使开发进程一天 24 小时不间断。

美国发包方在选择外包供应商时往往都比较谨慎。它们大都先把不太重要的软件进行外包,"先探一下路子",在判断供应商确实有能力承接外包订单后再追加外包量。因此,为了求得发包方的信任,印度软件企业在刚开始承接美国企业外包订单时，往往派人到美国企业从事现场服务，以便建立了解和信任。此外，美国软件发包方在选择外包服务供应商时，还要考虑以下因素：高级专业人才、大型复杂工程经验、IT产业的高度商品化、相对低廉的劳力开支，以及有效的基础建设等。

美国软件发包方在选择软件外包国家或地区时，主要考虑以下因素：政府支持度、软件从业人员数、基础设施、教育制度、成本优势、软件品质、文化兼容性、英语纯熟度等因素。印度软件企业之所以能在经营软件外包服务方面取得全球领先地位，取决于两个因素：一是成本优势，二是软件从业人员的人数优势。在以上指标中，软件品质、成本优势与软件专业从业人员的人数是否达到规模经济、英语纯熟度等是首要条件，其次才是政府支持度、基础设施、教育体制、文化兼容性等因素。

2. 日本

日本进行软件外包，除了一般理论上的整合资源、降低成本、提高生产效率等目的之外，还有其具体的原因。日本经济发展方式之一是以信息产业的发展来带动经济发展，这是其进行软件外包的最根本的现实基础。在国际软件市场上，日本已成为全球第二大软件产业与服务需求国，软件产品主要满足内需，因此日本软件市场存在着巨大的需求与合作空间，对海外发包持积极态度。据日经系统供应商调查，日本在软件开发方面，向海外发包趋势越来越明显。2005年通过对77家利用软件外包服务的公司的调查结果表明，83%公司认为在可以利用的范围内，积极向海外发包已成定势。其中，认为应全面利用、建立体系的海外发包供应商明显高于以往。

日本软件外包的特点：①客户集中在IT和金融业的大型公司，往往集中在日本的电子行业、信息产业以及金融证券业。在电子产业，如日立（HITACHI）、东芝（TOSHIBA）、三洋电机（SANYO）；信息产业，如NEC、NTT（日本电话电报公司）、富士通（FUJITSU）；在金融产业，如野村证券、大和证券、樱花银行等。②业务集中在中间客户。日本企业一般都是向其国内的企业如NEC、NTT等公司发包，由这些企业进行上层的设计工作，然后将底层的编码任务分包到海外，以降低成本。图3-3描述了日本软件外包模式。承包方接到的订单均是从NEC、NTT等信息产业公司转包的、来自其他日本客户的软件工程，而不是来自软件的最终使用用户。从最终客户来的订单，如野村证券、樱花银行、八佰伴等，所占的比例不大。这主要是因为：初期，不同国家的行业内的交往要领先于跨国客户的交往；日本大多数客户目前对国外软件外包的能力和质量保证还不太信任，需要日本的软件厂商从整体项目的框架和质量保证方面把关。

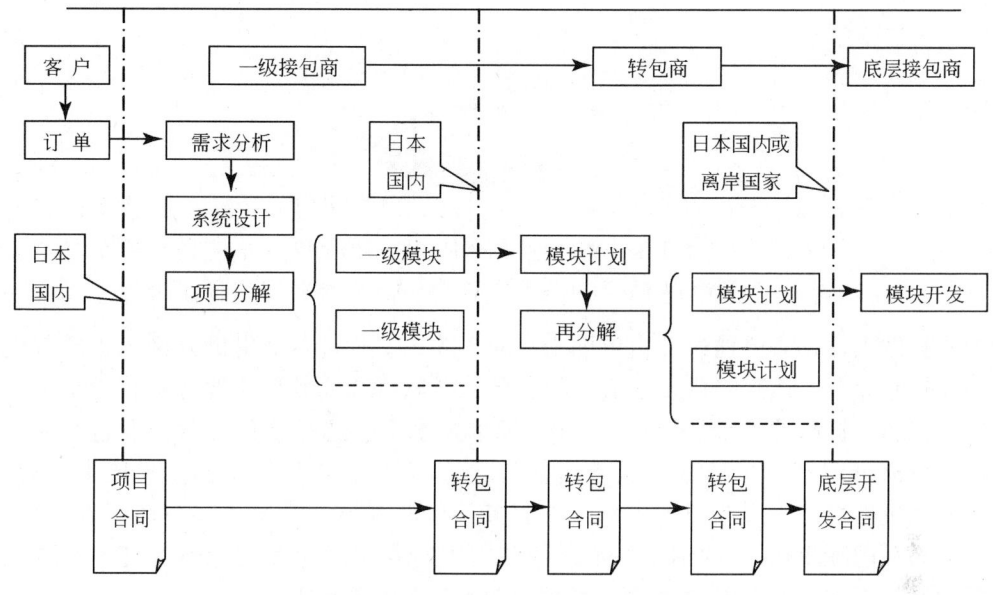

图 3-3 日本软件服务外包业务流程

(二) 中国软件发包市场需求

虽然中国软件发包市场规模较小，2006 年仅约为 1200 万美元，但是其增长速度却超过了 20%。中国软件发包市场主要由六部分需求构成：金融业、电信业、制造业、高科技产业、消费电子业、政府。其中，高科技是最主要的需求来源，其次是消费电子、金融和电信行业。高科技主要涉及集成电路、板卡、计算机与网络设备、通信设备、软件产品等，在软件外包的份额里占约 35.2%，消费电子约占 17.4% 的份额，因此高科技和消费电子领域是目前软件服务外包的主要对象，如图 3-4 所示。金融业和电信业则是软件外包的重要行业客户。金融业主要包括银行、保险、证券、信托投资，其中对软件服务外包需求最大的是银行业，包括四大国有银行、城市商业银行、股份制银行和农村信用社。电信行业中的需求商主要是中国移动总部、中国联通总部、中国网通总部以及各级分公司。另外，近年来政府的信息化建设逐渐加快，电子政务和政府的软件服务外包需求也逐年增加，涵盖医疗、教育、广电、民航等。另一个值得关注的行业是制造业。无论是企业数量还是产值规模，制造业都居于重要地位，信息化潜力巨大，它将是未来软件服务外包发展的重要领域。中国软件服务外包的主要发包商也来自高科技产业，排名前三位的分别是华为、中兴和 UT 斯达康，2006 年它们的市场份额分别为 14.3%、12.2% 和 9.5%。

国内客户的外包需求动机主要来源于以下三个方面：①非软件企业自身缺乏

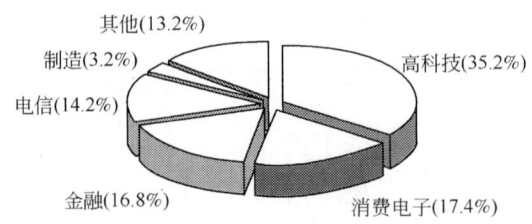

图 3-4　2006 年中国软件发包市场结构
资料来源：易观国际 2006. http://www.analysys.com.cn

专业软件人才，需要通过外包求助于专业人才；②软件企业借助外部人力资源完成非核心业务，达到降低企业成本的目的；③软件或非软件企业寻找技术能力强的接包商，提高 IT 管理效率，提升开发维护水平。选择接包商时，发包商通常会考虑以下因素：①信誉、服务可靠性；②行业经验丰富程度；③技术实力；④安全机密性；⑤服务外包成本；⑥服务外包商规模；⑦服务外包商所在区域。根据易观国际 2006 年的调查显示，这些因素对软件发包商的影响程度是由高到低的，信誉和服务是发包商的主要考虑因素，如图 3-5 所示。

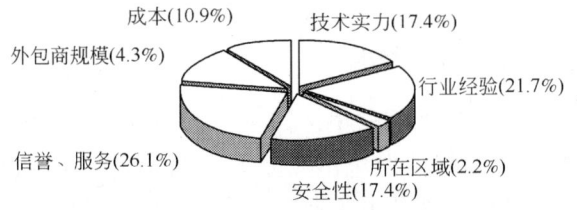

图 3-5　中国发包商选择接包商考虑的因素
资料来源：易观国际 2006. http://www.analysys.com.cn

二、软件接包市场结构

（一）全球软件接包市场结构

在全球软件服务外包格局中，印度和爱尔兰属于第一梯队，以色列、中国、菲律宾、俄罗斯等属于发展速度较快的第二梯队，而马来西亚、新西兰、澳大利亚等则属于第三梯队。图 3-6 描述了 2006 年全球软件接包市场细分状况。印度是目前最大的软件服务外包国家，出口软件额占全球市场份额的 20%，是仅次于美国的第二大软件出口国。爱尔兰在软件本地化和软件开发等领域优势突出，占据欧洲商业应用软件 60% 份额。目前爱尔兰是摩托罗拉、IBM、英特尔等大型软件跨国公司在欧盟总部所在地。以色列的软件出口与爱尔兰、印度不同，软件外包并不是最大的份额，其软件出口以拥有自主知识产权的软件产品为主。在软件开发实力上以色列在全球拥有很高的声誉。表 3-1 详细分析了印度、爱尔兰和以色列三个国家在软件服务外包市场竞争中所具备的优势与劣势。

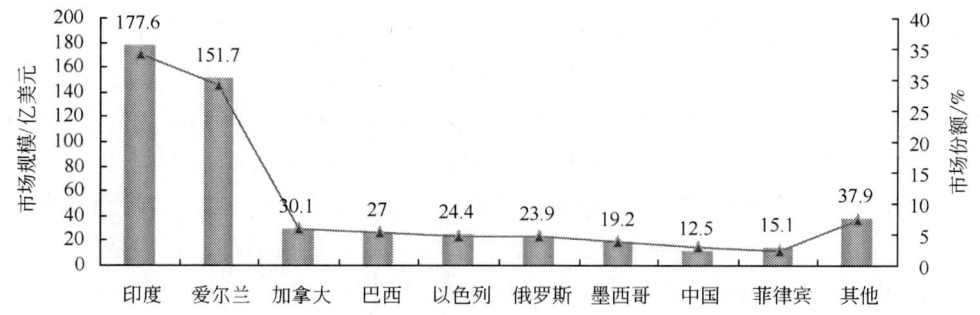

图 3-6　2006 年全球软件接包市场细分状况
资料来源：易观国际 2006. http://www.analysys.com.cn

表 3-1　印度、爱尔兰和以色列的软件业的对比

	印度	爱尔兰	以色列
生产要素	人才数量多，人才结构优 外部资金雄厚 基础设施齐全 高校一流 知识产权、专利数、培训机构都处于世界一流地位	人才数量少，结构一般，集中在高端人才 外部资金雄厚 基础设施齐全 高校一流 知识产权、专利数、培训机构都处于世界一般地位	人才数量稀缺，集中在高级人才 外部资金雄厚 基础设施齐全 高校处于世界一流 知识产权、专利数、培训机构都处于世界比较领先地位
需求条件		国内需求不旺盛，主要依靠出口	
支援产业	很弱	很弱	比较弱
企业战略	主要集中企业和行业应用软件、外包软件的开发，企业竞争能力强，管理能力强，引入期权薪酬机制，和美国企业保持密切的联系	主要是转口贸易加中高端技术小型软件开发，成为美国公司进入欧洲市场的门户和集散地，强调面向国际化的软件产品的系统化服务，提供从手册、包装到 CD－ROM 的制作等全方位的服务，将美国成功的商业软件欧洲化	高端产品开发，软件主要定位在国防、加密等领域
目标市场		国外	
产业链定位		没有国内完整的产业链	
价值链定位	生产环节，成为美国的软件工厂	分销环节，成为美国产品进入欧洲的分销基地	以产品化环节为核心

资料来源：http://jiuban.chinalab.com/view/ZXKMOB8Q.html 整理

（二）中国软件接包市场结构

随着对日外包市场空间的扩大和对欧美软件外包市场的开拓，中国越来越多的企业进入到软件外包服务市场中。目前，日本仍然是最大的发包市场，占据59.3%的份额，欧美份额有所上升，占据22.5%，香港地区约占10.8%。欧美份额上升主要有两方面原因：一是欧美自身加大了对中国市场的渗透力度，二是欧美软件外包利润率普遍高于日本，国内接包商有动力积极参与。

国内接包市场区域可划分为华北、华东、华中、华南、西南、西北和东北。其中，华北所占的市场份额最大，排名二三位的是东北和华东，其次是华南和西南。从市场地域结构变化来看，市场份额上升的有华东、东北、西南和华南地区，其中西南地区增速最高，尤其是四川省，2007年它已成为中国软件出口的一个增长极。相对地，华北地区虽然仍占据市场最大份额，但领先优势已有所缩小。

国内接包市场中，前十大接包商的市场集中度大约为35%，包括东软、浙大网新、海辉软件、文思创新、大连华信、中讯软件、大展、中软国际、博颜科技和海隆软件，如图3-7所示。其中，东软居首位，浙大网新和海辉软件分列二三位，这三大接包商的市场集中度约为16%。总体来看，国内接包商的市场集中度同几年前相比虽然有所提高，但仍然不高。影响软件接包市场集中度的主要因素有三个。

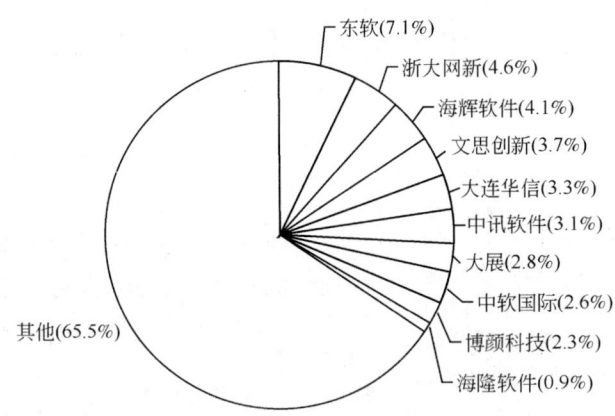

图3-7　2008年第3季度国内软件接包商市场份额
资料来源：易观国际2008. http://www.analysys.com.cn

1. 企业规模分布

企业规模分布是指产业内不同规模企业的构成和数量比例关系，它同时反映了大企业和中小型企业所占的比例。根据产业特点，只有大、中、小型企业形成按照一定的比例组合的规模结构，才有利于整个产业实现生产的协同效应。而在某个特定产业的市场容量不变的情况下，少数企业的规模越大，市场的集中度就越高；反之，则越低。现在中国的软件外包企业规模普遍偏小，存在"小而全，大而全"的现象。

2. 投入要素瓶颈

产业中的投入要素比例、大小及结构直接影响了产业集中度。合理的要素比例结构可以使企业达到规模经济，提高产业集中度。软件产业既是知识密集型产业，又是劳动密集型产业。在软件外包产业中，最重要的投入要素是软件人才，包括软件开发、软件编程、软件测试、软件项目管理、软件系统集成以及企业家等在软件产业创造和实现价值的人才。目前，中国软件人才问题在人才供给总体数量得到缓解时，主要矛盾体现在人才结构上。合理的软件人才结构应该是"金字塔"型，而中国的软件人才结构是"两头小、中间大"的橄榄形。这种不合理的人才结构表现在，一方面是缺乏软件高端人才，包括系统分析师、项目管理、外包项目接单、软件测试人才等，另一方面是缺乏软件低端人才，如软件编码和测试人员。软件产业的另一主要投入要素是风险投资。软件产业是一个高投入、高风险的行业。由于中国风险投资的不足，造成中国软件企业大多规模偏小，研发实力普遍比较薄弱。由于风险投资的退出机制不很完善，也制约了风险投资的规模化发展，从而也影响了企业规模扩大化的能力。资金制约在风险投资的各层次上都有不同程度的体现，使得软件企业在引入期、成长期、成熟期所需资金均不到位，缺口很大。大多数中小软件外包企业在独自承受巨大的投资风险且风险不确定性的情况下，很难发展成为规模较大的企业。

3. 市场容量

市场容量缩小或不变会促进集中度的进一步提高，因为大企业会试图加强兼并来争取更大的市场垄断力量，获得更多的利润；反过来，市场容量的增长率超出大企业扩张的速率时，会降低市场集中度。导致市场容量发生变化的原因很多，包括经济发展速度、国民收入水平和消费结构的改变，以及国家的宏观经济调控政策等。据信息产业部数据统计，到2003年底中国全部国有及规模以上非国有工业企业中99%以上为中小型企业，这些中小企业的信息化90%以上还存在空白。随着3G通信技术的推动和普及，移动设备和智能手机正在成为另一种形式的计算机终端，基于这种移动终端的移动软件开发和增值服务就成为了软件行业发展的新方向。目前，国内手机用户已经达到3.93亿，每年还将以5000万~6000万的数量继续增长，移动软件外包市场的空间将不断扩大。另外，随着各项政策的进一步落实，"两网、一站、四库、十二金"工程等国家信息化建设项目的深化实施，为中国软件企业带来了巨大的市场机遇,也成为中国软件产业发展的驱动力。

从以上的市场情况可以看出,中国软件外包产业的市场容量非常大,软件企业也在不断增多。因此,中国软件产业的市场集中度不会有明显的提高,而各个小企业依然存在着低效率的运作。

三、产业进入壁垒分析

产业进入壁垒是指降低潜在进入者动机和能力的因素。进入壁垒越高,新的企业越难进入该产业,市场竞争削弱,较高的市场集中度得以长期维持。构成进入壁垒的因素很多,各自所起的作用在软件服务外包产业发展的不同阶段有所不同。对软件服务外包产业来说,进入壁垒的内容与其他产业有较大差异。

1. 技术壁垒

技术壁垒是软件服务外包产业的关键性进入障碍。就某种具体的软件服务来说,技术壁垒整体上呈现下降趋势。在导入期,只有少数几家企业掌握软件开发技术,技术不确定性大,障碍很高。随着更多的企业进入开发行列,技术交流与扩散加快,壁垒降低。进入成熟期以后,技术发展完善,大量技术细节公开或版权保护期结束,技术已不再构成软件产业的关键壁垒。当然,随着许多企业纷纷寻求新的技术突破,开发新的软件服务外包市场,就整个软件服务外包产业来说,新加入的企业与原有企业之间的技术差距可能仍旧很大。

2. 人才壁垒

招募软件开发人员是进入软件服务外包的关键性壁垒。人才壁垒的存在同时是产生技术壁垒的根本原因。对于传统产业的大量生产而言,服务工人短期培训就能胜任工作,但软件开发人员一般要经过长期的专业技术培训。许多软件服务外包的开发需要大量接受过高等教育的人才,并且要求人才年轻化。即使在高等教育非常发达的美国等国家,软件开发人员的匮乏依然十分严重。目前,中国和印度的软件编程人员数量大幅度增长,二者的年均复合增长率分别为25.6%和24.5%。这使得亚太地区在2006年超过美国成为全球最大的编程人员市场。据估计,2008年全球专业编程人员的数量将增长到的1490万。即使如此,据保守估计中国每年软件人员的缺口至少为20万。

不过,人才壁垒在软件服务外包产业的发展中总体上也呈下降趋势。首先教育和劳动市场反应迅速。一方面高校为社会造就大量高素质的软件人才,其速度往往高于软件外包业的增长速度,另一方面高薪吸引许多劳动力从事软件开发工作,各种专业教育与培训机构如雨后春笋,人才匮乏的局面在一定程度上得以缓解。其次，软件人才的流动性较大，新加入的软件服务外包企业通过一些富有吸引力的薪酬政策，比如员工参股，在一定程度上能够突破人才限制。最后，随着成熟期的到来，产业增长放缓，软件人才供不应求的状况得以解除，人才壁垒降低。

3. 资本壁垒

资本壁垒是指新进入企业在筹资上发生的困难，是软件服务外包产业的重要进入壁垒之一。资本壁垒是技术壁垒和人才壁垒的根本原因。在传统行业中，资本壁垒主要源自最小投资规模的限制，比如，重工行业固定资产规模往往很大，要形成生产能力需要大量投资，超过新进入企业的筹资能力，资本壁垒较高；轻工业行业资本壁垒往往会小得多。从这个角度看，进入软件服务外包产业的资本壁垒不是很高，因为其固定资产规模很小。然而事实上软件外包企业的融资非常困难。就银行贷款来说，一方面软件外包企业的收益很不确定，还款能力很难准确衡量；另一方面软件外包企业获得的银行贷款多用于流动资金，不可能像传统企业一样用于固定资产投资，贷款抵押的可能性很小，因此银行不愿放贷。就发行股票来说，新成立的软件企业一般规模较小，很难满足上市条件。就其他融资渠道来说，软件外包产业的投资风险高于一般传统产业，投资者要求更高的回报，因此软件投资项目获得资本支持的条件比较严格。

资本壁垒同样是变化的，总体上呈下降趋势。随着软件服务外包业的快速发展和高额回报促使资本市场不断完善，一些新的融资形式出现，比如风险投资、高技术板（二板）市场等，使软件服务外包企业的融资瓶颈将得以解除，资本壁垒不断降低。

4. 产品差异壁垒

产品差异带来的顾客忠诚是新进入企业打开市场的重要障碍，这就是产品差异壁垒。软件服务外包产业的产品差异表现在很多方面，从客观上来说，不同软件服务外包的质量、特性、售后服务、价格不同；从主观上来说，软件服务外包的安全性和口碑给顾客以不同的认同程度。

软件服务外包的差异显著并有不断增大的趋势。许多传统的软件服务外包本身的差异很小，主要集中于编写程序代码。从产业生命周期看，导入期和成长期的产品差异主要体现在软件外包内容的扩大，进入成熟期后，从开发过程来看，软件外包不再仅仅局限在编写代码，而是外延至客户需求分析。同时市场竞争的加剧迫使企业在品牌和售后服务等方面塑造自身特色，差异显著增加，构成同类软件服务外包企业进入市场的重大障碍。

5. 规模经济壁垒

当存在规模经济时，潜在进入的企业面临着一种进退两难的困境。如果新企业的规模大于最低经济规模,它可以获得较低平均成本,但可能引起行业供给量迅速增加,市场价格大幅下降,甚至降到平均成本以下,遭受损失;如果进入规模小于最低经济规模,则由于不能获得规模经济,在成本上必然处于劣势,原有企业可能降低价格,使新企业无法承受。因此,规模经济成为进入障碍的一个重要因素。

软件服务外包产业在生产过程中不存在明显的规模经济性或规模不经济性,因为软件生产的成本主要是开发费用,边际成本本为零。因此软件服务外包产业的规模壁垒不是很显著。但相对而言,随着软件服务外包的层级不断提高,单个软件外包项目的规模不断扩大,只有大规模的软件服务外包企业才有能力承接。

6. 行政壁垒

进入壁垒可以分为三类:一是结构性进入壁垒,二是行为性进入壁垒,三是行政性进入壁垒。上述各种因素都属于结构性壁垒。行为性壁垒是指企业为阻止新企业进入而主动采取的策略性行为形成的壁垒,包括进入行为和驱除对手行为。行政性进入壁垒是政府对新企业进入产业的法律和政策限制。鼓励软件服务外包产业的发展是中国政府极力主张的政策,因此软件服务外包产业的行政性进入壁垒很低。

软件服务外包产业的各种进入壁垒是相互交织的。在软件外包产业生命周期的不同阶段,各种壁垒所起作用不同。在导入期和成长期,技术壁垒、人才壁垒、资本壁垒起较大作用;在成熟期,产品差异壁垒、规模经济壁垒起较大作用。

第二节 软件服务外包企业的经营行为

企业市场行为是企业在市场上为了赢得更大的利润和更高的市场占有率所采取的战略性行为。企业市场行为受制于市场结构,而同时又反作用于市场结构。软件服务外包产业市场结构变化的阶段性导致其在不同阶段具有不同的行为特点。

一、软件服务外包企业的经营模式

目前,中国承接软件外包的企业经营模式有以下两种:跨国公司在中国设立分支机构和本土软件外包企业。

(一)跨国公司在中国设立分支机构

1. 跨国公司在中国设立软件研发机构

跨国软件企业在中国建立研发中心的业务可以分成四大类。一是为在华跨国公司的分支机构提供服务，例如 2007 年印度软件外包巨头萨蒂扬在南京建立了全球交付园区，主要为跨国公司在华分支机构提供服务。二是推广软件企业产品并本地化。跨国公司从进入中国市场时就开始了其本地化工作。这些本地化工作主要表现在其产品、服务以及人员管理的本地化。三是开拓中国软件市场。跨国软件公司在中国进行资金、技术、教育培训等方面投入，可以促使中国软件市场的更快发展。四是以中国为平台承接外方外包业务。印度四大软件公司自 2002 年进入中国之后，欧美跨国企业也开始大规模将外包中心向中国转移。

在软件外包活动中，研发是灵活性最低的活动，设立地一般具有黏性（康灿华等，2007），这是因为：①在研发活动中，研发人员需频繁地碰面互动以交换信息和想法；②研究能力的提高是累积性的；③研发活动具有较强的外溢性，想法和人员会在研发机构之间不断流动。国际软件企业在华设立研发中心，存在着驱动因素。根据分析，其动机有三：一是适应性研发，即包括了从基本的产品服务支持到产品服务的升级等一系列活动；二是最新技术的获得或监测，即了解同行最新技术的发展情况；三是考虑到研究人员的成本和其可获得性。这对研发活动的外包行为做了较为充分的说明。

跨国软件企业的研发中心带动了中国软件外包服务的发展，并呈现出以下特点：

（1）成本导向　这类型企业看重中国优秀的研发人员和低廉的人工成本，可以在实现提高研发效率和产品研发质量的基础上降低成本。中国具备大量优秀、成本相对较低的软件研发人员，这对跨国软件公司而言具有很大的吸引力，一般而言，这类研发中心承接的项目技术含量较高，比较吻合其资源条件和发展定位。其就业人数稳定增长，不会像专门从事外包业务的软件企业增长那么迅速。

（2）内部分包　这类企业承接母公司的软件开发项目，一般不在本土承接业务，业务技术层级比较高。一种是母公司内部发包的以软件产品研发为主的项目，按照跨国公司内部水平分工的模式，主要从事公司核心软件产品的开发和研究工作，其中有许多研究项目关系到未来软件业的发展方向，是提升公司整体核心竞争力的战略性举措；另一种是母公司以总承包商的形式承接海外其他最终客户的软件服务订单，而将订单中具体研发任务发包到中国，较为典型的有日本软件巨头在中国的分支机构，技术示范效应十分明显。结算基本上都是跨国公司内部定价，在税收等方面的经济收益不明显，但是可以通过人才培养、技术示范获得间接收益。

（3）地域差异　软件研发中心主要集中在东部沿海地区，其中以北京最多；中西部地区设立的软件研发中心较少，主要集中在西安、成都等城市。在华设立软件研发中心的主要是美国企业；而以软件外包服务见长的印度企业塔塔于 2004 年开始在杭州设立软件研发中心。不同国家跨国企业的软件研发中心定位不一：

美国企业设立研发中心一方面是承接母公司的研发任务，另一方面是为了开拓中国市场，研发适应本地需要的软件产品或服务，从这个意义上说，研发中心的设立是软件外包服务发展的一种新形式。印度企业则一方面是承接中国国内软件外包业务，为企业咨询服务；另一方面是通过中国发展日、韩软件外包业务。

2. 跨国软件公司在中国设立的市场开拓机构

跨国公司在中国设立的市场开拓机构主要有以下五个特点：

（1）利润中心型。目的很明确，就是市场驱动，为了开拓中国本土巨大的软件市场，是纯粹的利润中心。这类企业对国民经济的税收贡献和就业贡献较大，资源消耗少，有利于中国提升产业结构。

（2）竞争能力比较强大。一是具备成熟的软件中间件和高效的软件研发能力，二是具备对金融、电信、制造、政务等特定行业专业知识的深入理解，通过二者的结合形成核心竞争力来开拓中国本土的软件外包业务。

（3）短期内对传统的中国软件外包企业有一定挤出效应，但长期看来竞争效应和示范效应会更为明显，在这种竞争环境中成长起来的中国软件外包企业一定具备比较强大的国际竞争能力。

（4）软件的技术含量较高，项目的技术示范效应比较明显，对软件应用企业的劳动生产率提高有着明显效果。如中国建设银行等大型金融机构通过应用IBM等跨国软件公司提供的系统，大大提升了服务效率和水平。

（5）这类公司基本上在中国同时设立软件研发机构和市场开拓机构。大部分情况下软件研发机构和市场开拓机构的业务没有关联，一般都同时隶属于总部管理。市场开拓机构中也会有一定的技术支持人员以方便市场开拓使用，只有当在中国的业务开拓过程中，确实需要研发机构提供技术支持时，彼此之间才会有业务上的联系。

（二）中国本土软件外包企业

1. 中国本土纯粹的国际软件外包企业

这类企业往往是纯粹的利润中心，主要承接来自日本、欧美等发达地区的软件外包业务，以此获得规模经济上的收益。公司创始人一般都与跨国软件企业有着千丝万缕的关系，大多数企业的领导人或者技术骨干具有海外留学或者软件开发经历。往往是这些创始人在跨国公司工作中看到外包业务机会，开始创立这样的外包企业，也就是说，外包业务开展之前企业并不存在。发包企业看重的主要是人力成本的优势，发包的项目加工性质比较明显。从全球分工的角度看，这类业务一般处在软件研发垂直分工中产业链比较低端的部分，技术含量不高，增值空间较小。企业增长十分迅速，以承接跨国公司离岸研发中心、跨国软件企业分包业务为主。对蓝领软件工人有着强大的需求，许多企业在几年内就能达到上千人的规模。业务再转移的风险较大。由于这类企业主要依靠成本优势生存，比较少地拥有自身核心竞争能力，一旦出现新的人力资本较低、合适人才数量充足的新兴市场，发包方很容易为了降低成本而将业务转移出去。

2. 中国本土研发型的软件外包企业

这类企业拥有较强的软件研发能力。一般都是依托过去的高校和科研院所，企业在承接外包业务以前就已经存在。发包企业看中的不是人力成本的优势，而主要是开发经验和开发效率。企业可以通过承接外包业务获得的经验为自身的软件产品开发服务，技术效应比较明显。从全球分工角度来看，这类企业承接的一般都是水平分工业务，提供的是端到端服务，技术含量比较高，增值空间比较大，研发性质比较明显。容易成为发包企业的战略性合作伙伴，长期合作的可能性较大，发包企业将业务再转移的风险比较小。服务合同持续时间长。这类合同一般需要进行长期的合作，软件外包提供商和发包商之间需要经常长期的合作，才能开发出知识含量高、具有前瞻性的软件产品。

二、软件服务外包的竞争与合作

（一）软件服务外包企业的竞争

很多人认为，企业集群创造竞争力，非常明显的例子是美国的硅谷。根据硅谷的一个非正式调查，该地区高科技公司的平均寿命为4年，在到达了成长期之后，40%能继续存活，20%的公司将面临被并购的抉择，而30%的公司将不治而死。在各个产业中，企业可以用多种手段在市场上进行竞争，粗略地说我们可以按照其可替代性的速度来对这些手段进行分类。在短期内，价格是企业容易变更的常用手段。在较长期内，成本结构和产品特性是可以一起或分别改变的。生产技术可以重新安排并予以改进；生产能力可以提高。产品特性（包括质量、需求分析、总体设计、开发速度等）是可以改变的。发包商对外包的看法（它影响着需求函数）可以由广告来施加影响，最终要做出是否进入或留在市场的决策。最后，从长期来看，产品特性与成本结构，不仅可以通过简单调整现行的产品与可行成本的集合来加以改变，而且可以通过修改这一集合来加以改变。研究与开发使得企业能够扩大它们选择的范围。"工艺革新"能够改变生产技术，"服务革新"能够推出新的服务。图3-8总结了竞争的不同阶段的行为。

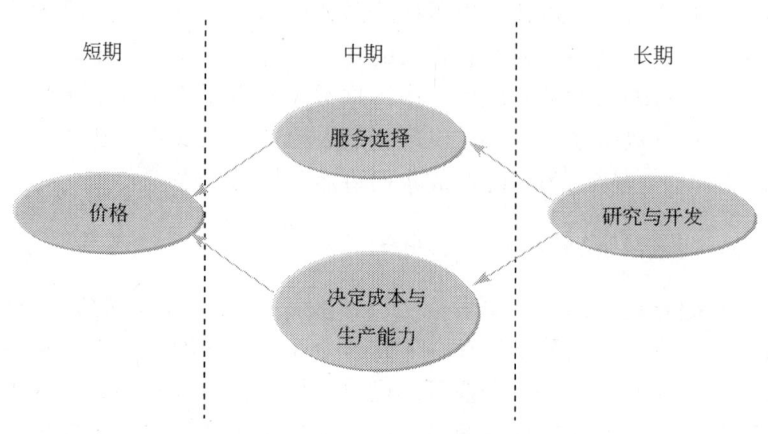

图 3-8　战略期限与软件服务外包企业行为

从产业生命周期角度看，一个产业竞争的强度与该产业在生命周期的不同阶段有关。在产业导入期，由于进入该行业的企业数量很少，而面临的市场很大，因而各个进入者忙于扩大自己的市场，彼此之间的竞争表现得并不强烈。进入成长期之后，由于企业数量增多，竞争变得较为激烈，竞争者会采用各种竞争手段来占有最大的市场份额。例如，成本竞争、差异化竞争、价格竞争、研发竞争等。正是由于市场竞争导致了各种市场的不确定性。尤其在高科技产业中，随着技术进步的加快，各种不确定性更加明显。在成熟期之后，形成寡头垄断。一些低级的竞争比如价格竞争等不再发生，差异化竞争和研发竞争占据主要地位。另外，由于许多战略原因，企业之间会时而进行某些项目的合作。因此可以说这个阶段，企业之间是既合作又竞争的，如图 3-9 和图 3-10 所示。

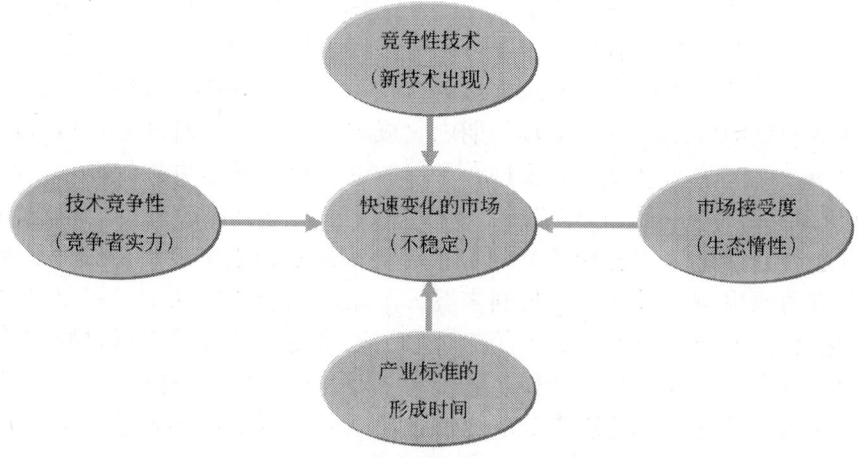

图 3-9　市场不确定性的来源

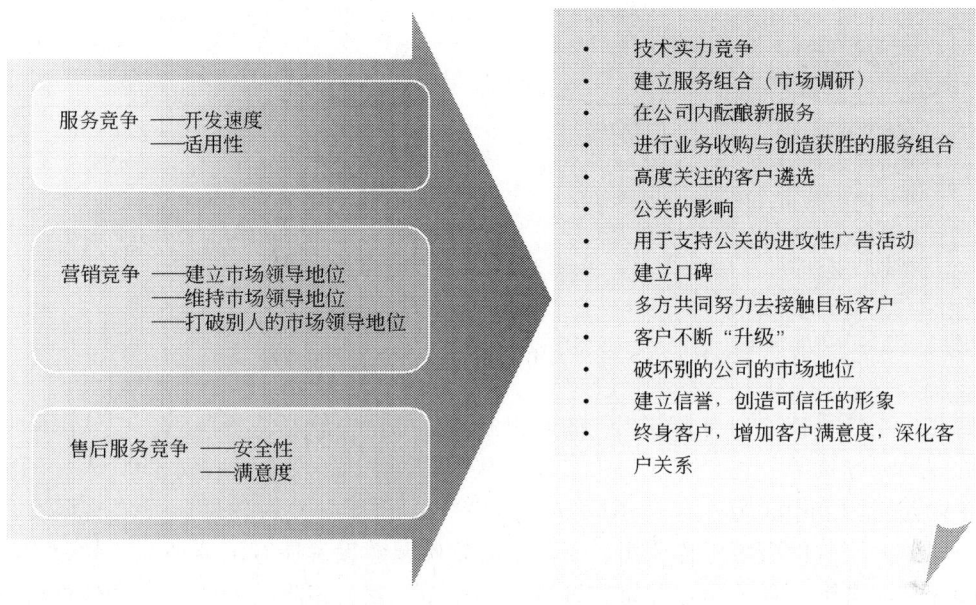

图 3-10 软件服务外包企业的市场竞争行为

软件服务外包产业的竞争主要在于软件的开发速度竞争、开发质量竞争以及售后服务竞争。据估计,计算机工业(包括软件业)70% 的收入来自两年前尚不存在的产品。这个步伐对于许多公司来说太快了,因此软件行业中,一年的成功并不意味着下一年也是如此。

(二) 软件外包企业的合作

软件产业发展至今,作为一个潮流产生的基本框架已经形成。产业自身也开始从小萌芽到大市场,逐步迈向成熟。这一点主要体现在:零散的创新对产业不足以产生有效的推动,个别天才或厂商的崛起不足以改变整个产业的发展方向。在整个产业中开始体现出集体协作的必要和合作力量,在竞争中也存在合作,即"竞合"阶段。合作已经成为一个厂商取胜甚至生存的基本条件,尤其是软件服务外包产业。有关研究发现,成功的软件合作者,是不成功的 4 倍之多。在合作方面,也是遵循着软件服务外包产业的生命周期。随着软件产业的发展企业逐渐由竞争走向合作。在不同阶段软件企业所采取的竞争与合作的战略重点也有所不同,如图 3-11 所示。

软件服务外包企业的合作形式主要有并购、融资、组建联盟等形式。在并购方面,2005 年,大连海辉软件、北京天海宏业及深圳科森信息完成战略合并,组成海辉集团,集团总人数达到 1800 人;2006 年,和勤软件技术有限公司成功并购成都大东网络安全技术有限责任公司;继 2006 年 5 月收购创智国际、7 月收

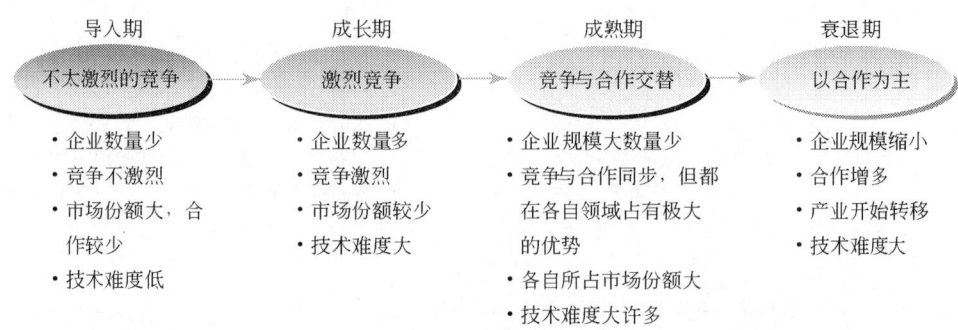

图 3-11 软件服务外包企业合作行为的变化

购北京正辰科技公司与微软相关的外包业务、增持中软赛博资源后,中软国际收购和勤环球资源公司全部股份,其规模从 2005 年 100 余人激增到 3500 人。国内企业与跨国公司联盟,合资建厂方面,2005 年北京中关村软件园发展有限责任公司、大用软件有限责任公司、天津华苑软件园建设发展有限公司、微软公司与印度塔塔咨询服务公司在北京签署协议,宣布 5 家公司将共同建立一家软件合资公司;2006 年,北京中关村软件园发展有限责任公司、大用软件有限责任公司、天津华苑软件园建设发展有限公司和塔塔咨询服务亚洲太平洋私人有限公司等四家公司已达成合资协议,共同组建一家大规模软件合资公司——塔塔信息技术(中国)股份有限公司。在组建联盟方面,2003 年在浪潮的倡导下,济南成立了由浪潮软件、济南源华、山大华特、山东师创等企业组建的软件出口联盟;2006 年,和勤与中软形成国际联盟,各大区域纷纷成立区域性联盟,如泛珠三角区域软件联盟、长三角区域软件联盟、京津冀软件联盟等。

由于发包企业一般都很重视软件质量和项目管理,并且注重确立软件开发过程的标准化和软件质量评价、检查手段,对软件外包服务的质量要求在不断加深。为在激烈的软件外包市场竞争中站稳脚跟,接包企业必须具备成熟的开发和管理水平,保证产品质量和进度。现在一些大型软件外包企业多采用一定的标准和规范,如 CMM 等,并借助一些辅助工具进行软件项目管理。事实证明,现代软件项目管理模型在降低软件成本、提高软件质量和减少开发风险方面有着巨大的作用。

现在 CMMI 已是软件行业公认的选择外包合作者的硬指标,一些大客户要考察承包商的 CMMI 等级水平。获得高级别 CMMI 认证是开展外包业务的敲门砖,被喻为打入国际市场的"通行证"。通过 CMMI 认证的软件开发机构在软件产业界将拥有较高的知名度和信誉保障,在国际市场竞争中拥有较大的优势。目前,一方面通过高等级认证的软件企业相对来讲比较少,另一方面即便是通过高等级认证的软件企业,也难以被认为是具备管理大型软件外包项目能力的企业。原因是许多软件外包企业本末倒置，只是一味地参加各类认证，而不是将认证视为提升企业研发和管理能力的重要手段。这样的结果是即便在初期发包企业基于高等级的认证发包一些项目，但发包公司在实际合作中会逐渐认识到企业的真正能力而终止长期的合作。

国内企业在与国际标准接轨方面，大型软件外包企业东软集团有限公司于 2002 年和 2004 年分别取得 CMM5、CMMI5 资格认证；2004 年，大连华信计算机技术有限公司通过 CMM5 级正式评估。与 2000 年公司成立之初时相比，产品交付后每千行程序的缺陷率，在 2003 年通过 CMM3 时下降为 92%，2004 年通过 CMMI4 后下降为 35%，实施 CMMI5 的 2005 年底则下降为 2000 年缺陷率的 9%，软件产品不能按时交付的现象也已得到了根本杜绝。

第三节 软件服务外包市场绩效

市场绩效是指在一定的市场结构下通过一定的市场行为，产业在价格、利润及技术进步等方面所达到的现实状态，它反映市场在特定的市场结构下的运行效率。

一、软件服务外包业的规模经济性

中国软件服务外包产业的群体规模小，规模经济性差，整体上不具备与国际软件巨头一争高下的能力。2006 年中国软件产业规模占电子信息产业的比重仅为 10%，在全球软件产业中的份额仅为 6%。中国软件企业以中小企业为主，企业自主创新能力低，核心技术相对缺乏。2006 年规模最大的前 10 家企业软件收入不足 100 亿美元，相比大型跨国公司仍存在很大的差距。

虽然中国软件外包服务企业竞争格局已初步形成，但从微观的企业层面来看，本土软件外包企业的发展质量有待提高。本土软件企业规模还比较小，跨国软件企业由于资金实力雄厚，研发人员规模基本都在 3000 至 5000 人左右。据统计，在中国有大约 8000 家软件服务提供商，但是只有五家公司员工超过 2000 名。相反，印度只有不到 3000 家软件服务公司，但是至少有 7 家的员工人数超过 2000 名，而且有一些公司（如 Infosys、TCS）得到了国际承认。中国本土的软件企业一般都只处于 1000 人以下，很难开展战略性的长期基础研发项目。在企业规模发展十分迅猛的纯粹软件外包企业中，出现中讯、文思、博彦等一批员工达到 3000 人左右、出口超过千万美元的企业，相对印度的 TCS、Infosys 等员工超过 5 万、经营规模达到 5 亿美元的大型外包企业而言，中国外包企业规模还是比较小，难以承接到大型软件外包项目。此外，研发人员的规模也限制了外包企业承接业务的能力。目前国内软件外包企业分三个等级，100人以下为小型企业，只能接受最外层的分包项目；500人左右的为中型企业，可以接受中层分包项目；1000人以上的为大型企业，可以接受大的分包项目和小型整包项目。目前中国本土软件外包企业大多规模偏小，软件能力成熟度不高。按照软件能力成熟度模型CMM的评估，2004年绝大多数中小规模软件企业处于CMM二级水平以下。一些软件外包企业的项目管理混乱、不规范，导致无法保证产品质量和进度，在激烈的竞争中生存得相当艰难。

2004年中国软件外包收入超过1000万美元的软件企业有8家，其中东软集团软件外包服务收入为3310万美元，居首位。但与印度TCS等企业比起来，仍相距甚远。2004至2005年印度前10家出口企业的销售总额远远超过了2005年中国软件出口总额，达到了67.65亿美元。中国最大的软件外包企业——东软集团，2005年国际外包收入为6270万美元，而印度最大的软件外包企业——塔塔咨询服务公司（TCS）2004～2005年的出口额为16.44亿美元，后者是前者的26倍，可见中国软件外包业的发展与印度的差距甚大。

虽然和印度软件巨头相比还有很大差距，但是中国软件企业发展势头很好，实力在不断增强，规模在不断扩大，竞争力进一步增强。2005年入选"中国软件产业最大规模前100家企业"的门槛从2004年2.1亿元，增加到的2.3亿元，其中，软件收入过10亿元的企业达到26家，比2004年又增加了5家。同时，2004年度选出的前100家软件企业在2005年的销售总收入超过1000亿元，同比增长了16.4%，出口达到15.9亿美元，占软件总额的45%。

二、软件服务外包中的技术进步

技术进步是软件服务外包业务中企业的重要收获之一。软件知识不同于资本和劳动力要素，它具备自然的外部性，在与生产过程结合的过程中容易产生扩散和对外传播，这成为溢出效应产生的根本原因。软件服务外包业务中的技术溢出使得软件企业在完成外包业务的同时得到了技术进步。

软件外包与制造业外包这种"躯体"产业转移不同的是，软件外包更接近"脑体"产业转移。软件行业属于知识密集型产业，对知识溢出效应更为敏感，因而能更快地从外包中的知识溢出效应中成长。在软件外包产业中，随着外包服务经验的积累，软件外包企业能潜在地获取客户方的业务领域知识和软件开发技能，并以较低成本分享和使用，从中获取的收益是客户方直接经济效益和供应商订单收益之外的利益，就它对软件外包企业的贡献而言，属于一种溢出。从经济学的角度看，知识溢出包含以下几层含意：一是某人或企业在开展软件外包项目中所用到的知识与本活动的成本和收益没有直接联系，从而未计入本项目之内的外部影响；二是知识溢出一般不是故意引起的，而是长时期没有预料到和意识到，或没有完全意料和意识到的；三是知识溢出并不仅限于某个人或企业的利益活动对他人或其他部门生产的经济活动影响，有可能迅速地溢出到整个软件外包产业。

知识溢出的路径分析。知识具有缄默性、嵌入性等特点。组织知识嵌入组织的三种基本要素包括人员、工具和任务。这些元素相互交织相互作用构成了关系网络。有效地溢出知识效应必须通过沟通与培训，在知识接收方创造出一个与知识溢出方相似的人员、技术、任务环境和网络，以适应知识的嵌入性要求。在软件外包行业，这个过程常常是通过客户方的示范或同业竞争、客户方需求的拉动或者客户方主动提供帮助等实现的。

第一，示范和竞争效应。在中国的软件外包情境下，客户方比软件外包服务企业具备更规范的软件过程管理和人力资源开发等核心能力，它们成为行业中知识传播和扩散的源头，一些较早开展软件外包的企业通过与客户方的关联活动获得新技能，使自身的生产率或整个企业经营效率提高。由于竞争和示范效应，企业争相采取行业最佳实践。同时，有些跨国公司直接在中国设立离岸软件开发和研发中心，当地企业因为外国公司进入，面临更激烈的竞争，它们为了提高竞争力而模仿外国企业和较早吸收外国企业开发方法和管理技能，或者在外国企业的刺激下积极探索更有效的软件开发和其他的生产资源的途径，或者探索新的更富有生产率的技术，从而提高了软件开发效率，使当地企业的软件开发和项目管理水平提高。由于这些效应带来的价值是外商投资企业无法进行内部化的，具有外部性的特征，因此成为一种溢出效应，通常被概括为"示范和竞争效应"。

在有关外资给发展中东道国带来的间接效应的实证研究成果中，大量论文都证实了外商投资企业与当地企业之间的各种类型的关联能产生积极效应，如表现在本地企业技术提升、出口渠道的扩大和企业管理模式等方面的改善上。

第二，需求拉动效应。软件外包的一个利处是国外客户的水平比国内客户高，它们会提出较高的需求，中国软件企业在完成它们的业务要求的过程中可以学到先进的管理经验，锻炼队伍，增加和国际市场的交流。如，日本软件企业倾向于以客户为中心，强调团队协作精神，在质量管理上以严谨苛刻著称，对中国软件供应商在质量控制上也要求甚严。因此，通过高质量地完成客户方要求，客观上也有助于提高中国软件外包企业的客户服务意识和团队合作协作精神，提高项目管理的质量控制水平，对改变中国软件工程师长期存在的个人英雄主义作风和"差不多"的工作态度也大有裨益。如，印度软件外包企业通过需求效应拉动，在外包价值链上的地位得到不断提升。印度软件企业充分了解欧美客户的需求和业务流程，英语交流水平比较高，它们在这个基础上开发出了有自主知识产权的产品，如 Infosys 开发了基于互联网的银行软件。

第三，客户方的推动效应。知识溢出效应主要来源于外商投资的外部效应。在软件外包的实践活动中，由于许多客户方同时持有供应商股权，因此存在着客户方主动给当地企业以技术支持的行为。实践中常用的方式有提供技术手册和相关资料，帮助有发展前景的供应商提高软件开发能力，提供技术支持或业务领域知识来提高供应商交付物的质量或者促进创新活动，提供培训帮助供应商企业提高管理和人力资源开发水平，通过人员往来和交流活动使得供应商软件开发人员理解客户方的客户服务意识和团队合作精神。这些活动是客户方利用当地企业的优势，发展价值链后向联系的一个战略选择，由此带来的溢出效应也就成为跨国公司有意愿的行为的结果。在这个过程中，当地企业的软件开发水平和管理能力都得到了提高，虽然并不能将当地企业的这些结果完全归因于这些推动效应，当地企业也在此过程中有相应的资本和人员以及过程改进活动的投入，但它的确发挥了重要的作用。

三、软件服务外包的重心转移

随着全球软件产业成熟度的不断提高，软件外包领域呈现两个方面的显著变化：第一，软件外包企业的战略重点发生转移，重视软件外包服务领域的开拓。软件服务领域的增长快于软件产品的增长，软件外包服务所占的比重在逐渐上升，以服务化为导向的软件外包趋势明显。软件外包服务是软件外包核心价值的延伸，企业为了在市场中获得竞争优势，就必须用良好的服务来赢得软件外包的客户认可，对软件外包服务精髓的深入挖掘已成为许多软件企业的核心竞争力。第二，软件外包企业掌握软件核心技术的能力在增强，并把核心技术作为软件外包的关键点。在软件外包业的高速增长和成本竞争压力加大的形势下，软件外包承接国软件企业也正在经历转型和升级。以印度软件外包为例，其软件外包的内容已经跨越了软件编码和应用软件开发、维护的初级阶段，正在向全系列软件外包继承方案、定制开发大型企业级应用软件和知识承包（KPO）等核心业务过渡。

到2010年，印度的知识外包业务将增加49%。另外，商业流程外包业务将增加30.6%。印度不失时机重组软件外包业务，指导思想就是提高外包业务的含金量，把握核心，提升竞争力，使班加罗尔处于强势垄断地位。

从软件外包的产业链角度看，外包转移首先发生在软件产业下游，附加值低、标准化程度较高、操作成熟的环节，与整个信息技术产业的制造中心向发展中国家和地区整体转移的趋势同步，目前正处在软件外包转移的初期。高附加值、低成本、智力密集型的软件与信息服务产业已经在印度、中国发展起来，为中国和印度等新兴国家的软件产业起步带来了巨大的发展机遇。各国在提供低端软件外包服务的同时并不甘心徘徊于附加值较低的软件代工阶段,都在积极提升自己的服务级次,力争向高端核心和综合软件领域推进。现有的成功经验再次证明,不能把软件外包看成软件价值链的低端市场,发展中国家完全可以凭借外包的机遇,学习和掌握软件产业的开发技术和管理经验,通过自主创新,在其优势领域率先寻求突破,是软件业成功发展的有效途径和趋势。

第四节 相关产业组织政策

企业是市场主体,许多关系到企业竞争力的问题需要企业自身去解决,但是一些涉及外部制度环境的问题需要政府以产业政策的形式着力加以解决。中国要大力承接国际软件外包业务,政府在提供支持、创造环境方面还有较大的提升空间,只有制定适宜企业发展的产业政策才能引导中国软件服务外包业快速健康发展。

一、产业的政策环境

加强知识产权保护、营造健康的软件产业政策环境,是推进中国软件产业高水平、规范化发展的重要保障。虽然中国在20世纪90年代颁布实施了《著作权法》、《计算机软件保护条例》、《计算机软件著作权登记办法》等一系列保护软件知识产权的法律法规,《技术合同法》、《专利法》、《反不正当竞争法》、《商标法》也都从不同角度来保护软件知识产权,但是由于软件市场监管不力,知识产权意识淡薄,执法力度不强等原因,对知识产权的保护还做不到有法必依,执法必严,违法必究,知识产权没有得到有效维护,使得软件盗版率居高不下,盗版现象没有得到有效控制。这导致中国软件企业在国际外包市场上的形象受到严重损害,发包商不信任中国的软件企业,极大地削弱了中国软件企业在国际外包市场上的竞争力。

中国软件协会的一份调查研究报告显示,盗版行为残酷地剥夺了软件行业本来能够获得的更多的发展机会。仅1997年,软件综合盗版率每减少10个百分点,就直接和间接地额外创造13170个就业机会,为政府额外增加7770万美元的税收。据美国两大软件商组织BSA和SPA调查,1997年中国的软件盗版率居世界第二,造成知识产权的损失约有14亿美元。中国企业对知识产权的不作为,已经严重影响到自身在软件外包领域的拓展。发包企业需要保护敏感信息和保密信息,它们关心的是承接服务的企业在数据安全和知识产权保护方面付出的努力。

研发型软件外包企业对知识产权保护十分重视,尤其是在企业还没有获得知识产权之前的商业机密保护，BPO型的软件企业对商业机密的保护要求很高。尽管国内有相应的法律制度，但是在商业机密和数据信息等方面的保护上只有当违法造成损失之后才能进行惩罚，而且惩罚力度较小。国外的客户认为机密资料一旦造成泄漏，将会给自己造成商业上巨大损失，这也是许多高质量的外包项目难以发包到中国的重要原因。

一方面，软件外包产业的进入壁垒较低，容易出现过度进入和无序竞争现象，需要政府和行业组织实施必要的规范化管理和协调，并在软件外包产业发展初期给予扶持，这是政府机构和行业组织的价值体现。另一方面，政府要加大知识产权保护力度，尽可能制定完善的法规，降低侵犯知识产权和商业机密的打击门槛，加大打击力度，加强知识产权、商业秘密和个人隐私的保护。

行业协会发展服务的能力有待提高。尽管目前中国软件行业协会已经做了很多工作，但在软件外包产业发展趋势研究、将行业发展困境与政府沟通、规范和引导人员合理流动、推介中国承接软件外包的特点环境方面与印度的NASSCOM相比还有很大不足。应当借鉴印度NASSCOM的发展经验，维护正当的市场竞争秩序，一方面促进软件需求方了解软件价值，培育并规范国内软件市场，另一方面规范软件外包企业的经营行为，尤其是在国际竞争中避免打价格战等恶性竞争。应联合大中小型会员，以共同品牌开拓国际市场。推广中国的软件发展环境，使全球软件发包企业了解中国的软件研发实力和不同城市的发展定位。

中国软件外包企业技术创新能力不足，很大程度上受制于投入的不足。软件外包企业融资困难对于软件企业是一个比较现实的问题，由于中国传统的银行贷款需要固定资产抵押，而软件外包企业作为一个服务业企业往往只有比较少的固定资产。政府可以通过完善信用体系，解决银行贷款的后顾之忧，只有打通出口信用保险、担保、风险投资等多种融资渠道，才能改善软件外包企业融资环境。各级政府，尤其是中央政府要加大对涉及国家安全、具有广阔应用前景的核心关键软件的扶持力度，集成相关科技资源联合攻关。同时，要引导和促进更多的社会资金，尤其是风险资金投向软件外包产业。政府应设立"软件外包产业风险投资基金"，专门对各类具有产业化发展前景和经济效益潜力大的软件外包企业提供贷款贴息、融资担保，或自接投放开发资金进行股权投资，从而为软件外包企业扩展融资渠道。另外，应建立风险资本交易市场，大胆引进国内外的风险资本进入中国的软件外包产业，推进企业上市融资、融债。

二、政府政策支持

中国政府非常重视软件产业的发展，并实行了一系列鼓励和支持软件产业发展的优惠政策。但与印度相比，中国的软件产业政策制定得比较晚。1986年出台了第一个关于软件产业发展的规划、指导性文件——《关于建立和发展中国软件产业的报告》。1998年初,国家信息产业部发布了《软件产品管理暂行办法》,进一步规范软件产业市场。

2000年6月,国务院颁布了18号文件《鼓励软件产业和集成电路产业发展的若干政策》,从投融资、税收、产业技术、产品出口、收入分配、人才引进和培养、采购、软件企业认定制度、知识产权保护等多个方面为软件产业的发展提供优惠条件和政策支持,对中国软件业的发展起了重要作用。这是中国迄今为止在软件产业较为完善的一项政策措施。该政策规定:在中国境内设立的软件企业可享受企业所得税优惠政策。新创办软件企业经认定后,自获利年度起,享受企业所得税"两免三减半"的优惠政策。所谓"两免三减半"的政策,是指自获利年度起,第一年、第二年免征企业所得税,第三年至第五年减半征收企业所得税。对软件企业进口所需的自用设备,以及按照合同随设备进口的技术(含软件)及配套件、备件,除列入《外商投资项目不予免税的进口商品目录》和《国内投资项目不予免税的进口商品目录》的商品外,均可免征关税和进口环节增值税。鼓励软件出口型企业通过CMM认证,其认证费用由中央外贸发展基金适当予以支持。虽然实行了一系列的优惠政策,但优惠力度仍比不上印度。

2001年出台了《关于软件出口有关问题的通知》,明确了软件出口税收及管理方面的优惠政策。为了加大软件人才的培养力度,解决软件人才短缺的问题,原国家计委、教育部于2001年12月3日,联合出台了《关于批准有关高等学校办示范性软件学院的通知》,指定全国35所高校创办示范性的软件学院。并且对于软件自营出口权、国际市场开拓资金、CMM认证费用等多方面均有优惠和扶持措施。

2002年9月,国务院办公厅转发了九部门联合制定的《振兴软件产业行动纲要(2002至2005年)》,进一步明确了软件产业发展的战略地位,加大了对软件产业的扶持力度。

改善投资环境,鼓励跨国公司在中国设立软件研究开发机构和生产企业。中国进出口银行通过提供出口信贷方式,支持软件产品出口,开拓国际市场。并把软件工程国际合作纳入中国同有关国家的双边合作谈判,推动形成软件产业双边合作框架协议。通过多种方式拓宽软件产业融资渠道,促进建立软件产业风险投资机制,鼓励对软件产业的风险投资。经审核符合境外上市资格的软件企业,均允许到境外申请上市筹资。为保证资金来源,"十五"期间,中央财政预算内资金向软件产业的投入不少于40亿元。

2006年8月,《信息产业科技发展"十一五"规划和2020年中长期规划纲要》出台,提出要重点发展软件技术,拓宽融资渠道,发展多种融资方式。在中央财政预算中,安排一定比例资金用于重大专项核心技术研发和产业化,加重对企业科研的投资。建立信息科技成果转化基金。建立和完善适应信息产业发展的投融资体系和投资退出机制。

此外，目前中国对软件外包产品研发和CMM认证、软件出口、出国参展、软件人员的税收返还等都有一定优惠，但是在承接软件外包的定位上还不明确。尤其是目前发展较好的几个主要城市，认为只要是外包就符合城市发展特点，对各种不同类型的外包企业都给予支持，而没有看到不同的承接模式要求不同，城市间存在比较明显的恶性竞争，不利于在国际市场上树立"中国外包"的良好形象。在软件企业的认定上只认定软件产品企业，大量符合国际发展潮流的软件服务外包企业难以享受到这些政策。

目前中国软件外包企业主要缺少高端人才，即软件经营管理人才、国际市场开拓人才、精通行业应用的高级软件人才及复合型人才。政府应该针对人才短缺和结构不合理的状况，充分发挥国家、省、市、地区教育资源优势，建立和完善高级人才培训、中层开发骨干培训、软件技术工人培训三个层次的软件人才教育培训体系；鼓励高校和软件学院根据软件外包产业发展的需要设置课程，积极开展与国外教学机构、国际著名软件外包企业和国内软件企业联合办学，更好地满足企业发展对人才的需求。

解决高端人才的问题。尽管中国的软件人才较多，但是真正符合产业发展需求的高端人才依然缺乏，尤其是既懂行业专业知识、又懂软件知识的高素质人才严重不足。中国有大量高素质人才到美国、日本等发达国家学习，有许多人就直接留在当地跨国公司就职，他们了解国际上先进的软件技术、项目管理经验和行业专业知识，留学归国人员以及在跨国公司工作的高层人员对母国承接国际软件外包具有很大的促进作用。通过制定一定的政策导向，加强宣传推广，吸引留学人员回国发展是一个很好的人才储备途径。中国尽管在留学生数量、吸引留学生归国创业的吸引力方面有很大优势，但目前还没有充分发挥出来。此外，可以建立多层次的软件人才培训体系，培养既懂英语、软件专业知识，还具备行业专业知识的复合型人才。

政府要利用地方与国外其他城市和地区的合作渠道，加快促进国际合作，充分发挥原有的合作体系的主渠道作用，并将合作深入到产业领域内的务实操作上。而且要广泛建立机构与机构间的合作，例如，加强各地区的软件外包产业中心与国外相关机构已建立的战略合作伙伴关系，逐步将合作渗透到软件、网络、远程教育、人才培训、软件学院建设各个方面。在产业整合方面要积极改变目前软件企业小而散的现状，政府部门应通过市场机制发挥资源配置的基础性作用，积极促进大型软件企业的产业整合行为，通过形成大企业联合体增强中国软件业在国际上的竞争力。

政府应该协助企业开拓国内软件外包市场，走国际外包市场开发和国内软件市场发展并重的道路。从某种意义上讲，国内软件市场是国际软件市场的重要构成。与印度相比，中国存在巨大的国内软件外包市场，这是中国软件企业开展外包业务的一个重要领域。要在目前日本市场的基础上，力争使承接的项目往价值链的高端爬升，同时要重视开拓欧美市场。要发挥中国制造业发达的优势，大力开展嵌入式软件开发，做到单体软件开发和嵌入式软件开发并重。

外包业务模式主要源于更明晰的分工，通常以公司、地区甚至于国家的单位来承接外包项目，发挥本地软件开发的优势。品牌成为关键。印度的经验值得借鉴，在经历了软件外包行业快速发展的最初几年后，印度是第一个以国家为单位树立了品牌形象的接包方，其独有的优势为印度在国际外包市场上确立了地位。这也印证了当前以国家为单位的外包品牌正在成为大势所趋。品牌形象不突出、不统一，成为海外客户认知中国软件外包业的最大障碍。要给海外客户一个统一的形象和质量印象，一开始就必须在海外市场宣传中树立中国统一品牌，宣传中国的技术外包服务质量。鼓励具有知名度的自主软件品牌的发展，支持软件外包企业进行国际认证，提高企业管理水平。积极引导软件外包企业通过改组、联合、兼并收购以及海内外上市发行股票等多种方式，整合资源，培育一批产品附加值高、市场份额大、核心竞争力强、有研究开发能力的优势软件外包企业，尽快形成一批龙头企业，以增强在国内外市场的竞争力。要重点扶持一批骨干企业做大做强，从政策、资金、采购、上市等多方面给予倾斜，为软件外包企业创造良好的发展环境，促进骨干企业的快速成长。

三、产业集群政策

现代产业组织理论认为，一个公司的竞争优势不仅由公司内部决定，而且是来源于公司的外部，也就是公司所在的地域和产业集群。产业集群是指在某一特定区域下产业间纵向与横向联系所形成的结合体。它包括核心产业、相关产业和支持产业。纵向联系是指产业与支持产业部门之间的典型关系，而横向联系是指核心产业与在技术或市场上有互补关系的产业部门之间的联系。这样的环境，对一个企业、一个地区的发展都很有利。从经济地理学的角度来讲，开发区是企业集群的载体（邢仁芳，2006）。开发区企业数量众多，企业间也存在着分工与合作。区内不仅有众多的企业，还有研究所、高校、相关辅助机构等，相互支持、互补，共同发展。

近年来，随着政府陆续制定了优惠的软件产业政策，软件产业的集群化优势日益显现。较大的软件企业集中分布在城市基础设施与产业配套基础好、科研机构和高等院校相对集中、软件人才相对密集、有一定技术能力储备与市场规模优势的中心城市，初步形成了一批初具规模和各有特色的软件产业集聚体。但这还是软件企业的聚集阶段，尚没有形成印度和硅谷那样的软件产业集群。总体上看，中国软件产业无论是在总体规模还是在技术开发能力上，都与中国的国际地位不相称。

建设软件园区是世界各国特别是后发国家普遍采用的实现软件产业快速发展的成功经验。目前，全球软件园不计其数，发展势头强劲。作为软件产业的重要载体，中国目前已建设了包括北京中关村软件园、大连软件园、齐鲁软件园、上海浦东软件园、杭州软件园、江苏软件园、长沙软件园、西安软件园、成都国家软件产业基地、广州天河软件园、珠海南方软件园这11个国家软件产业基地和北京、大连、深圳、天津、上海、西安等6个国家软件出口基地。软件园区是产业集群的重要平台，园区企业的集聚促进了产业集群的形成；产业集群是软件园区发展的趋势和提升园区企业竞争力的重要途径。软件产业基地和软件出口基地的建设，将能形成中国软件产业的产业集群，发挥产业聚合效应，实现软件产业的资源整合，优势互补，促进软件企业走向联合、协作道路，培育和延长产业链、价值链，为推动软件产业的跨越式发展提供基础平台。

企业价值链提升的外部支持系统主要包括政府、公共科研机构、大学、中介等国家创新系统要素。企业价值链提升不仅要重视知识、技术创新，更要重视包括企业内部观念、管理等方面的创新，尤其是制度创新。只有资源、激励制度和认知这三者同时起作用，企业才能在迅猛发展的软件外包市场机会中通过知识溢出效应不断发展壮大。价值链重构的动力机制和能力的培养主要源于企业对溢出知识的吸收。吸收能力强的企业会向价值链的高端跃迁，成为能力更强的供应商，否则就会面临成长的瓶颈。对于处于价值链外包体系中的个体，吸收能力的作用主要体现在：一是逐渐优化的学习曲线能够带来规模效应；二是对所吸收知识的商业运用程度改变了创新的概率。在创新的冲击下许多产业价值链结构会出现不同程度的断层，原有的一些产业界限会被突破，从而得以改变全球价值链个体的地位。因此中国软件外包企业的长期发展应不断提高吸收能力，充分利用知识的溢出效应，通过学习先进国家的经验，从模仿到创新，从发明到创新，进而提升中国企业在全球价值链外包体系中的地位。

第四章 技术扩散与软件服务外包

第一节 技术扩散理论

一、技术扩散概念

（一）技术

技术是人类所面对的最复杂的社会文化现象之一，它涉及人类生存和进化的方方面面，并和社会生活的各个层面交织在一起，构成一幅纵横交织、错综复杂的图景。研究技术扩散，就有必要对"技术"概念进行考察。

技术本身是一个大概念，对于技术的准确定义是困难的。谢伟（2000）曾对技术的定义做过归纳，现将文献中有关技术的定义扼要归纳为以下五种：①技术是科学的应用；②技术是一种结构，是过程、计划、技能、知识和技艺的构成机制，有效地生产、加工、处理和市场化某一种产品或服务；③技术是一种过程，该过程的特点是利用知识来减少不确定性和实现预定的目标，所以它是一种创造问题解决方案的过程；④技术是知识；⑤技术的多学科定义，技术是将多学科知识转化为具体应用或应用于实践的过程，是可以与各种生产要素如劳动力和资本等结合，生产产品或提供服务的可行方法。

中国学者傅家骥（1998）认为，技术泛指人类在科学实验和生产活动过程中认识和改造自然所积累起来的知识、经验和技能的总和。技术通常包含三个层次：一是各种工艺流程、加工方法、劳动技能和诀窍等；二是将这些工艺流程、加工方法、劳动技能和诀窍付诸实现的相应的生产工具和其他物质装备；三是对生产系统中所有资源（包括人、财、物）进行有效组织与管理的知识、经验和方法。

从以上对"技术"概念的考察可以看出，技术既包括科学研究中的技术，也包括企业生产中的技术。从系统的观点看，技术本身就是由一组相关的技术要素组成的系统，其中技术要素有时也称为技术单元。鉴于本书的研究对象和研究重点，文中涉及的"技术"仅限于有关企业生产经营中的技术，与傅家骥关于技术的定义基本一致。在本文简称技术或技术系统。

（二）技术创新

创新的概念最先是由外国学者熊彼特提出的，经过后代经济学家不断发展，已经出现了众多的解释。对此中国学者傅家骥（1998）已做过相关的总结。他将技术创新定义为："技术创新是企业家抓住市场的潜在赢利机会，以获取商业利益为目标，重新组织生产条件和要素，建立起效能更强、效率更高和费用更低的生产经营系统，从而推出新的产品、新的生产（工艺）方法、开辟新的市场、获得新的原材料或半成品供给来源或建立企业的新的组织，它是包括科技、组织、商业和金融等一系列活动的综合过程。"从这个定义上来理解，技术创新是一种企业经济行为，并且"市场的潜在赢利机会"是技术创新前提，"获取商业利益"是技术创新目的，"重新组织生产条件和要素，建立起效能更强、效率更高和费用更低的生产经营系统，从而推出新的产品、新的生产（工艺）方法、开辟新的市场、获得新的原材料或半成品供给来源或建立企业的新的组织"是技术创新内容。他进一步认为，技术创新与发明创造不同，前者是经济行为，后者是科技行为。技术创新的结果是以两种方式实现其价值的，一种是以直接的市场实现的方式，另一种是以技术扩散的方式。以市场方式实现将通过营销环节来实现技术创新的价值。因此，营销环节的创新自然也包括在技术创新过程之中，它对开辟新市场和实现技术创新的价值有着重要的作用。技术扩散实现的方式是通过技术创新在企业内部及各个企业间的扩散来实现技术创新价值。

技术创新本质上是指使技术发明实现具有广泛社会意义或经济效益的社会利用或商业化应用，以及利用由此所取得的实用性成果和原有的技术成果，实现具有新的或更大社会意义或经济效益的技术改进和技术综合。本书借鉴王海山的技术创新定义，认为技术创新是使技术实现经济效益的首次商业化应用。这里强调"首次"符合创新的基本意思。

（三）技术结构

根据不同的技术定义，运用不同的分析方法，对技术结构的认识是不同的，对技术结构的认识的多样性，正是技术复杂性的一种反映。本书从企业的角度来研究技术结构。企业的生产活动是一个将投入物转化为预期的产出的过程，在这一过程中，生产活动的主体——具有一定经验、技能、知识的劳动者，运用特定的方法手段（设备、工具等），按照一定的方法、规程，将劳动对象（投入物）转化为预期的产出物。因此，从系统的观点来看，企业技术结构是企业技术系统内诸技术元素间的质的组合和量的比例关系，或者说是不同类型、不同水平技术间的有机组合关系，本书简称为技术结构。

根据本书对技术和技术创新的界定，技术创新内容包含技术结构，因此，技术创新在本质上是对技术结构的创新。另外，技术创新结果在企业又不仅仅是产品技术创新、工艺技术创新，而且还涉及生产要素、市场创新和组织管理创新等。但是，生产要素创新、市场创新和组织管理创新是技术创新引起的结果，而不是技术创新内容本身。同时，本书把生产要素创新和市场创新作为技术创新的环境因素的改进。这种理解，也符合系统与环境的相互作用原理，即技术创新与技术创新环境相互促进，相互制约。

（四）技术扩散

对于技术扩散的研究，可以追溯到 20 世纪初熊彼特创立的创新理论中的"模仿"，其追随者在进一步从创新理论中分解出技术创新理论的同时，相应地引发了技术扩散这个概念。技术扩散理论学者们对于技术扩散基本含义的观点不尽相同。1980 年，Sagafi-nejad 和 Robert Belfield 对 1500 种以上有关技术扩散的著作进行分类总结。对技术扩散的理解主要有如下几种：

（1）模仿论。熊彼特（1990）认为，技术扩散实质上是一种模仿行为，是企业出于对超额利润的追求而进行的技术模仿活动。

（2）过程论。史密斯认为，技术扩散是技术从一个地方运动到另一个地方或从一个使用者手里传到另一个使用者手里。这里的技术扩散只是一个地理上和对象上的传递过程。格利诺和蒂加登则详细论述了技术扩散过程的三个阶段，包括技术文件的传播、将文件转化为产品的专有技术转移和设备、部件等硬件的转移（李平，1999）。

（3）能力转移论。科莫达认为，技术扩散应该是"对理解和开发所引进技术的能力的一种转移"。判断技术扩散成功与否的标志是：技术引进方在无外在帮助下，能完全独立地加以吸收、操纵和维修所引进的技术，并具有一定的改进、扩展和开发所引进技术的能力。从这个意义上讲，技术扩散不仅仅是对生产技术的简单获取，而是要构建引进方的技术能力。巴拉森也持同样的观点，"比传授知识和生产能力更为重要的是将能力和意愿嫁接到当地的工程和设计能力上去，使之具有技术变革的能力"（李平，1999）。

（4）学习论。美国经济学家 P. Stoneman（1983）用数量模型来阐释对技术扩散概念的理解，他认为技术扩散是一种"学习"活动，是在模仿基础上还有不断的自主创新活动，区别于一概照搬、一成不变的模仿。中国学者陈国宏从学习论的角度出发，从技术势概念给技术扩散下定义：技术扩散是处于低技术势系统通过各种方式向高技术势系统学习的过程，技术势差是技术扩散的充分必要条件。

（5）技术应用论。吉认为，技术扩散应是给新使用者带来预期经济效益的技术新应用。这个定义以技术扩散给使用者的效用为基础，与技术创新概念也有一定的重复（李平，1999）。

（6）选择论。美国经济学家J. C. 梅特卡夫认为，技术扩散是一种选择活动，既包括企业对于不同层次技术的选择——其结果总是使企业倾向于接受效率更高、成本更低或更新颖的先进技术，同时也是顾客对企业的选择——其结果总是那些优先采用比较先进技术的企业生产出的质优价廉的商品才能获得顾客的青睐。正是通过这些相互作用的选择，技术得以在市场中得到广泛传播，逐步实现其扩散过程（李平，1999）。

（7）传播论。美国经济学家舒尔茨在他的著作《人力资本投资》中将技术扩散定义为"通过市场和非市场渠道的传播"，并指出，"没有扩散，技术便不可能有经济影响"。

综上所述，目前国内外对技术扩散的研究很多，在字面上就有"技术创新扩散"、"技术转移"等提法，对于技术扩散概念的理解各有侧重，说法不一。各个研究者都是从某一特定研究需要对技术扩散进行界定的，都有其合理性。

技术扩散具有以下特点：

（1）技术扩散的主体是企业。在市场经济中，企业是经济活动的主体，而技术创新定义中，技术创新的主体是企业。

（2）技术扩散的内容是技术创新成果，这一成果既可能来源于本企业内部，也可能来源于本企业外部，如其他企业、大学、研究机构等。

（3）技术扩散的范围既包括企业内部扩散，也包括企业外部扩散，即企业间、产业间、国家间扩散等。

（4）技术扩散的标志是企业采用技术创新或将技术创新应用范围扩大，即"技术创新得以再应用或多次再应用"。

（5）技术扩散是企业经营行为，服务于企业发展目标和企业经营目的。

（6）技术扩散是技术创新的后续阶段，先有技术创新，后有技术扩散，再有新的技术创新，这样往复进行，推动技术进步。

（五）技术扩散效应

技术扩散效应是指技术扩散的作用及其产生的效果。具体来说，技术扩散效应主要体现在以下四个方面。

1. 管理变革效应

管理变革效应是指技术扩散对企业经营管理产生的改革、改造等重大影响。技术创新理论认为，基本技术创新能够导致技术革命、产业革命以及整个社会体系的变革。但是这些变革都是通过技术扩散的方式来实现的。对企业而言，不同类型的技术创新通过技术扩散在不同层次上引起管理方式、结构和机制的变革。

通过技术扩散变革效应，企业可以根据技术扩散实现企业内部经营管理甚至整个产业内的一场变革。比如，计算机技术的应用，使得许多传统企业在提高企业内部运营机制方面得到了很大的改进；电子商务的应用使得企业拓宽了营销渠道，改变了以往的销售方式，开展了一场营销革命。企业的经营管理总是会随着整个社会的技术进步而得到相应的改进。新技术的扩散通过企业之间及内部各部分之间的相互作用，促成了企业生产过程、组织结构或管理方式的变革。

2. 技术进步效应

技术进步效应是指技术扩散对技术体系的协调和改进。技术扩散对整个产业结构和经济发展的影响是以技术体系中主导技术之间以及主导技术与其他技术之间的相互联系为内在机制来发生的。在技术体系中，任何一项技术都不能孤立存在，它们之间总是通过以某种方式的相互牵动、相互作用所形成的整体网络才能实现自身的功能和价值。技术体系中不同的产业技术在社会的生产过程中往往形成上下游的技术链条关系，多种产业技术交叉扩散形成一个相互牵动和协同作用的整体技术网络。技术扩散不仅要求在该产业中的技术得到较快的发展，同时还要求其他相关产业部门的生产活动及其产业技术的适应性协调和发展。这种由技术扩散中的内在联系因素所形成的相互牵动的整体网络，使得技术体系中任何一项技术的发展与进步或者任何一项新技术的产生和应用，都必然会牵动整个企业乃至整个产业技术体系改进或创新。

通过技术扩散，可以使得在一个企业或产业内形成的技术创新所带来的效果远远大于该技术创新在本企业或本部门内的使用效果。罗斯托曾把这种效应区分为三种：回顾效应、旁侧效应和前向效应。回顾效应是指主导产业部门高速增长对那些向自己供给生产资料部门的影响。旁侧效应是指主导产业部门高速增长引起与新的工业基础和经济活动相适应的建筑业、服务业等一系列新变化。前向效应指的是主导产业部门高速增长对新技术、新原料、新能源和新工业的出现的刺激和诱导作用。

技术扩散的牵动效应为企业的扩张提供了必要的技术条件，企业可以通过对自身拥有的技术进行研发或实施技术扩散而主动寻求技术链上的上下游技术，从而实现向其他产业的扩张。企业寻求技术链上的纵向扩散，是想通过控制上下游的技术资源，以实现企业纵向一体化；寻求技术链上的横向扩张，是为了企业能够进行多角化经营，实现企业的横向一体化。

3. 市场竞合效应

市场竞合效应是指技术扩散导致企业建立在竞争中合作、在合作中竞争的市场关系。一般情况下，竞争与合作构成了企业间的基本行为关系，企业间的竞争或合作都是建立在企业自身发展利益的基础上的。在企业的竞争或合作行为中，从原材料到市场，从技术到组织都形成了其竞争或合作关系的重要内容。技术扩散作为企业的主要行为之一，在经济活动中，通过所有企业的技术扩散的流动形成了一种新型的企业间的竞争与合作的效应，即在竞争中合作，在合作中竞争的竞合效应。

从技术结构上来看，技术扩散可以分为横向的技术扩散和纵向的技术扩散两种。横向技术扩散是技术体系中同一技术在不同的企业间不断复制的一个过程；纵向的技术扩散一般遵循一定的技术体系的上下游的结构关系，通过掌握核心技术的企业对上下游企业实施的一种技术分解的扩散。不同的技术扩散方式所产生的竞争与合作效应也是不同的。

通常横向的技术扩散使企业把自身已经淘汰的技术扩散给其他的企业。虽然该技术已经趋于落后，但是技术扩散采用方可以通过对技术实施再创新，从而有可能达到甚至超过原来的企业，这就使得技术扩散的供给方增加了技术扩散的竞争风险。企业间的普遍的技术扩散行为为缺乏技术的企业提供了成长的契机，使得企业鼓励技术不断创新以取得技术上的竞争优势，从而在全社会的范围内形成了一种竞争的效应。纵向的技术扩散通常是由龙头企业来完成的。当某一龙头企业掌握了一种技术创新之后，通常出于成本与核心竞争力的考虑，把技术体系实施分解，自己掌握核心的部分，而把一些边缘技术向其他企业进行扩散。通过对核心技术的控制使其成为本企业的长期原料提供者或者是产品消费者。这种纵向的技术扩散在全社会中的实施会形成一种企业与企业间进行技术甚至营销、组织等方面的合作，形成一种合作效应。这种合作效应对于扩散企业的双方都具有促进成长的作用。对于技术创新供给方来说，可以集中企业资源专注核心技术的开发，提高企业的核心竞争能力。对于技术创新的采用方来说，获得了新的技术以及固定的市场渠道，为企业以后的发展打下基础。在实际中，由于技术扩散的复杂性及交互性，技术扩散的这种竞争与合作的效应是同时存在的。

4. 生产规模效应

生产规模效应是指技术扩散导致企业生产能力扩大，实现规模经济。技术扩散的本身就是一项技术创新在整个经济系统内的一个规模实现的过程。直观地说，技术扩散是技术创新成果的放大效应过程，扩大了技术创新的价值。这种规模效应在技术创新应用的不同阶段有不同的表现，在技术创新应用的初期，主要表现为企业内生产能力的规模效应。企业为了能够尽量多获取技术带来的收益，在企业内广泛实施技术扩散，扩大生产规模，使得技术在企业内广泛地转化为生产能力，形成规模效应；在技术创新应用的后期阶段，企业会主动在市场上进行技术扩散，形成全社会提高生产能力的一种规模效应。

二、技术扩散模式

技术扩散因认识角度的不同而可以划分为不同的模式,了解技术扩散的不同模式及其特点对技术扩散概念的理解有重要意义。

(一)企业内扩散、企业间扩散和国际扩散

按技术扩散的空间分布划分,可以分为企业内扩散、企业间扩散和国际扩散。

1. 企业内扩散

企业内扩散是指企业自己进行技术创新后,将该技术创新成果在本企业内部进行扩散。这是比较常见的一种扩散路径,可称之为由内向内扩散。

技术创新在某企业第一次使用技术创新成果开始,直到该成果在企业应用达到饱和为止,即只在本企业内部扩大应用范围的过程。这类技术扩散在小企业、大企业中经常发生,尤其是在一些企业集团或者大型的跨国公司。而且这种扩散在企业的内部也常常是通过不同部门之间的交易完成的。其技术扩散是有一定梯度的,一般根据公司发展的需要而进行。

企业内技术扩散可以分为直接内部扩散与间接内部扩散两种方式。

直接内部扩散:直接内部扩散就是指技术创新在企业内部直接进行采用,一般情况下,大型的企业集团或跨国公司通过将技术创新直接在母公司和其所属的子公司或分公司中采用,不发生创新技术知识产权的转让,只是扩大了知识产权的使用范围。具体包括三种形式:一是让其所属的国内外分厂、分公司或子公司直接使用技术创新成果;二是通过并购扩大企业规模,然后让被并购进来的企业直接采用其技术创新成果;三是在国内或国外直接投资建厂并采用其技术创新成果。

间接内部扩散:间接内部扩散指的是企业不向自己的子公司或分公司直接扩散创新技术,而是根据企业的需要,通过技术授权等方式在控股公司或参股公司内实施的一种技术扩散方式。间接内部扩散可以使企业根据不同的需要而在内部实施相应的技术扩散,也可以保证核心技术的保密性。

无论是直接内部扩散还是间接内部扩散,其主要特点都是技术扩散有明显的边界,将技术创新严格控制在企业内部,使企业能在相当一段时期内保持其技术垄断优势;独享创新技术所带来的收益,并且通过规模的不断扩大,使收益增加;从扩散机制上来看,不需要中介与信息传播机制的介入,降低了技术扩散成本,提高了扩散效率。

2. 企业间扩散

企业间扩散分为吸收扩散和释放扩散两种方式。

吸收扩散是指企业吸收企业外部的技术创新成果，提高企业生产效率和竞争优势。这种扩散可称之为由外向内扩散。通常，以吸收扩散为主的企业有两种情况：一种是那些不掌握核心技术的小企业，主动吸收技术以寻求企业新的成长空间；另一种是一些具有实力的大企业，为了节省技术创新的成本，在市场上寻求高技术，最后以购买或者收购的方式完成新技术的吸收。吸收扩散的特点是企业作为技术扩散的选择体在市场上主动吸收那些适合本企业发展的技术。

释放扩散是指企业将其拥有的技术创新成果应用范围扩大到本企业外部。这种扩散也可称之为由内向外扩散。释放扩散主要也有两种情况：一种是由企业主动实施，把技术创新向外扩散。企业出于竞争战略、成本、收益等方面的考虑，会把一些技术向企业外部进行扩散，通常这些技术都是非核心技术或者已经被淘汰的技术；另一种是被动实施，即企业为生存需要，不得不把自己的创新成果变卖给其他企业。

技术创新在同一产业或者不同产业中的两个或多个企业之间采用的过程，按照技术结构特点，大致可以分为两种方式：一是横向的企业之间的扩散，即在同类企业之间进行技术扩散；二是纵向的企业之间的扩散，即一个企业向上游或下游企业进行的技术扩散。

技术扩散理论中按这种分类方法也提到国际技术扩散模式，是指技术创新在不同国家之间扩散。本文认为国际的技术扩散就其本质上来说也是以企业的扩散为载体进行的跨国的技术扩散。一般情况下，国际扩散可以分为四种情况：①企业中研发机构的国际化转移。即跨国公司的科学技术知识生产和供应活动越来越多地从跨国经营企业的母国转移到具有较高研究开发实力的其他国家或者地区，以利用当地雄厚的研究开发优势或者丰富的人力资本来进行研发活动。②国际上企业间的技术项目合作。在许多大型的项目中，需要多家企业合作完成，企业之间达成一种技术合作协议，在通过对项目的合作过程中完成某些技术的扩散。③国际技术贸易。国际技术贸易指的是专利、版权、技术许可证等在国际的贸易活动。通常状况下，技术发达的国家在技术贸易中占据主导地位，决定着技术扩散的方向。④合资企业或对外直接投资。这是一种隐含的技术扩散方式，通过跨国生产来完成技术的转移。因此，国际扩散既包含企业内扩散，也包括企业间扩散。

企业间技术扩散还可以分为企业间直接扩散与借助科技中介的扩散两种方式。

企业间直接技术扩散是指企业与企业之间直接接触而进行的技术扩散。根据企业之间关系的不同，这样的技术扩散通常发生在有相关业务联系的企业中，通常是核心企业根据需要将技术直接扩散到其上游或下游的企业中去，或者是在企业联盟中的联盟成员之间进行的技术扩散。在这样的情况下，由于企业之间相互了解，降低了市场上的搜寻成本，加快技术扩散的速度和效率，但是这必须建立在企业之间相互了解的基础之上。

借助科技中介的技术扩散是指企业之间的技术扩散通过科技中介机构来完成。借助科技中介的技术扩散通常发生在彼此不熟悉的企业之间，当技术扩散的双方都在市场上寻求技术扩散的同时，科技中介机构的出现为双方提供了一个交易的平台，节省了市场搜寻成本，扩大了技术扩散的范围，同时降低了因技术信息的不对称性导致的风险。通过科技中介机构进行技术扩散需要不断完善科技中介市场机制，加强科技中介机构的信用体系和业务能力建设，使科技中介服务成为企业通过外部技术扩散实现价值的主要途径。

（二）基本技术扩散与渐进技术扩散

按照技术创新复杂程度和独创性不同划分，可以分为基本技术扩散和渐进技术扩散。

1. 基本技术扩散

基本技术创新常常是指来源于基本技术发明、对社会的技术进步产生重大影响的技术创新。基本技术创新一旦实现，将会开拓新的市场或者使现有产品的成本或质量得到巨大的改善。一项基本技术创新的经济效果是显著的，可以导致新的社会经济活动或新的产业部门的出现。基本技术创新不仅为新的经济活动打下基础，而且也跨越若干个新旧产业部门。如计算机技术的出现，不仅创造了今天的 IT 行业，还渗透到许多其他的传统产业中去，产生了巨大的社会价值。但是这种效果主要是通过随后的技术扩散才能实现的。基本技术创新主要集中在技术发展生命周期的早期阶段，由于技术创新的拥有者为了能够长时间独占技术创新所带来的利益，技术扩散的难度一般较大。对于实施技术创新的企业来说竞争对手少，不易被模仿，而且其新颖独特的技术功能产生巨大的社会经济效益，因而，具有较强的市场渗透力，能够在更大程度上形成独占的目标市场，获得较大的赢利。基本技术扩散的特点是早期不容易实施技术扩散，随着技术生命周期的演进，基本技术创新才会逐渐在市场中扩散。

2. 渐进技术扩散

渐进技术创新是在基本技术创新的基础上所实施的一种基于改良的创新。主要依靠需求压力和技术机会所推动，但也常常来自直接从事生产的工程师和其他人员的建议，或者由用户的建议所推动。在改进生产要素的使用效率方面，渐进技术创新的作用是明显的。渐进技术创新一般处于技术生命周期的中后期，在基本技术创新的基础上不断发展。渐进技术创新有较小的技术风险，但却有相当高的市场失败概率。原因是渐进技术创新大都出现在技术发展的成熟期，寿命周期短，竞争对手多，易被模仿，而且其技术功能产生较大社会经济效益的潜力较小，因而，难以占领市场，获得理想的赢利。因为渐进技术创新具有易被模仿的特点，因而在市场能够得到很快的扩散。

（三）整体技术扩散与部分技术扩散

技术创新不是单一的技术元素创新，而是由一系列相关技术元素组成的一个系统结构。因而，技术扩散路径也可以分为整体技术扩散与部分技术扩散两种模式。

1. 整体技术扩散

整体技术扩散是指整个技术创新体系作为一个整体被采用的技术扩散。通常情况下，企业之间的并购行为将使整个技术体系发生转移。许多有实力的大企业，如果需要某些完整的技术，就会对拥有该技术的企业进行并购，以期拥有整个的技术体系以及其技术人员。技术整体扩散有利于企业对整个技术体系进行把握，可以在此基础上更快速地了解该技术的发展方向，节省时间成本。

2. 部分技术扩散

部分技术扩散指的是企业对其技术创新内的某一单个或部分的技术而实施的扩散。无论是对于技术扩散的供应方还是采用方来说，技术扩散实质上就是企业对其技术结构进行调整的过程。部分技术扩散有利于企业根据自身的需要对技术进行选择，通过对技术创新要素的吸收，创造出不同的技术结构组合。这样可以使得同一技术在不同的领域内得到应用，促进了技术之间的兼容性。

部分技术扩散也可以采用在时间上分步进行技术扩散的方式。分步式技术扩散是企业有步骤、有计划地将技术创新成果逐步地进行扩散的一种方式。企业在吸收新技术的同时也要调整自身的技术体系，将旧技术释放；这只能在原来的技术基础之上接受新的技术，并且将原技术体系中的旧技术扩散出去，这就需要一个分步的过程。另外，某些核心企业还会针对其卫星企业对技术扩散的接受能力实施分步式的技术扩散。

三、技术扩散系统

技术扩散系统是一个动态演进的变化系统。对于演进的系统，纳尔逊和温特等人曾经做过这样的分析，他们认为，一个演进系统首先应具有将"新颖性"（新技术、新企业）引入系统的机制，即应具有对经济实体（技术、企业）进行理解的选择机制。因此，对于一个经济系统而言，搜寻和选择是关键的要素。

康凯等人认为从技术扩散的过程来看，技术扩散系统是由传播子系统（RS）、搜寻子系统（SS）、选择子系统（CS）和学习子系统（LS）构成。各子系统之间以及各子系统的要素之间相互影响、相互作用，形成交叉互含的关系。因此技术创新扩散是这四个子系统依次递进或交叉耦合的系统运行过程。在各子系统中，传播子系统是扩散过程中创新信息等创新要素供给活动所涉及的所有要素的集合；搜寻子系统是把技术机会引入到生产系统的搜寻活动所涉及的所有要素的集合；选择子系统是微观上潜在采用企业选择创新的决策活动，以及宏观上扩散环境对创新的选择活动所涉及的所有要素的集合，前者反映了企业的决策机制，后者反映了扩散环境对创新扩散的约束与激励；学习子系统是扩散实施引进创新及规模应用所涉及所有要素的集合。技术扩散系统就是这四个子系统的集成，并由协同演进过程所决定。

以上对技术扩散系统的研究是从技术扩散的动态演化角度来进行理解的。本书认为，技术扩散系统还应当从整体进行把握。技术扩散系统是由技术扩散得以实施的直接相关因素组成的。这里直接相关因素包括技术创新主体、技术扩散对象、技术扩散动力等要素。随着技术和经济发展及二者关系的渐进，技术扩散媒介在技术扩散中作用日益突出，成为技术扩散系统中的基本要素之一。为了方便研究，本书将技术扩散系统分成两类，即有媒介的扩散系统和无媒介的扩散系统。

技术创新主体：技术创新主体是完成技术创新的承担者，通常指企业家或这个企业家所代表的企业。技术扩散离不开技术创新主体，这不仅是因为技术创新主体是技术创新成果的所有者，而且还是技术创新的"知情者"和提供方。

技术扩散主体：技术扩散主体也称技术创新采用者，是指技术扩散得以采用和完成的承担者，这个主体通常就是采用技术创新成果的企业或代表这个企业的企业家。从技术扩散系统功能实现上来讲，技术扩散主体起着至关重要的作用，即技术扩散采用决策和组织实施。

技术扩散内容：技术扩散内容就是技术创新的内容。根据本文对技术创新概念的理解，它包括产品创新、工艺创新两个基本内容。作为技术创新的结果，生产要素创新和市场创新等内容必须同技术扩散内容同步进行。

通常，在技术扩散过程中，对技术扩散主体的选择是建立在技术创新主体自身利益的基础上。这同时也要求技术扩散主体与技术创新主体存在着某种业务上的关系。企业间存在着的某种基于业务上的联系就会成为技术扩散主体选择的一个经常的条件,这种关系不仅仅是建立在技术的基础上,同时也建立在企业之间相互信任的基础上。龙头企业通常倾向于将技术扩散给其上游或下游的企业,这不但可以使其在发展过程中能够形成技术上的一致协调性,还能够对上下游的企业形成一种技术上的制约。另外,技术扩散主体对技术创新的吸收能力也制约着企业技术扩散的效果,不同对象的技术基础对技术创新吸收的效果也是不一样的。技术基础好、消化能力强的企业能使技术扩散发挥更大的效益,反之,技术扩散不但不能使技术发挥效益,还有可能影响到企业对原有技术的利用。

技术扩散媒介:所谓技术扩散媒介,也称为技术扩散中介机构,是指在技术创新成果供需双方起中介、桥梁和纽带作用的组织、单位和部门。扩散媒介的功能,首先是沟通技术信息,使供需双方相遇的机会大为增加;其次为供需双方提供技术评估、市场评估和其他方面的咨询与服务。扩散媒介多种多样,按其存在的方式可以分为信息中介、转移代办和创新孵化三种类型;按其隶属管理可以分为科委系统、经委系统、科协系统、工会系统、军工及各部委系统和民办等;按其经营性质可以划分为营利性机构和非营利性机构两种。扩散媒介在技术创新扩散的位置及运作方式有两种,如图4-1和图4-2所示。

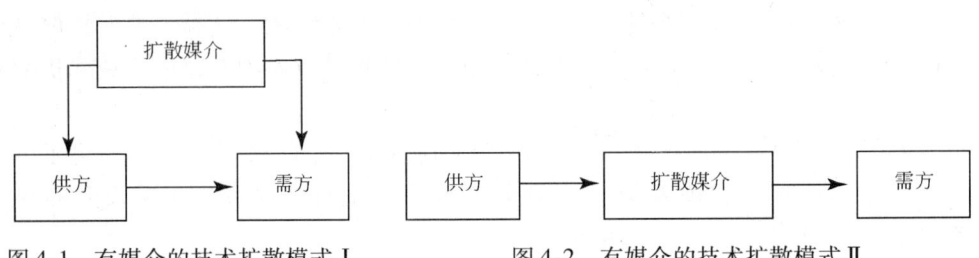

图4-1 有媒介的技术扩散模式Ⅰ　　　　图4-2 有媒介的技术扩散模式Ⅱ

技术扩散动力:有关理论研究和实证分析认为,技术扩散动力是由市场竞争压力作为推动力和市场需求、企业对利润最大化的追求作为牵引力构成的。但是,技术扩散的动力是源于供给主体、需求主体和扩散媒介之间相互利益关系,利益驱动引导着供给、需求方和扩散媒介紧密连接,使得技术扩散过程顺利进行。技术扩散是技术成果从输出到输入再到输出……这样一系列过程,在每一过程中,基于供给、需求主体和扩散媒介对于利益的追求,技术成果由技术拥有者通过一定的传播和转移途径或中介向技术接受者扩散。技术扩散三方当事人的利益追求不同,实现利益的行为也有所不同,但实质都是利益驱动的结果。

利益追逐是企业进行技术输出与转让的根本动力。对于企业之间的技术扩散而言,除专门以开发新技术进行有偿转让的科技开发企业外,大多数企业在考虑技术扩散时,将会比较自身利用该技术可能产生的效益与有偿转让该技术可能带来的收益。成功实现技术创新意味着企业在相关领域具备较强的竞争优势,如果竞争优势带来的收益小于维持该竞争优势的成本与转让此技术所带来的收益，则企业可能向外部扩散其创新成果。或者，企业预期由于该项技术的成功扩散会对其未来发展具有正向效应时，如提高市场对企业技术和产品的认知度等，企业也会在成本大于收益的情况下进行内部扩散。在企业内部进行技术扩散时，利益已经不是简单意义的货币收入，企业更看重该项创新技术在企业内部的应用带来的多样化效用。

企业是需求主体的主要组成部分，企业对技术创新成果的引进和吸收是以其能够为企业带来发展新动力、最终实现企业价值增值为出发点的。企业不会引进对其毫无价值的技术成果，只是价值可能实现的时间有早晚而已。企业会衡量技术扩散能够为企业带来的收益与付出的引进成本之间的关系，收益大于成本一般是企业选择技术扩散的基本原则，除非企业对该项技术在未来生存和发展中作用的期望非常高，或者认为该技术会实现企业生产运营流程和方式的根本性变革，或者认为企业可能会有机会对其进行新的创造性变革，并继续向下一链条扩散。

技术扩散媒介连接技术需求方与技术供给方，是双方利益的协调环节，也是为了实现自身利益而促成技术扩散的经济组织。技术扩散过程存在着各类扩散媒介，包括公众传播渠道、技术中介服务机构以及技术市场等，技术中介服务机构以及技术市场是技术扩散媒介的核心部分。实质上，技术中介服务机构以及技术市场是协调技术定价的组织，中介机构促成技术扩散的动力也是利益的驱动，如争取交易佣金或者提高其社会声誉等。

综上分析可以发现：对技术扩散的动因分析是从创新主体、扩散主体和扩散媒介对利益的追逐而展开的，虽然对利益的考察角度有所差别，但无不是基于自身价值实现和未来发展潜力而进行技术扩散决策的，如图4-3所示。

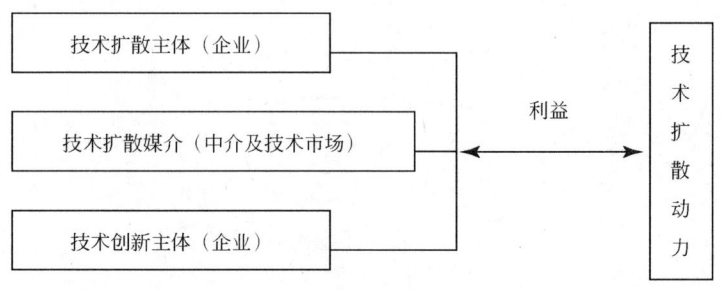

图4-3　技术扩散动力分析

技术扩散环境：技术扩散环境是以特定的社会政策和法律制度、经济、技术、市场、信息以及企业等多种因素组成的网络体系，影响与制约扩散主体、扩散内容、扩散动力，影响着扩散的模式与深度。而且技术扩散对系统环境体系也产生影响，从而使得环境体系在自身组织运动中得到演进与升级。实质上，技术扩散就是在一定的扩散环境体系内扩散主体、扩散内容、扩散动力与环境相互影响、相互作用的一个互动演进过程。

第二节 软件技术特性

一、软件技术的构成要素与特点

按照系统论的观点，技术是由若干相互依存、相互作用的要素连接和组成的系统。主要包括客体要素、主体要素和工艺要素。客体要素是指工具、机器、设备等物质实体；主体要素是指知识、经验、技能等职能要素；工艺要素是指在技术系统中表征主客体要素结合方式和运作状态的要素。三者之间相互联系、相互作用，客体要素是生产活动的载体，主体要素由具有能动性的人持有，工艺要素则要利用物质手段、依靠人所拥有的知识进行加工处理。在这里，不能把工艺等同于知识和经验，也不能把工艺等同于实体。可以说，工艺乃是把工具、机器、设备等客体要素，与知识、经验、技能等主体要素相组合而形成的过程和方法，工艺是实体要素和客体要素在加工活动中的结合。技术就是由客体要素、主体要素和工艺要素组成的一个复杂系统，这个系统具有整体性、综合性和层次性的特点，如图4-4所示。

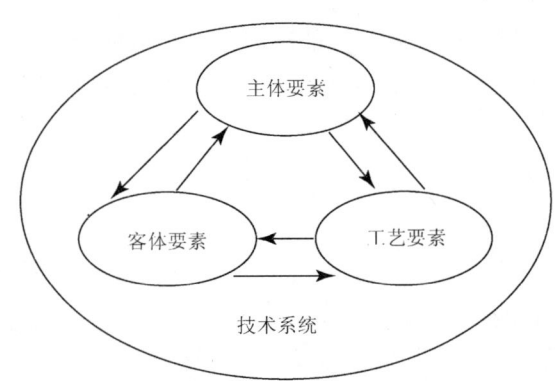

图 4-4 技术系统构成要素

软件技术与一般技术相比，具有自身的独特性。因而，对于软件技术的结构要素分析，需要将客体、主体和工艺三种要素的内容做一重新界定。在客体要素中，计算机扮演着物质载体的角色，理所应当地成为软件技术客体要素的一部分。不过与传统技术不同的是，软件技术的客体要素不仅包括物质实体，还应该包括附着在计算机上的、为其他软件技术提供平台的操作系统，并且操作系统明显在客体要素中占据主要地位。在主体要素中，高素质人才、各种编程语言和技巧在软件企业提供软件产品和服务过程中发挥了重要作用。软件技术的工艺要素则应当包括掌握软件技术的人才在使用计算机编写软件过程中所遵循的惯例、规范、标准等，如在软件企业中盛行的 CMM 软件质量标准等。软件技术这种特殊的地位和特殊的技术结构决定了其与传统技术具有迥然不同的特点。

知识密集性。软件技术是掌握软件知识、技能、方法的高素质软件人才所拥有的技术，具有知识密集的特点。凡是软件技术发达的国家，都拥有一大批高水平的软件管理及设计技术人才，而且这部分人员相对比较稳定。美国是世界上软件产业最发达的国家，拥有软件人才的数量占世界总量的 1/3。印度和以色列近年来的迅速崛起也主要得益于它们拥有一大批杰出的软件技术和经营人才。

低继承性。传统的技术一般都具有技术继承性，即创新技术大多是在原有技术基础之上发展而来的。但软件技术的继承性却很弱，这是其区别于传统技术的一个重要特点。软件技术的革新日新月异，以操作系统为例，十几年前 PC 还是 DOS 的天下，自从被微软的 Windows 取代之后，DOS 就再也悄无声息了。在 Windows 中看不出有 DOS 系统留下的痕迹，它们之间几乎没有什么继承关系，微软却依靠技术创新完成了划时代的变革。

核心技术的主导性。在前面软件技术结构的分析中我们可以知道，任何软件都是需要平台支持的，任何软件的开发也都是与平台相适应的，这个软件平台就是计算机中的操作系统。操作系统的作用，就好像是绘画中的画纸，没有了画纸，再好的画家和再好的构思都没办法体现出来，也无从去体现。操作系统也是如此，从 DOS 到 Windows 的转变，微软为软件提供了一个崭新的平台，为软件的发展提供了一个广阔空间。可以说，操作系统是软件技术的核心，在软件技术中占有主导的地位。

高扩散性。软件技术的高扩散性是两方面原因造成的：程序源代码的开放和人员的流动。面向对象技术和分布式技术的应用提高了软件可重用性，增强了软件程序源代码的开放性，使没有掌握这种技术的软件企业可以模仿，当然这是对一般的程序设计语言技术来讲的，规模庞大的操作系统即运行技术不包括在内。另外，软件企业间人员的流动也会促进软件技术的扩散，由于软件技术（主要指程序语言编程设计技术）是人才所拥有的知识和技能，固化在人的头脑里，它不会随着人才的流动而消失，这样软件技术就会随着人才的流动在软件企业间扩散开来。

二、软件技术的结构

软件产业是一个高附加值、知识密集型的产业，而这个产业内的生产主体——软件企业（公司）内部的技术结构对于软件产业的发展是至关重要的。软件企业应该具备什么样的技术结构是我们非常关心的问题。近年来，一些学者就产业技术结构、企业的技术结构以及技术结构的评价体系进行过一些论述，但软件产业作为一个新兴的产业呈现出一些新的特点，软件企业应该具备什么样的技术结构才有利于软件产业的发展方面的问题则几乎没有人进行过探讨。

根据上面对软件技术要素的分析再套用企业技术结构的概念，对于软件技术结构的理解就应该是：软件企业为了获得最佳的投入产出，而在技术系统中各种技术要素之间的质的组合和量的比例关系。目前，软件企业的技术水平、规模和市场定位差异很大，每个国家发展软件产业的战略以及实施策略也不尽相同，软件企业在软件产业链和价值链中的位置不同，相应的技术结构也各不相同。但有一点是可以肯定的，那就是软件企业几乎无一例外都是知识密集型的学习型组织，高投入产出、产品高附加值的知识型产品的生产部门。鉴于上述特点，软件企业的技术结构中的技术元素还应该包含一些无形的技术元素，如企业的技术管理的水平、标准规范以及制度等。

由于企业间技术结构的差异性以及数据收集的不完整性，现阶段我们还无法确切地给出技术要素的比例，即确定软件企业的技术结构。只能根据不同产品链和价值链的软件企业的技术结构进行大体的估量。软件企业的技术结构的构成要素分为创新、管理人才要素，设计开发人才，编码、调试人才，开发工具、装备，技术标准、规范、流程这五种，其中创新、管理人才要素，设计开发人才，编码、调试人才构成软件技术的主体要素，开发工具、装备构成软件技术的客体要素，技术标准、规范、流程构成工艺要素。不同类型软件企业技术结构如表4-1所示。

表4-1　软件企业技术结构（单位:%）

企业	创新、管理人才要素	设计开发人才	编码、调试人才	开发工具、装备	技术标准、规范、流程
上游软件企业	40	20	10	10	20
中游软件企业	30	40	10	10	10
下游软件企业	20	30	30	10	10
外围软件企业	0	40	10	20	30

可以看出，对于身处产业链上游开发系统软件的软件企业，技术结构应该以满足技术创新为主，技术结构中最主要的技术要素是软件创新能力的人才，高级的系统软件设计、系统分析以及软件生产管理人才等的主体要素。其次是作为工

艺要素的技术标准、规范、流程，最后才是开发工具、装备这些客体要素。中游软件企业的技术结构中，主体要素依然是主要的要素，客体要素与工艺要素处于相等的位置；在下游软件企业的技术结构中，其结构大体与中游企业相同，主体要素作为主要要素，客体要素与工艺要素相同，处于次要位置；外围软件企业的要素结构中，主体要素比例相对降低，但依然占有主要位置，工艺要素上升为次要位置，最后是作为开发工具、装备的客体要素。

三、软件技术的分类

在传统的分类方法中，从宏观的角度将软件技术分成三类：第一类是运行技术，也就是我们通常所说的计算机操作系统。如果没有运行技术，那么应用程序就无法运行。第二类是程序设计语言技术，也可以叫做工具技术。一旦软件程序开发成功，这种技术就没有什么用处了。第三类是过程技术，即怎样把前两类技术有机地组合好的技术。

按照软件技术结构的观点，我们将这三类技术进行重新分析。第一类技术即运行技术，可以说是蕴含在计算机中的技术，每一台计算机都有操作系统，它是其他软件运行必不可少的部分，这与软件技术中的客体要素相对应；第二类技术即程序设计语言技术，它是软件产品和服务完成过程中较重要一环，需要由人的主观能动性来完成，如果编程人员没有好的软件知识、经验和技能作为基础，高质量的软件程序和服务就无从谈起，而这种技术恰恰与软件技术中的主体要素对应；第三类技术即过程技术，是软件企业"生产"高质量软件产品和服务一个必不可少的条件，同时，高效的过程技术意味着标准的软件生产工艺，因而过程技术是与软件技术工艺要素密不可分的。由此可以看出，软件技术的传统分类能够从软件技术要素中找出相应的解释。

无论是传统分类方法，还是要素分类方法，都可以分析出各种技术在软件技术中的作用和地位。"生产"软件产品和提供软件服务都无法摆脱操作系统的支持，虽然操作系统只是一个实现软件功能的载体，不能决定软件产品和服务质量，但却起了到基础性的作用。而程序设计语言技术和过程技术的地位就不同了，它们直接决定了软件产品和服务的质量和效率，在一般软件企业的生产和经营中起着重要作用。总之，三种技术相互依存、相互作用，形成了一个有机系统，这与软件技术结构的结论恰好吻合。

按照软件技术的分类方法，可以把软件技术分为运行技术、工具技术和过程技术，这刚好与软件技术结构中的客体要素、主体要素和工艺要素相对应。在这三种技术中，运行技术（客体要素）处于基础地位，没有了运行技术，软件产业发展就无从谈起；工具技术（主体要素）处于主导地位，其先进程度决定着产业发展程度；过程技术（工艺要素）处于重要地位，它直接影响软件产业生产的效率和质量。

软件技术的结构与软件技术的特点共同决定了软件技术的特性，这种特性使得软件技术不同于一般的工程技术，也使得我们不能用一般的方法分析软件技术的某些动态特征。因而，在分析软件产业技术扩散模式时，需要沿着软件技术结构与软件技术分类这条线索，对三种软件技术分别进行分析。

第三节 软件企业技术扩散模式

以网络外部性的强度为基础，可以把软件市场分为三种类型。在每种类型的市场中，网络外部性都在很大程度上影响着软件企业的技术扩散行为。同时，软件技术也可以分为三种，分别是运行技术、工具技术和过程技术。实际上，这三种技术恰好与软件市场类型相对应，那么我们就可以把两者结合起来，对软件产业的技术扩散模式进行分析。

一、运行技术扩散模式

运行技术，也就是关于操作系统研发的技术，是软件企业基础研发技术，但由于操作系统技术的复杂以及源代码保密，杜绝了技术扩散的可能。运行技术的发展经历了 DOS 和 Windows 阶段。自从 DOS 系统被 Windows 取代之后，微软就开始了其软件产业甚至于信息产业的霸主时代。一方面，计算机操作系统是相当庞杂的工程，仅 Windows2000 就有 2500 万行的源代码，一般软件企业根本没有人力、物力和财力去自主开发操作系统。另一方面，网络外部性形成的强大的正反馈效应，使得即便其他操作系统更加先进，消费者也会被锁定在原来的操作系统上。总之，操作系统市场近似于一个完全垄断市场，在位企业将采取一切手段阻止竞争者进入，而且在位企业的运行技术源代码对外保密，其他企业无法对其分析和预知，这样就从技术创新源头上失去了技术扩散动力，同时外部媒介的作用也很微弱。因而，对操作系统来讲，几乎不存在软件企业之间的技术扩散，即这种技术扩散的速度极慢。

假定初期拥有创新技术的企业数为 1，采纳创新技术的企业数目为 $y(t)$，是 t 的函数，则由于运行技术扩散速度极慢，可以近似看作常数，因而该种技术的扩散模式为 $y(t)=1$。设横轴为时间 t，纵轴为接受创新技术的企业 $y(t)$，则技术扩散曲线形状呈图 4-5 所描述的模式。

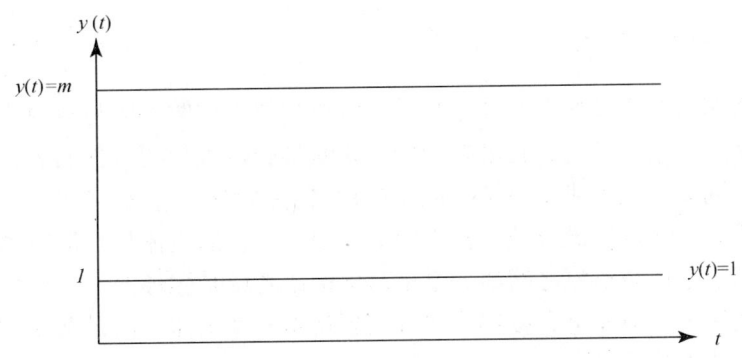

图 4-5　运行技术扩散曲线

二、工具技术扩散模式

工具技术（程序语言设计技术）是最主要的研发技术。工具技术的扩散具有以下几个基本特征：

1. 扩散速度快

程序设计语言技术虽然经历了算法技术、结构化软件技术、面向对象技术、分布式面向对象技术和软构件技术五个阶段，但其特点没有发生根本性的改变，都是开放式的，即任何软件企业都能够很方便地知道这些技术源代码的编码情况，技术扩散速度快。以最新的软构件技术为例，软件构件技术是基于面向对象的，以嵌入后马上可以使用的即插即用型软件构件概念为中心，可以单独开发、单独编译，甚至单独调试与测试。当所有的构件开发完成后，通过构件的组合来建立完整的应用系统。从广义上讲，软构件技术是基于面向对象的，以嵌入后马上可以使用的即插即用型软构件概念为中心，通过构件的组合来建立应用的技术体系。从狭义上讲，它是通过构件组合支持应用的开发环境和系统的总称。软构件技术能够结合系统的实际情况，充分利用已有的软件构件，将部分软件组合起来构建软件系统，大大提高生产效率，减少大量的重复劳动。这种技术正是利用了程序语言设计技术获得简便、扩散速度快的特点，将已有的程序模块植入系统中。

2. 扩散受网络环境影响明显

国际互联网的高速发展为提高程序设计语言技术的学习效率提供了可能。互联网是一个开放的网络，不为某个人或某个组织所控制，人人都可自由参与。它的特点是，信息量大而且内容丰富，不受时间与空间的限制，可以较低成本、迅捷地实现通信和信息交换与资源共享。互联网环境下，软件程序设计语言技术可以快速地实现传播。

3. 扩散的互动性强

传统技术的扩散过程中，技术扩散系统中的技术扩散主体与对象之间的界限是较为明显的，也就是说，技术扩散的主体就是企业家与技术创新者，技术扩散的对象是不同条件的企业，扩散的主体与对象之间的关系是直线的、不可逆转的。而对于软件的程序语言设计技术的扩散而言，扩散主体与扩散对象之间的界限比较模糊，主体与对象之间的关系是双向的或者说是循环的，二者之间的互动性极强。往往扩散对象也会参加一部分创新技术研发工作，而扩散主体也会部分地接收创新技术的成果。

4. 扩散的网络外部性较强

一项基础的研发技术，如 JAVA，它的扩散不只是几个企业受益，而是相当多的企业能够在基本的 JAVA 技术的基础上进行二次或者是多次研发，不断地弥补技术的缺陷，提高技术的精度以及扩大技术的应用范围。不过，工具技术的网络外部性还是要远远低于运行技术的，并且工具技术的开放性使得这种技术无法实现垄断，任何企业都可以无阻碍地学习到这种技术，因而其技术扩散模式不同于运行技术。

假定市场中存在着 N 个创新软件技术的潜在采用者，创新技术有 $a\%$ 的可能性会扩散到潜在采用者那里，如果 $a=1$，那么所有接触新技术的企业都将采用创新技术；如果 $a<1$，说明只有一部分企业会采用创新软件技术。设经过时间 t，有 $y(t)$ 家企业采纳创新技术，$[N-y(t)]$ 家企业未采用创新技术。则经过 Δt，采纳创新技术的企业数增加了 $a[N-y(t)]\Delta t$，即 $\Delta y(t) = a[N-y(t)]\Delta t$。当 $\Delta t \to 0$ 时，可以得出创新软件技术采纳者的函数形式：

$$y(t) = N[1-\exp(-at)]$$

如果以时间 t 为横轴，创新技术采用企业数 $y(t)$ 为纵轴，可以得出工具技术的技术扩散模式，如图 4-6 所示。

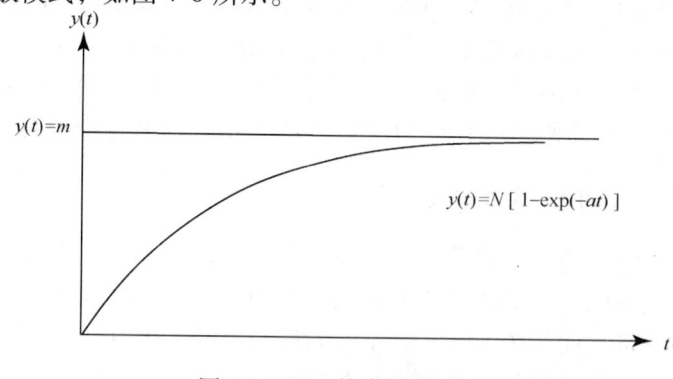

图 4-6　工具技术扩散曲线

三、过程技术扩散模式

软件企业中的管理技术也可以称之为过程技术,过程技术的扩散具有不同于研发技术的特点。程序语言设计技术很好地解决了软件开发完备性和软件代码重用性等问题,但没有从根本上改善软件技术开发与软件产品创新过程的无序性以及软件企业管理方式不成熟的状况。软件企业希望能够有效控制软件开发与维护过程,使企业内部形成优秀的软件工程和软件管理文化。管理技术的推广与程序语言设计技术相比,困难得多也复杂得多,其扩散过程与方式带来了相当激烈的管理方式与企业文化冲突。管理技术的扩散速度相对慢些,涉及的扩散范围更广些。软件过程技术一个最典型的例子是 CMM 软件能力成熟度模型。20 世纪 80 年代中期 SEI 提出的"软件能力成熟度模型(SW-CMM—Software Capability Maturity Model)"在北美、欧洲和日本等国家及地区得到了广泛应用,成为软件过程改进的工业标准。以 CMM 为代表的软件过程技术是完全开放的,每一个软件企业都可以学习和采取这种过程管理模式,是一种标准化的软件企业管理技术的扩散。但其扩散主体会与前面提及的有所差别,更多的是一种行业行为或者说是政府行为,而非企业从成本、收益与风险角度出发的均衡行为。

假定市场中存在着 N 个创新软件技术的潜在采用者,在时间 t 有 $y(t)$ 个已采用创新技术的企业,由于受非企业因素的影响,在位企业有 β 的可能性会将创新技术扩散出去,并且每次扩散只能是一对一,即一家企业在一个时期只能向一家企业扩散。则经过 Δt,采纳创新技术的企业数增加了 $\beta y(t)[N-y(t)]\Delta t$,即 $\Delta y(t) = \beta y(t)[N-y(t)]\Delta t$。当 $\Delta t \to 0$ 时,可以得出创新软件技术采纳者的函数形式:

$$y(t) = N[1 + \Phi \exp(-kt)]^{-1}$$

其中,$k = \beta N$,$\Phi = (N-y(0))/y(0)$。同样,以时间 t 为横轴,创新技术采用企业数 $y(t)$ 为纵轴,可以得出过程技术的技术扩散模式,如图 4-7 所示。

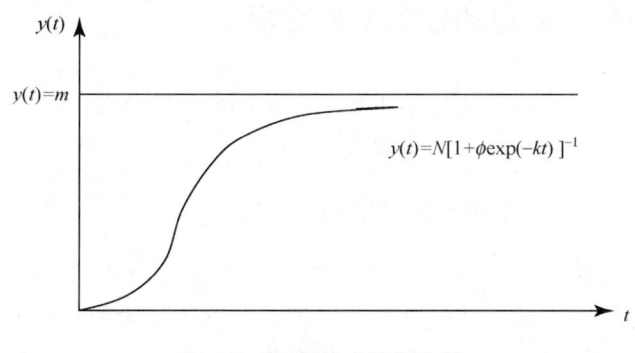

图 4-7　过程技术扩散曲线

第四节 软件服务外包中的技术扩散

一、软件服务外包的技术扩散

软件服务外包领域是否存在技术扩散,目前尚未发现有专门的研究成果。但从两大方面可以看出,承接软件服务外包可以产生技术扩散效应。

一是软件外包项目的技术水平不断提高,使接包软件研发技术人员有机会接触到领先的软件技术,并通过与国内外企业、高校和科研机构的合作以及发包方内部工作的人员外流、软件市场的培育和外部环境的改善产生技术外溢。在软件外包的起步阶段,大部分外包是类似数据录入和基础编程等与IT相关的低端服务。20世纪90年代中期后,软件外包服务开始转向复杂业务,如软件开发和设计、财务分析、架构服务等工作。20世纪90年代后期,软件服务外包内容更加复杂化,跨国公司开始在承接国设立软件研发机构。跨国公司在东道国研发中的作用不断增强,越来越多的跨国公司采取战略联盟的合作方式开展研发活动。

二是软件服务外包企业承接软件外包的业务层级不断提升,企业的创新能力和研发能力不断提高。印度在不同时期承接着不同层级的软件服务外包业务。通过软件外包服务,印度企业在业务发展进程中不断地学习模仿,掌握大型软件的开发技术和管理经验。现在,印度已经跨越了软件编码和应用软件开发、维护的初级阶段,正在向IT咨询、系统集成、定制开发大型企业级应用软件过渡,有些印度公司甚至为从技术供应商到非IT公司的各种客户进行产品的自主开发。近两年,承接商成为发包商利益共享、风险共担的业务合作伙伴,在提供全球化发展咨询的同时,还共同推出创新的行业解决方案,这种新的发展趋势更为软件服务外包企业带来了新的成长机遇。

二、软件服务外包的技术扩散路径

软件服务外包的技术扩散路径主要有以下四种:跨国公司示范效应、产业聚集效应、人员流动效应和市场环境效应。

1. 跨国公司示范效应实现技术扩散

跨国软件企业进入发展中国家的软件产业中设立分支机构,或进行技术研发,或开拓国内软件市场,其先进的研发理念、管理经验和现代的商业模式在为企业创造较好获利能力的同时,在竞争与合作中通过技术示范、管理示范对本土软件企业产生明显的示范效应。软件服务外包通过跨国公司的示范效应实现技术扩散，主要表现在以下两方面：

一是通过模仿跨国公司在海外建立研发机构的做法，国内企业可以利用国外先进的科研环境进行技术研究和开发工作，跟踪全球最新的软件技术发展，迅速将先进技术信息反馈到国内，为国内软件技术人员提供一个及时与国外技术研发人员进行沟通交流的渠道。例如，中科院效仿微软中国"维纳斯计划"推出"女娲计划"。

二是跨国公司在承包国设立附属离岸研发机构，将大大增加领先的软件服务技术进入承包国的机会，尤其当这种服务技术不断地完善时，更容易在与国内同类企业竞争、合作的压力下将技术转移到承包国企业。跨国公司在承包国所开展的研发项目并不都是由自己公司研发机构独立完成的，许多都是通过项目的分包、合作等形式，尽可能地利用当地的研究和开发资源，降低研发成本。而软件外包要求双方对涉及的技术和商务需求有着深入的了解，这就促使技术通过正式和非正式的渠道在承包方内部扩散。Reddy 在 1997 年的调查结果表明，跨国公司能够通过打包较高层次的研发活动，向承包方的创新系统扩散研发技术。

值得注意的是，与印度需求市场不同，中国有庞大的软件需求市场。许多跨国软件企业将中国视为市场开拓的重点，这必将促进跨国公司的新技术在中国扩散效应的发挥。软件服务外包可以使中国软件企业在取得各项研究成果的同时，潜移默化地学习国际先进的宝贵经验，提升自身的研发能力。

2. 产业集聚效应实现技术扩散

通过外资软件企业和本土软件企业在空间上的集聚，实现人员、信息、管理经验的合理流动。产业集群的形成，有利于改善基础设施条件，获得集体声誉，吸引风险投资的关注，吸引人才流入，同时还可以加速信息传播，促进企业之间的技术学习与交流，迫使企业通过持续不断的创新来获取竞争优势。有研究表明，在软件外包等 IT 服务领域，软件产业的集聚度是考虑外包目的地时的一个十分重要的因素。在印度，大部分软件外包都是在少数城市的软件技术园区开展的。赵璐对班加罗尔软件技术园区的实证分析得出了很多很好的结论，如由于软件出口的快速增长，软件企业的注册数量也随着快速增长，创新成果也不断出现。

3. 人员流动效应实现技术扩散

人员流动伴随的技术无形转移是技术扩散的重要途径。过去，发展中国家比较关注当地优秀人才向跨国公司研发机构单向流动引起的人才流失问题。但是现在开始出现留学人员、有外国国籍的本国人员和在跨国公司工作的本国员工回流的现象。跨国企业与承包国软件企业之间在人才流动方面形成了互相促进的关系。实行软件外包的跨国公司为了项目的有效运转，往往和承包方的人力资源开发结合在一起。例如，提供技术专家和管理人员，给东道国员工提供学习机会，对当地人员进行培训等。软件产业中，人是最核心的生产要素，一旦这些员工离开跨国公司去当地软件企业就职或者自己创办软件企业，他们在跨国软件公司学习到的技术、管理、营销知识就会扩散到本地软件企业。例如，爱尔兰本土软件企业的创业者主要是从国外公司流回的技术人员，三分之二的本土软件企业家曾在爱尔兰的外国公司工作过，半数企业家有在国外软件业和相关部门工作的经历，半数企业家为原就职企业提供软件外包服务。人员流动的技术扩散效应在中国也得到了充分的证明。目前国内做得比较成功的软件外包企业的创始人，如文思创新公司的陈淑宁、中讯公司的王志强、德信无线公司的董德显、中科开元的林志根等，都是在跨国软件企业工作过的企业管理人员或技术人员。

4. 市场环境效应实现技术扩散

承接软件外包可以改善市场环境，产生市场外部性，从而实现技术扩散。印度曾被认为是一个贫穷和不发达的经济体，只是在低技能和低技术产业上拥有比较优势，在知识密集型产业上不具备竞争优势。但是，20世纪80年代中期，跨国公司与印度本土公司软件服务外包初步合作的成功，使得跨国公司有信心将其他的业务也逐渐转移到印度。随着印度承接软件外包服务的增加，人们慢慢地调整了对印度软件市场的观点，开始关注这个在知识密集型产业上具备发展潜力的国家。跨国软件企业大量进入承接国能够产生一种强烈的暗示作用，说明当地的投资环境较好，会吸引国外与之相联系的配套企业加速进入。

第五章 软件企业的成长模式

第一节 企业成长理论

解释企业成长相关理论主要有规模经济理论、范围经济理论、交易费用理论、创新理论、能力理论、企业生命周期理论以及权力扩张理论等。这些理论研究从不同角度解析了企业成长的动因和规律,但在分析影响软件企业成长的因素时,忽视了技术扩散在企业成长中的重要作用。在软件企业中,技术已经成为企业成长的内生变量,技术扩散已经成为企业成长中不可忽视的动力因素之一。

一、企业成长理论综述

企业是现代社会中最为重要的核心组织,是经济发展和经济繁荣的基础。因此,企业的成长问题理应备受关注。然而,企业成长理论的研究却长时间徘徊于主流经济学之外。管理理论虽以企业作为研究对象,却较少关注企业的成长问题。迄今为止,企业成长理论尚没有形成系统、完善的理论体系,有关成长理论的观点分散在经济学和管理学之中,较有代表性的观点有以下几种。

1. 规模经济理论与企业规模的扩张

古典经济学主要是从劳动生产率的提高来解释企业成长。古典经济学家认为专业化分工所产生的规模经济利益是企业成长的主要诱因,企业中的专业化分工提高了劳动生产效率,同时也促进了企业生产规模的扩大,而这又进一步深化了企业的分工协作,如此循环往复,最后通过企业规模经济利益的获得实现了企业的成长。最早在著述中涉及企业成长思想的是西方古典经济学家亚当·斯密,他指出:"劳动生产力上最大的增进,以及运用劳动时所表现的更大的熟练技巧和判断力,似乎都是分工的结果。"因为有了分工,企业的生产过程才能被分割成若干的工序和工种,可能采用更加不可分的技术,这种技术使劳动分工进一步深化,引起规模报酬递增,最终实现企业的成长(亚当·斯密,1972)。古典经济学对企业成长的认识集中在企业规模的扩大上,同时也引进了产业的生命周期理论来研究企业成长过程的进化问题。企业作为一种分工组织,其存在的理由就是为了获取规模经济的利益，单个企业的成长与分工的程度正相关，单个企业规模的扩大即意味着企业成长。

斯密思想的继承者，西方古典经济学家约翰·穆勒也对企业成长的理论进行了探索。他认为，企业是劳动联合和分工的结果，劳动者的联合需要足够的资本来供养，分工的专业化也会因为采用昂贵的机器设备和生产工艺而必须投入大量资本。因而，企业资本量的大小决定着企业规模的大小。他还指出，企业规模的扩大在专业分工细化、工人熟练程度提高的同时，通过机器大生产所需固定资本的增加代替流动资本的增加，从比例上节约了完成全部业务活动所需的劳动量，提高了劳动生产率。在穆勒看来，正是由于规模经济对资本的需要和企业规模经济所产生的作用，才出现了大企业代替小企业的企业成长趋势，其企业成长理论就是企业的规模经济理论。

西方古典经济学家艾尔弗雷德·马歇尔通过引入外部经济、企业家生命有限性和居于垄断的企业避免竞争的困难性这三个因素，把稳定的竞争均衡条件与古典的企业成长理论相协调，他认为企业规模的扩大会导致灵活性的下降使企业失去成长势头，同时企业家的精力与寿命也会对企业的成长形成制约。在马歇尔看来，企业要想成长为大规模经济体，需要同时具备内部经济和外部经济，这是企业成长的源泉。按照主流经济学的看法，企业规模的不断扩大和持续增长会导致垄断市场结构的出现，这将不利于资源的优化配置，降低社会效率和福利水平。然而，马歇尔认为，企业随着成长后的规模不断扩大，失去灵活性、企业家精力和能力的限制等成长的负面效应会超过正面效应，从而对企业成长形成制约。而且，新的企业和年轻企业家的进入会对原有企业的垄断地位形成挑战，提高维持行业垄断地位的代价。因此，他得出结论，企业的成长道路是艰难曲折且难以持续的，企业的成长不会造成持久的垄断市场结构（马歇尔，2001）。

在新古典经济学中，研究的重点是最优规模的企业成长理论。新古典经济理论将企业看作一个生产函数，企业成长就是根据成本曲线和需求曲线的变化调整产量达到最优规模水平、实现利润最大化目标的过程。其中，代表性经济学家斯蒂格勒以企业的功能划分为基础，根据产业寿命周期分析了企业成长的一般规律，重新解释了基于规模经济利益的企业成长与稳定的竞争均衡条件相容的原因：在产业的形成初期，市场规模较小，这个阶段的企业成长主要通过企业内部的分工来实现；随着产业和市场的扩大，企业通过专业化程度的提高来实现规模的扩大。新古典经济学的企业成长论是企业规模调整理论，企业成长的动力和原因在于对规模经济的追求，此理论中的企业成长就是企业调整产量达到最优规模水平的过程。如果企业的小生产规模向最优规模逼近，那么就导致企业生产规模的扩大，从而就实现了企业成长。产生规模经济的原因在于企业的生产经营活动存在着"不可任意分割性"和"学习效应"。这一理论的假定前提是，存在着专业化生产，企业拥有足够的资源，特别是企业自身具有经营管理能力，即企业是一个自动的生产函数，企业能否成长仅仅取决于对生产最优规模的选择，而企业成长的基本因素是外生的，企业的成长受制于成本或需求曲线的变动。

2. 范围经济理论与企业多样化成长

规模经济理论力图说明企业在同一事业范围内的成长，而且必须同专业化相结合才能实现企业的成长。但在现代企业中，部分企业不仅走向了专业化，而且走向了多样化。这导致了规模经济理论的有限性和范围经济理论的诞生。

范围经济理论认为，企业联合生产相关联的多种产品，或拥有相关联的多个市场，即拥有相关联的若干个经营项目时（多样化），可以获得比单个企业分别经营这些项目更低的单位成本，从而获得更高的经济效果，特别是当同一企业经营的不同产品之间具有技术上的互补性质的情况下，范围经济就更加显著。由于范围经济的存在，促使企业扩张事业领域，引起企业垂直一体化成长。范围经济蕴含的前提是，企业内存在过剩资源，并以企业运作能力能随着事业领域的扩张自动提高为假定条件。导致范围经济产生的原因是企业内存在着"未利用的资源"和"关联效应"。但如果多样化程度太高，可能导致经济效果低下。特别是，范围经济理论在引导企业成长时极易导致企业走向大而全、小而全，产生"大企业病"。因此，范围经济理论难以解释企业横向一体化和混合一体化成长。

3. 交易费用理论与企业成长

交易费用的概念最先是由西方经济学家科斯提出的，他认为交易费用就是"利用价格机制的成本"，而企业的显著特征是作为价格机制的替代物，其赢利来源于替代市场价格制度而节约的交易费用。科斯指出，市场和企业是两种不同的劳动分工的组织方式，企业的出现一定是企业内"由权威进行协调"的"内部管理费用"低于市场的交易费用，即市场交易费用与企业内部管理费用的差别是企业出现的根本原因。而企业扩张的边界是由企业内的管理费用和市场费用相比较而定的。企业成长通常既表现为经营规模的扩大，也表现为企业功能的扩展，这意味着企业边界的扩大。

由科斯等西方经济学家所代表的制度经济学派对企业成长问题的考虑从制度角度出发，认为企业的成长是基于制度的推动和变迁。新制度经济学从交易费用、委托—代理理论的观点出发研究企业成长的动因问题。新制度经济学发端于对企业性质的研究，其中的交易费用理论侧重于探讨企业与市场的关系，委托—代理理论则侧重于探讨企业的内部结构及其代理关系。企业成长的动因在于节约市场交易费用。在新古典经济学中，企业被视为追求利润最大化的工具，在最大化的过程中是没有成本的。在这一理论框架下，企业是预先给定的，而不是从其基本理论前提推出的必然存在，因此这一理论难以说明企业的产生和成长问题。

企业与市场的不同仅仅是程度的问题，它们只是契约安排的两种不同形式。企业是在这样的情况下产生的：私有要素的所有者按合约将要素使用权转让给代理者以获得收入。在这样的合约中，要素所有者必须遵守某些外来的约束，而不是靠频频计较它与参与其间的多种活动的市场价格来决定自己的行为。基于科斯和张无常的基本思路，杨小凯等建立了一个关于企业的一般均衡契约模型（Yang et al.，1994）。该模型的一个结论是，只要劳动分工引起的经济收益的增加超过了交易费用的增加，企业就会产生。如果经济个体之间的交易频率存在差异，交易费用的增加将同时减少市场的交易及企业形态的交易。但是，经济发展史表明，市场的交易和企业的交易的规模一直在同步扩张，特别是近十几年来，许多新兴产业的市场规模和企业规模都同时得到了极大的成长。

奥利费·威廉姆森则从资产专用性、不确定性和交易效率三个维度来定义交易费用，他认为为了解决专用性资产事前投资不足的问题，企业会通过前向或后向的一体化实现以企业纵向边界的扩展为表象的企业成长。威廉姆森用资产专用性来解释企业的边界或规模，他认为市场不仅可以限制官僚性扭曲、降低管理费用，还便于实现规模经济或范围经济；而内部组织则具有较强的应变能力、节约交易费用。在威廉姆森看来，不论是交易费用、管理费用，还是规模经济与范围经济，都是资产专用性的函数，因此企业的最优规模可以用资产专用性表示出来。威廉姆森把分析的重点放在交易上，认为人的认知能力的有限性和外界环境的不确定性，增加了连续性交易中合约谈判的信息成本，资产专用性会减少连续性交易的数目并简化交易关系，节约交易成本。而且，交易本身是异质且多样的，各种交易的特征及其成本差异决定了交易组织形式的选择，从而揭示了企业边界的三大决定因素：交易频率、资产专用性以及企业所处的契约环境。这些因素决定了不同经济组织的交易成本，通过成本效益的比较可以得出理论上企业的最优规模。

美国著名企业史学家小艾尔弗雷德·钱德勒认为，企业成长是由古典企业向现代企业实现制度变迁，而企业的制度变迁是维持和促进企业规模扩张的必要条件（1987）。企业成长的重要方面就是企业内部组织结构的变革，包括所有权与经营权的分离以及企业内部层级制管理结构的形成和发展。企业的成长可以看做是节约交易费用的组织选择，也就是企业组织代替市场的过程，企业成长实质是一种组织的成长。

4. 创新理论与企业成长

奥地利学派的代表人物熊彼特从企业家的角度探讨企业成长问题。在1911年出版的《经济发展理论》一书中，熊彼特指出，企业家是创新者，其创新活动是经济体系从一种均衡走向另一种均衡的根源。他认为，传统经济理论的最大弱点在于把经济的发展看成是由人口增加、土地资源开发和技术进步等经济体系之外的因素变化的结果。熊彼特深信经济体系内部存在着一种打乱自身均衡的动因，经济的成长和发展是一种非连续的、突发的、迅猛的"创造性毁灭"的过程，推动这个过程的主体就是从事"创造性毁灭"革新活动的企业家。熊彼特区分了五种类型的创新：①引进新产品或提供某种产品的新质量；②采用新的生产方法；③开辟新的市场；④发掘新的原料或半成品的新的供给来源；⑤建立新的企业组织形式。简而言之，就是企业家"实现了生产要素的新组合"，资本则是企业家为了实现新组合，用以把各种生产要素和资源引向新用途或新生产方向的一种杠杆和控制手段。显然，创新使企业的规模经济、范围经济等得以实现，交易费用得以降低，从而使企业实现质和量的成长（熊彼特，1990）。

熊彼特所指的企业家具有创新思想、冒险精神和先见之明，他们既不是发明家，也不是资本风险承担者，而是在企业中发挥管理或决策作用的人，他们决定如何配置资源以实现发明的价值，他们的创新行为决定了企业的成长。

5. 能力理论与企业成长

后凯恩斯主义学派的研究成果适用于单个企业，在这一点上与彭罗斯的企业成长论相同。后凯恩斯主义学派的经济学家在企业成长方面的贡献是：在企业增长率最大化的目标假设下，构建一个把企业的产量决策、投融资决策和定价决策融为一体的企业成长模型，企业成长是通过投资规模的扩大实现的，决策能力是企业成长的关键。彭罗斯企业成长理论是内在成长论，即以单个企业为研究对象来分析企业成长过程，探究了决定企业成长的因素和企业成长的机制，建立了一个企业资源—企业能力—企业成长的分析框架。企业拥有的资源状况是决定企业能力的基础，企业能力决定了企业成长的速度、方式和界限，管理能力是限制企业成长率的基本因素。彭罗斯同时强调了创新能力对企业成长的重要性，产品创新和组织创新均是企业成长的推动因素。中国学者杨杜则从经营资源的概念出发，通过对经营资源的量、扩张、结构和支配主体四个方面的分析，试图归纳出"与国籍无关的企业成长的一般规律"（杨杜，1996）。他认为，经营企业就是要达到经营资源的最有效、最经济的积累、分配和利用，而规模经济、成长经济和多样化经济，以及它们的结合状态—复合经济构成了企业成长理论的核心。金占明教授在《战略管理》中讨论企业的成长战略时，提出企业成长有密集性成长、一体化成长、企业集团、多角化成长等多种成长形式。

能力理论代表性的分支是核心能力理论。所谓核心能力是指提供企业在特定的经营中的竞争能力和竞争优势基础的多方面技能、互补性资产和运行机制的有机融合，是不同技术系统、管理系统及技能的有机结合，是识别和提供竞争优势的知识体系。现代企业的基本问题是核心能力的形成、发展、维护、再创，它是企业获得竞争优势的前提和基础。企业核心能力的发展依赖于资源的有效利用，而"企业的成长是和使企业可能拓展生产领域的知识和能力的积累密切相关的"。该理论大致有两派，一派是"资源基础论"，强调企业建立强有力的资源远胜于拥有突出的市场优势，另一派是"动力能力论"，强调企业的专门化活动的协调和资产的互补性。

上述有关企业成长问题的理论研究各有侧重，但是却不足以解释软件企业的成长。软件企业成长的特点体现在对技术的高度依赖性，强调技术扩散在企业成长中的重要作用。在知识经济背景下，在技术创新与扩散已经成为企业成长的内生变量的情况下，技术扩散已经成为企业成长问题研究中不可忽视的动因。目前，国内外学者对软件企业成长的研究，多侧重某一类因素进行解释，如软件企业的融资、企业内部管理手段和方式，或者软件产品的市场营销、售后服务等企业经营管理问题。研究的角度和方法多从软件企业之间的竞争关系入手，研究一个国家、地区以及单个厂商如何制定和实施竞争战略，忽视了缺乏核心技术对软件企业成长的制约问题。

软件企业间的竞争表现为技术创新、技术扩散与吸收能力的竞争，对大多数软件企业而言，技术扩散效果成为软件企业成长的关键因素之一。可以说，软件企业的成长过程就是软件企业不断创造、转移和引进新技术的过程。软件企业若想在市场环境中获得持续、快速成长，必须要考虑技术扩散的方式、机制、过程对其成长产生的影响。

二、企业成长的动态演进过程

在工业经济向知识经济转变的背景下，新技术对企业的发展有着显著的影响，技术变化速度加快，市场竞争激烈；个性化消费导致产品生命周期大大缩短，企业规模大批量生产维持竞争优势的可能性越来越小；企业间的竞争更多地表现为能力的竞争，创新成为企业成长的根本依托。在某种程度上可以说，企业成长的过程就是企业不断创新的过程，同时也是其核心竞争能力逐步培育和发展的过程。理查德·L.达夫特（1999）认为，一个企业的组织生命周期要经历初创、集体主义、正规化和变革四个阶段。在企业生命周期的不同阶段，企业的核心能力由核心技术到核心产品至最终形成。任何一个企业的成长都是这样一个动态演进的过程，遵循企业生命周期的成长模式。

1. 初创阶段

技术特征：企业的创立初期，一般都拥有某项技术和能力，但是这些技术和能力还不能成为企业的核心技术或核心能力，此时企业的核心技术和核心能力还处于模糊状态。这时，核心技术和核心能力的培养成为一个初创企业能够成长的关键因素。核心产品的主导设计还没有出现，核心产品还没有定型，核心产品的试制完成速度也成为一个关键因素。这一时期，企业的首要任务是创新产品或提供独特的服务，对于弱小的企业来说，寻找差异化的市场也是企业能够继续生存的一个重要因素，从而获得生存许可权。这一阶段技术创新对企业的生存发展具有决定性的意义，企业的创新主要是立足于内部的技术创新，促使核心技术或核心能力的形成及向核心产品的转化。

组织特征：企业初创期，其组织控制往往是个人监督，结构是非正式化的，类似于团队的形式，这时创业者的观念，习性以及文化素质修养对于企业核心能力的培养有着重要作用。对于创业者来说，如果能够认识到核心能力的重要性，制定相应的计划并组织实施，那么，将会促进准核心技术向核心技术快速转换。随着企业的发展，组织规模的不断扩张，在这一阶段的后期会产生领导不足的危机。

2. 集体主义阶段

在这一阶段，企业组织领导能力加强，建立了明确的目标和方向，根据市场需求实施有效的技术创新，核心技术逐步形成。在良好的组织氛围、正确的价值导向以及有效的管理的共同推动下，形成了企业的核心能力，出现了核心产品的主导设计，同时也推出了基于核心产品的最终产品。在这一阶段企业所关心的重点是生产和销售的问题，发现有利的商机，进行强有力的营销活动。

另外，在这一时期，对于最终产品和开发销售渠道的投资逐步上升，企业创新的重点逐步由以产品创新为主转向以工艺创新为主。这一阶段所面临的一个重点问题是如何建立面向市场、适应知识管理的柔性组织结构，对于企业的快速健康成长有着巨大的推动作用。

3. 正规化阶段

在企业的生命周期理论中，经过前两个阶段的发展，企业的组织已经处于成熟期，有了正式规划和程式，具有清楚的阶层和分工，组织规模显著增大，技术人员增加，研发能力增强。在企业初创时期分工不明确的研究开发人员开始组成一个独立的研究开发部门，进行核心技术和核心产品的开发。在企业的发展中，逐步建立起本企业的核心竞争力，并逐渐增强，带动核心产品的数量增加，并以裂变的速度形成最终产品。

随着企业组织规模的进一步发展，其行政体制的规模、层次会逐渐影响到核心能力的扩散，影响组织对市场的反应，逐步弱化核心能力所带来的竞争优势。

同时行政分割使企业的创新活动受到束缚,降低了核心能力的发展速度,有可能使企业陷入危机或衰退之中。对于软件企业来说,这种组织的特点会大大影响企业的成长,庞大组织的束缚有可能使企业走向衰退。因此作为软件企业,随着其不断发展和壮大,在这个阶段所面临的组织问题是非常严峻的。保持灵活的组织形式是软件企业在此阶段必须要采取的措施,只有这样,企业才能生存和发展。

4. 变革阶段

企业发展到一定阶段,规模越来越大,所经营的业务日益复杂,组织层次也日益增多,管理和激励的问题也日益突出。与此同时,企业核心能力的刚性开始出现,即表现出某种抗拒外界环境变化的一种惰性,原来对企业的创新和发展起积极作用的因素现在逐渐变成了阻碍企业创新发展的消极因素。为了避免企业衰败,在这个阶段,创新活动必不可少,尤其是针对于组织和制度的创新,是一个企业在技术创新的基础上能够不断成长的必要保证。对企业成长而言,作为经济生命体,企业同其他自然生命体一样,都要经历孕育、诞生、成熟、衰退和死亡这样一系列的阶段。其前提是技术以及组织制度没有进行创新的情况下,企业由成长走向衰败是一个自然过程。企业的活动通过企业素质的变化体现出来,如图5-1所示。

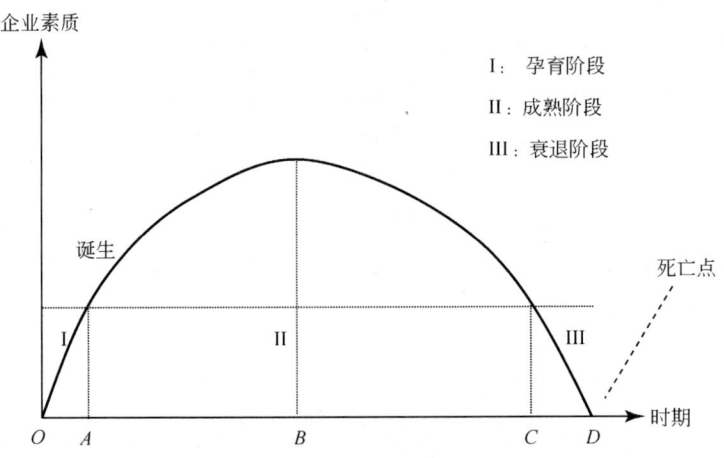

图5-1 生命周期不同阶段企业素质的演变

在这条曲线上我们可以看出,从企业的诞生点 A 进入衰退点 C 是企业的成熟阶段。这个阶段为企业提供了大量利润,是赢利的关键阶段。与此同时,这个阶段也是企业走向衰退的一个阶段。此时企业可以在进入衰退期之前进行自我改造,用新技术淘汰旧技术,新制度淘汰旧制度,使其自身在新一轮生命循环中生存,并借此提高自身素质获得第二次新生。

如图 5-2 所示，在企业生命周期的循环中，$A'—B'$ 阶段（同 $C'—D'$ 阶段）是一重要阶段，也就是企业动态演变的变革阶段。它是企业实现再生、避免衰退死亡的关键时期，也是企业内部剧烈变革时期。为了维持企业生存以技术和组织为中心的创新活动不断涌现，使企业突破旧有的障碍和机制，实现自我重塑，自我改造，以开创新的企业成长空间。

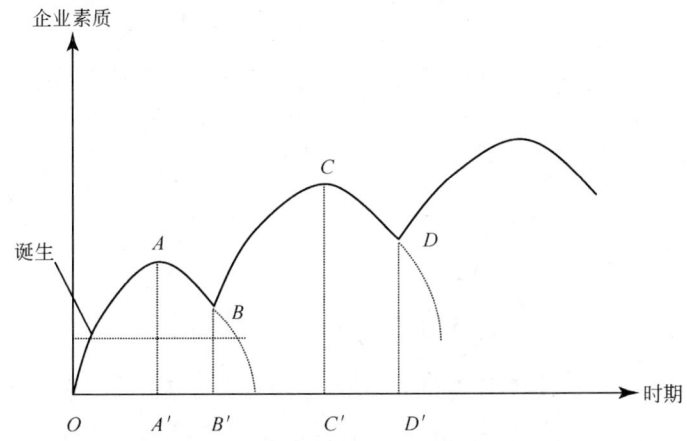

图 5-2　生命周期不同阶段企业的动态演变

综上所述，随着企业成长过程的不断转变，在不同的阶段，企业的组织特性、创新特性、核心能力的培养各自具有不同的特点，而其演化过程也是一个动态的、不断调整的过程，从而使企业能够不断地适应外部环境的变化，不断寻找自己的生存空间（见表 5-1）。对于软件企业而言，基本上遵循于企业的生命周期更新理论以及其动态演变过程，但是在具体阶段的区分上与传统企业仍有区别，随着计算机技术的不断发展和科技的不断进步，类似于软件企业的成长模式将成为未来企业成长模式的主流。

表 5-1　企业动态演进过程中的特点

阶段	组织特征	核心能力	主要创新特征
初创阶段	非正规，非官僚	未形成	技术创新
集体主义阶段	初步的等级，分工	初步形成	技术创新
正规化阶段	权威，官僚	强化	组织，技术创新
变革阶段	简化，再造	整合，重组	制度，组织创新

三、企业成长的空间演变模式

企业在由小到大的成长过程中，规模大小、专业化和多样化之间存在着密切的联系,可以从企业规模和业务结构两维空间来观察它们之间的关系特性,并把这种关系特性叫做企业成长的二维模式。从一般企业的长期发展过程看,二维成长模式呈现如图5-3所示的一般规律。

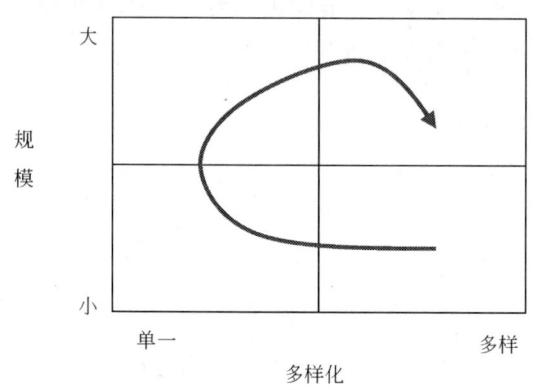

图5-3 两维空间企业成长模式

该模式反映了具有规模效应的企业的一般成长过程:在现代企业的初始阶段,规模较小,但是产品是多样化的。随着企业的成长,生产规模不断扩大并趋向于单一产品的生产,即专业化阶段。专业化大规模生产极大地促进生产能力的提高,使企业规模急速扩大,其结果是生产和需求越来越接近平衡,企业开始依靠产品多样化和开辟新业务追求成长的道路。多样化促使企业持续成长,但由于规模巨大的主业市场的成熟化,在企业没有找到新的成长事业的情况下,尽管多样化程度可能不断上升,但生产规模可能呈下降趋势。这一规律可以简单描述为:现代企业的长期发展经历了一个由原始的多样化小规模生产到专业化大规模生产,再到多样化持续成长的过程。

企业成长的二维模式没有反映市场竞争因素对企业的影响。在竞争环境中,企业成长的初创阶段规模较小但是产品形式变化多样,竞争力很弱。随着企业的成长,生产规模不断扩大并趋向于单一产品的生产。同时随着企业生产规模的不断扩大,规模经济效应逐渐显示出来,单位产品成本会随着规模的扩大而不断下降,进而使企业的竞争力不断加强,市场占有率随之提高。显然,具有竞争优势的企业会成长得更加迅速。在上述模式中增加竞争力维度,形成了由竞争力、企业规模和多样化程度表示的三维空间企业成长模式。三维空间企业成长模式的存在以两维空间企业成长模式的存在为前提。在企业由小到大、由弱到强的成长过程中,企业规模的大小、经营领域的多寡和竞争能力的强弱之间存在着密切的联系。

在三维空间企业成长模式中,企业规模急速扩大的结果是使企业的单一产品生产量和生产同类产品的竞争对手生产量的总和与该种产品的市场需求总量越来越接近于平衡,这时该种产品的市场份额已经基本瓜分完毕,企业在该种产品市场中的竞争能力也趋于稳定。企业开始依靠产品多样化和开辟新的业务追求新的成长道路。当企业在实施多样化经营的过程中探索出新的成长道路之后，多样化经济效应逐渐显现了出来，企业的经营规模再次扩大，综合竞争能力也会进一步增强。但是多样化程度超过了最优多样化率以后就会导致企业经营资源的过度分散，内部的协调和管理成本上升，竞争能力会出现下降趋势，如图5-4所示。

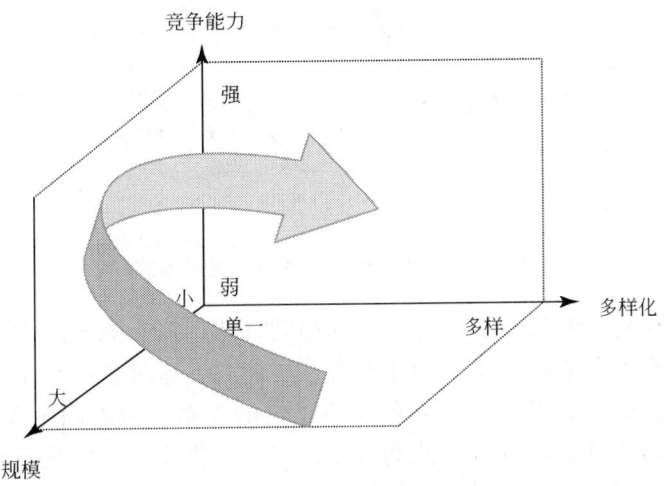

图5-4　三维空间企业成长模式

　　但是，这种企业成长的三维模式在以软件企业为代表的高科技企业的成长中不具有典型的代表性。在软件企业中，规模和多样化并不是软件企业成功的首要因素。尤其是在软件产品制造企业中，边际收益递增效应使得企业的规模和多样化已经不是企业成长的决定性因素。企业的规模和多样化程度的基础也不再是大规模的投资。对于软件企业而言，核心能力的培养和强化才是企业持续稳定发展的真正源泉。由于软件产品生命周期较一般产品短的特点，创新能力和技术进步速度就成为软件企业成长中的核心竞争能力。另外，随着软件产业的发展，软件产品的技术难度越来越大，企业间的合作与联盟必不可免，在现在成功的软件公司中，基本上都与其他软件公司进行不同形式的合作活动。有关研究表明，成功的软件公司对合作活动对于它们主要产品的重要性的评价，比不太成功的软件公司高差不多30%。另外，成功的软件公司在培训合作者的花费上比不成功者多75%，于是合作活动就构成了软件企业成长的一个重要的外部因素。随着时间的推移及软件企业的不断成长，这种合作活动就会表现得越来越活跃，形式也越来越多样。于是在软件企业的成长中，以创新为基础的核心能力和企业间的联盟与合作，以及软件企业成长的阶段性特点就构成了一般软件企业成长的三维空间模式，如图5-5所示。

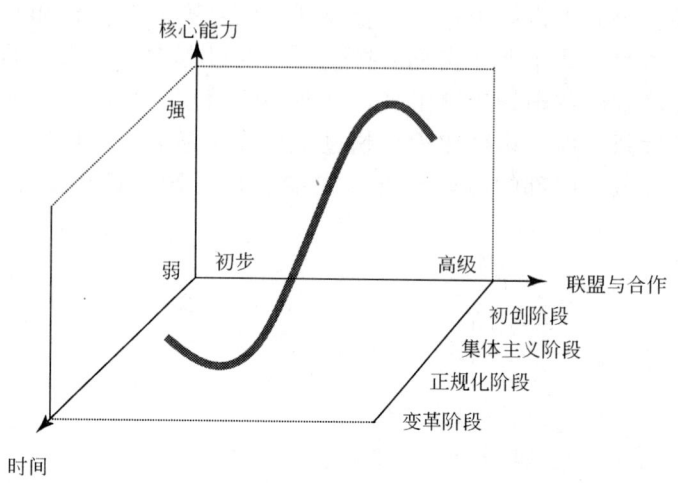

图 5-5　高技术企业三维空间成长模式

从图 5-5 中可以看出，在软件企业的初创时期，核心能力尚未形成，只能说具有某种建立企业的核心技术。由于没有核心能力，这时企业与高校、科研机构和其他企业之间的合作关系是初步的、不稳定的关系。为增强企业的核心能力，在集体主义阶段企业开始寻求正式的合作，与一些企业、高校或科研机构建立起一些基于产品开发创新等能够进行优势互补的合作关系。但是由于企业本身的实力并不强大，所以仍没有建立巩固的战略联盟，只是一种以产品为核心的普通合作关系。在正规化阶段，企业实力有所增强，具有真正意义上的核心能力，企业有实力在某些高技术产品上进行独立的创新，各个有实力的企业可以根据自己在战略上发展的需要，与其他企业结成长期的战略合作关系，包括与自己的竞争对手也可以在一些非竞争的领域结成联盟，如苹果公司与老对手微软在 Macintosh 平台开发上的合作，以及普华与安达信作为竞争对手的同时又成为 SAP 公司共同的合作伙伴等。另外，在合作的形式上，包括了软件生产经营价值链上的一切活动的合作，从研发到售后服务均可以采取不同形式的合作。可以说在正规化阶段，企业的合作活动以及企业的实力均达到了高峰时期。进入变革阶段之后，企业面临着重新调整的问题，企业内部新技术的创新以及新制度的安排实施成为这个阶段企业活动的主流。此时，由于产品的转型或战略上的需要，企业之间固定的联盟关系可能因此而转弱。又由于企业核心能力的转变，原有的核心能力已经不能成为具有新的核心竞争力的企业能力，在新的环境下，新的核心能力尚未成熟，原有的能力已经不能代表企业在现阶段的核心能力，因此，企业整体的能力也会呈现略微下降的趋势。

第二节 软件企业成长的本质

一、软件企业与软件产业的特点

(一) 软件的特点

国际标准化组织（ISO）和世界知识产权组织（WIPO）对计算机软件及其服务的定义极为相似，大致可以概括为：软件是包含于多种类型的实体（磁带、磁盘、电路或软片）中的、旨在实现电子数据处理功能的一组规范化、条理化的指令、程序、规则及资料的产品（陈安国等，2002）。简单地讲，软件就是以编码形式表现的知识。而我们日常生活中所讲的软件主要是指计算机软件，是根据使用者的要求，对硬件设备或系统发出相应的指令，从而使硬件满足使用者的任务要求。所有形式的计算机软件都能够修改、更换和升级。由于计算机软件不能脱离硬件系统单独使用，因此，软件一般也称为伺服服务产品。

软件特点可以从三个方面来描述，即物理特性、生产特性和市场特性。

1. 物理特性

软件产品物理特性有三个，即无实体性、知识密集性、可继承性。

无实体性：软件产品是一种高度凝结智慧和创意的、不具有具体物理实物形态的信息工程产物。虽然软件可以表现为多种外在形态，诸如制成磁盘或刻录成光盘等实体，但实际上任何软件都是一个个具有特定意义的信息符号的集合。

知识密集性：软件是高度凝结智慧和创意的。一个思想、一个方法被赋予程序化后，便能直接产生效益。软件的知识密集性决定了它与图书同属于知识性商品，同时也就决定了软件在销售渠道上可以与图书类似。另外，软件生产的边际成本几乎为零，它只需负担知识的投入和开发费用。软件的总成本不随其产品数量的增加而增加，这一点对其定价策略产生了重大影响。

可继承性：无论是大型操作系统，还是应用工具软件，抑或是各种游戏软件，均可以采用版本升级的途径来进行更新。这种版本升级不同于一般产品的实体更换方式，而是新版本必须继承旧版本，在旧版本的基础上加以扩充、改进和发展。另外，软件产品的消费在一定程度上存在排他性。在客户习惯于使用某一种软件后，他会排斥使用其他同类软件，而去继承其习惯，使用原先产品的升级版本。这为软件产品销售的捆绑策略奠定了理论基础。

2. 生产特性

软件产品具有几乎为零边际成本和边际收益递增两个基本特性。

零边际成本特性：软件是数字化产品，增加产量所增加的成本仅仅是软件存储介质方面的成本，而存储介质的价格在逐渐降低。特别是互联网的出现后，很多开发商将软件放到互联网上由用户自行下载，由于互联网存储空间的无限可扩展性，使存储费用几乎等于零。对有一定产量的软件来说，存储介质的成本只占软件价格的万分之几。所以，如果市场有需求，增加产量是十分容易的事情，而且产品质量不会受到任何影响。

边际收益递增特性：软件是一种高技术产品，边际收益随着供给的扩大而递增，这和一般产品正好是相反的。高技术产品之所以会有这种特性，主要是因为单位成本的递减、网络效应（互补产品的增加）和顾客习惯。软件产品大都需要有一个学习的过程，并通过长期使用才能熟练掌握，进而形成习惯，并成为事实上的标准。用户对某种产品的习惯一旦形成，就会产生惰性或依赖感，一般情况下不愿意改变这种习惯。用户如果改变原来的习惯必须付出重新学习的代价，即所谓的学习成本或换制成本。新的用户也会成为这种标准的依赖者。例如微软的操作系统、中国的五笔字型汉字输入法等都遵循这个原则，即便人们认为微软的 Windows 操作系统不稳定而且有很多缺陷，五笔输入法难学难记，但不会轻易放弃或改变。软件生产者很清楚这个规律，它们会通过低价、纵容盗版等方式促成这种使用习惯的形成，从而获得不断递增的收益。

3. 市场特性

软件产品与一般商品相比，具有需求价格弹性小、用户锁定性和用户共享性三个特性。

需求价格弹性小：由于软件产品之间存在着较大的差异性，一套软件产品往往具有某些特殊的功能，能满足人们某些特定的要求。因此，软件价格的高低对于迫切需要获得这些功能的购买者而言，影响不大，用户的着眼点往往是软件能给他们带来多大的效用，而不是价格的高低。

用户锁定性：因为不同的软件有不同的功能，相互之间不能替代。即使是功能相近的软件，也因为习惯、性能等问题，价格往往不会是主要的选择尺度。同时，还有一些专用软件只应用在特定的平台上，或只使用在某种特定的硬件上，用户只要使用这种特定的平台或硬件，就必须使用这种软件，没有用与不用的选择余地，也没有选择这家公司还是选择其他公司的余地（典型的例子是硬件的驱动程序）。一些通用软件也有这个特点。正是因为这个原因，软件市场很容易形成垄断或寡头垄断的局面。

用户共享性：任何产品都包含有知识和物质的因素，但可以根据产品是否具有共享性（或者非排斥性）来判断它到底是物质产品还是知识产品。共享性是指产品可以同时被许多人占有和使用而不影响其内在价值的特性。软件是一种典型的知识产品。人们购买软件实际上只是购买了软件的使用权，而不是所有权，这和物质产品有本质的区别。同时，这种使用权是非排斥的，就是说将该软件复制给别人丝毫不会影响软件本身的价值和功能。软件产品多一个用户不仅不会使软件开发商增加额外的成本，而且还会给这种软件本身带来好处，使软件对其他用户的效用增加。因为软件的用户数量是衡量一个软件是否成功的重要标志。这就所谓的知识产品的正的外部效应。软件产品的这个特性类似于公共产品，所以曾被当成"盗版有理"的主要依据。但软件产品和公共产品的主要区别在于软件是由私人提供的，而公共产品是由国家提供的。所以将软件当成公共产品，认为可以无条件地免费使用是没有道理的。

（二）软件企业的特点

1. 软件企业的界定

从不同研究目的出发，企业的定义不尽相同。一般的看法是：企业是以获取最大经济利益为目的进行生产经营活动的经济组织。在古典经济学中，企业是一种生产函数，其主要功能是将生产要素组织起来，通过一定的技术过程使之转化为一定的产出。制度经济学则认为企业是对市场制度的替代，是与市场不同的治理结构与制度。人力资本论也从契约的角度出发，对企业是何种特殊契约进行解释，认为企业在本质上是一个人力资本与非人力资本的特别契约，企业契约中包含着对人力资本的利用。博弈论的解释则是企业能产生合作盈余或组织租金，企业合约产生于企业成员之间的讨价还价博弈，企业是一系列非合作讨价还价策略的联结。在能力理论学者眼中，企业本质上是一个能力集合体。从表面看来，企业是由有形的物质资源和无形的规则资源构成的，但从深层次上看，物质资源和规则资源存在的意义和价值在于它们各自背后的能力，唯有蕴藏在这些要素之后的能力，才是企业的本质。企业的边界由企业的能力决定，企业的成长由企业能力的提高和扩张引起。企业性质的价值均衡论者认为，企业本质上是各利益相关者依据各自的价值（预期）考虑和判断，为了追求价值创造和价值最大化而凝结的一种网络系统。

借鉴上述对企业本质认识的基本观点，结合技术和技术扩散理论的解释，并根据本文研究问题的实际，本书将企业定义为：建立在一定的技术体系基础之上，实现价值增值的生产系统。

从广义上讲，软件企业是指从事软件生产和提供软件服务的企业。根据本文对企业的定义，软件企业的概念应该理解为建立在软件技术体系基础之上，实现价值增值的软件生产系统。软件企业是软件产业的基本单元，必然与上述提及软件产业的五个基本特征息息相关。

当今的信息产业，已作为时代前进的发动机，不断推动着社会的发展与进步，影响着人们的工作与生活方式。一般而言，信息产业有计算机、通信产业、网络化产业、软件产业和信息服务产业。其中，计算机产业、通信产业和网络化产业属于硬件产业，提供信息产业的硬件设备平台，而信息服务产业，则属于信息产业的配套产业，提供信息资源及相关信息传播服务。作为软件产业，则属于承上启下的关键产业，一方面，硬件产业的产品只有在与相应软件产品组合下才能成为信息时代的"纸和笔"；另一方面，信息服务产业只有利用软件产业的产品才能将信息资源加以充分开发和利用。因此，软件企业在整个信息产业中的地位是极其重要和关键的。

2. 软件企业的基本特点

在一定程度上，软件企业与传统企业有着明显不同的特征及运作规律。中国的传统企业一般是 20 世纪 80 年代在发达国家增长缓慢或者呈下降趋势时开始快速发展的企业，如钢铁企业、造船企业、纺织企业、机床制造企业、传统建筑材料制造企业等等。从本文研究的角度出发，软件企业具有一些与传统企业不同的特征。

网络外部性　软件企业最明显的特点就是网络外部性，即某一消费者从一种商品获得的效用取决于使用同一商品的其他消费者的选择。使用某一商品或服务的用户人数越多，消费者从中得到的价值越大。如当微软的 Office 办公软件问世时，人们还意识不到它的价值，因为最初使用 Office 的用户较少，拥有这种软件的价值并不高。但过了一段时间以后，人们发现越来越多的人使用 Office，使用 Office 会给自己带来很多的方便，此时拥有这种软件的真正价值要远远大于购买时所支付的价钱，并且其价值还会随着消费者人数的增多而不断增加。

报酬递增　一分析传统企业生产时经常用到的一个经济学术语是边际收益递减，即如果技术不变，受资源稀缺性的制约，成本曲线下降到一定点后必然呈上升趋势，从而出现成本递增。而在软件企业中，边际成本会不断递减直至为零。多数软件产品的开发、研制需要大量初期投入，一旦这种软件产品投放市场并被消费者接受，额外生产单位产品的边际成本几乎为零。而且，随着产量扩大，平均成本呈下降趋势，因此技术的更新、特殊的成本结构以及资源的非稀缺形式的软件企业出现了递增的报酬机制。

微软公司光盘百科全书与大英公司《大英百科全书》之间的竞争，说明了软件企业成本的特征及对传统企业的冲击。一套精装《大英百科全书》曾经标价 1600 美元，1992 年，微软购买了一家二流百科全书 Funk & Wagnalls 的版权，将其内容制成有多媒体铃声和哨音及用户界面友好的光盘，以 49.95 美元的价格向最终用户出售，同时以更优惠的价格向原始设备制造商出售，许多计算机制造商把这种光盘作为免费赠品捆绑销售。虽然两种版本的质量有差别，市场定位也不尽相同，但价格的悬殊使《大英百科全书》的市场，尤其是个人及中小单位的顾客受到很大侵蚀，到 1996 年，其销售额只有约 3.25 亿美元，仅为 1990 年的一半。造成这种状况的主要原因是大英公司定价受到成本的限制，而微软公司则完全不同。它的成本只是初期支付的版权费和制作、促销等固定费用，之后生产复制更多光盘的边际成本非常低。因此，为了获取市场份额，微软有足够大的降价空间，以至于免费捆绑销售。

软件产品的高固定成本（前期的研发费用等）、低边际成本、生产产量不受限制的特征，决定了第一份产品面世之后，生产越多价格越低、获利越多的递增性报酬规律。因而，软件企业的报酬递增成为不同于传统产业的一个重要经济特征。

3. 锁定与路径依赖

锁定与路径依赖是一些学者在分析高科技行业不同发展规律时用到的两个重要概念。在很大程度上，路径依赖和锁定相关，锁定是路径依赖的起点，路径依赖可以说是锁定之后的过程。

20 世纪 80 年代中期，贝尔大西洋公司投资 30 亿美元购买了 AT&T 的 5E 数字转换器以运行电话网络，从此进入了数字时代。但同时贝尔大西洋公司也被锁定在了这种被 AT&T 控制的封闭式操作系统中，其每一次升级和改良都要依赖于 AT&T 的系统。另外，初期的巨额投入使贝尔大西洋公司难以选择和更换其他供应商的产品，这是一个信息产业锁定的典型例子。

软件企业会出现同样的问题，比如银行选择了一种计算机操作系统进行银行内部的信息交流，初期投入的巨额费用和转换操作系统的机会成本将使银行难以轻易地进行软件操作系统更换。在这个例子中，即使银行最初的选择并非是最好，但还是会被锁定在最初的选择上。由于软件企业特殊的成本结构，供应商为了从尽可能多的用户基础中获得收益，会在产品推出初期提供甚至低于成本的产品来吸引客户。这种因最初选择而产生的依赖以及转移成本的障碍，将促成被选择企业在市场中难以动摇的市场力量。

4. 标准

标准的必要性是软件企业又一个具有重要意义的特征。软件产品通常技术含量较高，使生产者与消费者存在着高度的信息不对称。因此，软件产品的标准具有传统产品难以比拟的重要性。首先，标准能够为消费者提供指导性信息，据此判断各软件产品的质量和有关性能。信息产品往往作为一组相关技术群中的一部分出现，其复杂性使得消费者与生产者间存在严重的信息不对称，用户往往缺乏专业知识,难以准确判别不同厂家的产品质量和性能。而面向同类产品的标准则为消费者提供了识别信息,减少了消费者损失。而且,标准也能够确保同类软件产品之间的可兼容性。比如一个大程序由一家软件公司的不同部门完成,如果不存在标准,各个组成部分可能难以整合到一起,整个程序便无法顺利运行。当然标准不仅存在于信息产品中,同样也存在于传统企业中,只不过标准在软件企业中显得更为关键。而且更为重要的是,它与其他特征相互作用,决定着软件企业成长的特殊规律性。

标准使网络参与者得以分享信息,其结果是吸引更多的消费者加入到网络中来。显然,标准增进了兼容性,通过扩大网络为用户带来更大价值。而且,标准改变了行为规则,市场中的参与者不仅在争夺市场时彼此竞争,也需要在标准的协调方面合作。网络外部性和正反馈机制使得竞争中的合作尤为重要,合作中的竞争使争夺市场的竞争变为在同一市场、同一标准下争夺市场份额的竞争。

实际上,软件企业的几个特征是相互关联的。消费者从网络外部性中获得更多价值的预期,更倾向于接受已被其他消费者使用的软件产品,因此同一类软件产品的用户很容易被锁定,从而沿着某一路径,最终使这类软件产品的拥有者获得市场力量。同时,报酬递增也是引发和促进网络外部性产生和发挥作用的重要条件。另外,软件产品的复杂性和相互关联性要求确立一种标准,而标准的确立又必须建立在被众多消费者接受的基础上,也就是说,只有市场中占主导地位或绝对优势的企业才可能建立被消费者及其他企业接受的标准。

从软件企业的几个特征及其相互关系可以看出,网络外部性是有别于传统企业的基本特征,也是影响软件企业成长模式的根本性因素。

二、软件产业的特点

(一)软件产业的界定

按照国际惯例,软件产业或软件市场包括软件产品和软件服务两大部分。根据这个定义,软件产业是直接从事计算机软件产品制造或软件服务活动的企业的集合。软件产业是一个快速发展的新兴产业,不断产生具有不同性能、形式和内容的新的软件产品、软件服务和需求领域。作为一个动态性很强的概念,软件产业的内涵和外延都在不断发生变化。而且,软件产业是信息产业的一个核心组成部分,软件产品或服务与其他信息产品或服务有时很难区分。确切地定义计算机软件产品或软件服务并不容易。目前,较为流行的定义是,计算机软件产品是能被计算机存储和读入并指示计算机从事特定工作的编码程序,主要包括系统软件、支撑软件和应用软件三大类;计算机软件服务是指与计算机软件相关的服务内容,主要包括信息系统集成、ASP、信息系统运行与维护服务、数据中心与资源外包服务、数据加工与处理服务、信息系统咨询与评估服务、信息系统工程监理、软件与信息系统管理人才工程化培训等。软件产业则是直接生产经营据此定义的计算机软件产品或服务的企业的集合。

然而，在国民经济体系中，软件产业不可能独立地存在和发展。直接生产和经营计算机软件产品或服务的企业必须在市场中与顾客、生产要素供应商、合作伙伴甚至竞争对手建立各种各样的市场关系。例如，为软件企业输送软件人才的培训公司或软件学校，为软件企业提供管理技能或管理问题解决方案的咨询公司，软件产品的经销商，协调行业内活动、规范行业发展的行业协会或其他社会组织，产业内部以及软件产业与其他相关产业之间的各种正式或非正式的商业关系，这些都会对软件产业发展产生不同程度的影响。在一个国家、一个地区或一个城市中发展软件产业，还需要相应的社会环境、文化环境甚至制度环境。因此，从广义的角度界定，软件产业是围绕生产和经营软件产品或服务所发生的各种市场关系的集合。根据这个定义，软件产业的发展首先表现为软件市场的发展，或软件产业中各种市场关系的发展。软件产业的市场关系虽然错综复杂，但大体上可以根据它们在整个产业价值增值过程中的衔接顺序分为以下五种类型：

软件企业之间的市场关系：一是直接竞争关系，价格竞争、广告和促销竞争、产品研发竞争、市场份额竞争、人才竞争等，都是建立在这种直接竞争关系上的软件企业的典型行为；二是合作关系，即软件企业之间建立战略联盟、合作研发机构、合资企业等不同组织形式，在合作中求发展；三是投入与产出之间的关系，在现代社会化大生产过程中，社会分工的细化必然导致企业注重专业化发展、注重定位于某一细分市场的核心业务和核心能力的建设，随着软件产业的发展和成熟，软件企业之间也会呈现分工细化的趋势，处于软件产业增值链不同阶段上的企业之间会建立起各种直接或间接的投入产出关系。

软件企业与客户之间的市场关系：一是家庭医生型关系，这主要是针对那些对软件产品或软件服务具有特殊要求的机构型客户（如大型企业或政府机构）建立的关系，软件企业必须为这些客户专门设计和生产能够满足它们特定要求的软件产品，并提供长期的专门售后服务；二是长期的契约型关系，这主要是针对那些大量需要通用软件产品或软件服务的机构型客户建立的关系，软件企业与这类客户签订长期供货和服务合同，以便降低双方的市场交易成本；三是市场交易关系，对于家庭或个人等大众消费者，软件企业通常借助中间商建立与他们之间的客户关系。

软件企业与要素供应商之间的市场关系：一是软件人才的供求关系，即软件企业与专门培养软件人才的机构建立的关系。目前，我国的许多科研机构和高等院校既提供商品化的软件产品或软件服务，也培养软件人才，实际上是把这两种增值活动合二为一；二是计算机软件企业与能够为它们提供管理咨询服务的企业建立的关系，建立这种关系可以保证软件企业在解决管理问题、提高管理水平、制定企业战略和发展规划等方面获得必要的外部管理资源；三是计算机软件企业与计算机硬件企业之间的关系；四是计算机软件企业与金融机构或金融市场之间的关系，计算机软件企业的快速发展离不开资金的支持，国内外软件企业采用的主要融资渠道有银行贷款、发行债券、风险投资和上市融资，不同融资渠道的运作需要有不同的市场关系。

软件企业与各种类型中间商之间的市场关系：软件中间商包括软件印刷商、软件经销商、软件零售商、软件出口商、软件进口商等。随着软件产业的发展，软件市场会不断细分，软件企业也将注重专业化发展。这在客观上为软件市场的各种中间商或中介组织的发展创造了有利条件。软件中间商或中介组织是沟通软件企业与市场的桥梁，它们发展的程度反映了软件市场的发展水平。尤其在软件产业国际化发展的背景下，具有跨国经营能力的软件中间商或中介组织在沟通国内市场与国外市场过程中发挥着关键性作用。国内软件企业产品和服务的出口，国外软件产品、软件开发技术、软件人才，甚至软件企业的引进也离不开这类中间商或中介组织的活动。

软件企业与行业组织和相关政府管理机构之间的关系：在软件产业发展的不同阶段，行业组织和政府管理机构具有不同的职能和作用，软件企业与行业组织和政府管理机构也具有不同关系。目前，我国软件产业中的主要行业性组织是中国软件行业协会。该协会的作用是组织软件企业认定和软件产品评测活动，推动实行 CMM 认证制度，建立软件构件库，进行有关行业数据的收集和行业发展趋势的分析研究，从行业角度规范管理软件产品和软件服务市场，引导软件企业走向规范化经营管理，提高技术创新能力和市场竞争能力。工商行政管理部门、知识产权管理部门以及行业管理部门是与软件产业发展密切相关的政府管理机构。这些管理机构的一项主要工作就是加大执法力度，打击软件盗版行为，保护知识产权及软件开发企业的合法权益，促进软件产业的健康发展。

（二）软件产业的特点

软件产业是以智力和人力为主要经营资源，以知识和信息为经营载体，以创新为主要经营特色的知识、智力密集型产业，是典型的知识产业。软件产业是一个快速发展的新兴产业，它不断产生具有不同性能、形式和内容的新的软件产品、软件服务和需求领域。软件产业具有以下五个基本特点：

高增长性：软件产业是全球增长最快的产业。有关资料显示，20 世纪 90 年代以来，全球软件产业保持 20% 以上的增长速度，一些软件大国和后起之秀的软件产业呈爆炸式增长。软件产业的高增长特性可由美国和印度这两个软件业发达国家的数据予以形象说明。自 1990 年以来，美国软件业以每年 12.5% 的速度增长，比美国整个经济增长速度高出 2.5 倍，到 1996 年，美国软件产业的收入已达到 1028 亿美元，仅次于汽车和电子行业，成为美国第三大产业部门。印度软件产业的增长更为惊人，近 10 年平均年增长 50% 以上，软件出口额占印度技术出口的 40%。软件产业已经成为印度增长最快的经济部门之一。软件产业保持全球高速增长的主要原因是软件需求大幅度攀升，软件产品及服务不断向新的领域延伸和拓展。据预测，2010 年，全世界软件产业将保持 20% 以上的增长速度。

高辐射性：软件产业具备很强的辐射性，即高渗透性。软件产品和服务应用领域很广，几乎覆盖了经济生活中的各个方面。在信息技术高度发展的社会中，大部分设备都要嵌入软件，设备的设计、测试、制造也将主要依靠软件，软件主导硬件是必然的趋势。近几年来，嵌入式软件异军突起，广泛地融入各种设备和产品之中，使得软件向各种产品渗透的力度加大，促进了传统产品的升级换代。软件产业的辐射性将极大地推动传统产业的改造和装备水平的提高，有力地促进新兴高技术产业的发展。

用户需求多样性：随着软件技术的不断发展，用户对软件的需求趋于多样化。软件产品已经从最初的系统软件、支撑软件、应用软件纵向细分，分化为网络软件、系统工具软件、图形图像软件、管理软件、多媒体软件、游戏软件、网络安全软件、编程开发软件等，而这些分类还可以继续细化。以图形图像软件为例，可分为图像制作、动画制作、图像捕捉、图像转换、图片压缩、图像浏览、图标工具、图像管理等。总之，软件技术的发展在满足社会需要的同时，也衍生了顾客对软件产品和软件服务更多新的需求。

核心技术垄断性：软件产业与传统产业一个明显区别就是，传统产业中的技术是继承性的，而软件技术是突变性的、非常规的。传统产业中"核心技术"的概念并不普遍，而在软件产业中常常会遇到"核心技术"。核心技术就是在技术发展过程中起引导和控制作用的关键性技术。软件具有平台依赖性，操作系统是其他软件运行的平台，操作系统就成为软件技术中最具核心地位的技术。微软掌握着操作系统的垄断性开发技术，因此操作系统软件领域中 Windows 一直处在比较强势的地位。一旦具有特殊地位的平台形成了垄断，用户就很难转移到其他平台上去，这种"锁定"效应的存在，导致了用户的转移成本相对高昂。

规模经济性：软件产品与传统产品一个显著的不同点在于软件产品生产的固定成本极低，几乎与产量无关，即几乎不随着产量的增加而增长的固定成本。比如，开发成本是在软件研制过程中支出的，费用高昂，当软件开发成功之后，软件复制的载体光盘、软盘的成本很低，在复制中又不需要其他成本，因此其变动成本很低，增加单位软件产品所需要的边际成本很小，这就是所谓软件生产的"零"边际成本。也就是说，第一件软件产品的成本已经包含了所有沉入成本

(即已经发生了的成本,如研制费用、固定成本等等),那么第二件及以后同样产品的生产成本几乎为零(仅含非常少的材料费用和生产的人工费用),这决定了软件产业具有显著规模经济性。

三、软件企业成长的本质

软件企业成长在根本上遵循企业成长的一般规律,因为软件企业的一些特性,使其在成长的表现形式上与一般企业有所不同。因而,分析软件企业成长本质首先要对企业成长本质进行深入地分析。

(一) 软件企业成长在质和量上的表现

企业成长是企业运营系统功能从不成熟走向成熟的进化过程,其系统功能体现在各种价值创造与价值实现活动之中,以及这些价值活动之间的相互作用和联系。因此,企业成长是投入产出效率的提高、价值创造和实现功能的完善。企业成长的标志可以从两方面来描述:一是质的成长,二是量的成长。

质的成长是企业运营资源的内部结构的优化和技术进步,即技术因素对利润的贡献率增加,生产效率提高。质的成长始于企业技术创新,实现于技术创新成果的应用,推动企业从低级向高级状态发展。具体形式体现在企业生产工艺技术和产品技术等从不成熟走向成熟的技术进步,同时也体现在企业的组织创新和变革方面。质的成长是企业整体素质的提高,主要表现在三个方面:①技术和产品水平的提升。这种质的成长是企业成长的物质内容。企业通过技术创新和应用不断实现产品质量的提高、使用方式的便捷和使用效率的提高,以及服务方式、服务手段和服务质量的优化,使企业不断在新产品、新服务基础上得以成长。②富有效率的组织结构、经营制度和管理方法。这种质的成长是企业成长的组织内容。③企业文化特色的形成,这是企业成长的精神内容。它使企业人力资源中拥有高度凝聚力和积极性、创造性。

量的成长是企业规模的扩张,即企业资产的扩充、生产能力的提高、销售额或利润额的增长,以及企业人员的增加。量的成长是企业成长得以量化和最直观的表现形式。因此,它往往成为企业经营者追求的直接目标。企业扩大生产规模,可以通过许多途径来实现,最常见的手段是企业购并和项目投资。具体形式体现在企业各生产要素和产品在数量方面的扩大,同时也体现在企业组织单元在数量上的增加。量的成长表现为企业规模的扩大,即产品数量、销售额、利润和人员等方面的增加,具体体现在以下四个方面:①生产结构专业化,企业随着生产技术趋于成熟,生产过程走向专业化,从而追求规模经济;②业务结构多样化,企业发展到一定程度会走向多元化经营,使企业经营范围扩大;③组织结构集团化，企业成长使管理的对象越来越复杂，企业组织结构规模需要增加和强化，从而在组织结构上呈现出集团化的成长；④产品结构系列化，随着企业产品市场开拓力度的加大，市场面不断拓展，从而促进企业产品种类和数量的增长。因此，可以认为，企业的成长是使企业素质不断提高，使企业产品规模和组织规模从小到大不断发展和变化的过程。

企业成长是由质的成长和量的成长两部分构成的。其中质的成长的核心是创新成果的应用，具体形式体现在企业生产工艺技术和产品技术从不成熟走向成熟的技术创新，同时也体现在企业的组织创新和变革方面。量的成长是企业生产能力的增加及随之带来的销售额增加、利润额和企业人员的增加。

软件企业的成长自然也不能离开上述两种形式。但是相对于传统企业来说，软件企业的成长具有一定的特殊性。软件企业的创新和规模的扩张是基于软件技术的特性、产品的特性以及软件产品的生产过程。与传统产品相比，软件产品是基于人的大脑生产出来，不是由机器制造出来的，因而，软件的生产过程对人的依赖性极大。有人认为，制造业生产的过程中按人、机、料、法、环五个影响质量的因素分析，人的因素占了20%，而软件企业中几乎完全取决于人的因素。因而，软件企业成长的特点自然与软件技术以及软件产品的特点有着密切的联系。分析软件企业成长模式必须先分析软件技术与产品的特点。

（二）软件企业成长的识别

企业成长的识别对企业成长的推动有重要意义。软件企业成长的识别可分为短期识别和长期识别。短期识别的主要依据是描述企业量的成长的指标，如反映生产规模扩大的指标：销售额增长率、资产增长率、员工人数增长率等；反映赢利水平提高的指标：利润增长率；反映组织能力增强的指标：组织效率、组织方式的创新能力；反映市场规模增长的指标：市场增长率、市场占有率等。长期识别侧重于反映企业质的增长的指标，如技术实力：企业是否取得能够领先于行业的技术、在技术扩散中能否占有主动地位、企业技术标准能否成为行业标准；组织能力：组织管理效率、组织结构的优化；员工素质的提升；成熟企业文化的建立等。

在具体实践中，可以运用AHP法对软件企业成长的各项指标进行识别，建立指标之间的优先排序关系。根据AHP法的原理，可将软件企业成长指标层设计为三层。因为软件企业的成长是从量的成长逐渐发展到质的成长，是一种演进的过程，因而在设置指标上，第一层是软件企业成长效果的评价指标，第二层是软件企业质的成长评价指标，第三层是对软件企业量的成长评价指标。

（三）软件企业成长要素

软件企业成长的要素是软件企业实现成长的重要基础。软件企业成长要素包含着多个方面，大体上可以归纳为企业能力、企业资源和市场规模三个方面的要素。其中，企业能力是实现软件企业成长的核心内容，企业资源是实现软件企业成长的基础，而市场规模则是软件企业实现成长的前提。

企业能力包括要素的聚集与配置能力、渠道的扩展与融合能力、产品的定位与创新能力、品牌的创立与增值能力、环境的适应与利用能力。

要素的聚集与配置能力：企业生产需要聚集和配置生产要素，良好的要素聚集与配置能力是企业实现持续成长的必备能力。资本、劳动力与企业家是企业创造价值的重要因素。资金充足，或者是自有资金，或者是外部融资渠道的通畅都可以方便企业进行新产品、新设备等各方面的投资活动。产品设计开发、运行流程的设计、客户问题解决方案等都是人才的智力型劳动的成果。企业家是企业跨越成长阶段各个鸿沟的关键要素。软件企业需要建立起鼓励创新的宽松气氛、良性的回报机制和有效的激励机制吸引资本、人才和企业家队伍向企业聚集。同时，软件企业还要具有保持要素之间良好比例的能力。要素的配置能力一般包括：资金使用的比例配置能力、成功并购重组的能力以及研发、管理、市场相关人才的比例配置能力。优秀的要素配置能力可以实现较低要素需求量下的企业快速成长。

渠道的扩展与融合能力：根据产品价值链的特点，软件企业可以通过其产品渠道的扩展与融合实现成长。传统产品价值链的次序基本上是生产在前、营销在后，但也有一些产品价值链呈现出生产与营销的倒置关系，这样的产品其价值在于依赖产品所有权来销售产品使用权。产品渠道的优劣是软件企业是否能够创造价值的重要前提。经研究显示，产品的销售额首先随着渠道的增强而平缓增加，当渠道成长能力增至某点后，销售额便开始随着渠道成长能力的增强而急剧上升。

产品的定位与创新能力：软件企业提供的是产品和服务，因此对于产品的定位是企业进行研发、生产和营销活动的前提。产品定位就是要寻找企业优势与市场需求之间的交集，产品必须能够整合潜在需求，把握个性需求，同时能够挖掘引导需求。产品的定位合理，才能够寻求到适合企业发展的市场空间，为企业的规模扩张、专业化和多样化经营奠定基础。同时，产品只有持续创新才能适应变化的市场需求，保持企业成长的持续性。产品创新能力可以集中体现在其核心产品上，也可以根据核心技术扩展其他相关产品。企业具备了产品的持续创新能力，才会逐步扩大规模，进行专业化或者多样化经营，实现更大的价值。

品牌的创立与增值能力：企业是否具有品牌的创立与增值能力，预示着企业的成长是否具有文化意义上的持续性。由于软件的应用需要一段时间的学习，因而，软件消费者一旦习惯一种产品之后，很难再花时间去尝试其他的相关替代品。软件企业品牌的创立是其能否获得持续发展的重要因素。企业更为重视的是品牌的增值过程。创立品牌需要企业以其产品和服务的质量和差异化特征为基础，进行有效的营销推广活动；同时，通过品牌信誉度的提高，扩展企业的产品线或从事多样化经营，实现企业在规模经济、多样化经济等方面的成长。

环境的适应与利用能力：一个成长性良好的企业必然是一个具有较强的环境适应与利用能力的企业。企业存在的社会环境与其自身发展之间形成了一种独特的关系，即企业在与社会相融合的同时，其存在和发展需要一种良好的社会环境。这里提及的社会环境主要包括：政策环境、法制环境、市场环境以及公众和舆论环境等。软件企业的发展主要依赖于对外部环境的灵活把握，由于软件技术更新以及扩散速度快的特点，造成了软件企业的成长曲线的变异性较大，这更需要软件企业能够迅速把握市场、政策等环境，充分利用有利于企业成长的优势，加快发展。一个企业对环境的适应与利用能力越强，越能够抓住潜在的市场机会，赢得成长的先机，同时也会在对环境的适应与利用过程中发展壮大。

企业资源是指软件企业运营中所拥有的有形或无形的资源，主要包括：

企业家：一般意义上讲，企业家是指具备从事现代化企业生产、经营管理与组织业务及思想素质的经营者的总和。它与土地、资本和劳动力一样，都是生产商品必不可少的条件。企业家要素的特性在于它的社会性、实效性、外在性和边际效益递增性。企业家的创新是企业成长的重要因素。熊彼特认为，经济发展是对既有经济格局的一种突破，突破的力量来自企业家的创新。企业家在企业成长中的作用就是不断地实现创新。新生产要素和生产条件的"组合"包括：提供一种新的产品或服务、采用一种新的生产方法、开辟一个新的市场等等，这些新的"组合"无疑会促进企业的快速成长。当新组合实现时，新的需求就可能产生，企业会迅速发展实现持续成长。可以认为，企业能否实现持续、快速成长的非常重要的因素就在于是否拥有能够审时度势、适应快速变革、具有风险意识和超前思维的企业家队伍。尤其是对于软件企业，企业家对企业发展以及产业发展的一种前瞻性成为推动企业成长的关键。

团队：软件企业中，团队在履行研发、生产、营销等职能活动中起到非常重要的作用。不同性格、不同才能的成员通过对团队目标和价值观的认同而有机结合在一起，通过每个成员的努力，团队制定有效的决策，面对和解决冲突，寻求组织间的联合，完成共同的目标，创造价值并分享回报。成功的团队是能在整个产品和服务开发过程中严格遵循规程、鼓励创新和创造性思想、发现用户真正需求、力图实现完美解决方案的团队。团队成员的才能与角色分明，为了共同的目标而努力，才能完成项目并实现整个企业的价值。产品从最初的创意到产品成熟包括新产品开发阶段、"安装"（销售）阶段、售后阶段、产品最终完成四个阶段。在新产品开发阶段要进行市场分析、需求分析、系统分析等；在安装（销售）阶段，要根据客户的需求进行定制化服务；在售后阶段中，需要进行产品的售后服务，力求为客户解决在产品使用过程中出现的任何问题。这些阶段和过程需要由掌握不同技能的成员协同合作、相互配合，不同的模块才能实现对接，企业才能够保持良好的成长性。

资本：资本是企业实现持续、快速成长的物质资源要素。企业的成长过程，是企业的现金流持续流动的过程，是企业价值得以增值的过程。随着资本市场的日渐发育和成熟，资本从完全企业内部资源转变为可以通过资本市场获取的外部资源，这种外部资源比较丰富，但同时也具有很大风险，对企业成长的影响也会比较大。目前，在中国的融资体制下，中小软件企业融资较为困难，也是中国软件企业始终不能成长壮大的一个重要原因。

企业文化：企业文化是企业持续、快速成长的制度因素。企业文化以企业的价值体系为基础、与企业的管理哲学、管理行为紧密联系，是企业在生产经营实践中形成的一种基本精神和凝聚力、企业全体员工共有的价值观念和行为准则以及企业领导人员和员工的文化素质和文化行为。企业文化中的工具性要素属于广义的技术范畴，特色企业文化的形成需要充分运用文化技术，形成体现企业自身特点和价值取向的有效运行机制和良好工作作风，成为企业赖以生存和发展的精神基础。同时，文化技术在企业内部和企业之间扩散、传播和吸收也有利于企业文化与时俱进。企业文化可以形成企业的内聚力、向心力和能动力，同时也是企业进行改革和创新的基础。持续创新才能实现持续成长，企业文化塑造形成的创新理念不会随着人员的流动和企业规模的变化而消失殆尽，相反会成为企业不断壮大的动力。

市场要素是企业成长的前提，是企业价值得到社会承认的机制和媒介。市场为企业提供了成长空间，对利益的追求、对用户需求的不断满足是企业成长的原动力。软件企业的市场渠道指的是由上游供应商、企业、下游中间商和客户共同组成的链条。软件企业的供应商包括为企业培养人才的机构、能够为企业提供管理咨询服务的企业、金融机构或金融市场。这些机构为企业提供了人力资本、资金和管理咨询，企业需要与其形成良好的合作关系，实现生产经营的顺利进行。企业中间商包括经销商、零售商、出口商、进口商等。中间商是沟通企业与市场的桥梁，具备一个完善的下游渠道，是企业开拓市场、扩大经营范围、提升企业业绩的条件。客户是产品和服务的最终需求者，良好的客户群体和客户关系，是企业发展壮大的因素。由此可见，渠道既是成本生成的链条，也是价值产生的链条，对企业持续成长具有重要意义。

企业成长是企业要素的成长，同时，也是企业组织向现代企业实现制度变迁的过程，是企业资源配置与企业能力提升的过程。企业成长的三要素间相互结合、复合作用，在各自实现发展壮大的同时，之间的关系也越加复杂化，综合实现了企业的成长。企业成长性的表征包括企业规模与融资渠道的变化、营业状况与赢利能力的变化、产品层次与赢利模式的变化、企业综合竞争力的变化、企业国内市场拓展与国际化水平的变化等多个方面。

(四) 软件企业成长的技术约束

软件企业成长要素的层次和水平与技术密切相关，受到技术条件的制约。不同的技术水平意味着企业具备不同的成长能力。技术水平较高，企业利用资源创造价值和实现价值的水平也会较高，企业家会更具有创新和风险意识。企业可用资本也会因为技术手段的先进而迅速得到补充，风险投资、证券市场等融资渠道可为企业成长提供资本。企业文化也在技术的影响之下发生着深刻的变革，技术创新改变人们的思维和生活方式，企业文化的形成和构建方式也必然随之相应调整。可以认为，技术决定了资源的质量。企业的能力受技术的影响也相当深远。无论是企业的环境适应与利用能力，还是要素的聚集与配置能力、产品的定位与创新能力等无不受到技术的制约。在较高的技术水平下，企业能力也会相应提高。在信息化、网络化的环境下，企业可以采用的手段或者说是一些管理和经营技术等也愈发先进，企业会更加适应环境的变化，对产品的定位会更加准确。市场也在技术的影响范围之内。技术改变了人们的购买和消费习惯，必然改变市场对企业产品的需求规模，同时，市场也在技术的影响下越发复杂，震荡的幅度与频率也越来越大。

优化要素配置是实现"帕累托"最优的基础，技术是优化要素配置的基本手段。企业成长要素的合理配置意味着三者之间的和谐比例关系，技术通过对三个要素本身和之间关系的影响而实现要素优化配置。技术对成长三要素本身及之间关系不仅决定了要素的质量，同时也制约着要素配置的优劣。资源的富足会为企业能力的提高奠定基础，市场是检验企业能力的场所和环境。相应地，企业能力提高以后可选择资源的种类和层次也都会相应提高，会有很强的市场竞争优势。在三者之间相互作用的过程中，不仅是技术对三者各自产生影响和制约的时候，同时技术也会决定三者之间比例关系的优劣，即要素配置的合理与优化。由于具体企业能力、资源以及市场的特性，难以确定各自在企业成长要素中所占的比重，但是三者是一定要相互匹配的。技术水平较高，企业能力要比较强、所能利用资源范围要更广以及面对的市场规模就要越大。如果出现两者的水平较高，而另一个水平较低的话，一定会影响企业成长的速度和质量，技术就是在这一过程中不断动态调整三者水平的基本工具。因此，技术是企业成长的内生变量。

第三节 软件企业成长的一般模式

据统计，全球目前的软件开发及生产企业已逾 10 万家，这批企业大多是 20

世纪 80 年代中后期至 90 年代初创建的。在信息产业飞速发展的今天，这些企业的成长极为迅速。以全球最大的软件公司微软为例，这家 1985 年创建的软件专业开发制造企业仅用了 10 多年时间就发展成资产总值列全球最大的企业之首。从微软公司的发展历程可以感受到软件产业发展的强劲之势。一般而言，当今比较成功的软件企业都是依靠一套或几套成功的软件产品打入市场，一旦被行业内硬件制造商和用户接受，则该产品就会以极快的速度在全球计算机用户市场中被采用，使得软件制造开发商能够迅速取得巨大市场效益，并有足够的实力去开发下一代新产品。但是，并不是所有的软件公司都能够成功地发展起来。在美国，每 1000 家高技术创业公司的商业计划书中只有 6 份能从风险资本家那儿得到投资。在这 0.6% 中，只有 10% 能上市。达到上市阶段的企业中，大多数并未成长为真正的成功者。决定软件企业成功的因素很多，在诸多因素中，企业得其一而走向成功的实例不少，但综合了多种有利因素，却最终走向失败的例子也不鲜见。由于软件产业的发展速度如此之快，再加上决定软件企业成功的因素是取决于多方面的，所以在软件企业中没有什么绝对成功的法则，只能在研究其他企业成功的基础上总结软件企业成长的一般模式。

一、软件企业技术成长的一般模式

1. 技术创新型

软件行业是随计算机产业发展而产生的，因此它对计算机产业的技术依赖性较强。一种新的硬件产品一旦问世并普及，必然要有性能相适应的软件产品与之配套。因此，在计算机技术性能不断提高的今天，软件产品的更新和提升速度是以年度甚至是季度为计算单位的。技术创新型的公司就是不断地以技术创新来驱动公司的发展，始终处于市场领先者的地位，技术创新是公司的核心竞争力。

在技术创新策略的把握上，公司对技术的发展方向必须要有一定的前瞻性，并根据自己对市场发展方向的把握来开发有很强针对性的产品。对于技术创新的节奏，成功的大公司都有自己的理解，基本共识是保持领先市场需求 3 到 6 个月。如果产品的技术水平领先市场需求过多，则需要负担培育和教育市场的责任成本高、风险大。而准确地把握技术创新的节奏，保持一定的技术领先时间，既可有效地避开市场风险，又能引领市场潮流。在国际上一度以技术领先而闻名的软件企业 Borland 公司，其产品 Borland C ++ 3.0 以及后来 Borland C ++ 3.0 的开发，都是极具创新性的开发，推动该公司成长为当时全球第三大软件公司。在国内以技术创新来推动企业成长的例子也是很多的，典型的有北大方正集团，其汉字激光排版系统就是当时领先潮流的技术。现在北大方正的主流产品扩大了很多，但是一直没有离开方正在文字、图形、图像处理领域积累的核心技术。北大方正特别强调拥有核心技术，核心技术就是对企业可持续发展具有影响力的、使企业的产品具有核心竞争力的、具有自主知识产权的那些特有技术。拥有了核心技术，企业的发展才有后劲，才能长久地保持企业的竞争力。

2. 技术超越型

以技术超越而得到成长的公司是指公司在技术开发上不是以创新而闻名，而是以模仿、追赶和反超对手的技术而取得成功的公司。以技术超越而成长起来的公司需要有几个条件：强大的资金支持，强大的技术开发能力和决策者不达目的不罢休的执著，还要有准确的市场判断能力。

微软就是这种技术开发策略的典型代表。例如，微软在图形用户界面、C++语言的开发工具、Word、Excel、IE 浏览器的开发上，都是在竞争对手已经首先提出绝佳的原始创意，开发出商业产品并获得市场巨大的成功之后，微软才开始进入到这些领域，进行技术赶超。微软公司动用其庞大的资源，开发功能更强大的产品来获得成功。这种策略在软件企业的成长中也可以视为一种后发制人的企业战略，这与该企业的实力以及文化是紧密结合在一起的。微软以技术超越而成长的关键就是微软的企业文化，即处处追求卓越。在技术上处于落后的情况下，只要看到有商机可寻，就会努力追赶对手，获得技术优势，抢占市场，从而奠定胜局。微软的前任首席技术执行官梅尔沃德曾经说过："微软离破产永远只有 18 个月。"只有在这样的忧患意识下，技术超越型的企业才能够具有不懈的精神，不断追赶，超越对手。

3. 技术本地化

在软件产业中，纯软件技术是没有国界的，但是软件产品的定位却可以具有地域特色。这是由于软件的使用者是决定最终软件产品导向的主导力量，而人是要从属于特定的民族、语言和文化。这种情形在操作系统、数据库等软件产品上不容易看到，但是在应用软件的开发上，能否开发出适应本地文化的产品却是导致应用软件生产企业成功与否的关键。例如，财务软件、企业管理软件以及文字处理软件等。应用软件的这种特点使得企业在开发过程上具有以下的特点：对于该地域用户特殊需求的准确分析，使软件的功能、用户界面等符合使用者的特定的习惯。这些特点就成为应用软件企业产品的特殊卖点。

目前在中国，技术本地化的软件生产企业有很多，而中国主要具有竞争力的软件企业也就是这些立足于本地文化的应用软件企业。例如，用友、金蝶、安易等软件公司。以管理软件为例，在国际上，著名的管理软件生产公司如 SAP 和 Oracle 等采用的技术开发思路是把国际先进企业的运作模式"拍照"下来。这种方法开发出的管理软件的特点是模式先进、逻辑规范、功能完善庞大。但是这样的管理软件并不一定适应中国企业的管理模式。中国有自己独特的企业文化，在国家制度上也有许多的不同，这体现在企业的管理模式上会有很大的差异，这些都是国外企业所不能了解的。所以中国的管理软件生产企业只要立足于本地化，就会在与国际大企业的竞争上处于相对有利的地位。在应用软件的领域中，只有注重地域化的差别，才可能生存和发展下去。可以说应用软件永远不会有全球性的垄断，差异化才是它的发展之路。

二、软件企业市场扩张的一般模式

1. 策略并购型

并购是企业进行资本运作的最为常用也是最为精深的一种方式。企业往往通过横向兼并来形成自己密集的产业链条，使其无论是生产还是销售都受到规模效应带来的利益。从经济学的角度来看，并购是一个资源重新配置的行为，并购活动本身提供了使弱小企业向能力较强的企业转移，是企业的赢利能力提高的机会。在软件企业的并购活动中，最重要的就是企业在并购后是否具有企业的整合能力，使并购过来的企业能够服从自己本企业的文化。

全球第二大商务软件独立提供商 CA 就是典型的依靠并购成长起来的公司。对 CA 来说，并购与野心无关，而是在瞬息万变的信息科技时代生存的必要条件，如果一个计算机公司仅仅希望维持稳定增长，那么很快就会被其他竞争者吃掉。所以 CA 的董事长王嘉廉常常说的就是："没有它，你就买下它。"这也说明了在软件企业中竞争的激烈程度。然而并购的要义并不在于一个"买"字，你买来的是谁，买来之后又如何将其整合到自己的产业链中才是至关重要的。中国的实达就是并购失败的一个例子。1997 年实达集团通过上市募到大笔资金，开始以并购的方式进军软件产业，在短短的一年多的时间里，实达软件以 5000 万元资金先后收购了十多家软件企业，形成了目前国内规模最大的软件产业群，并被权威机构 IDC 评为"国内最具实力的软件企业"。然而实达只是完成了并购中"买"的工作，对于如何将这些产业资源进行整合自己也没有主意，于是实达在软件企业的并购上失败了。总结 CA 和实达分别成功和失败的经验我们可以看出，成熟的产业投资模式应该是，首先确立企业的战略定位以及自己要达到的核心竞争力，并围绕它进行并购；其次，并购还是一种产业投资范畴的行为，它是一种长期利益的体现，还需要投资者有足够的耐心。

2. 上市扩张型

对于软件企业而言，资本市场不仅可以为企业提供强大的资金支持，为软件企业的高速发展奠定基础，成熟的证券市场的流通机制和监督机制还可以迫使企业按照市场规律运行,如股权激励机制等,为软件企业的全面发展提供内在的驱动。

微软和互联网软件的先导者雅虎,就是软件产业和资本市场良性互动的典范。微软成为软件业巨人的关键机遇就是1986年3月在美国NASDAQ发行股票。此次IPO为微软筹集了6500万美元,为其全面投入垄断技术和市场的Windows系列的研发奠定了资金基础。可以说NASDAQ是微软成长和壮大的"助推器"。雅虎公司成长中极关键的一环也是在NASDAQ实现上市。成功上市后,雅虎的业务获得了迅速的发展,其赢利能力大大高于投资界的预期,股票价格持续上升。雅虎的成功是软件企业与股票市场相结合的又一个硕果。在中国的软件企业中,大多数为民营软件企业,上市比较困难,在沪深两市中直接上市的软件企业只有东软、东方电子、亿阳通信和用友,其余则主要通过各种渠道借壳上市。实践表明,通过上市软件公司的成长速度明显快于其他软件公司。中国的软件企业要想获得具有国际竞争的实力,必须与资本市场紧密结合。随着国际资本转向中国的软件企业,国内二板市场的规划推出,再加上国家政策面上对软件企业的支持,更多的中国软件企业将通过资本市场来壮大本身的实力,加速企业的成长。

3. 差别定价型

大多数的软件产品企业专注于市场销售的价格策略上,其中按不同的版本定价已经成为许多软件公司成功进行产品营销的主要方法。这种版本划分定价的办法是基于经济原理和顾客心理因素共同作用的结果:高收入行业认同业务的高成本;并且,专业化意味着专业业务系统及其服务供应的"稀缺"。而在经济学的原理中,有效选择和稀缺是收入及利润的基本来源。

在国内的软件市场上,通过版本划分来区别定价的方法主要来自辞典类、翻译类或教育软件。后者大多分别打包,以面向不同用户的不同组合或者在产品的不同阶段面市。可以说差别定价已经成为软件产品生产企业的一个重要的营销方式。在激烈的市场竞争中,如何使自己的差别定价能够满足于消费者,其产品搭配的合理性和价格的适当性是软件产品畅销于市场的关键。差别定价也是这类软件生产企业成长的主要模式。

4. 国际扩张型

以国际扩张作为企业成长战略的典型代表是印度的软件企业。在印度的软件企业中,主要以国际化代工和提供服务为主,其所提供的领域也非常相似,主要是面向IT系统应用发达的欧美国家,为国际上大型客户编写定制规范的代码,远程维护客户软件,定制和分包大型项目和解决方案中的组成部分,以及在提供以上产品和服务的同时采取低价策略。这种战略在软件企业的培育上起了很大的作用。如今，印度已经通过这种方式成为世界上第二大软件产业国，仅次于美国。而且在本国的软件发展成熟之后，可以突破这种代工和分包的角色，进而直接为国际大型客户提供以软件为核心的解决方案，向劳动力更廉价的国家外包和购买简单代码编写工作与劳动，同时在软件产品的质量上同发达国家展开强有力的竞争。在软件产业竞争激烈的今天，这种策略无疑也是一种保护和培育国内软件企业的好方式。

5. 品牌扩张型

软件企业和软件产品的成功离不开品牌推广和营销，而那些不能够及时和较好地推销自己产品的公司大多数已经不复存在了。它们的没落从另一个极端的侧面更加有力地衬托出一种非常典型的软件企业的成功模式：依靠品牌推广扩张市场，取得进一步的成功。品牌可以将价值判断留在客户的脑海中，即使是产品本身发生了变化或者是不连续的。此外，品牌有助于公司的人才招聘，因为它有能力传达公司及其文化的正面形象。所以，成功的软件公司在营销和销售上耗费巨大，平均来说是其研发费用的两倍。例如，微软 1997 年在营销和销售上花了差不多 29 亿美元——超过其收入的 25%，而在研发上大约为 16%。Oracle 在营销和销售上花了其收入的 33%，研发上则是 11%。硅谷的创业公司 BroadVision 花在营销和销售上的费用超过其收入的 65%，而研发上仅为 30%。在多数成功的软件产品公司里，41% 的雇员在做营销和销售。在不成功的软件公司里，只有大约 31% 的员工与营销和销售有关。软件企业成功的营销活动可以把一个公司带上市场领导者的位置。此外，在品牌的扩张上，最大的赢家不仅仅是把自己的产品成功地带到市场上，而是把它们的价值提案成功地引入市场，成为市场的标准。

三、软件企业产品营销的一般模式

预装与捆绑是软件企业进行产品营销的一种最常见手段，二者都是以不同版本区别定价的一种特殊的定价和销售类型，最大特点就是离不开软件企业与硬件企业之间的主导产业和市场的实力对比与较量。如果软件企业的产品处于市场相关度较高（即企业受市场销售情况影响较大）的市场区段（如消费型软件或工具型软件市场），则该软件企业与硬件企业谈判时的地位是比较低的。此时软件企业往往为了生存或为解燃眉之急而不得不接受比较过分的要价。相对地，能够在预装或捆绑上占有绝对价格优势的则必须是在系统级占有优势的，如微软，就是在预装与捆绑中成功占有优势的典范。

微软将自己组成的 Office 软件包在全球基于 IA 架构的 PC 硬件系统最终面市之前进行了预装，从而使 Office 的销售大增。一般来说，大部分中高端系统软件企业都是通过向硬件制造商出售一定数量的"License"来谋求市场受益。这类的软件企业在市场扩张中与硬件企业更多的是战略联盟的关系，而与同类软件企业及其产品的竞争才是主要的。

对于要取得市场领导地位的软件企业来说，最大可能地提高自己的市场占有率并尽力压缩竞争对手的市场份额，才有可能最终取得市场战略与市场策略上的胜利。通过这种方式，即使软件产品有很高的固定成本，但是通过大量的市场销售，单位产品的平均成本地会随之下降，另外根据软件产品边际收益递增的特点，企业最终会取得很大的利润，从而生存得更好。

但是市场的容量毕竟是有限制的，另外还必须要考虑盗版的因素，进行这种游戏的公司常常会使参加者面临"囚徒困境"——如果同类竞争对手纷纷大幅度降价，谋求市场的领导地位，并通过规模化效益赚钱，降价空间的有限性以及市场容量的限制往往会使"小企业做死，大企业受伤"。所以软件预装与捆绑就成为解决这种恶性竞争的有效途径。

在这种"两难"之间进行艰难选择而取得成功的企业中，国内著名的反病毒软件企业瑞星就是一个典型。国内自主研发的同类产品在品牌知名度上差异不大，使得瑞星公司在市场上没有取得优势。与此同时瑞星在高端市场上达不到全面解决方案的高度，于是选择通过极低的价格向硬件企业寻求捆绑，这使得其销售总额大幅度上涨，在国内的知名度很快就超过了竞争对手，终于成功地奠定了自己的品牌地位。

四、软件企业内部管理的一般模式

1. 质量管理

在软件企业中，软件产品的生产过程和外在的形式虽然较为特殊，但其本质依然是商品化的产品。因此，软件产品也要遵循一切商品化产品所必须遵循的价值规律和市场法则，要注重生产效率、结构效能和产品质量。随着软件产业发展的成熟，软件企业对系统稳定性、开发进度和上市时间等影响产品生命力的因素越来越重视，业界也为此而制定了一系列的考核及认证标准，如ISO9000系列、Bootstrap、SPICE、CMM等。如今通过业界考核认证的企业，不仅仅是其产品的质量有一定的保证，更重要的是赢得了信誉和市场。这对软件企业的发展是极其重要的。在中国，东软是最先通过CMM认证的软件企业，通过多年来在质量管理上的努力及投入，东软已经建立起一套从产品设计、开发、生产到包装、安装、服务的质量保证机制，在提高劳动生产力的同时，促进了企业文化的形成，并为开拓国际市场提供了有利的条件，加快了企业国际化的进程。质量管理已经成为东软企业成功发展的一个关键因素。

2. 客户管理

软件产业是一个特殊的产业，它改变了以往以产品为核心的商业模式，而是转变为以客户为核心的商业模式，这使得全世界的企业所关注的焦点也逐渐由过去单纯关注产品转移到更多关注客户上来，适应以客户为中心的市场需要。对于一个专业服务的软件企业来说，成功的客户管理是一个企业成败的关键，它必须能够从客户的角度出发，为客户解决各种应用问题。在获得客户的策略上，客户关系的建立是至关重要的。众多成功的软件服务公司，为了赢得越来越多的机会，做了大量的工作以深化顾客的忠诚度和满意度。

实践证明，和一个现存客户的关系越深，服务公司就越有可能不经过大量竞争而赢得一个新的项目，这样可以节约大量的投标成本。在客户关系中，当信任程度随着每一个成功项目而提高时，项目的成交量常常也随之提高。但是在软件服务的企业中，企业价值的增长点并不是为了获得越来越多的客户，而是在恰当的利润水平上有恰当的客户的增长，这样才能保证公司的长远发展。成功的专业服务提供商非常严格地对待它们的客户，不但是在定价上，而且也表现在接受它们的愿望上。在实际中，成功公司比不成功者拒绝了多得多的客户要求。因为成功的公司需要在一个长期的基础上为客户服务，同样，它们对价格的要求也很高。而不成功的企业将其报价建立在实际成本或者竞争对手价格的基础之上。在客户关系管理型的企业中，Oracle无疑是非常成功的。Oracle通过市场营销等活动，投入多方面的资源，帮助合作伙伴共同开拓市场，制定并管理合作伙伴商务规范，提供销售及管理培训，在渠道销售上，培养建设销售渠道，使得伙伴的解决方案以及服务能够广泛地提供给客户。

3. 危机管理

软件企业经常面临各种危机，其中有来自市场方面的，也有来自企业内部的。如果没有处理好各种突如其来的危机，对软件企业的成长来说可能是一个致命的打击。一个成功的软件企业只有学会如何应对瞬息变幻的各种危机，才能在企业的成长过程中立于不败之地。危机的出现往往是没有任何预兆的，如何实现企业的危机管理是软件企业成长的关键。

由于软件企业本身的特点，在预防和处理危机的方式上，需要有以下几个要素：开放的思维，不断否定自我；始终面向客户和市场；注重来自企业内部的危机，管理方式的不当往往是造成企业内部危机的根源；当危机发生时，应该抓住重点，集中力量在新产品上，要敢于放弃；行动果断，转变迅速，恢复信心。例如，Sun公司在经历了一段时间的高速成长之后，由于开发的速度过快，使得公司陷入了危机，但是Sun公司果断撤销了对次要产品的过度研发，控制了成本，从而成功地使公司从危机中解脱出来。另外，BroadVision 公司在交互式电视机上犯了错误的同时，能够及时转变公司的战略方向，成功地把公司转变成为一个互联网公司，这也是软件企业成长中危机管理的经典之作。在软件业，宁可在很短的时间内犯 10 个错误，也不要长时间地纠正一个错误。迅速调整及舍弃是软件企业在危机管理上的一个重要的游戏法则。

五、基于价值创造的软件企业成长模式

1. 价值创造的动因分析

价值创造是随着知识经济的发展，在软件企业的成长中起着推动作用的一种成长方式。任何软件企业的成长都是一个螺旋上升的过程。如前所述，软件企业成长的总体过程是一个动态演进的过程，然而从软件企业成长的每一个阶段上来看，它们又处于一种静态均衡的状态。软件企业的价值创造就是打破这种静态均衡，推动软件企业不断成长的决定性力量，因而可以说价值创造就是软件企业成长的动力。

但是传统工业经济中的价值创造与新经济中的价值创新有着截然不同的含义。在传统经济中，软件企业创造被作为"黑箱"处理，软件企业的活动取决于市场环境，创新对软件企业而言只是一种外在的随机事件。当市场环境和创造被当作一种既定的外部变量时，软件企业在专注于竞争对手的前提下，或定位于成本领先，或定位于差别化，以求得最佳地使软件企业内部能力与特定环境的竞争因素相抗衡，从而获得有利于软件企业成长的竞争优势。其中以波特的竞争优势理论最具有代表性，但其理论专注于市场中的各种竞争因素，而忽视了价值创造这一重要因素。价值创造根本目的是以赢得有限资源领域竞争优势为基点来谋划软件企业的经营活动。每个软件企业都注重于资源以及市场份额的争夺。但是由于资源的稀缺性，软件企业在经历了一系列的争夺之后，往往获得的不过是一种模仿性的市场改善。软件企业自身的元气也大受伤害，对于真正的软件企业成长是不利的。在新经济时代，价值创造是以现有市场的扩张和新需求的创造为基点，在其经营模式上，注重市场定位战略创新，从传统的软件企业寻找商品用户转向软件企业免受竞争的领域；注重市场营销战略创新，从传统的经营方式转向追寻营销机制创新；注重市场效益战略创新，从传统的利宽经营转向追寻微利时代的高效益路径；注重市场占有战略创新，从传统的追求市场份额转向追寻提高软件企业市场主导能力等。这些经营模式的转变大大推进了软件企业成长的进程，使软件企业在成长的过程中免受过度竞争的压力，在创造新需求与寻找新市场方面充满了活力，从而达到了价值创造的目的。

2. 价值创造过程的特点

从上面的分析中我们可以看出，在软件企业成长中，价值创造发挥着举足轻重的作用，它将一种从来没有过的软件企业要素和内部条件的新组合引入软件企业体系之中，在推动软件企业的成长中实现软件企业新的均衡。就价值创造的本身而言，具有内容层次性、层次模糊性和主体核心差异性三大特点。

内容层次性：如图 5-6 所示，软件企业成长中的价值创造是由不同环节组成的循环链形成的。在这个循环链中有四个要素，分别是产品、市场、事业结构和管理制度。这四个要素在软件企业中的稳定性依次增强。价值创造的主要内容就是在这四个环节中依次突破，寻找新的价值增长点。因而，软件企业的创造活动首先从产品开始，遵循"产品－市场－事业结构－管理制度"的顺序。当一个周期的创造活动结束之后，软件企业的成长就会进入下一轮的创新，如此循环往复，推动软件企业的不断成长。

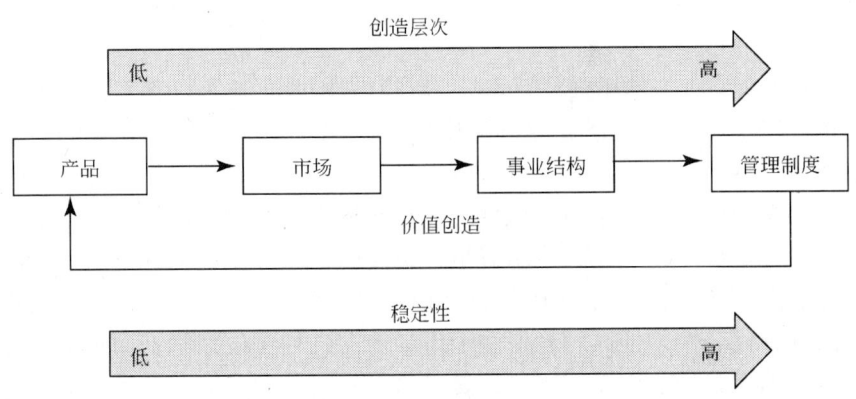

图 5-6 软件企业价值创造的四个层次

层次模糊性：价值创造活动虽然具有内容上的层次性，但是在各个相邻的层次之间没有绝对的界限。创新的层次或周期常常是上一个层次或周期还没有结束，下一个层次或新的一轮周期就会出现，使软件企业的创新活动呈重叠递进的趋势向前发展，加强了软件企业成长的系统性和稳定性，如图 5-7 所示。

主体核心差异性：表 5-2 列出了软件企业不同层次上价值创造活动的特点，在创新活动的每一个层次中，有着各自不同的核心内容和起着关键作用的主导人员，不同的核心和不同的主导人员对软件企业成长的影响不同。例如，产品创新以技术为核心，在技术人员的主导下开发新的产品，适应消费需求变化；市场创新以市场为核心，以销售人员为主导开拓市场空间超越产品的生命周期；事业结构创新是在高层管理人员主导下以组织结构变革为核心，提高组织的应变能力和管理效率；管理制度创新则通过调整权益关系，为软件企业的成长注入活力。

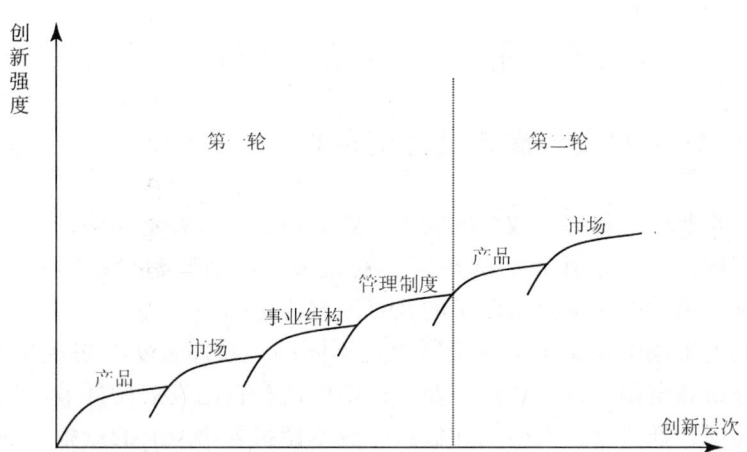

图 5-7 价值创造的层次模糊性

表 5-2 软件企业不同价值创造层次的特点

创新层次	主导人员	核心	目标
产品	技术人员	技术开发	适应消费需求变化
市场	销售人员	市场开拓	超越产品生命周期
事业结构	管理人员	组织结构变革	提高组织应变能力和管理效率
管理制度	企业董事	企业制度重塑	重塑企业，激发活力

在软件企业的价值创造活动中，最关键的因素就是用户核心价值的创造，也正是这类核心价值将该产品或服务的用户连接成大众化的市场群体。从价值创造的角度上来看，软件企业一旦在用户的核心价值上实现了新的价值飞跃，将会对整个行业的发展起到巨大的促进作用。这种飞跃使得价值创造者在市场上始终保持领先者的地位。例如，Intel 公司的 CPU 产品就处于计算机系统的核心价值地位，其产品的不断升级使得公司在计算机行业的霸主地位得到长期的维持。再如微软公司的 Windows 操作系统，在计算机的操作系统中也是占有绝对的主导地位的，它也是通过不断的价值创造升级自己的产品，使它的用户始终跟随微软的步伐，从而保持了在软件操作系统开发上长期的主导地位。众多的事实都说明，现代软件企业成功的关键就是能够创造出以客户价值为中心的产品，从而引导市场的走向。作为软件企业来说，应该立足于识别用户的价值尤其是核心价值，这样才能避免把资源浪费在仅仅为争夺竞争对手的份额而进行的市场争夺上，从而使软件企业把管理的重点放在用户价值链上，以利于把握用户核心价值，实现价值飞跃和软件企业的可持续成长。

第四节 软件企业成长模式的选择

一、软件企业成长模式选择的条件

在软件企业中,每一个成功的软件企业的成长模式并不相同,它们都是在各自的发展中根据自身条件和周围环境的变化来适当地调整企业的发展战略。但是,一些基本模式的选择是由以下的几点因素决定的。

在不同的市场中商业运作的机制都是不同的,软件企业要想成功进入市场,必须选择好市场定位,寻求软件产业价值链中适合自己发展的环节。例如,在软件产品市场中,低资金进入壁垒和低边际成本使得公司之间的竞争更加激烈。根据软件产品市场中的"收益递增定律",企业间的竞争更趋向于新产品市场领域中领导地位的争夺。这就决定了企业的成长战略是建立在争夺市场领导者的基础之上。软件服务市场与之相比,虽然有一些共性,包括低进入壁垒、新来者的持续威胁和同样快的革新步伐。但是其商业机制完全不同,如表5-3所示。

表5-3 软件产品与软件服务的商业机制对比

	软件服务	软件产品
边际成本	几乎不变	几乎为零
市场结构	高度分化	趋向高度集中
地域表现	主要是地域性的,但全球化趋势不断增强	高度全球化的
客户关系	一对一	一对多
最重要数字	生产力利用率	市场份额(安装目标)
与管理领域的关联*	人力资源	战略
	软件开发	营销和销售
	营销和销售	人力资源
	战略	软件开发

* 按每个管理领域中关键成功因素的重要性分析

在软件服务业中,不存在低边际成本,每增加一个项目,其人力成本就会相应增加。根据1996年麦肯锡对22家软件公司的分析显示,软件服务公司收入的成本比产品公司要高4倍以上。而且,在软件服务业中,不存在收益递增定律,因而市场分化更强,市场的集中度大大降低,可以说边际成本上的差别直接影响了服务领域的市场结构。由于在服务中边际成本基本不变,销售数量不是绝对重要的,因而企业间不会为市场的领先地位而争夺。软件服务业主要依靠的是信用,它是建立在信任基础上的个人的、一对一的关系。成功的软件服务企业始终致力于建立客户的信任，为客户提供终身的更好的服务是它们的目标。客户不能在购买之前尝试软件服务，因此软件服务企业必须承诺去解决客户的一个问题。这使得信用成为最重要的因素。软件服务业是一个高风险行业，为了获得软件服务项目，软件服务企业必须采取各种手段在市场上创造良好的信誉形象，包括积极宣传成功的业绩，在有声望的出版物上发表论文以证明自己突出的强势领域，追踪、分析和评估客户满意度，邀请客户的首席信息官（CIO）沟通思想，使他们有到家的感觉，等等。

在不同市场类型的软件企业中，其成长模式的最重要的区别是由以下几个要素来决定的：企业的营销方式、人员管理、软件开发、合作战略、全球化以及服务战略。在表 5-4 中，对各种类型的软件企业的不同模式作了对比。

表 5-4 各种类型软件企业的不同模式对比

	专业服务公司	企业解决方案公司	大众市场产品公司
人员管理	在长期发展和留住人员上投资	在长期发展和留住人员上投资	在长期发展和留住人员上投资
软件开发	保证项目进度，提供所有特色和高质量	缩短上市时间，提供所有特色和高质量	缩短上市时间，提供所有特色和高质量
合作战略	与许多产品和合作者绑在一起并迅速扩张，与很少几个合作者建立更深的关系，但放慢扩张	扩展市场，但与合作者分享	扩展市场，但与合作者分享
全球化	更专注于区域化的发展	适当的国际扩张战略	在快速的国际化扩张上投资，并且保持组织中心和利润率
营销方式	在以个人信用为基础的关系上投资并保持"专业接触"	在品牌和关系建立上投资以达到市场主导地位	在营销上投资以达到市场主导地位
服务战略	立足于软件服务，不向别的领域扩展	从产品和服务联合起来增长入手，但是其组织中心仍然维持在制造业上	适当的产品升级，很少有服务

二、软件产品的定位

在软件产品的市场中，不同类型的软件产品也决定了软件企业的经营发展模式。软件产品市场大体上可以分为系统软件、支撑软件和应用软件三个细分市场。因而在这三个不同领域发展的软件企业有着各自不同的成长模式。

计算机系统软件是管理、监控和维护计算机硬件与软件资源，合理地组织计算机工作流程,以及方便用户操作使用的软件,是软件的基础和核心。所以生产系统软件的企业主要以建立标准为基础,一旦标准确立,其企业的成长模式就是以个别市场的垄断为基础。如今国际上生产操作系统的软件企业不多。以微软为例,微软就是以生产操作系统而成长起来的成功企业,其成长的模式就可以有力地说明操作系统软件的生产企业成长的大概模式。

支撑软件包括:数据库软件、软件开发工具和介于操作系统与应用软件之间的中间件软件。根据支撑软件的概念,生产支撑软件的企业应该是以专业化软件服务和企业解决方案为主的企业,主要的经营方式是以通过签订单或客户服务来实现企业的发展。其企业成长的策略是以建立与客户之间的信用为基础。由于市场结构的原因,在这个领域中,几乎没有垄断的情况发生,所以较小的企业也有可能取得成功。中国主要的支撑软件生产企业有清华紫光、托普软件、东大阿尔派、中创软件、天大天财等,由于本身实力的限制,它们是从单一品种或单一应用入手,来寻求中间件领域的发展。

应用软件属于软件产品生产的范畴,其包含的领域十分广泛。市场需求较大的应用软件大体上可以分为以下五类:①网络类应用软件,包括电子邮件、网上联络、网站制作、资料查询、网络辅助、远程控制、多媒体软件、桌面工具、音频播放、屏幕保护、媒体工具、视频处理、游戏娱乐等;②工具类应用软件,包括文字处理、安全工具、杀毒软件、磁盘工具、文档处理、图书阅读、文档管理、词典工具等;③行业分类应用软件,包括商业贸易、出版咨询、工程建筑、机械电子、采矿测绘、纺织服装、健康医药、农林牧副渔、天文地理、证券金融、法律法规、交通运输、行政管理、财务管理等;④教育类应用软件,包括教育管理、语文、数学、物理、化学、音乐、留学、生物、英语等,校园网市场在教育软件中占有较大份额;⑤计算机辅助设计或制造类软件,CAD/CAM软件市场有近百个品种在竞争,工作站上的CAD/CAM软件主要被美国软件企业所占领,如PTC、CADENCE、MENTER、GRAPH等,微机CAD市场中,美国软件企业如Autodesk公司的AutoCAD也占有60%的份额,市场上特别需要适应中国规范和标准的CAD软件,需要中文平台支持。

在应用软件生产企业的成长中,根据应用软件的特点,一般采取技术本地化的策略。其产品的研发也主要集中在与本地化相关的产品上。如中国开发的应用软件就主要集中在财务管理、企业管理、商业管理、电子排版、教育软件、翻译软件等具有本地化特色的专用领域方面。比较著名软件公司如:金山公司、北大方正公司、江民公司、瑞星公司、用友公司、金蝶公司等,它们都是在技术本地化的基础上实现成功的应用软件生产的企业。

三、软件企业成长的内部条件

1. 企业文化

软件企业中,创造一种强大的企业文化对于软件企业的成长是必不可少的,也是软件企业面对变幻多端的市场的一项重要挑战。软件业是一个以人才为根本的产业,企业中专业人才的多少直接决定了这个企业在市场中的地位。良好的企业文化的建立对于吸引人才是一个极大的优势。因此在全球的各个成功的软件公司中,虽然具体文化并不相同,但是却都是基于两个目的:一个是吸引并留住最好的员工,软件企业的文化不同于传统企业的文化,实际上是一种包容的文化,要想吸引人才,必须容纳各种各样的工作作风和个性,如今软件人才的争夺异常激烈,使得高薪以及期权制度已经不能为软件企业留住更多的人才,对于绝大多数的软件从业者来说,公司文化已经成为他们选择工作场所时最先考虑的重要因素之一;另外一个是推动企业的快速发展,特殊的企业文化的创造给予员工更多的自由发挥的空间,让他们感到了自身的价值,在必要时表现出愿意长时间工作的热情,比如在重大产品的开发上,许多员工甚至愿意几天连续在公司里工作,无疑这成为推动企业加速成长的巨大动力。

虽然每个公司的文化都不相同,但是在软件企业之间都存在着一些共同的要素,这些要素对于中国软件企业的文化建设会起到极为重要的借鉴作用。首先,企业文化应该定位于一种关键的高层管理任务,这要求高层领导者们必须要让员工感到自己愿意为他们做任何事情,一切为员工着想,这不但表现在工作上,还表现在对他们生活以及思想的关心上;其次,企业文化的建立是为了传达更为明确的信息,即这个文化能够清楚地反映出在达到某个目标时最为重要的工作价值是什么,直接将工作业绩与个人激励(物质与精神)紧密地结合在一起,这样才能激发员工的主动创新精神,促进企业的发展。

2. 研发能力

软件企业要发展,必须依靠先进的技术和具有竞争力的产品。企业能否占领市场,关键看企业能否开发出在国内外市场上具有一定技术优势的产品。因此,在软件企业的成长中,必须把技术开发工作放在企业生产的中心地位。但是,产品的价值是否能够实现,还要依靠市场开发力量将产品销售出去,因而企业的生存与发展又最终取决于企业的市场开发能力。所以说,软件企业的开发能力包括技术开发和市场开发两种。它们相互依存,相互促进,一方面企业的技术开发必须以市场需求为出发点,根据市场开发的要求来推出新的产品;另一方面,企业的市场开发还要依附于产品的技术开发水平,依靠技术开发的速度来培育、巩固和发展市场。这两种开发能力的协调是软件企业在成长过程中必须要处理好的关系。成功的软件企业总是能够把握好这两种开发的关系，如 Borland 公司对技术开发与市场开发是这样理解的：即技术开发的节奏应该适当地领先市场开发 3～6 个月。如果产品的技术水平领先市场过多，就需要负担教育市场的责任，成本高、风险大。所以说，企业的开发能力以及之间的关系协调也是影响软件企业成长的一个重要因素。

3. 营销策略

由于市场重视程度不同，所以众多的企业呈现出不同的发展状态和发展前途。软件技术变化快的特点使得软件企业从诞生之日起就不得不面对竞争激烈的市场。所以营销策略就成为软件企业整体经营战略的重要组成部分。软件企业制定营销策略必须从环境分析入手，通过对市场需求与销售趋势、销售渠道和手段、竞争企业的状况以及整个社会的政治、经济等方面进行调查、分析和科学预测，选定目标市场，以确定产品在市场上的竞争地位。营销策略主要包括市场策略、产品策略和促销策略。

在市场策略上，软件企业与大多数的传统企业不同。传统企业是以分享市场份额为目标，而在软件企业中，市场营销的重点是考虑创建新的市场，设法把市场这个"馅饼"做大，最好是重新做一个"馅饼"，即重点要开发新技术，指导培训用户，发展产业基础和创建新的标准。例如，微软公司就声称其出售的产品并非是软件，而是行业的实施标准。所以说在软件业，各个公司为了赢得市场，纷纷建立各自的产品标准。

在产品策略上，软件企业也是与传统企业不同，很少进行产品的价格战，而是由无形的因素来确定其产品定位。这种无形的因素包括技术领先、质量可靠、服务及时、好的企业信誉、品牌知名度高等。

在促销策略上，由于软件企业的技术进步速度快的特点，采用新技术的产品可以一夜之间创造出一个潜力巨大的市场，从而使得小企业在短时间之内获得高速的发展，并取得巨大的商业利益。市场上的新产品几乎都来自试验品，大多数的新产品都经过"失败——改进——再失败——再改进"的循环，关键是企业的反应速度要比竞争对手领先一步。因此软件企业要密切注视竞争对手的动态，要对技术的发展趋势有明确的认识和充分的准备，虚心向竞争对手学习，并且尽量超过竞争对手。

四、软件企业成长的环境因素分析

任何企业的成长都离不开其周围的环境，也可以说是环境决定了企业的成长模式。在不同类型的企业中，影响企业成长的具体环境因素是不同的。在软件企业的成长中，影响企业成长的环境因素主要包括以下几个方面：市场的规范性、政府政策的支持以及风险投资的环境。

1. 市场的规范性

企业的成长需要市场的拉动，一个规范的市场环境可以给企业成长起到很好的引导作用，反之，不规范的市场就有可能导致企业在市场中的恶性竞争，从而影响企业向着正确的方向发展。软件产业最不同于其他产业的特点就是产品的低成本复制性，于是软件产业中的盗版现象就成了影响软件企业正常成长的一个极大的障碍。对于软件企业而言，盗版所引起的危害主要是这样体现的：根据软件产品生产的特点，软件产品所耗费的成本主要是软件的开发成本，由于其边际成本极低，所以软件的价值主要体现在对知识资本的认可。而盗版软件是不经过任何的智力劳动，直接把别人的劳动成果以低成本复制出来，在市场上以低价出售。由于消费者的心理意愿总是希望得到价格较低的产品，而很少考虑其是否盗版的问题。因而对于软件企业而言，往往得不到自己实际上应该得到的市场份额，使得企业不能够很快地回收资金，进行下一阶段的研发，从而使企业浪费了开发时机，过度地把精力放到与盗版软件的周旋之上，影响了企业在下一个阶段的成长。在中国，软件的盗版问题已经严重制约了中国软件业的进一步发展和成长。软件盗版的猖獗严重打击了中国软件企业对产品研发进行投资的积极性，削弱了中国本地软件业的整体竞争力，使中国软件业在国际市场上处于不利的位置。例如，北京金山软件公司就是深受盗版软件之害。在大字处理软件方面因为盗版，再加上本身规模有限，所以影响了其进一步的开发，在与微软的市场竞争中处于劣势。

在规范软件市场上最有效的办法就是制定相应的知识产权保护制度。知识产权是智力成果所有人对创造性智力劳动成果依法享有的权利，它本质上是一种特定主体依法专有的财产权。在软件企业的成长中，知识产权保护制度在两个方面促进了软件企业的成长。第一，知识产权制度有效地推动了软件技术的传播。以专利制度为例，作为赋予专利垄断权的代价，专利法规定专利技术必须对外公开。据世界知识产权组织统计，全世界最新技术成果的90%～95%首先在专利文献上得到反映。软件产业中专利制度的公开性原则为软件企业间的技术交流提供了一个好的条件，使得软件企业的成长更加迅速。第二，知识产权保护制度驱使软件企业不断从事高技术创新。高技术创新在空间上表现为一个系统，在时间上表现为一个过程，它是由科学技术、发明构想、研究开发、生产销售、品牌确立、服务延伸，经营管理等构成的复合性创新系统的持续发展过程。在这一过程中，知识产权保护制度的激励和驱动作用是非常重要的，它贯穿于高技术创新发展的每一个环节。

2. 政府政策的支持

软件企业中,政府政策的支持会对软件企业的成长起到很大的推动作用,在各国软件企业的成长模式中,都离不开政策的因素。著名的硅谷企业就是在美国政府的支持和政策的倾斜下成长起来的,近些年发展起来的印度软件企业,也是得益于政府的支持。政府对软件企业的作用主要是通过人力资源培养、信息支持、技术支持、公共服务、财政金融、租税优惠、法规管制、政府采购、外包等政策来推动软件企业的成长。人力资源的培养主要指政府根据产业发展的需求,建立长期的人才培养的规划,并积极完善各级教育体系以及各种培训体系,开拓国际人才的交流渠道,为软件企业的成长提供不同层次的人力资源;信息支持主要表现在政府收集国内外产业和技术信息,并通过建设信息网络、图书馆、资料库等信息基础设施来为软件企业提供必要的信息服务,减少企业成长中的信息不对称的现象;技术支持表现为政府出资来做一些基础理论的研究,并相应建立一些研发实验室,在一些高端的领域进行研发,并将其成果扩散到具体的企业中去,从而为国内的软件企业提供技术上的支持;公共服务是指政府为软件企业的建立以及发展提供相应的配套措施,如高新技术园区的建设、交通、医疗、通信以及产品出口等相关的服务措施;财务金融支持主要表现在政府通过融资、补助、特许、财务分配安排、设备提供和服务、贷款保证、出口信用贷款等方面对软件企业予以支持;租税优惠表现在政府给予企业和个人赋税上的减免,包括投资抵减、加速折旧、免税和租税抵扣等;法规管制则主要表现为政府通过制定公平交易法、加强知识产权保护、加强市场监管、反对垄断、制定环境和健康标准等措施,规范市场秩序,为企业成长提供一个有利的环境;政府采购是指通过政府对软件企业的大批量的采购,为国内的软件企业提供一个长期稳定的市场,减少软件企业在初创时期的各种不确定因素,保护企业的成长;外包则主要表现在政府将大型项目的研发计划委托给企业,以推动企业的研发工作。

3. 风险投资的环境

国外软件企业的成功经验表明:软件企业的成长离不开风险投资的支撑,风险投资是软件企业成长的孵化器。软件产业是高风险、高回报的产业,其本身的特性使得软件企业对融资的要求不同于传统企业。与传统企业相比,软件企业融资的突出特点是高投入、高风险和高收益。根据软件企业的融资特点,软件企业要想获得企业发展的资金,传统的融资方式很难奏效。这就使得软件企业必须寻求风险投资来支撑企业的发展。风险投资就是指把资金投向蕴藏着较大失败风险的高技术开发领域,以期成功后取得高资本收益的一种商业投资行为。所以软件企业要想获得企业成长的资金必须通过风险投资的融资渠道来获得成功。在软件业发达的国家，一般都有机制健全的风险投资机构。例如，美国的纳斯达克（NASDAQ）市场、加拿大温哥华证券交易所（VSE）、伦敦证券交易所的二板市场（AIM）等。在美国的高新技术园区，风险投资公司是必不可少的，硅谷聚集了全美近50%的风险投资公司。这些风险投资公司的主要业务活动包括：对高技术公司提供风险资金；为高技术企业代理发行股票和债券；寻找投资伙伴；为高技术公司提供各种经济技术咨询服务，协助其发展。从发达国家成功的经验我们可以看出，风险投资机制的健全与否直接影响了这个国家的软件企业的成长速度。在中国，由于高科技风险投资的发展处于刚刚起步的阶段，在风险投资机制的建立上，应该注意以下几个问题：①在政府引导基础上，主要由民间来主办，避免政府的直接介入，应该采取"民办官助"的模式来发展；②完善产学研相结合的机制，促进科技链与产业链的互动，提高科技成果的创新性、可转化性和市场化潜力，为风险投资提供项目的源头；③拓宽资金来源，实行投资主体多元化，努力使民有资本在风险投资中扮演重要角色。

第六章 技术扩散、网络外部性与软件企业成长

第一节 技术扩散与软件企业成长

一、软件企业成长实现与技术扩散约束

技术是软件企业成长三要素的决定因素，而具体实现软件企业成长则是受到技术扩散约束的。技术只是三者之间配置优劣的基本工具，而技术扩散才是决定在企业能力、资源和市场配置比较合适的情况下能否真正实现企业成长的关键。

技术扩散对软件企业成长的约束是从对软件企业成长要素的约束来实现的。软件企业成长的三要素都受到技术扩散的约束，只是约束的强度和方式有所差别。当然，技术扩散系统的各组成部分与企业成长要素之间的关系并不是一一对应的。以下只是从要素之间相对密切的关联角度进行分析，如图6-1所示。

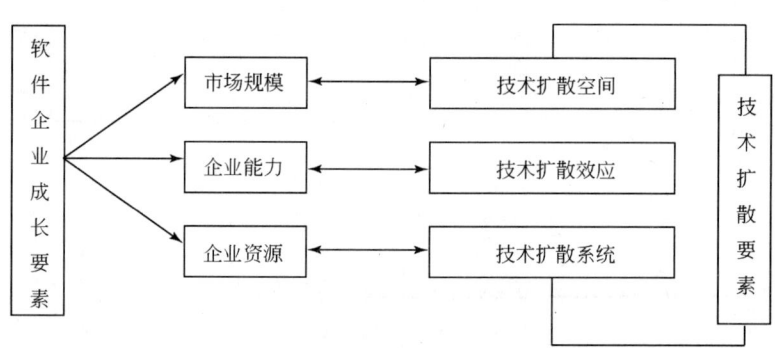

图6-1 软件企业成长要素与技术扩散要素的关系

1. 企业能力受技术扩散效应的约束

技术扩散带来的规模效应、变革效应、增值效应、牵动效应和竞合效应，无疑都会增强企业能力。规模效应无疑会为企业降低成本，企业将会增强在市场上的价格竞争能力；变革效应带来企业经济管理方式、方法的创新，企业的进一步成长能力得到加强；增值效应带来企业赢利和价值创造和实现能力的提高；牵动效应促进了企业新一轮的技术创新；竞合效应则会有力促进企业之间实现双赢。

同时，技术扩散效应的强弱与大小直接决定了企业能力的大小。企业的环境适应与利用能力、要素的聚集与配置能力、渠道的扩展与融合能力、产品的定位与创新能力、服务的分解与整合能力，以及品牌的创立与增值能力都或多或少受到了技术扩散效应的影响。

2. 资源受技术扩散系统的约束

技术扩散系统是信息和搜寻系统、学习系统及创新系统的有机组合，是决定软件企业的技术扩散能否进行的基础。资源是软件企业技术扩散系统得以建立和运行的基础条件之一。同时，资源受技术扩散系统的制约，而且不同资源受技术扩散系统影响的程度也有所差别。尤其是企业的智力资本，这样的资源本身就与技术的关系比较密切，技术扩散系统动态演进和发展的过程又进一步提升了软件企业这种资源的水平。技术扩散系统的良性运行，也会为软件企业积累更多的资源。

3. 市场规模受技术扩散空间的约束

技术扩散的空间大小会对软件企业的市场空间产生约束作用。技术扩散空间实质上就是技术在扩散过程中的边界。在目前的软件产业中，市场的划分已经越来越明显地趋向于专业化。软件市场空间受软件产品性质的影响，而软件产品的性质又受到技术扩散的约束，因而，软件企业市场空间就相应受到了软件技术扩散空间的约束。不同类型的软件技术，其扩散的范围和深度有所不同，导致扩散的空间不同，因而技术扩散空间将对了解软件市场成长特性具有深远意义。从某种程度上来说，技术扩散空间的大小决定了软件企业产品和服务的未来市场前景。

二、技术扩散效应与软件企业成长动力

所谓企业成长动力就是驱动企业成长的基本动因。随着企业理论研究的逐步深化，对企业成长动力的解释也日渐深刻。最早的理解是企业利润的最大化，然后是企业财富的最大化，现在较多解释则是股东价值的最大化。本文认为，在软件企业中，企业成长是受企业市场价值增值目标驱动的，企业价值的增值是软件企业追求成长的原动力。

企业成长动力的外在表现是企业不断地实现规模扩张、企业竞争和合作能力的提高、企业组织结构和管理方式变革及企业的横向和纵向一体化等，企业的成长正是在这样一系列具体动因的驱动下进行的。对企业价值增值的追求是企业成长的源动力，而在实际操作中则是通过进行变革、实现规模经济或者范围经济，

以及进行广泛竞争与合作来实现的。

技术扩散带来的管理变革效应、技术进步效应、市场竞合效应、价值增值效应和生产规模效应，是软件企业成长的基本动力。技术扩散可能引发企业管理方式的变革，并牵动企业在横向和纵向成长。同时，技术扩散还会引发生产规模效应、价值增值效应、市场竞合效应和技术进步效应，实现企业规模扩张竞争能力的提高，并实现企业价值的增值。这些与企业成长的源动力以及成长动力的具体表现密切相关。

技术扩散的价值增值效应是软件企业成长的源动力。软件企业成长的目的在于追求超额利润，利益是企业进行一切经济活动的根本出发点。这里的利益已经不是会计意义上的账面利润，而是着眼于企业价值的增值以及企业未来的持续成长潜力。技术扩散不是简单的引进新技术，而是在吸收技术成果的同时进行适应性和创造性改造，企业产品和服务的技术含量、工艺流程的技术水平得以提升，企业的价值创造能力得到进一步增强。同时，技术基础和技术开发能力的雄厚也使企业具备了未来持续成长的潜力。正因为如此，企业才把技术扩散作为企业成长的源动力，作为价值增值的源动力。对软件企业而言，其成长尤其受到增强创新成果的吸收和学习能力的推动。

技术扩散的生产规模效应、管理变革效应、市场竞合效应和技术进步效应也是软件企业成长的重要动力因素。技术扩散带来的结果是新技术在企业中广泛应用，提高生产效率，企业通过扩大规模实现成长。技术扩散变革效应促使企业经营方式发生变化，企业的组织形式与结构逐渐完善，企业成长体现为深层意义上的质的成长。企业之间是以产品和服务为载体在市场上相互竞争，竞争效应是推动企业采取技术创新、组织变革乃至企业整体发展战略和方向的关键动因，同时，合作也是软件企业获取高端、复杂技术的重要战略手段。技术扩散的顺利进行提高了整个产业的技术水平，新技术迅速转化为基本技术，有助于在更高层面上展开新一轮的技术创新，进入企业新的成长周期。

技术扩散的五大效应也是软件企业跨越生命周期不同阶段的基本条件，如图6-2所示。企业的发展要经过几个重要阶段，每一个阶段都会存在发展瓶颈，瓶颈一旦突破，将使企业的发展获得新的动力，直至下一个瓶颈的出现，再突破再发展，这是众多公司从小到大发展的必然经历。在企业成长的过程中，技术扩散能够产生的经济效果促进了软件企业追求成长的战略实施，引导了软件企业的成长行为，扩大了软件企业的成长空间，提高了软件企业成长的效率，是软件企业从低级向高级推进、企业能力从基础向核心转化得以持续进行的动力。

软件企业成长的动力机制是在企业成长动力的推动下形成的，但同时也是为企业成长动力服务的，它的功能就是实现企业成长动力向企业成长行为的转化。软件企业成长是通过各种因素的综合作用实现的，涉及的综合因素有市场需求

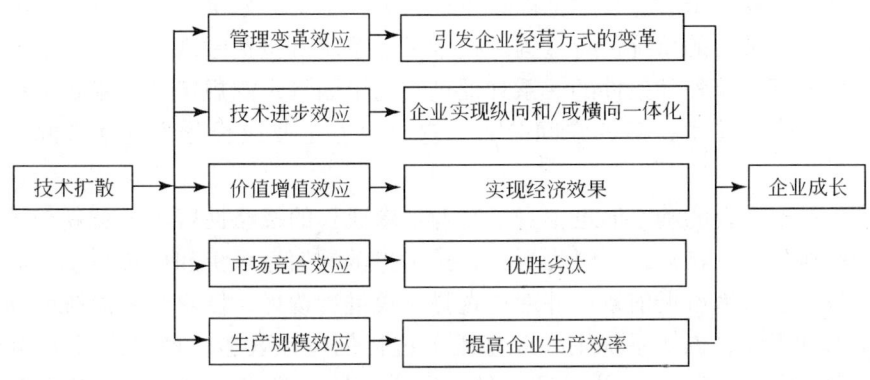

图 6-2　技术扩散效应与软件企业成长

（企业成长的导向）、技术创新（企业成长的支持手段）、融资（企业成长的直接动力）、政策（企业成长的宏观环境）等，它们组成了软件企业成长的外源动力机制，软件企业成长的内源动力机制则为企业的竞争与协作。外源动力机制和内源动力机制之间是相互关联和互动的，在一定的条件下外源动力可以转化为内源动力。而且，动力机制中各要素之间存在着相互作用。正是这种系统的动力机制为软件企业成长提供了协同作用的综合驱动力。

三、技术扩散系统与软件企业成长行为

软件企业成长行为是企业在内部协调和对外交往中反映其经营理念和价值取向的行动和策略。软件企业成长行为是在企业成长过程中体现和开展的，是为了实现企业价值增值而采取的战略性行动。软件企业成长行为的选择受内外部因素的制约和影响，也受到产品的市场结构、消费者市场结构、产权制度、企业行为目标的约束以及国家的政策法规等影响。软件企业的成长不是简单的直线过程，而是复杂的非线性过程，这要求软件企业在成长过程中不断进行动态的适应性调整。

软件企业成长行为不同于产业组织学的结构—行为—绩效框架中的行为。产业组织理论的研究重点在于企业的市场行为，包括价格行为、非价格行为和组织调整行为。而本书侧重于对软件企业成长过程中管理经营行为的研究，如企业的兼并重组追求多元化的行为，企业与其他企业和部门结成战略联盟的行为等。从价值链的增值过程分析，针对各环节不同的目的和特点，软件企业成长行为可以分为研发行为、生产行为和市场行为。企业成长行为是在企业成长动力的牵动下采取的，是企业为了实现量和质的成长而进行的目的性活动。当然，软件企业的成长行为也在一定程度上决定了企业成长空间的大小。

155

从系统的观点来看，技术扩散可以理解为在一定的系统环境下这五个系统依次递进或交叉耦合的系统运行过程。技术扩散系统既包括微观扩散主体的行为要素，也包括环境等外部条件的一系列促进与约束因素；既规定了技术扩散的时间轨迹，也规定了技术扩散的空间分布，它决定着企业成长分为选择空间和实施方式。

技术扩散系统的动态演进本身是企业追求成长的战略性行为。就新技术向商业化、市场化产品转化这一过程而言，技术扩散的信息系统和搜寻系统首先觉察到了新技术的未来市场前景，并通过选择系统进行选择，接着学习系统对新技术进行学习和吸收，创新系统则在此基础上进行创造性改造，最终形成具有价值的新产品。技术扩散系统的运作过程，实质上是企业实施战略性成长行为的过程。软件企业中，无论是技术扩散系统运作的哪个环节的活动，都是以企业为主体进行的，都是企业有目的、有意识的行动。企业接受或者释放创新技术行为的目的，都是着眼于企业能力的增强，着眼于企业价值的增值，也就是企业的成长。

技术扩散系统是技术扩散主体（企业家和技术创新者）、技术扩散对象（有选择的企业）、技术扩散内容（与技术结构相联系）、技术扩散动力（利益）与技术扩散环境综合作用的结果。不同的主体、不同的对象、不同的内容与动力和环境的结合，从根本上决定了软件企业选择怎样的成长行为。如果是企业家作为技术扩散主体的话，那么他更多考虑的是本企业的价值增值问题，会根据技术水平、管理团队以及企业的经营业绩、与本企业的关联关系等条件来选择另一方。如果另一方与本企业的情况比较相近，以及扩散的技术是企业较为成熟的技术的话，企业可能会考虑并购实现规模经济成长方式。图6-3描述了技术扩散与软件企业成长行为的关系。

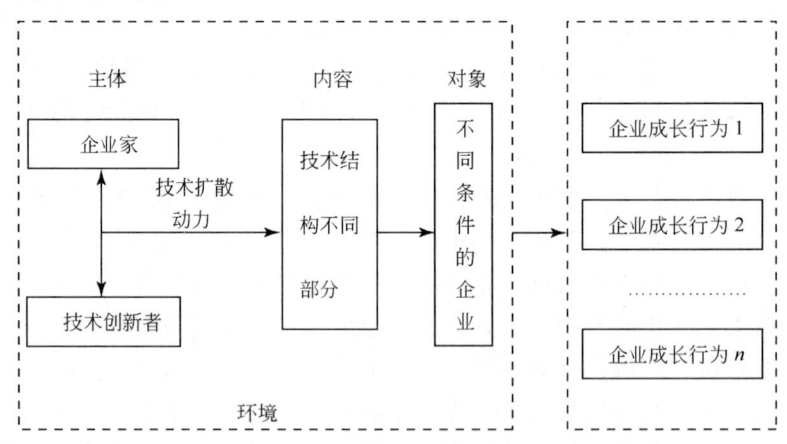

图6-3 技术扩散系统与软件企业成长行为的关系

软件企业的成长行为不仅与技术扩散系统之间存在密切关系，同时也会根据技术扩散的不同阶段进行适应性和动态调整。在技术扩散的初期，也就是创新技术刚进入企业的时期，接收技术扩散的企业为了实现技术的真正扩散，可能会提前培训企业员工，以保证技术在企业内实现正常运转。如果技术是分步式扩散而非一次性扩散的话，企业的培训工作可能将会具有持续性和渐进提高性。随着企业员工对于扩散技术掌握和运用的日趋成熟，企业会不满足于技术的简单复制，而会通过企业内部挖掘潜力或者与其他企业和部门结成正式或者非正式战略联盟的方式，对企业吸收的技术进行二次创新。随着技术深入渗透到企业内部，企业对技术的理解和掌握的进一步加深，追求规模经济或者多元化经营将会成为企业这一阶段的主要也是最为重要的成长行为。

四、技术扩散机制与软件企业成长效率

软件企业成长效率是指软件企业在成长过程中实现的资源配置、技术进步和企业规模经济在实现程度方面所达到的状态。效率是指现有的生产资源与其为人类所提供的效用之间的对比关系，企业成长可以实现协同效率、规模效率和管理效率，这些效率是企业成长效率的具体体现，是可以通过企业的成长行为和成长战略实现的。

软件企业成长效率与经济活动的成本关系密切。从西方经济学理论角度来看，企业成长有效率，意味着企业在最低成本条件下获得了最大的收益，或者保证了在成本一定的情况下，收益最大。一个成长型的企业，必然是创新成果的吸收和学习能力较强的企业，企业各种经济活动成本的大小会直接影响企业的会计利润，客观上反映了企业成长效率的高低。同时，成本的大小还反映了企业的组织能力、管理专业化能力等，而这些都是衡量企业成长性的重要标志。

技术扩散机制指技术创新的各类要素，根据扩散过程中自身内在规律，依据一定的方式进行相互联系和作用。其中要素包括供给者、采用者、创新成果的特性、中介渠道、扩散方式及环境要素。根据对技术创新扩散过程的考察可以看出，技术创新扩散就是技术创新成果从输出到输入再到输出这样一个过程。在这一过程中，创新成果的输出首先是由技术创新者提供的，创新成果的输出是采用者实现的。在创新成果的提供者与采用者之间存在一定的传播和转移的中介渠道，同时，技术创新成果在扩散途中受到政策、文化、经济和自然条件等因素的影响，这些因素被称为环境要素。

技术扩散机制是在技术扩散的过程中形成的，是推动技术扩散过程的制度和文化安排。扩散机制是技术扩散三方当事人以自身利益为出发点，通过市场机制，并伴随着政府的干预而形成的。供求机制影响和支配着整个技术扩散过程，

信息传播机制以及中介机制也在其中发挥重要作用，各机制相互结合、共同控制和影响技术扩散过程。供求机制是通过技术扩散需求方与供给方的博弈形成的，是影响和支配整个技术扩散过程的主要机制，通过技术供给与技术需求方的双向拉动力形成了技术扩散的供求机制。技术信息的直接和间接传播模式形成了技术扩散中技术信息的传播机制。中介机制是中介机构在促进技术扩散过程中发挥的传播、咨询和服务功能的有机合成，是技术在市场交易过程中自发形成的一种机制，它的形成改变了技术扩散的形式和过程，也扩大了技术扩散的范围。

技术扩散机制与软件企业成长效率之间的关系是通过技术扩散成本为媒介建立起来的：一方面，技术扩散机制的顺畅与否，直接决定了技术扩散成本的高低。技术扩散机制中的供求机制、传播机制以及中介机制都是通过市场形成的，某种程度上都与这一过程中发生的成本相联系。供求机制之所以发挥作用，是因为供求双方是根据其接受或者释放扩散成果的成本和收益而进行决策的。发挥传播和中介作用的主体决定技术扩散进行与否的标准都是基于技术扩散的成本。这些机制能否发挥作用，与技术扩散成本的高低有直接关系。扩散机制是扩散过程中要素的相互作用和联系方式，是在一定市场环境中形成的一种制度安排，而对于这种制度的最有效激励方式便是通过成本与收益的对比进行的。如果技术扩散机制已经比较成熟和完善，那么通过博弈过程形成的次优或者最优结果将会体现在技术扩散的成本上。

另一方面，技术扩散成本对软件企业成长效率影响巨大。与技术创新存在的各种不确定性和高昂的技术成本相比，技术扩散的成本小于技术创新。而技术扩散的特殊成本主要体现在：软件企业对技术创新的学习和吸收能力培养的成本，来自创新特征的不确定性、市场结构冲击与环境因素的风险成本，以及由于技术扩散过程中的技术的异质性变化成本。技术扩散成本也是软件企业经济活动发生的成本的一种，毋庸置疑会对企业成长效率产生影响。最为重要的是，技术扩散成本有其特殊性，与软件企业成长效率之间存在着内在逻辑关系。技术扩散的成本大小和成本结构在一定程度上反映了技术扩散的风险程度、可能为企业带来的效应以及企业的吸收和学习能力等。技术扩散的风险越大，软件企业也越存在着高收益的可能，相应地，体现的成长效率就越高。

软件企业成长效率的一个重要衡量标准是技术进步，技术扩散成本的高低也反映了技术进步的效果。在排除了软件企业在扩散过程中不必要的管理成本以及由于能力欠缺在谈判和合约中多付的部分以外，一般说来，技术扩散的成本越大，提高软件企业技术水平的概率也就越大，企业成长效率越高。当然也不排除以较小的技术扩散成本获得较高企业成长效率的特殊情况。同时，软件企业成长效率也体现在资源配置的优化。实现以较低成本完成技术扩散这一过程本身，也是资源在技术扩散机制的直接或间接影响下实现配置合理与优化的过程。

通过技术扩散机制、技术扩散成本与软件企业成长效率三者之间的联系，可以得出这样的结论：技术扩散机制制约软件企业成长效率。技术扩散机制通过技术扩散成本与软件企业成长效率密切联系，技术扩散机制的良性运行，相应地就会带来软件企业成长效率的提高。图6-4描述了技术扩散机制、技术扩散成本与软件企业成长效率的关系。

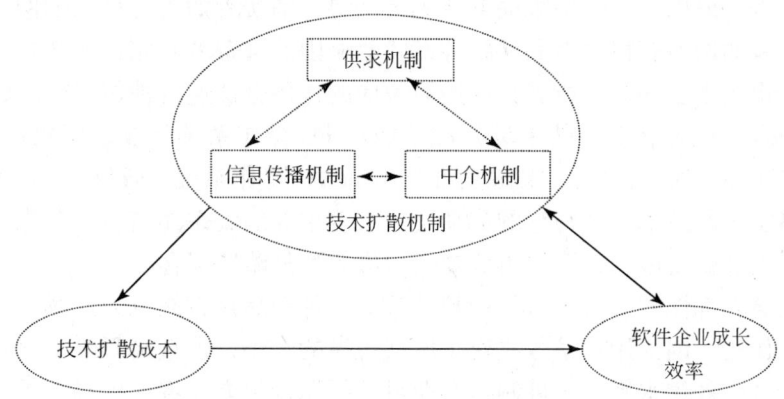

图6-4　技术扩散机制、技术扩散成本与软件企业成长效率的关系

第二节　软件企业成长的技术扩散战略

在网络外部性明显的软件产业中，软件产品的标准竞争已成为市场竞争的重要内容，一旦企业的技术或产品成为行业标准，就可以获得巨大的网络垄断收益，因而标准竞争不仅成为市场竞争的焦点，也是推动软件企业技术扩散的关键要素。从网络市场的特点来看，互不兼容产品之间的竞争不仅仅是产品性能和价格的问题。在网络外部性的作用下，很小的差别就可能在竞争过程中迅速扩大，占优势的技术或产品可能很快就取得市场的主导地位。如果企业所控制的一项技术成了市场标准，那么它就会从中获取巨额利润和强大的市场控制力。如对微软来说，它的操作系统成为PC行业的操作系统之后，就形成了一定的产品网络，这一网络包括应用软件制造者以及软件开发工具、硬件外围设备和驱动器（如打印机和显示器）与为微软操作系统设计的其他产品的生产者。这种关系网络使一家企业的技术标准成为整个市场的技术标准，支配标准就意味着支配整个网络。在网络外部性明显的软件市场上，软件企业应该选择不同的战略以应对软件产品的标准竞争。

一、采取先占策略取得市场领先地位

先占策略的理论逻辑是明确的,因为在存在网络外部性的软件市场上,先行者具有先行优势,网络市场上正反馈效应的作用有利于先行者,而不利于后来者。先行者一般来说在网络规模上有先天优势,消费者加入先行者的网络可以比加入后来者的网络获得更大的网络外部收益,因此消费者对先行者产生一定的偏好,市场也随之会偏向先行者,而网络效应的作用会加速这种偏向作用,最终先行者的技术会成为事实上的市场标准。如在 PC 操作系统行业,微软占尽先机,在 DOS 操作系统成功之后,又成功推出 Windows 操作系统,微软在 PC 操作系统上成为事实上的技术标准与它的先动优势有着重要的关系。当然,单靠先占策略也并非一定能获得成功,要取得成功还得靠其他战略的配合。

从网络外部性的特点来看,用户基数对一种产品是否能成为市场标准具有举足轻重的作用,因为用户基数决定了网络规模的大小,也直接影响了使用这种产品的消费者的效用水平。软件制造企业可选择以低价方式进入市场,扩大销售以建立庞大的用户基数。如微软的 MS-DOS 找到了当时最大的用户 IBM 之后,又以低价卖给其他硬件商,从而使之成为 PC 产业的标准。还可以向用户承诺未来会有大量的价格便宜、种类繁多、性能优良的辅助产品可供选购。用户在购买一种网络的硬件产品时会对辅助软件产品的未来供给形成一定的预期,如果企业能够采取有效的方法使消费者相信未来将有大量的辅助软件产品可供选购,那么消费者就能放心地购买这种硬件产品。做出这种承诺的方法有多种,如直接投资于具有沉淀成本性质的软件开发。由于投资本身具有沉淀成本的性质,因此在战略上具有承诺价值。另外,可以采用开放性标准鼓励其他软件开发商为这种硬件产品开发相应的辅助软件产品,以使软件产品的供给处于高度竞争的状态,使用户在未来可以获得价廉物美的软件。

二、积极营造有利于技术扩散的市场环境

在软件产业中,软件生产企业总希望辅助产品供应商能慷慨地为自己的产品供应配套辅助产品,而不为竞争对手供应辅助产品,当然企业自己也可以供应配套辅助产品。但是,在辅助产品种类众多的情况下,供应如此多的辅助产品,投资成本会非常高昂,单个企业往往无力承担。吸引辅助产品供应商供应辅助产品的一种方法是影响这些辅助产品供应商对供应对象的选择。在网络外部性明显的软件市场上,辅助产品供应商一般希望能给网络规模大的硬件产品供应辅助产品,因此它们的供应决策取决于对不同硬件产品网络规模的预期。不同网络产品

的生产商就应该想办法影响辅助产品供应商对网络规模的预期,如对外公布自己的销售量和现有的辅助产品供应商的规模。庞大的网络产品用户基数自然能吸引大量的辅助产品供应商为自己供应辅助产品。如微软的 Windows 操作系统占据了 90% 以上的世界市场,如此巨大的网络规模吸引了大量的应用软件开发商为它开发应用软件,目前为 Windows 开发的应用软件高达 7 万多种。而 IBM 的 OS/2 操作系统在最好时期也只占到 10% 左右的市场份额,与 Windows 的网络规模无法相比,应用软件开发商就没有动力为它开发辅助的应用软件,从而在网络效应的正反馈作用下网络规模进一步缩小。因此,IBM 不可能成为 PC 操作系统的市场标准,而 Windows 却成为事实上的市场标准。苹果公司的 Macintosh 操作系统的失败也主要是没有获得大量的应用软件的支持,苹果公司采取封闭战略由自己开发应用软件,结果缺乏足够的辅助应用软件支持而在市场竞争中败下阵来。为了与竞争对手争夺辅助产品供应商,硬件产品供应商可与辅助产品供应商签订排他性合同。如 Nintendo 公司曾与游戏软件开发商签订排他性合同,要求游戏软件开发商不允许竞争对手如 Atari 公司和 Sega 公司开发在其游戏系统上运行的游戏软件。

软件市场的一个重要特点是消费者预期在选择技术或产品方面的重要影响作用。消费者可能会对某种技术或产品未来的网络规模、辅助产品供应、更新等问题进行预期,只有在预期比较理想时,他们才会决定购买这种技术或产品。因此,要想使自己的技术在市场上取得主导地位,成为行业标准,就应该尽力影响消费者对自己或竞争对手的技术的预期。在新产品投产之前,提前向消费者发布有关新产品的信息是影响消费者预期的惯用手法。提前宣布将要推出的产品可以减缓竞争对手用户基数的成长。经典的实例是在 1990 年 4 月 DR-DOS 刚刚面市之时,微软就宣布要将 MS-DOS 升级到 5.0 版。尽管微软直到 1991 年才推出这一产品,但先前的声明可能已经降低了硬件商和其他消费者购买 DR-DOS 的积极性。提前宣布新产品也是其他软件企业如 IBM、Intel 等公司影响消费者预期的重要手段。

软件技术的变化日新月异,即使企业目前在一种产品的标准竞争中取得了成功,想要保住技术标准战中的领先地位,就应密切注意技术变化,积极利用技术标准所形成的大规模市场向其他产品领域扩展。微软在这方面是做得比较成功的,它从生产 BASIC 编程语言开始,然后进入台式计算机操作系统的大规模市场,进而又涉足公司用网络操作系统,现在又正大规模地开发国际互联网操作系统。微软控制了不止一代的关键工具和平台技术——语言和操作系统。微软这样咄咄逼人地从一种软件和大规模市场转向另一种软件和大规模市场,从一代产品转向另一代产品的积极扩张策略,保证了微软在世界软件市场上的主导地位。不过,微软在对互联网的发展上也曾发生过估计不足的错误,使网景公司在浏览器市场上占据了主导地位，网景在浏览器上的成功同时又威胁到了微软在操作系统上的主导地位。幸亏微软及时注意到了这一问题，采取各种措施阻止网景公司在浏览器市场上的进一步发展。微软也因此卷入了美国司法部的反垄断调查，如果微软当时能正确地估计互联网的未来发展，积极向网络浏览器市场扩展，也许微软的发展之路要平坦得多。

第三节　技术扩散过程与软件企业成长周期

技术扩散理论认为，就单项技术创新扩散问题而言，总体扩散过程遵循某种 S 形的扩散道路，即在扩散过程中，无论技术创新的绝对扩散（采用技术创新企业数）N_t，还是相对扩散率 F_t，都有一条形如 S 的动态变化曲线，曲线符合逻辑 (logistic) 增长曲线模型。其表达式如下：

$$y = F_t = \frac{K}{1 + C \cdot \exp(-rt)} \tag{6-1}$$

式中，F_t 为在一定规模总体下，在时间 t 内采用技术创新企业的比例，K 为 F_t 的极限值，C、r 为模型参数。

对式 (6-1) 两边求导，得

$$y' = F'_t = ry\left(1 - \frac{y}{K}\right) = \frac{rCK}{\exp(rt) + 2C + C^2\exp(-rt)} \tag{6-2}$$

式 (6-2) 表示技术创新扩散率在任一时刻的增长速度，定义为技术创新扩散的生长曲线方程。

对生长曲线方程继续求导，得

$$y'' = \frac{d^2 y}{dt^2} = r^2 y\left(1 - \frac{y}{K}\right)\left(1 - \frac{2y}{K}\right) \tag{6-3}$$

令 $y'' = 0$，因 $0 < y < K$，故扩散曲线的拐点出现在 $y = \frac{K}{2}$ 处，代入式 (6-1) 得 $t_d = \frac{\ln C}{r}$，此时 $y'_d = \frac{rK}{4}$。式 (6-3) 用来表示技术创新扩散率在任一时刻的加速度，对式 (6-3) 继续求导，得

$$y''' = \frac{d^3 y}{dt^3} = r^3 y\left(1 - \frac{y}{K}\right)\left[1 - (3 + \sqrt{3})\frac{y}{K}\right]\left[1 - (3 - \sqrt{3})\frac{y}{K}\right] \tag{6-4}$$

令 $y''' = 0$，得

$$y_1 = \frac{K}{3 + \sqrt{3}}, \quad y_2 = \frac{K}{3 - \sqrt{3}} \tag{6-5}$$

代入式 (6-1) 得

$$t_1 = \frac{\ln C - \ln(2 + \sqrt{3})}{r}, \quad t_2 = \frac{\ln C + \ln(2 + \sqrt{3})}{r} \tag{6-6}$$

此时 $y'|_{t=t_1} = y'|_{t=t_2} = \dfrac{rK}{6}$。

因此，生长曲线有两个对称拐点 $\left(t_1, \dfrac{rK}{6}\right)$、$\left(t_2, \dfrac{rK}{6}\right)$，对应这两点，扩散率分别为 $\dfrac{K}{3+\sqrt{3}}$ 与 $\dfrac{K}{3-\sqrt{3}}$。

当 $t \to +\infty$ 时，有 $y \to K$，$y' \to 0$。

综合上述推导结果并利用微分的有关知识，可得出技术扩散曲线和生长曲线及状态特征如图 6-5 所示。

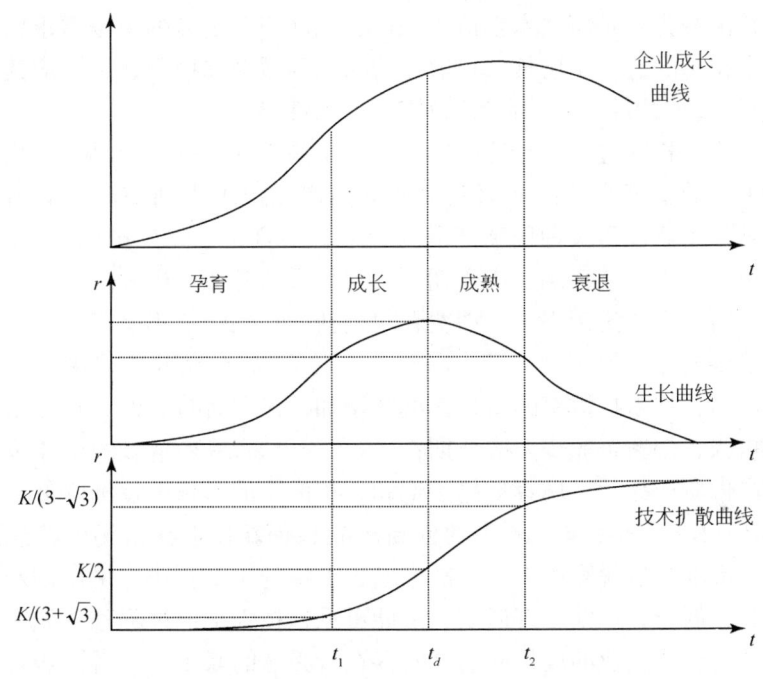

图 6-5　技术扩散曲线和生长曲线

由图 6-5 可以看出，技术扩散过程可以分为以下四个阶段：

第一阶段（$0 < t < t_1$）称为孕育期，该阶段经计算 y'' 与 y''' 均大于零，表明扩散的速度与加速度递增，扩散曲线呈指数型增长，在生长曲线上升到拐点 $\left(t_1, \dfrac{rK}{6}\right)$ 处，加速度达到最大值，此时，技术扩散的各因素相互和谐运动积累的能量达到最大值，我们将这一时刻称为"起飞点"，此时扩散率在理论上等于极限值的 $\dfrac{1}{3+\sqrt{3}}$，约为 21%。

第二阶段（$t_1 < t < t_d$）称为成长期，该阶段扩散率的增长率继续递增，但

163

加速度减少，增长性质为准线性，当扩散率达到极限值的1/2时，发展速度达到最大值，该时刻称为"鼎盛点"。

第三阶段（$t_d < t < t_2$）称为成熟期，该阶段 $y'' < 0$，$y''' < 0$，表明扩张率的增长速度与加速度递减，增长性质仍为准线性，但扩散的动力明显减弱，当扩散率累积至极限值的 $\dfrac{K}{3-\sqrt{3}}$ 约79%时（生长曲线下降到拐点处），加速度的负值达到最大，我们将这一时刻称为"成熟点"。

第四阶段（$t_2 < t < +\infty$）称为衰退期，该阶段 $y'' < 0$，$y''' > 0$，表明扩散率的增长率递减，且加速度递增，扩散曲线由准线性增长变为负指数增长，主要原因是技术扩散又为产生新技术创造了条件，从而引起更多的市场需求，使竞争加剧，限制了技术的进一步增长，扩散曲线由疾而缓渐趋极限，企业应建立起技术创新的自身持续发展机制，为持续发展创造条件。

软件企业成长的过程中，往往以某项技术为主导，推出产品。因而，软件企业成长周期是随着某个产品而兴衰、从创新产品出现直到该产品退出市场的过程。假设软件企业以某一种创新产品为核心，而且是最先生产创新产品的企业，将其成长过程分为：孕育期、成长期、成熟期和衰退期。$0 < t < t_1$，创新产品刚刚出现，所占市场份额很小，消费者对创新产品性能还不是很了解，创新企业生产也不是很成熟，处于孕育期；$t_1 < t < t_d$，其他企业开始采用创新技术或者生产创新产品，技术扩散率的增长率继续增加，消费者对新产品逐渐认可，市场份额迅速扩张，创新企业步入成长期；$t_d < t < t_2$，越来越多的企业采用创新技术或者生产创新产品，市场容量趋于饱和，扩散率的增长率逐渐降低，创新企业进入成熟期；$t_2 < t < +\infty$，原来的创新产品和创新技术在市场中已经不再处于领先地位，市场竞争程度很大，扩散率增长下降的速度更快，采用创新的潜在企业已经很少，创新企业处于衰退期。由此可见，技术扩散过程和最先采用创新技术或生产创新产品企业的成长周期之间存在着必然的联系，二者同步发展，具有动态同步性。

第四节 网络外部性对软件企业的影响

一、网络外部性与软件企业的消费者行为

（一）消费者的预期与协调问题

在具有网络外部性的软件市场中，由于每个消费者的个人效用取决于购买相同产品的其他所有消费者的数量，所以在选择产品时，消费者预期在购买产品或网络组成部分的过程中起着关键的作用。因此，由于存在相互依赖的效用函数，

消费者必须预测哪种技术将会得到其他消费者的广泛使用，这就产生了协调问题。

如果消费者之间的协调切实可行的话，那么将降低选择失败网络的风险并能使消费者从一个更大且持久的网络中分享到更多的网络利益。不过，由于存在过高的交易成本或偏好的异质性，众多消费者在实现协调的过程中所遇到的困难可能妨碍他们所做出决定的一致性和最优性，从而导致多态均衡和低效率的出现。更具体地说，消费者之间的博弈过程可能产生两种潜在的低效率：过大惰性（excess inertia）（当出现一个更新且更优越的新产品时，消费者纷纷等待别人采用新产品或等待别人先作出选择而导致滞留在目前的低级产品中）和过大冲力（excess momentum）（消费者因为担心别人已选择了新产品而自己陷入老产品的困境而竞相采用新的低级产品）。下面对具有网络外部性的软件市场中的消费者预期协调过程及其导致的结果进行具体分析。

（二）消费者之间的静态博弈

设有两个消费者（$i=1,2$）。他们所面临的决策是新旧技术之间的抉择。他们既可以沿用老技术，也可以采用新技术。两个技术是不可兼容的，因而网络的规模具有企业特定性（即两个提供不同技术的企业之间的网络规模互不交叉）。令 $u(q)$ 表示消费者沿用老技术的效用，且老技术的网络规模为 q（这里 $q=1$ 或 2）。同理，$v(q)$ 表示消费者采用新技术时的效用，且此时该技术的网络规模为 q。函数 u 和 v 是减去转移成本或采用成本的净收益函数。很显然，无论是沿用老技术还是采用新技术，两个消费者都将试图使自己的效用函数最大化。当存在正的网络外部性时，$u(2)>u(1)$ 和 $v(2)>v(1)$。进一步设 $u(2)>v(1)$ 和 $v(2)>u(1)$。也就是说，任何一个消费者都不存在对某种技术的偏好而排斥另一种技术，他们只希望能够正确地选中那个将来会成为标准的技术，将来网络规模最大的技术，而不管这是什么技术，不管这个成为标准的技术是否是最优的。

在以上前提条件下，这里首先讨论消费者之间的静态博弈过程。也就是说，这两个消费者在是否转向新技术上同时作出选择，可以用图6-6中的支付矩阵来表示这个博弈过程。其中，a、c、e、g 和 b、d、f、h 分别表示消费者1和消费者2在不同选择中的收益。两种技术都存在网络外部性，这就意味着 $a>c$，e；$b>d$，f；$g>c$，e；$h>d$，f。当两个消费者之间没有进行协同合作的时候，很容易看出存在两种纯战略均衡：两个消费者都沿用老技术，或者都采用新技术。在两种技术优劣既定的情况下，在这两种均衡中必然有一种是无效率的。当 $v(2)>u(2)$，即新技术是更优者，但当两个消费者沿用老技术时，就出现了过大惰性。当 $u(2)>v(2)$，即老技术更优但两消费者因担心沿用老技术会陷入困境从而转向新技术时，就出现了过大冲力。

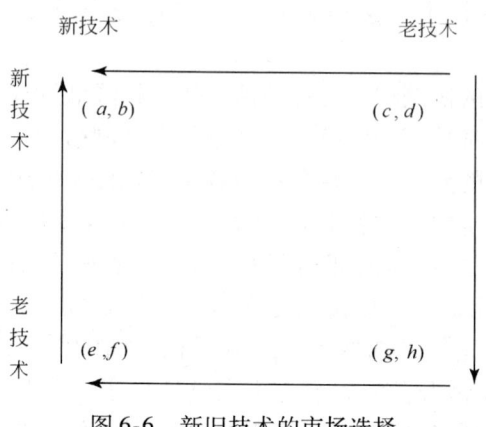

图 6-6　新旧技术的市场选择

(三) 不一致技术偏好的经济模型

在分析消费者之间的静态博弈过程基础上，我们可以进一步分析动态博弈过程。在消费者之间存在非合作动态博弈的前提下，尽管消费者仍然深受网络外部性的影响，试图寻求一个未来可能成为标准的技术，但由于消费者对技术选择还是存在着不一致的偏好（但这种偏好并不绝对），这时也将出现与过大惰性和过大冲力相联系的无效率。

可以通过考察经济学家 Farell 和 Saloner 所设定的潜在不一致技术偏好的经济模型来加以说明。该模型是一个包含两个时期的模型，消费者可以选两个时期中的任何一个决定是否转向新技术，而且转换是不可逆转的，收益将在时期 2 结束时计算。在模型中，假定消费者对新技术的偏好为参数 θ，参数 θ 取自 [0, 1] 区间上的独立均匀分布总体，并在区间 [0, 1] 连续变化，则消费者的效用函数用 $u\theta(q)$ 和 $v\theta(q)$ 表示。$v\theta(2) - u\theta(1)$ 随着 θ 而增加，也就是说，消费者采用新技术的愿望随着 θ 而增加。每一消费者只知道自己的 θ，但不知道另一消费者的 θ。同时，进一步假设 $v_1(1) > u_1(2)$ 和 $v_0(2) < u_0(1)$。

这时，每个消费者可以在四个方案中选择其一：①从不转换，不管另一消费者在时期 1 的行为如何；②如果另一消费者已在时期 1 转换，那么自己就在时期 2 转换（即赶潮流）；③在时期 1 转换（可能发起这个潮流）；④在时期 2 转换，即使另一消费者没有转换。容易看出，第四个可能的方案是"劣的"且从属于第三个方案，因为如果该消费者在时期 1 转换将会境况很好，它将增加另一消费者也转换的概率，任何一个理性的消费者都会选择第三个方案而舍弃第四个方案。

很显然，每个消费者如果有较低的 θ，都应该选择方案 1；如果有中等的 θ，则应该选择方案 2；如果有较高的 θ，则应该选择方案 3。图 6-7 描述的是一种精炼贝叶斯均衡。

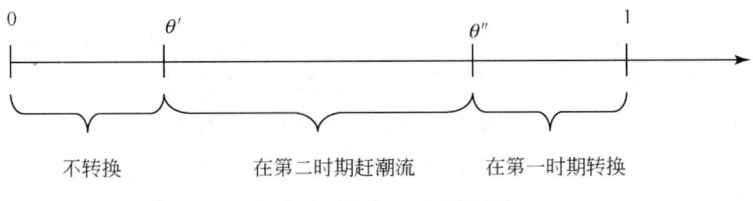

图 6-7 精炼贝叶斯均衡

注：θ' 和 θ'' 表示具有这样偏好参数的消费者在方案 1 与方案 2 之间和在方案 2 与方案 3 之间是无差异的。

由于假设 $v_1(1) > u_1(2)$ 和 $v_0(2) < u_0(1)$，则我们需要讨论的协调问题仅仅在 θ' 和 θ'' 之间进行。当两个消费者的参数 θ_1 和 θ_2 都远远低于 θ'' 时，显然他们都将选择不转换；而当 θ_1 和 θ_2 刚好低于 θ'' 时，这种均衡就表现出了过大惰性。

可以看出，在消费者选择的过程中，由于协调成本的存在，消费者之间的博弈过程可能导致多重均衡和无效率选择的出现。消费者一旦选定了一个次优的产品或技术，在转移成本高昂的条件下，就可能被锁定在一个次优的路径中。正反馈的作用将形成一种"选择优势"，使整个市场进入一个并非最有效率的均衡状态。因此，由于存在网络外部性，需求方对软件产品和技术的选择必然受到影响，消费者对何种产品将成为标准的预期将在很大程度上决定对软件技术的选择。

二、网络外部性对软件企业战略行为的影响

（一）软件企业标准战略的影响

在软件市场中，标准是一个产品能否获得成功的重要决定因素。一个软件产品如果建立在一个正在逐渐失去市场的标准基础上，那么即使它质量和功能卓越，也依然可能是一个失败的市场案例；反之，如果一个软件产品成为标准，即使它本身也许是次优的，但由于它能够引致正反馈，却依然能够被广泛采用并赚取高额利润。因此，消费者在对标准的预期中进行选择，而企业则在千方百计地使自己成为正式标准或实际标准。对于软件市场来说，是否存在一个既定的标准，企业的标准战略对软件市场结构的影响是有很大不同的。

首先，在存在标准的前提下，软件企业的标准战略行为将会促进兼容性或互联性，从而扩大网络为消费者带来巨大的利益。消费者之间可以实现兼容，而不会出现由于不兼容而带来的无法交流的问题，也无需为了从一种产品转移到另一种不兼容的产品而支付成本。从另一个角度看，由于网络规模的扩大，将吸引更

多的消费者加入这个网络,同时将提高互补品的数量和质量,从而扩大已有的网络外部性,给消费者带来更多的利益。

其次,如果市场上没有一个既定的标准,而是有几个互不兼容的企业在为自己的产品成为标准而竞争,这时消费者将面对着较大的不确定性,由于害怕被锁定在一个不兼容的但是又无法成为标准的产品中,消费者会对新型软件产品的采用抱有较大的疑惑和恐惧,尤其是当旧有的技术和产品还可以使用的时候,就容易产生过大惰性,对新产品不能成功的担心最终变成了现实。但是如果新产品成为一个标准,对产品的信心将带来良性循环,加速新产品的普及。

最终,软件企业的标准战略行为将可能导致低效率。无论是正式标准的设立还是实际标准的实现,都不是一个简单并在短时间内能完成的过程。在技术进步日新月异的时代,标准化也许会迫使人们采用效率较低的产品和技术。而且,正如我们在前文中所提及的那样,市场的最终选择未必是最有效的,如果一个次优的产品或技术成为标准,随之而来的正反馈效应将把整个软件市场锁定在次优的路径上,出现市场失灵。同时,标准化会减少多样化。从这个意义上看,非标准化可以加剧市场竞争,反而具有一定的效率。

(二)企业兼容战略的影响

我们以两个不兼容产品的双头垄断模型对企业兼容战略的影响进行分析。两个不兼容产品的双头垄断情形假定除了它们的不兼容性之外,这两件产品完全一样,即可实现完全替代。这样,可以假定企业 i 发起的产品 i 的一般化价格为:$P_i' = P_i - v(Q_{ie})$,其中:P_i 为企业 i 索要的价格,Q_{ie} 为消费者对企业 i 网络规模的预期,$v(\cdot)$ 衡量网络外部性效应,为增函数。由于我们已经假定了两种软件产品可实现完全替代,所以消费者将选择一般化价格最低的产品:$P_i' = \min(P_1', P_2')$。以 P_i' 价格购买的消费者的数量为 $Q = 1 - P_i'$。企业以古诺模型(Cournot model)形式展开竞争。它们分别选择产量 Q_1 和 Q_2。那么,市场将按 $P_i' = 1 - (Q_1 + Q_2)$ 的一般化价格达到供求平衡。这时企业要价为

$$P_i = v(Q_{ie}) + 1 - Q_1 - Q_2$$

在一个固定且对称的边际生产成本的假定下,企业 i 的利润为

$$\pi_i(Q_i, Q_j) = Q_i[1 + v(Q_{ie}) - C - Q_1 - Q_2]$$

这样,网络 $v(Q_{ie})$ 的价值相当于边际成本的减少,或需求函数的增加。

卡兹和夏皮罗探索了在理性预期 $(Q_{ie} = Q_i)$ 下产出的纳什均衡。他们发现在关于 $v(\cdot)$ 函数的某些假定下,均衡是唯一的。接着假定产品是兼容的,分析相同的博弈。消费者对网络的估价就成为 $v(Q_{1e} + Q_{2e})$。然后,卡兹和夏皮罗推导了纳什均衡产量。结论是:在兼容条件下产业的总产出水平要高于存在一些不兼容企业的任何均衡行业的总产出水平。也就是说,在软件产业中,当兼容成

本低于兼容带来的总收益的时候，实现兼容对于整体（整个产业和整个社会）而言是更有效率的。

不过，仅仅实现行业总产出的优势，并不能成为个别企业实现兼容的动力。从各个企业基于自身的利益最大化目的的角度看，实现兼容很有可能带来外部性问题（即附带产生的收益或成本并未得到相应的支付或补偿）。如果它们无法将其内在化，那么从社会最优的角度来看，它们的兼容动力可能太小，也可能不足。相应地，各软件企业在兼容决策上可能采取不同的战略行为，因而对软件市场发展的路径和结果产生了深远的影响。例如，对于一些企业来说，兼容的成本（其中很重要的成分就是兼容带来的竞争）大于兼容带来的收益；然而同时其兼容收益却小于这个社会的总收益，这时，追求利润最大化的企业就不愿意实现整个产业范围内的兼容，尽管这个决策对于社会来说是最优的。进一步说，如果对整个社会而言，最优的变化是小于整个产业范畴的兼容，那么这时各个企业追求兼容和标准的动力就可能过大或过小，因为兼容带来的产出变化对整个产业内的个体都有影响，有的有利而有的不利。我们也可以用更准确的语言来描述这一含义。假设任意的一组企业集合 $S = \{1, 2, \cdots, n\}$。其中，一个子集从属于同一种技术标准，或者说它们组成了一个联盟。那么 S 中进入该子集的部分企业就形成了一个联盟结构 $C_S = \{C_1, C_2, \cdots, C_k\}$。所有企业的兼容就意味着一个联盟包括了所有的企业，即 $k = n$。另一个极端情况是完全的不兼容，每个企业都只属于它自己的独特标准，这时的联盟结构就是具有 n 个只包括一个企业的联盟。

由于各企业在兼容决策上所采取的不同行动，市场中将会出现多种均衡的联盟结构。例如一个完全非合作且无转移支付的联盟概念意味着，在一家企业加入联盟后，整个市场均衡产出将提高，但这仅仅来源于该企业自身的产出。而在一个包括转移支付的非合作均衡中，联盟内的企业将会把联盟的利润分出一部分以引诱其他企业加入联盟，但在各企业的产量上并不合作。无论是何种均衡结构，都是在各个企业追求自身效用函数最大化的过程中形成的，不同的战略决策和行为可能导致完全不同的均衡状态。

在对软件企业标准战略分析中，我们认识到，如果市场内存在一个共同的真正开放的标准，则可能使企业之间的竞争更为剧烈，而且同时降低了产业利润。由于这个标准是真正开放的，因此不同企业都可能进入这个市场，而且它们所提供的产品将具有一定程度的共同功能。标准化程度越高，产品差别化的程度就越低，企业之间的竞争将逐渐从功能转向价格，以争夺市场份额。因而在开放标准的市场中，网络外部性使得软件技术得以比较顺利地在企业之间传播。

如果是一个尚未确定标准的市场，软件企业的竞争目的就不仅仅是市场份额，更重要的是夺取市场的统治地位，成为市场的实际标准。因此，在一个没有开放标准的市场中，则可能出现"赢者通吃"的局面，居于统治地位的软件企业则会尽量避免技术扩散，并且采取各种竞争策略阻止潜在竞争者进入市场。

第五节　网络外部性下的软件市场结构

一、网络外部性下的企业行为

网络外部性是影响软件技术扩散的关键因素，它制约着软件产业供求双方的行为，进而形成了不同的市场类型。本部分继续沿用网络外部性影响软件企业战略行为的双寡头垄断模型作为分析的工具。在考察的市场中，两个垄断软件企业进行寡头竞争，它们提供的具有正网络效应、互不兼容的产品具有如下特点：①质量和功能相同，可以相互完全替代；②遵守不同的技术标准，但互不兼容；③消费者没有需要或在技术上不能同时拥有二者，一个消费者只需消费一个产品。

软件企业 i（$i=1,2$）生产产品 i，产品 i 的网络效应定义为产品 i 的每个用户增加的效用为 $v(q_i)$，这里 q_i 为企业 i 的网络规模（从企业 i 购买的消费品数量）。这样，消费者的一般化价格 p_i' 可以定义为 $p_i' = p_i - v(q_{ei})$，这里 p_i 为企业 i 索要的价格，q_{ei} 为消费者对企业网络规模的预期。由于两件产品是完全可以替代的，所以消费者选择的是具有最低一般化价格的产品：$p' = \min(p_1', p_2')$。

假设需求函数为

$$q = \begin{cases} 1-p, & 0 \leq p \leq 1 \\ 0, & 其他 \end{cases}$$

以 p' 价格购买的消费者的数量为 $q = 1 - p'$。

市场以 $p' = 1 - q_1 - q_2$ 的一般化价格形成供求均衡。因此，每个企业要价为

$$p_i = v(q_{ei}) + 1 - q_1 - q_2$$

假定在企业的成本函数中，固定成本为零，两企业有相同的边际生产成本 c，$0 < c < 1$，c 为常数。企业 i 的利润为

$$\pi_i(q_i, q_j) = q_i[1 + v(q_{ei}) - c - q_1 - q_2]$$

企业的目的在于追求利润最大化，进入约束为利润大于零。我们讨论依据此项假设的完全信息博弈，即斯塔克尔伯格博弈模型，博弈过程如下：企业 1 先进入行业，选择自己的产量，并且预期自己的行动会通过市场被企业 2 观察到；然后，企业 2 观察企业 1 的产量，选择自己的产量。

(1) 企业 1 选择 q_1，$0 \leq q_1 \leq 1$；

(2) 企业 2 观察到 q_1 后，选择 q_2，$0 \leq q_2 \leq 1$。

为解出这一博弈的逆向归纳解，企业 2 对企业 1 任意产量的最优反应函数

$R_2(q_1)$ 应满足

$$\max_{q_2 \geq 0} \pi_2(q_1, q_2) = \max_{q_2 \geq 0} q_2(1 - q_1 - q_2 - c + kq_2)$$

由上式可得

$$R_2(q_1) = \begin{cases} \dfrac{1 - c - q_1}{2(1 - k)}, & q_1 \leq 1 - c \\ 0, & 1 - c < q_1 \leq 1 \end{cases}$$

由于企业1也能够像企业2一样,解出企业2的最优反应,企业1就可以预测到如选择 q_1,企业2将根据 $R_2(q_1)$ 选择的产量。那么,在博弈的第一阶段,企业1的利润最大化问题就可以表示为

$$\max_{q_2 \geq 0} \pi_2(q_1, q_2)$$
$$= \max_{q_2 \geq 0} q_2(1 - q_1 - q_2 - c + kq_2)$$
$$= \begin{cases} \max q_1^2 \left[\dfrac{1}{2(1-k)} - (1-k) \right] + q_1(1-c) \left[1 - \dfrac{1}{2(1-k)} \right], & 0 \leq q_1 \leq 1 - c \\ \max q_1^2(k-1) + q_1(1-c), & 1 - c < q_1 \leq 1 \end{cases}$$

求解上式可得

$$q_1^* = \begin{cases} \dfrac{(1-c)[2(1-k)-1]}{2[2(1-k)^2 - 1]}, & 0 \leq k \leq \dfrac{3 - \sqrt{5}}{4} \\ 1 - c, & \dfrac{3 - \sqrt{5}}{4} \leq k \leq \dfrac{1}{2} \\ \dfrac{1-c}{2(1-k)}, & \dfrac{1}{2} \leq k \leq \dfrac{1+c}{2} \\ 1, & k \geq \dfrac{1+c}{2} \end{cases}$$

因为 c 取任何值时,函数曲线的基本形状都不会改变,所以下面我们以 $c = 0.2$ 为例考察各个主要变量和 k 的函数关系,如图6-8所示。

图6-8 表示的是网络外部性强度 k 与软件企业1产量之间的关系,横轴表示网络外部性强度 k,纵轴代表企业1的产量 $q_1^*(k)$。可以看出,当 $k \leq 0.191$ 时,随着 k 值增大,企业1的产量逐渐增加;当 $0.191 \leq k \leq 0.5$ 时,随着 k 的变化,企业1的产量始终保持不变;当 $0.5 \leq k \leq 0.6$ 时,随着 k 值增大,企业1的产量再次增加,并且 k 接近于0.6时,企业1的产量接近于整个市场的需求量;当 $0.6[(1+c)/2] \leq k$ 时,企业1的产量等于整个市场的需求量,企业1为垄断企业。

与之相对应,可以得出网络外部性强度 k 与软件企业1要价之间的关系,如图6-9所示。若 $k \leq 0.191$,企业1制定的价格与网络外部性强度成反比,即外部性越强,定价应该越低;若 $0.191 \leq k \leq 0.5$,企业1制定的价格与网络外部性强

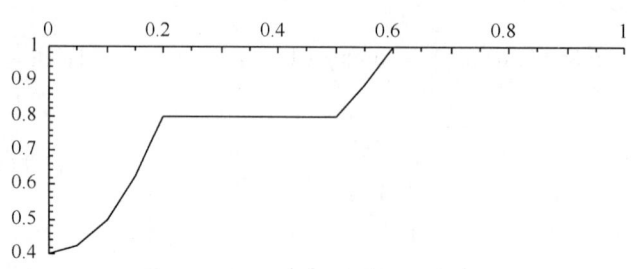

图 6-8　网络外部性强度与软件厂商产量关系图

度成正比；若 $0.5 \leq k \leq 0.6$，企业 1 的要价维持恒定；若 $0.6((1+c)/2) \leq k$，企业 1 的需求曲线不受价格波动的影响，几乎可以任意制定价格。

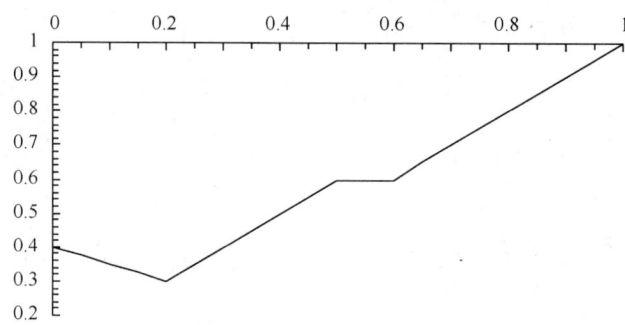

图 6-9　网络外部性强度与软件厂商定价关系图

同样，我们可以得出网络外部性强度与软件企业 1 利润之间的关系，如图 6-10 所示。网络外部性与企业 1 的利润之间呈正比关系，即随着外部性强度的逐渐增强，企业 1 的利润越来越多。

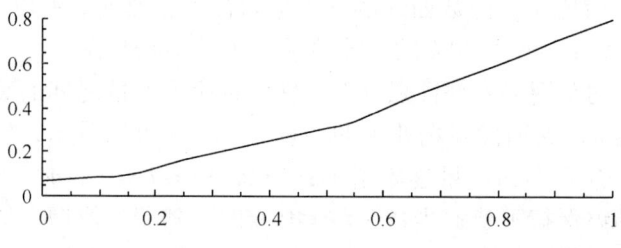

图 6-10　网络外部性强度与软件厂商利润关系图

把图 6-8 与图 6-9 合并到一起，可以更加清楚地看出网络外部性强度对软件企业行为的影响效果。据此，把软件市场划分为四种结构，在不同的市场结构下企业将选择不同的竞争行为和技术扩散战略，如图 6-11 所示。

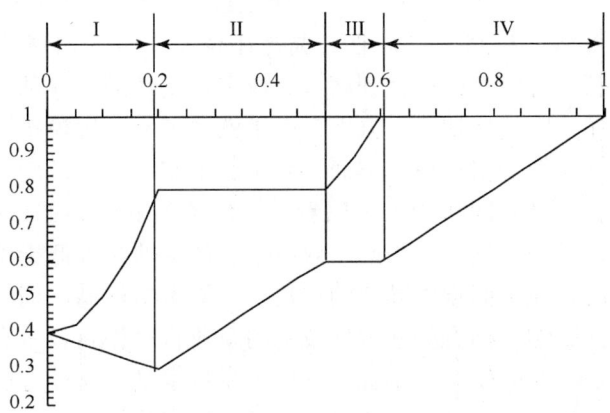

图 6-11　网络外部性强度与软件厂商行为关系图

二、网络外部性与市场类型

当网络外部性强度 k 从 0 变化到 1 时，将依次出现四种市场类型。

类型 I，$0 \leqslant k \leqslant 0.191$，为垄断竞争市场。在这种市场类型中，软件企业将采取容纳进入的市场行为。因为如果企业 1 选择以低价建立进入壁垒，遏制企业 2，使得企业 2 进入市场后不能得到正利润，与企业 1 选择让企业 2 进入市场，形成垄断竞争相比，后者更为有利，可以获得更大利润。这时，企业 1 的均衡产量是 k 的增函数，均衡价格是 k 的减函数，利润是 k 的增函数。企业 1 享有先入优势，在没有网络效应（$k=0$）时，其均衡产量是企业 2 的两倍，价格和企业 2 相同，在有网络效应时，增加了先入优势，网络效应越强，其先入优势越大，反映企业 1 的市场份额是 k 的增函数，同时价格比企业 2 要高。

软件企业定价受到网络外部性、需求曲线共同作用的影响。如果产量增加，一方面，由于消费者网络规模扩大，企业可以内化网络效应，提高均衡价格；另一方面，由于需求曲线向下倾斜，产量增加，市场价格应该下降，二者共同作用，在这个阶段，需求曲线对价格作用的强度大于网络效应作用的强度。软件企业的技术扩散行为也受到网络外部性的影响。由于网络外部性强度比较弱，允许其他企业进入将有利于原有企业的利润，因此拥有创新技术的企业将努力把创新技术扩散出去，以便其他企业进入市场扩大市场容量，为原有企业带来更多的利润。那么，在软件技术的分类中，大多数工具技术的特点与垄断竞争市场类型比较接近。因为任何软件企业都能够在比较短的时间内学会编程语言，并将之应用到软件的"制造"中，所以技术扩散将比较顺利地进行。

类型 II，$0.191 \leqslant k \leqslant 0.5$，为威胁竞争市场。在这种市场类型中，已有软件企业采取遏制进入行为。如果企业 1 选择建立进入壁垒遏制企业 2，使得企业 2 进入市场后不能得到正利润，与企业 1 选择让企业 2 进入市场形成垄断竞争相比，前者更为有利，可以获得更大利润。企业定价受到网络外部性、需求曲线共同作用的影响。如果产量增加，一方面，由于消费者网络规模扩大，企业可以内化网络效应，提高均衡价格；另一方面，由于需求曲线向下倾斜，产量增加，市场价格应该下降，二者共同作用。可以看到，在类型 II 中，如果网络效应过强，则企业 1 不会选择增加产量，因为网络效应增加产生的收入低于价格下降带来的收入，在这个阶段企业 1 愿意以同样的价格提供更多的产品。同时，软件企业的技术扩散也将受到影响，拥有创新软件技术的企业将对创新技术有所保留，或者在扩散过程中设置一些障碍。一小部分软件工具技术具有这种特点。

另外，软件技术中的过程技术与这种市场结构有些类似。不过，过程技术扩散中的障碍不是企业行为造成的，而是因为过程技术的学习需要以软件企业的一定规模和资金为基础，小规模的企业无法也没有能力学习过程技术。尽管过程技术也是开放的，但是客观原因造成了过程技术的扩散形式符合威胁竞争市场的情况。

类型 III，$0.5 \leq k \leq 0.6$，为完全垄断市场。这时，企业 1 选择采取封锁进入行为。企业 1 处于完全垄断地位，按垄断价格定价 $p^* = (1+c)/2$，企业 1 的产出是 k 的增函数。在这个阶段，企业 2 如果选择进入，那么竞争均衡时，企业 2 的利润为负，因此企业 2 不会选择进入。在软件技术中，运行技术恰好符合这种市场状况。强大的网络外部性使微软的 Windows 操作系统成为操作系统市场的唯一标准，其源代码完全封闭，其他软件企业无法得到操作系统技术。而且，微软采取封锁行为阻止其他操作系统进入市场，因此微软的 Windows 从开发到现在，一直是操作系统市场的霸主。

类型 IV，$0.6 \leq k \leq 1$，为自然垄断市场。这时，企业 1 的边际收入大于边际成本，说明行业已经变成一个自然垄断的行业，企业 1 选择最大产量，产量一直保持为市场极限值 1。当然，这只是理论中的市场模型，现实的软件市场中并没有符合这种特征的类型。

第七章 软件企业成长的研发模式

第一节 研发在软件企业成长中的地位

一、研发在软件企业价值链中的重要地位

在以知识、信息为特征的新经济社会中，企业的发展离不开研究与开发（R&D）。企业R&D是企业成长的源泉和内动力，是企业在市场竞争中取得长期优势的基本保证。软件产业是一个特殊的产业，在软件产业中，成本主要是来自研发方面的成本，所以软件企业的研发就构成了价值链中的重要的环节，因而在软件企业的成长中，研发力量的强弱往往决定一个企业在激烈竞争中的实力。在软件企业的价值链中，研发所占有的比重要比传统企业大得多。在全球IT业知名的大企业中，R&D的投入一般都在年收入的5%~15%，并在世界不少地区根据需要设立了各类的研发机构。目前国际上普遍的看法是，IT企业的R&D投入强度如果在3%以下就难以生存，3%~5%企业属于基本维持比例，达到5%以上方能发展。一些著名的软件大企业，如微软、Oracle等公司，在研发上的投入甚至将近达到年收入的20%左右。所以说，研发在软件企业的价值链中占有重要的地位。

从企业的层面上来看，价值链是以企业从事生产或经营的具体业务为基础构造的。软件企业价值链的起点是选择价值，即理解客户的价值要求，选择目标并定义从中能够获得的利益；然后通过产品和工艺过程设计、采购、生产、服务等活动创造价值；最后借助广告和促销等与客户的沟通方式实现价值。如图7-1所示，软件企业的研发工作（产品工艺设计）处于企业价值链的核心地位，是软件企业价值创造的开始。从成本的角度上来考虑，在软件企业的生产中，由于软件的复制成本较低，可以说接近于零，因此软件的主要成本集中在R&D上，而且随着网络经济的不断发展，网上销售软件将会成为主流，这更大大降低了软件产品的材料成本，所以R&D成本在软件产品的总成本中占有相当大的比重。如果一个软件企业没有能够继续进行研发的能力，也可以说这个软件企业将很难生存下去。另外，从软件产品的价值角度来考虑，研发是软件产品价值形成的基础。软件产品的价值形成是基于不断创造以满足或引导消费者的新价值，一个产品的形成是建立在大量的市场研究和根据市场研究来进行的软件研发的基础之上

的。直到被消费者购买，软件的价值就形成了。所以从这个角度来说，研发就构成了软件产品价值形成的一个基础。由此可见，研发工作在软件企业的价值链中占据着十分重要的位置。

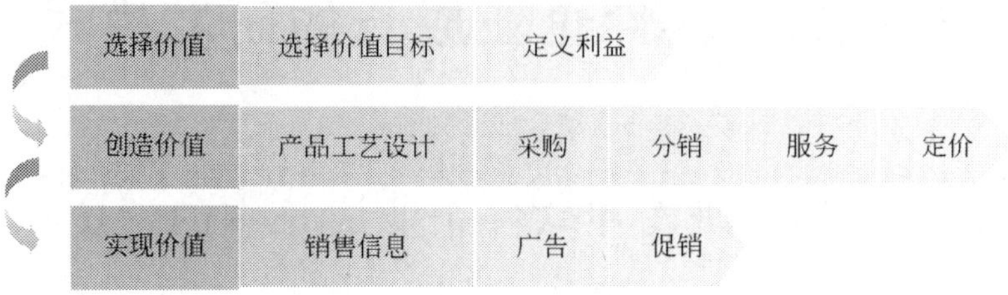

选择价值	选择价值目标	定义利益		
创造价值	产品工艺设计	采购	分销	服务	定价
实现价值	销售信息	广告	促销		

图 7-1　价值传递导向的价值链

但是在软件产业的不同领域中，与软件企业取得成功的其他要素相比，研发工作在价值链中所占有的重要性并不相同。在以上的软件产业的市场划分中，可以把软件企业分为这样三类公司：第一类是面向大众市场的软件公司，第二类是所谓的企业解决方案公司，第三类是专业服务的公司。

在第一类的大众市场的软件公司中，特别是针对消费市场的软件公司，最关键的成功因素是营销，之后是合作活动、全球化、人员管理，最后才是产品开发。以著名的微软公司为例，微软公司的产品在全球范围内取得了很大的成功。但是事实上其产品取得成功的关键因素是它的营销。所以营销是这一类公司的第一成功关键要素。在这类软件企业的研发中，主要针对的问题是如何缩短上市时间，以及为市场提供具有特色和高质量的软件产品。

第二类的公司，即企业解决方案公司，像国际上的 SAP 之类的公司，以 ERP 软件和 R/3 而著名。这个类型的公司，最关键的成功要素，依照顺序排，首先是合作活动，也就是产业的合作。以 SAP 为例，SAP 在全球的成功，特别是它在美国市场的成功，最重要是得益于它和国际四大会计师事务所的合作活动，即与 PWC 这样一些公司在业务上的合作。在这种合作模式中，1 元钱的软件业务可以带来 5 元甚至 10 元钱的服务业务。由此而形成一个产业链，这个产业链又推动了 SAP 软件的推广。其次是它的服务战略，然后是营销，排在最后的才是产品研发。

第三类的公司，即专业服务的公司，典型的代表是国际著名的四大会计师事务所。国内在最近几年发展很快的是汉普咨询公司。在这一类的公司——服务公司里面，软件开发在整个成功要素里面占有的位置比前面两类公司要靠前很多，软件的研发工作所面临的主要问题是必须在保证项目进度的基础上，提供有特色的软件服务。

二、软件企业研发模式的主要特点

（一）软件产业研发的特点及规律性

不同于传统产业，研发在软件产业中占有更加重要的位置，是软件发展的中心环节。在图 7-2 中，可以看出，在广义的研发上（软件产业的阴影部分），软件产业比传统产业占有更重要的位置，在整个生产流程中属于中心环节。而在传统产业中，研发的比例就大大低于软件产业。由于软件的复制成本较低，可以说接近于零，因此软件的主要成本集中在研发上。随着网络经济的不断发展，网上销售软件将会成为主流，这大大降低了软件产品的销售成本，研发成本将几乎占据软件产品的全部成本。从软件的生命周期看，整个软件产业的发展都是与研发紧密相连的。

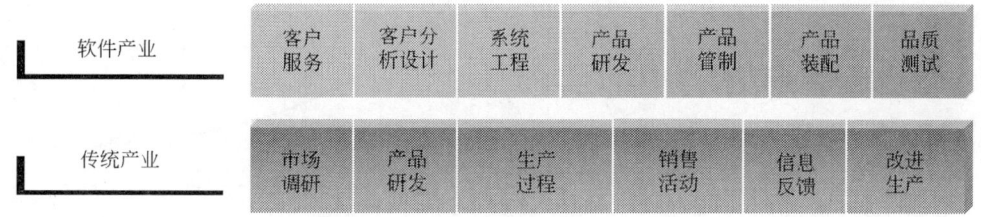

图 7-2　价值传递导向的价值链

与传统企业的研发相比，软件企业的研发活动充满了巨大的复杂性。根据 Standish 集团在 1995 年依据美国的大约 8000 个软件项目所做的调查表明，在所有的软件项目中，有 84% 的软件项目未能按时完成、按预算完成、或者安装所有的特性。此外，所有项目中有超过 30% 在完成之前被取消了。就此来说，从软件项目的一开始，失败的机会就要比成功的机会更高。这种特性无论在软件产品公司还是在软件服务公司都是共同存在的。总的来说，软件企业的研发模式大致有以下两个特点：

第一，研发的极度复杂性。软件产品是由大量的编码组成的产品，大多数的软件产品是由几百万行源代码构成。例如，仅 Windows 95 操作系统就有大约 1100 万行源代码。每一行源代码至少有一个执行命令，它会影响程序的其他部分，并且也和其他行的源代码相互影响。在如此庞大的系统中如果有一个代码出现错误，就可能导致整个系统的瘫痪，所以软件编程的工作要求 100% 的准确性。因此软件开发的工作面临着极其巨大的复杂性。

第二，软件研发的高度不确定性。在传统企业的经营中，产品开发的过程往往会随着项目开发进度的进展情况而减少不确定的因素。如果用一个项目开发的上游和下游阶段来分析，即在项目的上游阶段，不确定性的程度很高，在项目的进展过程中，不确定性逐渐下降。当项目进入到下游阶段时，项目的不确定性变得更小，随着项目的完成，不确定性逐渐变为零。软件企业也遵循这样的规律，只不过软件企业的研发活动表现出来为更多的不确定性，这种不确定性的出现有很多原因，如软件技术的飞速发展、市场需求的不断变化、设计的不完全可预测以及不清晰的客户需求等如图 7-3 所示。

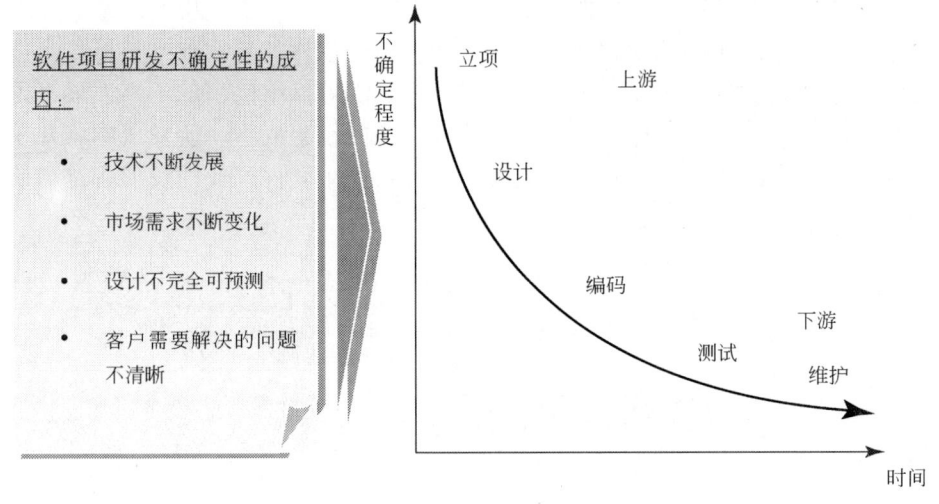

图 7-3　软件项目的进度与不确定性的变化

从图 7-3 中可以看出，一个软件项目的开始，所面临的不确定因素是很高的，随着项目进展，不确定性逐渐下降。其中有四种主要的因素影响着软件研发的不确定性。从技术变化的方面考虑，软件系统，特别是软件产品，高度依赖于它们工作的技术环境。当支持原有系统工作的技术环境一旦发生变化，就必须重新调整原有的技术研发，只有这样才能跟上软件产业技术进步的步伐。从市场需求不断变化的角度来说，软件产业的市场竞争不同于传统产业的竞争特点之一就是不断创造出新的市场需求，以不断创造新的市场需求来作为该软件企业取得成功的基础。所以在竞争的软件市场中，总是会有不断的新的市场需求产生，而现有的客户与此同时也要求软件企业满足他们持续发展的新需求，由此，在软件研发的过程中总是需要不断进行调整来满足客户的新需求。从设计的不完全可预测的角度来说，由于软件产品极度复杂性的特征，在软件研发的初期，根本不可能完全预测该软件所具有的所有特性，有时在预测中感觉是有益的特性，可能在研发的过程中逐渐发现是有害的，这就不得不使软件企业对该产品的特性进行重新评估。从客户需求解决的问题这方面来说，事实上，在软件业中，客户的需求往往很难确定，因为市场是不断变化的，软件系统的设计必须使其结构常常保持开放,以符合接下来的市场变化。所以市场的不确定性也就增加了软件研发的不确定性。

(二) 软件产业研发的规律及研发行为趋势

1. 研发规律

软件开发的成本曲线是软件开发企业所能承受的最低价格曲线,也就是最大成本曲线。如图7-4所示。以计算机软件为例,对软件功能(包括其适用性和普适性)要求越高,软件开发的难度就越大,软件使用者的数量会越多,但开发的成本将以边际递增的方式上升,因此,软件开发成本曲线(C)是凸向下的。对于软件用户来说,用户对功能强的软件愿意支付较高的价格,但对功能的要求也有一定的限度,并非越高越好,还要考虑一些具体条件,所以随着软件功能的增加,用户愿意支付的价格增加减少,投资曲线成边际递减的趋势,趋于平坦,所以I曲线向下凹。凸形的成本曲线的和凹形的投资欲望曲线最终会有一个交点,这个交点就是软件功能和研发费用的均衡点。C点就是研发相对于软件功能而投入的最佳成本,F点就是对应于C点开发商所愿意开发的最大功能。对于整个软件产业而言,图7-4中的软件功能包含两方面的含义:一是软件开发的软件产品的总数,二是每个产品品种的技术功能。所以,软件的总功能可以理解为软件品种数量和技术功能之和。根据软件复制成本极低的特点,我们也可以把软件总功能定义为全社会软件产业为市场提供的供给量。在图7-4中,F点正是软件产业为社会提供的最有效的供给量。此阶段也表明软件产业进入了成熟期。

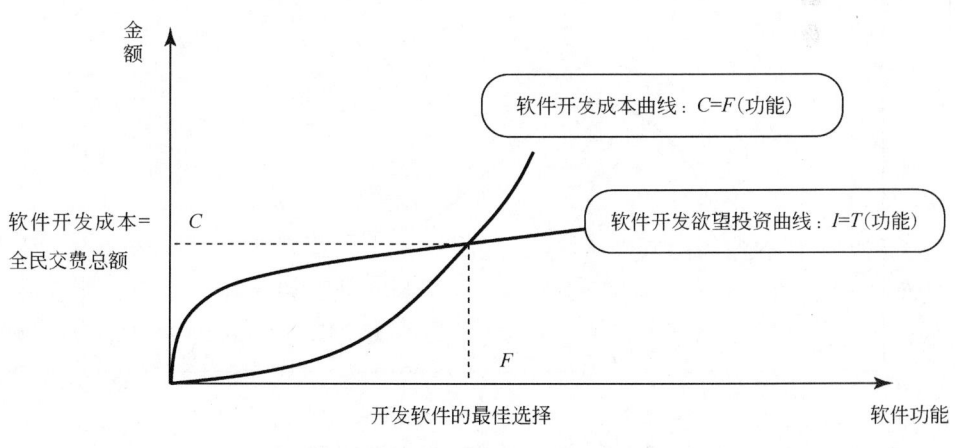

图7-4 软件开发成本与欲望关系

2. 研发行为的变化趋势

在软件产业的生命周期中，研发投入在各个阶段所占的比例是不同的。基于研发投入是一项软件开发的唯一成本的假定，根据软件开发的成本利润率与软件开发商研发成本的投入意愿的关系曲线来分析问题。如图 7-5 所示，R 为软件开发成本，$R = B/C$（其中，C 为利润，B 是成本利润率）；Q 为社会拥有的开发商数目，q 为社会开发出具有合理功能的软件个数，$K = q/Q$ 代表单个软件开发商开发的软件数，代表开发商的活力，即对研发投入的意愿；R_0 为社会平均的基准成本利润率。图 7-5 中的曲线称为开发欲望曲线。从 O 到 K_1 曲线相对平缓，可以看成为软件产业的导入期，说明利润率小量增加激起开发商较大的开发欲望。此阶段，不断有厂商进入，各厂商为追求利润，研发行为非常活跃，软件市场还处于完全竞争状态。进入成长期后，软件利润率会高速增长，但随着软件开发难度的不断增大，许多小企业纷纷退出市场或被兼并，厂商数量减少，形成垄断竞争的格局，但为了追求高利润率，研发行为异常活跃。在图 7-5 中可见，Q 减少而 q 增加，所以 K 也随着增加。当软件产业进入成熟期，随着利润率降低，在长期中，成本利润率达到社会平均基准利润率，只剩下几家大的寡头企业存在，其研发行为相对于前两个阶段有所下降，但依然比较活跃。因为研发是软件产业的中心环节，软件企业如果没有研发活动就意味着走向衰亡的阶段。所以，在软件产业中，研发始终是一个活跃因素。

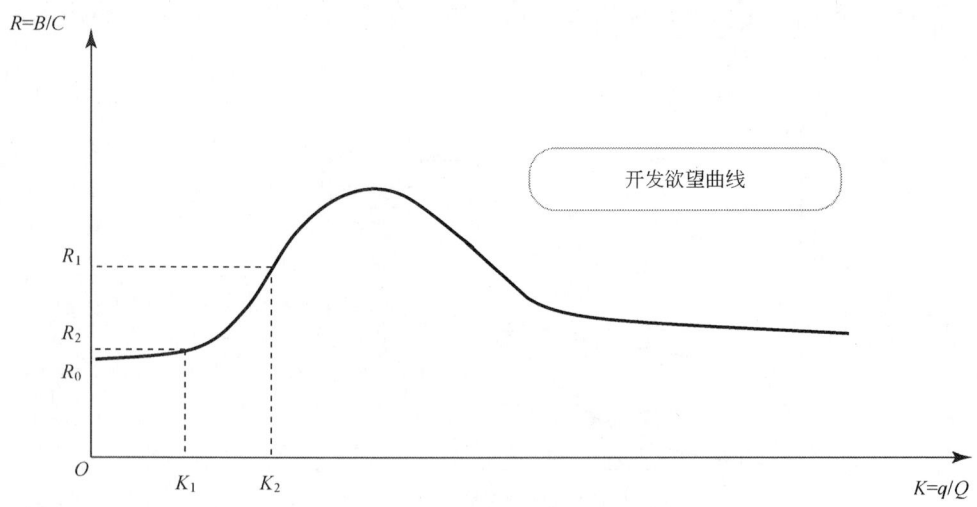

图 7-5　软件研发行为的变化趋势

第二节 中国软件企业的研发活动

一、中国软件企业研发现状

（一）中国软件产业研发活动发展历程

1. 萌芽阶段：1991年之前

1978年，以计算机工业管理局的成立为标志，我国的计算机工业真正开始登上了历史的舞台。这一阶段，软件产业的概念及其在国民经济中的作用和地位初步引起关注，中国计算机服务公司（中软集团前身）、中国计算机软件公司、中国计算机系统集成公司等相关公司相继成立。

面对当时以美国为代表的西方发达国家信息产品的绝对强势地位，中国民族软件产业的先行者开始了软件领域的开创性研发探索。该阶段的国产软件产品，以个人研发为主要特征，其中金山WPS、五笔输入法、江民KV300和四通利方Richwin中文平台都是典型代表，这些软件产品反映了这个时期中国民族软件产业自主研发能力。鉴于当时软件的复杂程度和工作量相对较低，因此当时中国软件开发属于个人研发的年代，诞生了求伯君、严援朝等一批"超级程序员"，软件产品几乎达到百分之百的自主知识产权。

2. 起步阶段：1991~1998年

20世纪90年代，随着X86微机的推广，国内开始出现专业软件开发公司，中关村出现在人们的视野里。由于科研要面向经济，要服务于经济的发展观念深入人心，许多科研院所的研究员们也纷纷走向市场。许多提供代理销售、增值服务、应用软件开发的公司如同雨后春笋般纷纷成立。

中国软件行业协会等组织相继成立，中国的软件产业开始了面向市场、面向客户的转变。随着国外大批软件产品涌入中国，对民族软件产业提出了严峻挑战，同时也带来了发展机遇。民族专业化软件企业在激烈的竞争中得以生存发展，在财务、管理等应用软件领域取得了一定研发优势，在平台软件方面也有一定突破，用友、金蝶、中科红旗以及华为、海尔就是该阶段的典型代表。

该段时期，国家加强了软件产业的规划，颁布了《计算机软件保护条例》、《计算机软件著作权登记办法》等政策法规，特别是国家"三金"工程的建设，更触发了软件在各个方面的应用。中国软件产业开始进入一个规范化发展的阶段。

3. 兴起阶段：1998~2003年

20世纪90年代末，中国的软件产业集群式的发展逐渐成熟，各地软件园和软件产业基地真正发挥了技术高地、人才高地、投资盆地的作用。与此同时，一系列国家级金字工程的建立，更触动了软件在各个方面的应用。2000年，随着国务院18号文件的颁布，软件产业获得了更好的发展环境、更大的发展空间，中国软件产业的发展全面提速。

中国软件企业开始进入网络软件时期，互联网和软件网络营销大规模兴起，中国软件出口额逐渐增加，中国软件开始走出国门。另外，以腾讯、盛大为代表的一批网络公司的迅猛崛起，研发推出的网络软件获得了大量用户的认可，在风险投资的推动下，纷纷登陆纳斯达克，获得了长足发展。

4. 全球化阶段：2003年以来

从2003年开始，IBM、微软、Oracle等跨国公司纷纷加快在中国软件市场本地化进程。本地化研发可以给跨国公司带来两方面的收益：一是通过人才本地化降低公司运营成本，二是更加了解目标市场的需求特点。软件产业跨国公司的本地化策略一般覆盖了产品研发本地化、市场本地化、企业研发员工本地化、技术支持本地化、合作伙伴本地化等。

此外，国内主要的软件公司华为、搜狐、中华网、携程网、腾讯、盛大、联想等纷纷海外上市，中国软件公司成为全球软件产业的一部分，其利润收益分配不再局限于国内，而为全世界股东所共享。中国软件出口额逐渐增加，承接国际IT外包业务成为中国软件产业新的增长点，以大连软件园为代表的软件产业出口基地是外包创新的典型代表。

（二）中国软件企业研发现状分析

1. 软件企业研发活动投入产出关系

2008年发布的《中国软件自主创新报告》在对软件企业研发活动投入产出关系的研究中，选取研发经费额和技术人员数作为企业技术创新投入指标，软件销售额、利润、专利数和软件出口额为产出指标。不同规模软件企业创新投入和创新产出的相关系数及显著水平如表7-1所示。

表 7-1　我国软件企业创新投入与创新产出的相关系数

指标	企业规模	R&D 人员	R&D 经费
利润	大型	0.938	0.893
	中型	0.880	0.754
	中小型	0.444	0.540
	小型	0.755	0.736
专利	大型	0.354	0.437
	中型	0.808	0.729
	中小型	0.396	0.401
	小型	0.701	0.691

注：在 $p<0.01$ 显著水平下

资料来源：中国国际软件和信息服务交易会组委会. 2008. 2008 中国软件自主创新报告. 二十一世纪经济报道

如表 7-1 所示，在企业利润方面，小型软件企业的创新投入同利润呈现显著负相关关系，即创新投入对利润影响是负面的。因为小型软件企业自主创新投入虽然相对值很大，但绝对值太小，而且往往管理不善，造成相对成本过高，影响了企业经济效益。软件企业的市场能力在达到一定规模之前，过于追求技术创新的完全自主知识产权，通常会"自寻死路"。大型软件企业技术创新投入最能有效促进研发创新的经济产出，研发经济绩效最好。这表明，随着软件企业规模的增加，研发投入同技术创新经济绩效的相关性逐步增强。

在专利授权方面，可以看出，不同规模软件企业技术研发投入都能促进技术水平的提高。研发投入对专利作用明显，专利可以使企业有自己的拳头产品，随着软件开发管理水平的提高，产品质量较高，形成了核心竞争力，保持一定的市场占有率。相比之下，中小型和大型软件企业创新投入同技术水平的相关系数较小，表明中小型和大型软件企业技术创新的技术绩效相对较差，而小型和中型软件企业创新投入同技术水平的相关系数较大，表明中型和小型软件企业技术创新的技术绩效相对较好。

从上述结果可以看出，目前我国软件产业统计数据的平均值表明中型软件企业技术研发最具有发展潜力，无论经济绩效还是技术绩效都表现出较高的水平，中型软件企业研发效果总体来看要好于其他规模的企业。

2. 中国不同规模软件企业研发产出的比较分析

为了研究中国各类不同地区软件企业技术研发的不同特点，依据东部、中部和西部划分方式，对样本城市进行分类，各类地区不同规模软件企业利润和发明专利拥有量的统计数据，如表 7-2 所示。

表 7-2 各类地区不同规模软件企业利润和专利的统计数据

地区	利润/万元				发明专利拥有量/件			
	小型	中小型	中型	大型	小型	中小型	中型	大型
东部	46 615	26 005	60 904	199 147	310	30	71	150
中部	10 573	7 938	23 878	12 360	85	22	14	0
西部	8 579	2 098	15 612	66 057	65	24	8	22

资料来源：中国国际软件和信息服务交易会组委会.2008.2008 中国软件自主创新报告.二十一世纪经济报道

分别将表 7-2 中各类地区利润和专利数据看作列联表，使用卡方分析研究各类地区不同规模软件企业研发产出的特点，发现各类地区不同规模软件企业之间利润存在显著差异。同理，各类地区专利拥有量差异性的卡方检验统计值为 82.28，临界值为 9.48，表明各类地区不同规模软件企业之间专利拥有量也存在显著差异。因此，各类地区软件企业研发产出存在显著差异。

在我国东部地区，大型软件企业赢利能力和研发水平相对发挥较好，中型企业技术水平发挥正常，中小型企业研发水平没有正常发挥。在我国中部地区，小型和中小型软件企业赢利能力和研发水平相对发挥较好，中型企业研发水平发挥正常，大型企业技术水平没有正常发挥。在我国西部地区，小型软件企业赢利能力相对发挥较好，中型企业研发水平相对发挥较好。

3. 中国中小型软件企业研发活动的特点

从全球软件产业链来看，中国软件业处于链条中下游，缺乏关键技术和核心技术，操作系统与大型应用软件 90% 是微软产品，而大型数据库软件与支撑性软件也由国外产品所垄断，我国大部分中小软件企业在较低层面上进行着重复性工作。在技术方面，国内软件企业自主研发能力普遍不强，多数企业只能将产品定位于产业链最下游的应用软件。2006 年我国软件销售总额达到 2736 亿元，其中应用软件占到 95% 以上。而对于最能反映软件产业自主研发能力的操作系统、数据库等基础平台及中间件的开发，如果没有国家科研项目支持（如"863"、"973"计划等），几乎无人问津。

应用软件开发的一个很明显特征就是和客户的互动非常频繁，而软件产品的技术含量不是很高，公司的竞争主要还是体现在对行业的理解深度，也就是说进入壁垒不在于研发技术，而是在于对客户需求的理解深度和沟通能力。因此，了解客户需求、和客户的频繁互动将是公司获取产品竞争力的一个重要方式。

中小软件企业资金短缺，不能聘请高层次技术和管理人才，研发技术创新投入低，研发管理不到位，同时受到企业本身规模小、环境变化快、竞争对手众多、缺乏合适战略等众多因素影响，导致研发创新成功率比较低。

知识产权是软件研发必不可少的部分，但是我国中小软件企业知识产权意识差，大部分软件企业只是做项目，盲目追求现金流，只注重市场，不注重产品，也就不能形成自身的知识产权。我国中小软件企业创业者大都是搞技术出身，缺乏必要的管理知识与经验；企业受旧观念和资金束缚，缺乏管理人才，大多数公司采用作坊式管理；很多企业所有者不能将企业行为与个人行为分开，对企业决策全凭个人经验、好恶进行，企业没有规章制度约束，组织管理水平差。

自主知识产权研发的主流软件产品较少，产品多为低端产品。我国的软件产品主要集中在产业链的低端、辅助型和外挂式的产品阶段；在核心技术上有创新、自主设计研发的"重量级"软件产品还比较缺乏；许多基础性、关键性软件还处于空白状态。中国的软件产业从20世纪80年代开始发展，到今天虽然取得了长足的进步，但是国内很少有企业能够达到承揽国际项目所需的严格的内部流程及质量控制。虽然有众多优秀的软件工程师，但多数外包企业尚未建立起正确的流程，也未能培养出准确掌握这些流程的开发人员。在中国软件市场，国外品牌的产品仍然占据高端系统软件、数据库软件的绝大部分市场份额，占据中间件、行业应用软件、ERP软件的大部分市场份额。国内品牌产品则在ERP和财务管理软件、防杀毒软件、中文信息处理软件及部分行业应用领域占据优势。核心技术缺乏，研发创新能力不足，我国大部分软件生产企业在较低层面上进行着大量重复性的工作，这种生产方式仅为了眼前的生存，根本无力开展软件技术创新。再加上盗版泛滥成灾，企业缺乏技术创新的动力，很多企业几乎没有研发投入。软件产业中发展较快的产品领域主要是游戏、财务及商务管理、教育领域，而技术含量较高的大型数据库系统、管理信息系统的开发及发展较为缓慢。软件企业研发创新能力不足，软件产品的生命周期很短、产品更新升级频繁、换代速度很快。软件产品高利润、高回报的主要源泉，应该来自于持续不断的创新，而目前中国软件企业的研发能力不足，特别是对软件产业链上游产品的原始创新力不足。

（三）中国软件企业研发的制约因素

1. 规模和资金困境

中国软件企业普遍规模较小，绝大多数在200人以下。由于受规模和技术能力的限制，软件企业缺乏规模性的资金投入以及研发的能力，难以开发出有竞争力的、商品化的软件产品，企业抗风险能力差，不少软件企业处于自生自灭的状态。在这种情况下，软件企业承担大型软件工程和系统设计、开发、集成的能力较弱，在国际市场上处于不利的竞争地位。此外，国内软件企业的产品主要集中在应用软件领域，平台软件和中间软件的比重低，技术含量不高，软件产品的范围相对狭窄，难以形成自己的特点。

中国许多软件企业规模小，资金短缺，只能靠投入少的短期项目来维持运作，无法进一步开发投入大、风险高、收益高的大型软件项目。由于软件项目的可维持周期短，需要不断的升级换代，软件企业的后期发展受到资金短缺的制约较大。例如金山公司是国内第一个开发中文办公系统 WPS 的软件企业，在产品更新换代开发 WPS97 过程中，由于没有资金来源，公司领导求伯君不得不卖掉自己的别墅维持新产品开发工作。这是由于在当时中国尚没有形成一个利于中小软件企业发展的资金投入扶持机制和政策造成的，至今仍有许多这样的软件企业没有办法进一步发展壮大。

2. 人才困境

我国软件业的人才困境，突出体现在人才结构失衡。随着总量供不应求这一矛盾的缓和，我国软件人才结构不尽合理的问题进一步凸显，成为我国软件人才体系的突出特点。从经济规律来看，一种工业化时代的产业结构，要求是一个金字塔形的研发人才梯队，软件业不仅仅需要从事基础开发的程序设计员作为智力基础，更需要塔尖的高级研发人才。目前高级软件人才仍是中国软件企业最紧缺的软件人才类型。在这种背景下，中国软件人才的"金字塔"形的合理结构并未实现。我国软件技术人员约有 19 万人左右，此外，还有 30 万人在从事计算机应用、科研与教育工作。但是，我国软件技术人员中 70% 是从事程序开发、技术支持和服务的人员，软件产业发展所急需的系统分析师、架构设计师、高级工程师、项目经理和软件技术工人的数量非常匮乏，无法满足软件产业发展对高层次人才的需求。

高素质的复合型软件人才正逐渐成为软件人才中的新宠。复合型软件人才有两种类型：一种是既精通软件又精通硬件的基础理论和设计技能的人才；另一种是既精通软件基础理论和设计技能，同时又精通其他专业业务和应用知识的复合型人才，这类人才是软件领域与其他应用领域交叉的复合型人才。另外，由于我国的软件产业主要是发展外包模式，这就要求既懂得软件知识又能娴熟地运用外语的复合型人才。

3. 知识产权困境

同其他产业相比，软件行业具有显著的知识性特点。软件产品与一般的实体产品不同，一套软件的实物形态可能只是一张光盘和一些文档。软件产品的价值是由其承载内容决定的，由于实物载体的本身价值很小，因此具有无形资产的特点。同时如同文化著作一样，对于软件产品而言，知识产权的保护十分重要。图 7-6 可以说明专利制度在一项新技术从构思到变成产品进入市场的过程中的保护模式，及创新者的产权欲望和利润驱动所起的作用。

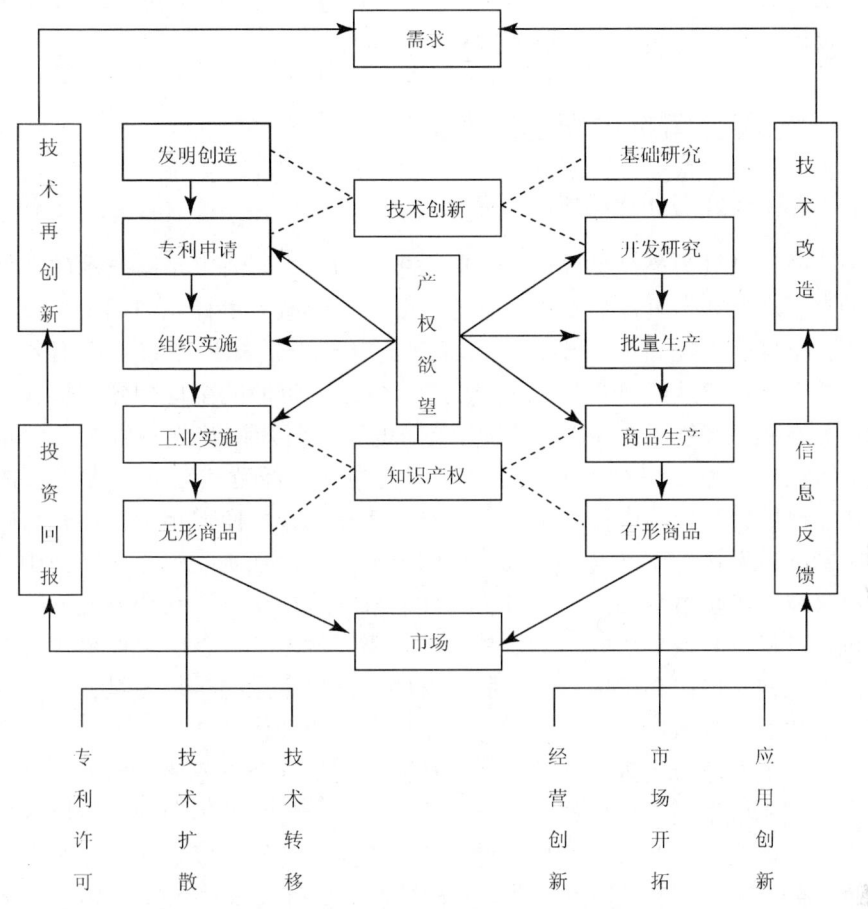

图 7-6 专利制度促进软件技术创新的循环模型

然而，中国软件业盗版现象非常严重，知识产权得不到有效的保护，严重损害了软件企业研发的积极性，软件企业不得不为此背上沉重的包袱。软件企业辛苦研发出软件，还没有在市场上实现产品的价值，为企业发展积累后续资金，就出现大批的盗版软件以低廉的价格冲击市场，软件开发者只能无奈地叹息。软件企业要保持研发创新，不断增加软件的升级开发费用投入，同时却得不到市场相应的回报，使得软件企业缺乏足够的发展动力和资金支持。长期下去，中国的软件企业的研发活动将难以真正快速、健康地成长起来。

国家知识产权局发布的《2006年度中国软件盗版率调查报告》指出，中国软件行业的盗版率已由2005年的26%下降为2006年的24%。报告表明，把盗版软件按市值折算来看，计算机软件和嵌入式软件的盗版率由2005年的40%下降为36%。按当年安装的计算机软件总套数计算，盗版率由2005年的26%下降为20%。但如果按当年安装的收费计算机软件套数计算，盗版率由2005年的

66%下降为63%。单位用户盗版率由48%下降至39%，个人用户由80%下降至78%。可以看出，个人用户的软件盗版情况较为严重。

二、跨国公司在中国的研发活动

（一）跨国公司在华研发的发展

跨国公司已成为当今世界经济发展的主要动力，同时也是新技术的主要开发者和拥有者。目前，全球有6.4万家跨国公司，产值占世界总值的1/3以上，研发投入占全球研发经费的一半以上，拥有全球91%的知识产权。跨国公司的全球经营战略重点已从经济资源的全球配置转向技术资源的全球配置，促成了研发全球化。在知识经济下，R&D作为生产知识和将新知识转化为生产力的重要经济活动，已经成为知识经济的核心。跨国公司本身经营战略和研发投资的全球化，产业链的转移，与中国特定的区位和环境相结合，使近年来世界知名跨国公司在中国的研发投资不断升温。吸引跨国公司在华设立研发中心，将使中国成为全球动态技术进步过程的组成部分。具体而言，体现在以下几个方面：跨国公司研发机构已经成为世界研究与开发领域的主要力量之一，吸引全球最优秀跨国公司的研发机构，可以在中国形成一股能够融入世界主流的科技力量；这些研究机构具有明显的溢出效应，通过外包、与中国合作或者技术转让等方式带动我国研究开发的中下游环节实现跨越式发展，从而提高中国企业整体的研发水平；通过在外资研究机构学到的先进技术和管理经验，中国将培养出一批具有国际水平的研发人才，可以拥有在各个领域的世界级的专家，他们可以参与产业政策和国际交易规则的制定，这将大大提高中国在信息产业和国际技术经济事务中的发言地位。

1993年，跨国公司在华设立的首家研发中心——摩托罗拉全球软件集团中国中心在京成立。1995年，上海贝尔实验室、IBM中国研究中心在中国成立，从而掀起了以世界500强为代表的世界知名跨国公司在华研发投资热潮。SUN、诺基亚、爱立信、摩托罗拉、日立、松下等世界知名跨国公司相继在中国设立研究机构或实验室，而1998年11月微软中国研究院和Intel中国研究中心的相继设立更是将这一热潮推向了顶峰。

随着中国入世，跨国公司在华设立研发中心的步伐不断加快。2007年4月，联想集团大中华区与微软（中国）有限公司在北京签署合作备忘录，联想—微软联合创新中心正式宣告成立。2008年2月，用友软件股份有限公司成为微软全球战略合作伙伴和中国第一家微软全球独立软件开发商合作伙伴。2008年5月9日，央视国际（CCTV.com）与微软亚洲研究院数字新媒体实验室在北京宣告成立。

表 7-3 为跨国公司在京沪两地设立的信息与通信技术领域主要研发中心。

表7-3 跨国公司在京沪两地设立的主要研发中心

研发机构名称	成立时间	投资来源国	所在地	研究领域	组织形式	研发性质
北邮－北电研究开发中心	1994	加拿大	北京	通讯电信	中外合作研发机构	基础研究和应用研究
IBM中国研究中心	1995	美国	北京	计算机	独资研发机构	基础研究
摩托罗拉－计算所联合实验室	1996	美国	北京	通讯电信	中外合作研发机构	应用研究
SUN中国技术开发中心	1997	美国	北京	计算机	独资	适用性开发
联合技术研究（中国）有限公司	1997	美国	上海	信息技术	独资	应用研究
罗克威乐调制解调器技术研究中心	1997	美国	上海	半导体	独资	应用研究
贝尔实验室	1997	美国	北京、上海	通讯	独资	基础和应用研究
Intel中国研究中心	1998	美国	北京	通讯信息	独资	基础和应用研究
微软中国研究开发中心	1998	美国	北京	软件信息	独资	基础和应用研究
诺基亚（中国）研究中心	1998	芬兰	北京	通讯	独资	适用性研究和应用
富士通研究中心有限公司	1998	日本	北京	通讯电信	独资	基础和应用研究
朗讯科技有限公司亚太地区研究总部	1998	美国	北京	通讯电信	独资	基础和应用研究
爱立信通讯软件开发（上海）公司	1998	瑞典	上海	通讯电信	独资	应用研究
西门子技术开发有限公司	1999	德国	北京	信息	独资	应用研究与开发

续表

研发机构名称	成立时间	投资来源国	所在地	研究领域	组织形式	研发性质
松下电器研究开发（中国）有限公司	2001	日本	北京	通信	独资	应用研究与开发
NEC网络软件开发中心	2002	日本	北京、上海	信息	独资	软件开发
阿尔卡特研发中心	2002	法国	上海	电信	独资	应用研究与开发
Oracle中国研发中心	2002	美国	北京	信息技术	独资	软件开发
惠普中国软件研发中心	2002	美国	北京	信息技术	独资	软件开发
戴尔中国产品研发中心	2002	美国	上海	信息技术	独资	应用研究与开发
IONA亚太软件研发中心	2003	爱尔兰	北京	软件	独资	软件开发
eBay中国研发中心	2004	美国	上海	电子商务	独资	应用研究与开发

资源来源：中国国际软件和信息服务交易会组委会. 2008. 2008中国软件自主创新报告. 二十一世纪经济报道

（二）跨国软件研发中心的模式演变

根据商务部调查，跨国公司在华设立研发中心，有46%的企业倾向于建立独立的研发中心，有33%的跨国公司倾向将更多先进技术引进中国进行研发，同时有25%的企业计划扩大在中国原有的研发人员数量，24%的企业选择合作研发。

跨国公司在华设立的研发机构组织模式经历了不断升级的过程。从最初的从属于总部的分支机构发展为实现母国技术本地化的研发中心，再升级为全球性研发中心，成为全球研发一体化的创新网络的重要结点，如图7-7所示。相应地，1996年以前，跨国公司在京沪两地设立的7家研发机构中有6家采取了中外合作、合资的方式，仅有IBM中国研究中心是采取独资方式。而1997年以后，跨国公司在华研发投资基本上都采取了建立独资研究中心的形式。

跨国公司为了统一部署并协调在华各研发机构的研究和开发工作，近年来建立了以研究院形式命名的研究机构，如摩托罗拉中国研究院、爱立信中国研发总院等。这些研究院一方面负责上述协调和安排各在华研发中心的研究工作，另一

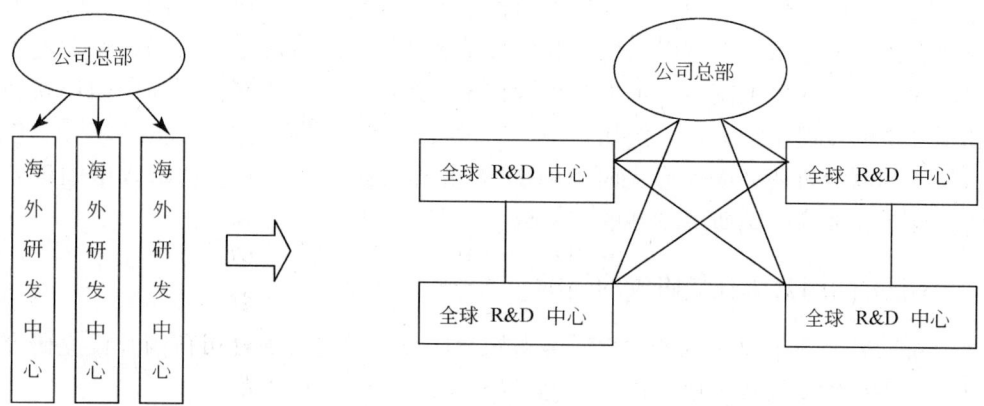

图 7-7　跨国公司 R&D 投资组织模式演变

方面本身主要从事相应技术领域的基础研究工作，研究内容接近于本领域的世界前沿水平。

还有的跨国公司在中国成立研发集团。2006 年 1 月 18 日，微软中国研发集团成立，它是微软在中国长期投入及发展的重要里程碑事件之一，标志着微软在中国已构建出完整的软件创新生态圈，且中国已成为微软在美国以外投资最大、职能最完备、机构设置最全的创新基地。微软中国研发集团由微软亚洲研究院、微软亚洲工程院及分布于北京、上海、深圳的多个产品研发机构组成。集团还特别设立了微软中国研发集团战略合作部，专注于与国内优秀的 IT 企业建立战略合作伙伴关系，在软件外包、技术转让及产品研发等各方面加强合作。集团职能则涵盖了基础研究、技术孵化、产品研发和战略合作等多元领域。目前，微软中国研发集团已拥有 1500 名正式的研发人员。

跨国公司在华设立研发中心以适用性、专用性研发活动为主，创新型和基础型研发活动为辅。跨国公司海外研发机构分为两类：一类是以母国为基础的技术开发，目的是开拓国际市场；另一类是以母国为基础的技术增长，目的是服务本地市场。目前，与早期情况不同的是，部分跨国公司的研发不仅仅是为了服务中国本地市场，这类研发中心除规模较大外，还参与母公司全球研发体系的分工，部分研发中心从事基础性研发工作，研发成果供公司全球研发体系分享。作为微软在美国之外最大的基础研究机构，位于中国的微软亚洲研究院的研究人员一共在国际尖端学术会议及各类技术期刊上发表了 1500 多篇专业论文，并有 200 多项技术已经转化到微软的产品中，同时拥有超过 500 项专利。微软中国研发集团为微软 Windows Vista、Office 2007 和 Exchange 三大旗舰产品贡献了 100 多项创新功能。对于中国消费者，微软特别加入了 80 多项本地化功能，便于中国的消费者更便捷地阅读、识别和打印。

另一方面，跨国公司也更加注重植根本土来构筑和谐产业生态圈，通过吸纳和整合优秀人才来加速创新研发经验的移植和转注，通过对中国市场独特发展状况的研究和体察来定制适合本土客户的技术、产品和解决方案，并为中国创新和知识经济的发展贡献力量。例如，微软通过投资合作、联合创新、人才培养、创新技术和商业机遇分享等形式向国内 IT 企业移植研发经验，主动融入中国创新研发体系，成为中国研发创新的一部分。

（三）跨国公司在华研发的目的

对世界各国企业在海外设立研究机构的研究表明，跨国公司在国外设立研究机构、进行研发投资主要有以下几种目的。

1. 软件产业全球化和产业链转移

当前，全球范围内信息产业的转移、结构调整和战略转型步伐明显加快。软件、集成电路、新型元器件等核心基础产业成为信息产业竞争的关键。全球知名的软件跨国公司通过制定技术标准、控制核心技术、加强产业链整合，不断巩固其在全球竞争中的主导地位，而将外围技术和服务逐渐转移到成本更低、市场更大的发展中国家。中国软件行业应该积极改善投资与研发环境，加大吸引外资力度，提升承接全球产业转移的能力，抓住产业链转移的契机，借此可以正确判断前沿技术发展的趋势，引进、学习软件产业先进技术，加快自己研发新技术的效率，努力追赶国际先进水平。

2. 寻求短缺的软件研发人才

软件企业的核心资产就是软件研发人才。研发人才是企业赢得竞争优势的根本。随着国际竞争的白热化，对高质量研发人才的需求日益加剧。据估计，未来五年，全球信息产业技术人才缺口将超过 50 万。而人才培养需要较长的周期，且供给的数量、质量受到多方面因素的制约，研发人才缺口因而成为很多跨国公司面临的问题。与学校、研究机构的合作只能部分解决这一问题，难以从根本上提高和保持企业的竞争力。而在国外设立研发机构，在世界范围内网罗人才则可以有效解决以上问题。中国研发人才的聪明才智显然是跨国公司在华研发投资所追逐的重要目标。

3. 占领中国本地市场

设立驻华研究开发机构，可以直接获得我国市场的需求信息，开发新产品、新工艺，及时了解竞争对手的情况，及时提供富有竞争力的当地原型产品或先进的工艺技术，占领本地市场。设立研发机构使得跨国公司在当地的技术研究和产品开发具有定位准、反应快、周期短等特点,将大大增强竞争力。这是跨国公司在中国进行大规模研发投资的又一重要目的。

4. 实现跨国企业经营全球化的战略部署

随着经济全球化,跨国公司正向无国界经营方向发展。其核心思想是:①全球经营,即世界上只要具有商业价值的地方,都在其战略规划之内;②公司总部的区位概念逐步淡化,传统以地域为基础的跨国企业观念已打破,跨国企业正在极力淡化国别意识,在投资决策、人事任用上优先考虑全球资源的最佳配置,在东道国则积极推行本土化,树立企业公民形象;③全球化的分工体系,将产品设计和销售放在接近市场的国家,将研发及大型工程放在智力密集的国家,中国既是全球最有潜力的大市场,又是全球一流人才的产出地,自然成为跨国软件公司研发投资的热点。

三、跨国公司在华研发的贡献和启示

(一)跨国公司在华研发的带动作用

在中国设立的各种形式的外资研发中心已经超过 600 家,并且主要集中在京、沪、粤等东部发达地区。北京和上海两地研发机构数量占全国总数的 80%以上。这主要是由于北京、上海拥有丰富的科技人才,雄厚的工业基础和良好的基础设施。在北京市累计设立外资研发中心已近 200 家,其中尤以美国公司居多,这些研发机构主要集中在计算机、软件和通信等高技术领域,其中信息与通信技术(ICT)领域的外资研发机构就有 100 多家,北京已经成为了跨国 ICT 企业设立研究开发机构的首选之地。

随着我国实施西部大开发、振兴东北老工业基地战略,跨国公司的研发机构也开始向西安、成都、大连等地扩散。主要取决于各地的高校和科研机构的密集程度、人才资源的获取程度、科技发展的特色和创新环境、经济发展的速度,以及产业和资源的结构等因素。如南京以其雄厚的人力资源和科技资源,已吸引了跨国公司研发中心 20 余个,如微软、甲骨文、摩托罗拉、西门子、爱立信、朗讯、三星等,最近印度第四大软件企业萨蒂扬宣布其国外最大研发中心落户南京软件园。大连经过激烈竞争,2007 年 3 月吸引了英特尔 25 亿美元的 12 英寸晶圆厂落户,这必将带动大连软硬件共同发展。

中国商务部研究院的《2005—2007 年跨国公司对华产业投资趋势报告》显示,61% 的受调查跨国公司明确表示在未来三年内将继续扩大对华研发的投资。以微软为例,微软中国 2007 年在中国研发投入超过 2 亿美元,2008 财年微软在华研发投入超过 2 亿美元,预期微软未来三年在中国的研发投入将超过 10 亿美元。

跨国公司在华研发投入不仅带动了投资建设,跨国公司的人才战略也为研发的技术溢出带来了新的动力。过去,在跨国公司工作的优秀人才,大致可分为三种:第一种是在中国以外接受教育,并进入当地企业工作;第二种则是在海外接受教育后,在当地工作一段时间或者直接回到中国进入中国分公司;第三种是来自中国本土,并在本土完成知识和经验累计的优秀人才。跨国公司招收这三种人才的方式,基本上可归于"资源掠夺型"。因为,企业并没有参与人才的初级培养,而是与中国本土企业直接争夺成熟的人力资源。

随着全球化和本土化趋势进一步推进,跨国公司开始注重从高校中直接选聘人才。微软亚洲研究院自1998年成立以来,启动了面向亚太区高校博士生、硕士生和优秀本科生的"明日之星"实习生项目。该项目由微软亚洲研究院和国内外高校共同执行,旨在培养高素质的计算机基础研究人才。实习学生进入微软亚洲研究院后深入到每个研究小组进行为期三个月或更长时间的实习。目前,已经有超过2500名来自亚太地区国家高校的学生到微软亚洲研究院实习。2005年10月,教育部正式确认微软亚洲研究院为"教育部-微软产学研合作教育基地"。

目前,微软中国研发集团拥有1500多名正式研发人员,其中绝大多数员工是由中国著名高校培养的优秀人才。微软为这些年轻人架设了具有中国特色的个人发展平台与成长空间,制定了全方位的人才培养战略,投入了大量的资源,以构筑完善、科学的人才培育机制。微软内部设有"丝绸之路项目",即在微软中国研发集团,有潜力的员工将有机会被派至微软美国总部工作,以深入了解微软美国同事的工作习惯以及微软公司的软件开发流程;还有"马可波罗项目",微软中国研发集团从微软雷德蒙总部邀请软件开发、软件测试、项目管理等领域的资深工程人员到中国工作,与员工分享他们的经验、技能、管理技巧和公司文化,组建新的项目团队,加深与美国开发团队的关系。跨国公司的研发机构中,人才本地化已平均达到95%。这证明在人才战略上,跨国研发机构不存在水土不服问题。本地化的优秀员工队伍及管理层更能理解中国消费者的需求,更能帮助企业将一流的科学技术及其成功经验扎根于中国文化,为公司在中国的发展奠定基础。

而跨国公司在中国的各种人才培养计划,也让中国本土公司受益。2002年6月,微软与教育部联合启动"长城计划"以来,近40所中国高校、科研机构参与了这一项目,微软开展的各种学术交流活动达600多场,参加者超过30万人次。2003年以来,微软与发展改革委员会和信产部合作,培训了1万多名软件架构师和高级项目管理人员和100名东北三省的企业信息主管,并举办了各种中高级人才技术培训。到2011年,微软将继续协助中国培养一大批软件人才,特别是世界一流的高端软件人才，包括软件工程专业院校教师、软件工程师等专业骨干软件人才，培训人数将超过 8 万人。

（二）跨国公司在华研发的知识保护和溢出

跨国公司对外直接投资的基础是其技术垄断优势。从这一意义上说，外资企业不会主动外溢技术，培植自己的竞争者，相反，会牢牢地控制住研发活动。跨国公司为防止技术外流、延长技术收益期和强化母公司对全球研发活动的控制，一是倾向于在华独办研发机构，二是实施知识产权战略，其技术转移主要在母、子公司和其全球研发网络内部循环流动。

跨国公司在华研发活动中遵循正常的专利保护制度，中国每年专利申请有半数来自在华的跨国公司。另一半中大部分出自国内高校和科研院所，本土企业只占少数，并且科研与市场明显脱节。而在申请专利中，涉及高新技术的发明专利绝大部分又都来自在华的独资、合资公司。跨国公司在华专利申请从 1993 年后呈迅速上升趋势，年均增长率达 33%，并特别注重发明专利，占申请总量的 90% 以上。2005 年跨国公司在华获得 16 934 件发明专利授权，是 1986 年 341 件的近 50 倍，集中在电子、电器高技术领域。北京市 2005 年 164 家外资研发机构在国内外共申请并获得受理专利 2073 件，平均每 6.2 名研发人员申请一项专利。商务部对跨国公司在中国申请专利情况的调查报告表明，20 世纪 90 年代以后，跨国公司在华专利申请量以平均每年 30% 的速度高速增长。这说明跨国公司已认识到中国是全球的一个主要市场，必须从战略高度上予以重视，并通过获得专利保护来赢得市场份额。

然而，少数跨国企业也开始逐步成为中国自主创新战略的积极参与者和忠实的合作伙伴，为中国创新和知识经济的发展贡献力量。在"打造和谐共赢的产业生态圈"的新思路的指引下，微软从 2003 年启动知识产权许可项目，以更自信、更坚决的态度走上了与中国本土软件产业守望相助、协力创新的"未来之路"。目前，微软已经与合作方达成了 500 多项许可协议，并且还在不断开发新的项目，以便让更多的用户、合作伙伴乃至竞争对手使用其知识产权。微软公司设立知识产权许可项目的目的在于开放微软的重大研发成果及其不断增加的专利和知识产权资源。在过去的两年时间里，阿尔派电子有限公司、微软、富士施乐株式会社、建伍公司、京瓷美达公司、LG 电子公司、日本电气株式会社、北电网络有限公司、Novell 公司、奥林巴斯公司、安桥株式会社、三星公司以及精工爱普生公司等达成了类似的知识产权许可协议，在技术授权方面积极与本土企业展开合作。2008 年 4 月，微软公司和北京百文宝科技有限公司达成有关移动设备文本输入技术的专利许可协议。该专利许可允许百文宝公司将微软的统计语言建模技术运用到该公司面向数字小键盘和触摸屏类设备的下一代文本输入引擎当中，以便为全球移动终端用户提供创新的文本输入使用体验。

（三）跨国公司在华研发的意义和作用

以世界 500 强为代表的世界知名跨国软件公司在中国进行大规模研发投资的动机是复杂的，但又是显而易见的，它是跨国公司全球战略的一个重要组成部分，又着眼于中国的大市场和中国的优秀人才。正因为这样，跨国公司在中国的研发机构目前主要集中在北京、上海两个城市。首先，北京和上海是目前跨国公司中国地区总部的两个最大集中地；其次，北京、上海的本地市场和周边市场都十分庞大，北京和上海是中国人口最多、收入水平最高的两大城市，市场巨大，而且北京周围的华北市场、上海周围的长江三角洲市场容量和市场潜力在中国更是庞大无比，另外，这两个城市历来领导中国消费的潮流，对于要了解中国市场的跨国公司来说，它们无疑是最理想的地方；再次，北京和上海高校云集，又是全国性的人才聚集地，优秀人才众多，人才优势十分明显；最后，北京和上海都适时地出台了一系列鼓励高新技术产业发展的措施。因此，它们成为世界 500 强在华 R&D 投资的首选地。

1. 带来了世界先进技术

技术转让、成立合资企业等形式曾经使很多跨国公司将已经淘汰的产品和技术转移到中国。而跨国公司通过在合资企业开展研发活动，尤其是在华立研究机构，将先进技术国产化，与中国科研机构开展合作，直接将先进技术带进中国。如 IBM 中国研究中心就在 IBM 研究实验室 50 年研究成果和 27 年语音识别研究的基础上，开发出了世界上最先进的中文语音识别系统。中国惠普利用美国的技术和设备建立了自己的研究中心，花费 1 年时间完成了数字示波器的开发与研制，生产的产品被美国海军一次订购 2000 台，接着又完成了电视视角器的研究与开发工作，显著提高了中国在该领域的研究开发水平。

2. 有利于营造高水平的科研人才

跨国公司非常注重对员工进行培训，把提高人员素质视为企业竞争力的关键。中国科研人员基础好，但是缺乏面向市场的能力，跨国公司将这些人才进行市场化培训，在给跨国公司带来丰厚利润的同时，也改善了中国人才的素质。而且，由于跨国公司在华研发机构的负责人一般是出国留学的华人学者（例如 IBM、Intel 和微软在中国的研究院的掌门人都是旅美华人），他们的爱国心很强，也很愿意为中国科技人员的成长尽自己的努力。正如朗讯科技（中国）公司董事长叶祖禹所言："作为一个华人，我在美国的发展是幸运的，我得到过很多人的帮助。现在，我在中国工作，与公司其他领导的任务就是创造一个良好的环境，让每一个员工都有机会去贡献自己的聪明才智，每一天都进行有意义的创造，让他们帮助自己成长，帮助中国强大。"同时，这些机构所提供的优厚待遇和这些带头人的号召力，也对优秀人才产生了极强的吸引力，不但能够抑制人才外流，还能吸引一部分海外华人向中国回流，为中国留住了高素质人才。

3. 引进了先进的研发经营管理经验

中国过去的研发是粗放型管理，只讲投入，不计产出，研究成果市场化程度低。中国研究机构创新能力差，很多是低水平的重复研究。跨国公司的研发投入由于其项目选择的科学性、研发管理的规范性等原因，投入产出效果非常好。它们在华设立研发机构后，中国同行将与这些高手同场竞技，竞争将促进中国研发经营管理水平的提高，中国的研发机构也能在其中悟出一些真谛。另外，从经济学的角度看，跨国公司在华研发投资还存在间接溢出效应：在华研发投入促进了我国企业研发管理水平的提高，我国企业在研发投资经营管理中，通过与世界著名跨国公司同场竞技，竞争将更激烈，将促使中国企业加大研发投入力度，提高R&D管理水平；跨国公司在华研发投入还将促进产业结构转换；研发管理水平提高后，再加上跨国公司在华研发机构的成果，新兴产业将具有更坚实的根基，获得更快的发展，同时老行业也有望开新花。

第三节 软件企业成长的研发需求及研发模式

一、软件企业各成长阶段的研发需求分析

企业成长主要是指企业在规模数量和运行质量上的发展，可以归结为企业综合实力与可持续发展能力的提高，然而提高企业的综合实力归根结底还是依靠本企业的研发实力。

第一阶段，软件企业创业初期的研发需求。软件企业创业初期，规模小、实力弱，前期资金投入少，技术创新能力有限。企业组织结构简单，创业者一人包揽天下，管理不规范，各项制度也不健全。由于企业创办前几年面临的生存压力巨大，主要任务是挖掘市场客户需求潜力，设法把"想法"或智力资本实体化，即让科技成果在市场获得价值认定，实现产品价值。因此，初创期，软件企业成长的关键因素在于技术创新和市场开发。

第二阶段，成长期软件企业的研发需求。经历创业阶段后，具有优秀产品的软件企业逐渐得到社会和市场客户认可，企业研发能力略有提升，前期的成功极大地鼓舞了软件企业进行产品的更新换代或跟踪市场技术潮流的研究，企业基本上能够依赖其研发产品或技术在市场上立足生存。然而，随着企业的成功发展，

必然要面临更为激烈的市场竞争，同时软件的高利润特点促使企业人员、资产和销售规模迅速膨胀。激烈的市场竞争和规模的不断扩张要求企业必须走出狭小的市场空间，因此市场创新对软件企业成长尤为重要。而且，企业发展愿望及市场对产品技术含量要求的不断提高，仅仅依靠模仿追随、加工生产的研发模式难以开拓新的市场领域和获取高额的创新利润，致使企业成长发展后劲显得不足，软件产品技术创新能力有待提升。此外，创业者还须着手管理创新，调整"一人包打天下的经营局面"，将公司由基于创业者个人能力的成长向基于组织管理能力的成长过渡。

第三阶段，成熟期软件企业的研发需求。软件企业渡过了"生存期"和相对高速发展的"成长期"以后，企业产品技术趋于成熟，并具有一定的市场占有率和知名度，业务范围明显增多，销售规模已经达到较高水平，企业组织结构发展为多层次的复合型结构，并开始硬化。企业核心竞争能力基本形成，并初步完成资本原始积累，具备了一定的资本运营能力。但随着企业进入成熟阶段，规模扩张带来了严重的内外部管理矛盾和各环节协调不畅等问题，需要对软件开发业务流程进行重新设计，组织架构和人员考核激励机制也要重新做出适应性调整，此时管理模式创新上升为主导地位。成熟期的软件企业，虽然在一定市场范围内的核心竞争能力基本形成，但是不掌握软件产业链的关键核心技术，就难以领导产业潮流和未来技术发展的走向，不与世界主流行业标准接轨，就只能被局限在国内有限的市场范围内，等待被蚕食或吞并。大力提升技术创新水平也是成熟期软件企业腾飞的要求。

第四阶段，再造期软件企业的研发需求。进入再造期，产品销售增长速度减缓，利润大幅度下滑。企业面临两种抉择：要么继续发展壮大成为行业领袖，企业技术资金实力雄厚，市场竞争地位强大，掌握某个领域核心技能，对产业发展方向、行业标准具有一定话语权；要么"兵败滑铁卢"，产品市场萎缩、经营状况急剧下滑，内部管理效率低下、人心涣散，企业逐步迈向衰亡。经历了要素驱动与投资驱动阶段后，企业处于利润非常薄的时期，只有价值创新才能脱离微利时代的困境，基于技术创新的商业模式创新成为企业继续迈向更高境界的必然选择。即将面临破产、走向衰亡的软件企业，如果要生存发展下去，就必须重新积聚力量，挖掘狭小的潜在市场空间，开始第二轮的自主创新活动。

二、软件企业各成长阶段的研发模式分析

由上可知，软件企业在创业过程中一般要经历四个阶段，创业阶段、成长阶段、成熟阶段、衰退（再生）阶段。由于各个软件企业所处的阶段不同，企业对研发的需求不同，对相关研发模式的支持也有差异。从软件企业的成长路径来

说，它们从创业到成熟过程中抵御外部风险的能力是在不断加强的，也就是说，它自身的条件是在不断改善和壮大的，企业在成熟阶段达到发展的顶峰，因而，在不同的创业阶段，企业即使面临相同的外部环境和内部条件，做出的选择判断仍有可能不同。

（一）软件企业创业阶段研发模式——以模仿创新为主

软件企业在初创阶段，企业研发能力较弱，例如资金缺乏、人力资源不足、试生产能力欠缺，承受研发失败风险的能力也较弱。初创软件企业所生存的环境企业数量众多，生产的都是无差别的产品，处于完全竞争状态，不能像大企业一样拥有众多的资源，可以进行多条战线的工作，小企业本来只进行一个方面的工作就有很多不足，要是将资源分散更加形成不了竞争优势，只有将有限的资源用到最需要的地方，才能在局部形成自己的竞争优势，才能实现一点突破，为将来的发展奠定基础。小型的软件企业只有将有限的研发资金和技术人员放在一个技术方向上，才可能突破其他软件企业的防线，才能生产出更好的产品，实现技术上的创新和飞跃，才能在市场中立于不败之地，才能打出自己的品牌，才能实现质的变化。

创业型软件企业没有能力冒险进行自主创新，应以模仿创新为主。模仿创新是指企业通过学习模仿率先创新者的创新思路和创新行为，吸取率先者成功经验和失败教训，在引进购买、破译其核心技术或技术秘密基础上改进完善并进一步开发，生产出有竞争力的产品与率先创新企业竞争，以确立竞争地位，取得经济效益。一般来说，软件企业应当先选择引进易于消化吸收的研发项目，例如承接软件外包。值得强调的是，软件企业必须在引进消化时充分利用自己已有的技术和经济能力在研发创新上下大力气。因为若长期采取引进消化和跟进，企业在其发展历程中，可能会出现以下两种生存危机：①引进消化和跟进的时机如果无法正确把握，容易导致投资失败；②对于垄断程度较低的产业，过度的引进消化往往会引发过度竞争，恶化企业生存环境，企业很难进一步成长。在实践中，那些成长得好的企业都是在引进消化外国软件产品/项目的同时，努力吸收其中的先进技术，在研发中逐渐增大自主研发的比重，实现引进消化吸收创新，并在引进消化吸收创新的产品/项目中积蓄经济实力。

另外，初创型软件企业可以选择合适的合作创新作为补充。由于小型软件企业的资源限制，要是单独开发软件，只能做很小、很简单的项目，不利于人员的培养、不利于企业的成长、不利于品牌的形成。而且微型软件企业若是自己开发比较大的软件或者自己完全自主创新，则需要投入大量的资金人员，风险巨大，所以要规避风险、争取成功，就要同其他同类型的软件企业或者其他相关单位结成联盟，共同开发新的软件，实施技术创新。还可以考虑与比自己规模大的软件企业合作，分担其中一部分工作，这样不仅可以学到大企业先进的技术，而且还可以学习他们先进的运营管理经验，同样还可以培养人才，为以后企业的成长打下良好的基础。再就是辅以产学研结合创新战略，这种方式是指以企业为主，企业、大学、科研机构以及政府的相关部门为追求发展目标在利益驱动下，运用各种资源相互协作所进行的经济和社会活动，重点在技术创新过程的中游和上游。微型软件企业由于不具备大型企业所拥有的资金优势，不可能自主设立研发中心，或者在高校设立实验室，可以采取项目合作的形式，将要求交给大学等科研机构，提供一定的经费，由它们实行研发，这样合作对双方都有好处，企业可以节约资源，高校可以节约资金，同时可以锻炼人才，申请奖项。

（二）软件企业成长阶段研发模式——以跟随创新为主

成长阶段的软件企业具有一定的资金和人员实力，企业主导产品的市场份额扩大，有了一定的资金积累，企业规模急剧膨胀，人事安排频繁，管理和组织结构开始复杂化。软件企业在成长阶段的目标是求得进一步的发展。在现代经济中，科技不断进步，软件产品不断更新换代，企业只有不断推出更新、更好、更受顾客欢迎的产品，才能在市场中立足。对于微型软件企业，所有的研发投入对产出都有明显的影响，特别是对出口来说，研发的投入对中小软件企业的出口是所有企业中最为显著的，这也比较符合中国的现状，因为在中国的外包大军中，是以中小企业为主的。从统计分析看，中小型软件企业比较适合做外包，因此要从两个方面来进行研发模式的选择分析，一是外包型企业，二是主要做国内市场的企业。

外包型的软件企业主要是根据国外的软件需求来进行设计开发，它们与一般的软件企业是不同的，主要是核心的东西掌握在国外企业里，大部分软件的构架设计都是由国外企业完成的，这种企业只是充当国外企业的一个生产作坊，主要是从事软件开发工作，自己不拥有软件产品的知识产权。所以从统计分析上看，研发的投入对产出有一定影响但不是很大，也就是说这种企业的技术创新看似没有什么作用，但是要想实现企业的成长，要想真正做强，将竞争对手甩在身后，必须要有自己的核心竞争力，要有自己的战略特别是技术创新战略。外包型软件企业应主要采取合作创新模式，再辅以自主创新、引进消化吸收和国际化。做软件外包的企业处处受制于国外企业，所以一旦国外的企业有什么变动对企业的影响会很大，必须要有自己的应对策略。由于从事外包的企业一般的利润都比较丰厚，所以会有较好的资金，可以招聘到比较好的人才，所以可以抽出一定的资金、人力进行自主研发。由于企业跟国外企业合作，所以有机会学习国外的先进经验，可以以低成本培养人才。做外包不能只是简单地完成任务，可以对国外先进的技术进行引进同时利用，在此基础上对其进行研究消化，转化为自己的东西，可以利用合作关系对产品加以改进创新变成自己的东西，只有这样才能真正做强做大，不断地成长。由于主要市场在国外，所以具有得天独厚的优势进入国外市场，对国外的市场相当熟悉之后可以采用国际化的技术创新战略，将研发中心和市场分开，一个在国内一个在国外，同时运用国际化的运作方式进行技术创新，争取能够独立承担国外项目，这样就可以越过很多障碍，成为具有国际化水准的企业。

主要市场在国内的成长阶段的软件企业与外包企业有很大的不同，它们一般都有自己的核心技术，同时处于不断的发展壮大中，而对于做国内市场的中小型软件企业来说，相对大型企业是小企业，对微型企业来说又是大企业，这样产品不容易定位，虽说具有自己的优势，但也有诸多不便之处。通过以上的分析，宜采用跟随创新为主，产学研结合创新、模仿创新与自主创新为辅的技术创新模式。中小型软件企业虽然说资金、人员等有了很大的进步，但是相对整个软件行业来说还是不够的，而且中国的软件企业不掌握软件核心技术，比起国外的同类软件企业来说还是很小的，可以学习大型软件企业和国外企业。由于中小型软件企业人力资源相对丰富，为了能够跟上市场的步伐，单纯采用模仿创新是不行的，这样要比其他企业节奏上慢半拍，处于被动挨打的地位。为了能够缩短创新时间，规避风险，跟随创新是很合适的战略选择。在领导地位的厂商推出新产品之后，迅速跟进推出自己的创新软件产品，这样可以保持原先的市场不被蚕食。而且如果产品质量过硬，满足用户需求，还可以迅速占领市场。成长阶段的软件企业具有一定的市场规模，有了一定的积累，资金流动加快，现金流增加，所以不应该只是在别人后面走。模仿创新不是长久之计，在学习模仿的同时，抽出一定的人力物力进行自主创新，结合自己的经验和新技术，对原有软件进行升级换代，重新设计创新势在必行，否则企业本身的成长就面临瓶颈。企业本身的发展不只是为了赚钱还要有长远眼光，要做大做强就必须有核心竞争力，有自主创新能力。

（三）软件企业成熟阶段研发模式——以自主创新为主

在成熟阶段，软件企业积累了一定的实力，要获得进一步的发展，使自己在竞争中立于不败之地，就需要开展原始创新。纯粹引进消化吸收的产品不可能具有很强的竞争力，软件企业仅靠引进消化吸收也不可能获得好的成长。此外，技术的突飞猛进对软件企业自主创新也提出越来越高的要求。即使是实力雄厚的大企业也会面临资源短缺的问题，单个企业依靠自身的能力取得自主创新的成功越来越难。因此，软件企业在进行重大技术创新时，应积极谋求与其他软件企业以至于与竞争对手的合作，在更大范围内合理分配和使用资源，实现资源共享、优势互补、资金分摊和风险分担，共同完成研发、试制、生产及市场开拓的任务，从而缩短创新周期，降低创新风险，提高创新成功的可能性。

成熟的软件企业经历多年的发展，积累了丰富的经验，具有雄厚的技术实力，因此它们应该采用的首选模式是自主创新，同时辅以模仿创新和跟随创新、合作创新、产学研结合创新和国际化创新战略。成熟型软件企业竞争对手比较少，但是竞争对手的实力非常强大，特别是国外厂商，相比而言具有更多的资金和人力资源技术优势，而且他们已经占领了部分国外的市场，国内厂商必须利用自己的本地化优势，进行自主创新，否则没有自己的拳头产品。只是简单的模仿，不利于企业品牌的树立，不利于进一步的成长，尤其是应用软件提供商最应该实施自主创新战略。

对于部分成熟型软件企业，由于竞争对手强大且产品又是通用化软件，最好选择模仿创新。如办公软件，由于微软控制着核心技术，而且用户的习惯已经形成，要是采用全新的自主设计会使得用户无所适从，不利于打开占领市场，所以金山的WPS新版就是采用这种战略的成功典范。处于行业中次要地位的软件厂商，可以采用跟随创新，在领先企业推出创新产品后，及时跟进，以保持现有市场。另外，采用合适的合作创新模式，可以发挥自己的优势，用有限的资源控制更大的市场，跟许多小企业结成战略合作伙伴关系，将一些软件分包给它们，不仅可以节约人力物力，还可以保持对本领域的控制权。产学研结合对成熟型软件公司来说又是一个新的方式，可以跟科研单位共建实验室，优势互补，同时可以采用自主办学的方式，使自己的创新成为行业的标准，从而确立自己的市场地位。

（四）软件企业衰退（再生）阶段研发模式

在衰退阶段，软件企业的发展前景可能通过变革获得再发展，可能更趋向成熟、稳定，也可能由于不适应环境的变化而走向衰亡。为了避免过分地依赖正式规章制度和刻板的手续，软件企业必须培养管理者和各部门之间的合作精神，通过团队合作与自我控制达到协调配合的目的。另外要进一步加强软件企业的弹性，采取新的变革措施。软件企业在衰退阶段的研发战略有两种选择：①通过技术上的原始创新，集中资源，内生新的技术创新点，使企业从一条生命曲线过渡到另一条上升曲线；②将企业引导至新兴产业，用现有资源，用引进消化吸收创新或集成创新战略，使企业转入新的竞争环境中。

综上所述，软件企业在其生命周期的不同阶段会采取不同的研发模式，这主要由软件企业各阶段的技术、资金以及其他资源条件决定。一般说来，在软件企业新生期及成长初期，因为资金缺乏、技术积累薄弱、研发条件有限，会倾向于采用投入少、风险小的引进消化吸收研发模式；在软件企业的成长后期及成熟期，因为资金充足、技术积累雄厚、研发条件优越，倾向于采用投入多、风险大而收益丰厚的原始创新研发模式。这时的企业要成长得更大更强、使自己能经得起国际市场的风吹浪打，还必须重视全球化集成创新。而集成创新是软件企业在任何时期都应积极谋求的，以使自己享受到共生经济。

我们所得出的结论并不是终结性的，只是在众多因素中挑选一些最重要的因素作为研发模式选择的依据，以供读者参考。企业还可以根据不同的软件产品/软件项目进行不同的分析，得出不同的结论。总之，企业在选择研发模式时，最重要的是企业结合自身及所处环境的具体情况进行具体的分析。

三、关键因素分析

软件企业的研发存在着极大的复杂性和极高的不确定性。软件企业成功的研发投入对企业成长的作用与贡献主要表现在三个方面：企业研发战略、市场导向性与项目的选择、最终用户的广泛参与。

1. 企业研发战略

企业研发战略是企业战略的重要组成部分，其内容主要包括企业研发远景规划及方向、研发活动的重点、技术来源等，这些方面决定着企业研发的效益。一般来说在软件企业中，企业研发战略一般分为技术领先战略、技术跟随战略以及技术补缺战略等形式。一个软件企业其研发战略的选择是否符合本企业自身的发展战略也是决定其研发成功与否的重要因素。如果一个企业选择了技术领先的战略，则必须注重本企业研发实力的培育，在研发人力方面进行强大的投入，积极吸引顶尖的软件开发人才，创造一个有力的研发团队，只有这样才能保证企业在技术上的领先地位。如果作为一个技术跟随型的软件企业，必须使本企业的研发实力能够跟上软件技术进步的步伐，培育一个相应的研发团队，或保持与其他软件企业的合作活动。一旦确定企业的研发战略之后，就要结合市场与企业的资源，进行有效的整合，产生企业整体的最佳效益。例如美国的微软公司，其最早开发出的 DOS 系统并不比同时期的同类产品性能优越，但是微软公司在向 IBM 出售 DOS 系统时，仅收取很低的转让费，并且在授权使用上不具有排他性，使得 DOS 系统很快占领市场。占领一定的市场后，微软又通过不断的技术创新来更新升级版本，利用技术产业化的外部效应来实现市场的垄断。所以说软件企业的研发战略必须要同市场战略结合起来才能取得极大的成功。

2. 市场导向性与项目的选择

软件企业的研发活动应该以市场导向性为基础，其目的是通过研究与开发新技术或新产品满足不断增长与变化的市场需要，以求得企业的持续发展。软件研发项目的选择是由市场决定的，在确定一个准备开发的软件项目时，不但要了解市场现在的需求，还要有能够预测未来市场需要的能力。因为研发活动有滞后效应的特点，一般来说，研发的成果不是在当时就可以显现出来的，而是在市场上投放一段时间后才能显现出来，有一个投入产出的过程。所以对市场需要的预测能力就显得非常重要了。另外，软件项目的选择对企业的发展有着极大的风险，一旦一个软件项目选择错误，软件企业就要面临着极大的亏损。这些风险主要体现在市场需求的变化、竞争者新技术的产出和项目能否开发成功等方面。所以说，软件市场的预测能力、项目开发的风险控制能力以及项目的选择对于软件企业研发的经济效益有着直接的关联作用。

3. 最终用户的广泛参与

在软件企业的研发中，最终用户的参与对软件项目开发的成功起着很重要的作用。较早的客户参与能够及时地阐明客户的需求，可以防止在后来的阶段进行返工。世界领先的软件公司正在将越来越多的资源倾注在用户参与上。例如微软就有它自己的工艺性试验室，其作用是用来观察和记录对终端用户所作的测试。在不同的软件企业中，需要用户参与的程度也是不一样的。一般来说，专业服务公司比软件产品公司需要更强的用户参与。此外，在项目过程中，用户需要做出许多的决定，他们影响软件开发的日程、开支或功能。密切介入软件开发的用户能更理解其决定的含义，而且通常可以做出更快更好的决定。在很大的程度上，客户的满意度会随着与研发部门的紧密介入而显著上升。在研发的过程中，如果失去了与最终客户的紧密接触，常常会使软件产品进行大量的返工或修改。这不但浪费了巨大的研发成本，而且会使客户逐渐失去对该软件企业的信心，从而影响该软件企业的发展。

第八章 软件企业成长的融资模式

第一节 软件企业的融资模式

一、软件企业融资的动因

人才、市场和资本是组成软件产业的三项战略资源。从中国的现实国情出发，在市场方面，中国市场要素要优于印度，印度内需市场很小，美国软件产业之所以能发展起来，就是因为它有庞大的国内市场。中国的软件市场将长期处于增长态势，在未来为软件企业提供了广阔的发展空间。在人力资源方面，中国拥有充足高质量的人力资源，印度每年培养出50万软件人才，但是其中来自高校的只有7万，中国目前共有35所教育部认定的国家示范性软件学院，国内高校每年培养的软件人员有20万人。同时，国内企业的软件人才需求也在不断地为人才供给提供就业支撑。以用友为例，2006~2007年，用友的员工数量增加了30%，到2007年底，用友公司员工数量达到7000余人，同时配套的上下游伙伴也有5000余人。尽管在软件行业人力资源管理中还存在人才的结构问题，但这是要靠发展才能解决的问题。局限于整个行业的发展时间较短，所以中国软件行业会缺系统分析人员和项目管理人员，这些问题随着发展可以解决。但是，对于软件业来说，资本问题是一个关键性的问题。通过融资获得资金、解决企业生存和发展中的资金难题是企业运营的一个重要方面。融资的目的是为了充实资本实力，增强企业抗风险能力，为企业扩大再生产创造条件。在众多中小企业的发展历程中，通过融资迅速增大自身规模、经过资源整合获得规模效益的例子屡见不鲜。此外，融资也可使原始股东获得价值增值。

对于软件企业来说，融资对于企业成长的迅速推动作用尤为突出。通过融资可为软件企业获得充沛的现金支持，为软件产品的研发、生产、品牌推广、市场推广、销售等提供有力的资金保障，这是与企业长远发展战略密切相连的。从国外经验来看，一旦突破融资瓶颈，软件企业就会迅速发展壮大。由于中国软件企业自有资金和自我积累严重不足，融资同样是中国中小软件企业获取资金的主要渠道。如何为中国中小企业创造一个较为可行的融资环境，促进其健康快速发展，也已成为当今软件企业发展研究的一个重要问题。但是软件行业是一个高投入、高回报、高风险的成长性极强的行业,由于种种原因面对软件企业的融资渠道还不是很通畅。即使很多中小软件企业有很好的创新意识和智力资源,但是没有通畅的资金来源,就无法将创意转化为商品到市场中去流通,更无从谈发展和壮大。

对于软件企业而言,产品所包含的意义很广泛,编程完毕,软件上市,并不意味着产品的真正完成。它必须在市场上获取一定的商业利益,并通过实际的应用不断完善,继而整合为一套完整的解决方案,最终被广大用户认可、使用。直至此时,软件产品才真正体现出它的价值所在。由于规模偏小,同时缺乏资金的支持,很多企业较难涉足高投入、高风险和长周期的高端软件产品,企业的生产水平和开发能力也长期得不到提升,在软件产品的开发上缺乏长期战略,技术创新能力和抗风险能力因而降低,开拓国际市场更是难度极大。

中国软件业发展的重要制约因素之一就是软件产业与资本市场相脱节,二者没有有机地结合起来,更谈不上金融创新。传统的金融工具对中小软件企业这样的"二高企业"从制度上来说就是抵触的,如银行贷款需要抵押,而软件企业的主要投入是人力资本,与传统制造业相比,固定资产折旧年限短,而且固定资产数量也不能达到银行要求,所以难以获得资金支持。由于软件企业人员流动性大,所有制结构松散,固定资产较少,因此,虽然软件企业是高收益企业,但同时软件企业的高风险性对银行的风险管理提出了比传统产业贷款的风险管理更高的要求。在信息不对称的情况下,由于容易发生逆向选择和借款申请人的道德风险,使市场信用中介——银行不敢轻易涉足软件行业,软件企业普遍存在融资渠道不畅、贷款难的现象,而这无疑直接制约了软件企业承接订单的能力。自从2000年6月国务院颁布《鼓励软件产业和集成电路产业发展的若干政策》以来,软件企业的融资环境有所改善,民营软件企业上市也有了突破性的进展,软件企业资金短缺的"老大难"问题也有所缓解。但是,中国软件企业至今还没有从根本上解决资金的来源问题,资金短缺依然是阻碍软件企业发展的一大制约因素。如何拓宽软件企业的融资渠道,使企业的软件研发和产业化具备充足的资金保证,成为制约中国软件行业持续发展的一大"瓶颈"。

二、软件企业融资方式

资金是企业发展的必要条件,对软件企业来说更是如此。软件产业是中国的战略性产业,技术进步发展速度快,新产品新技术研究投入巨大,尽管企业利润较为丰厚,但是积累的资本不可能满足技术更新和扩大规模的需要,因此,资金短缺是软件企业经营和发展的严重障碍。值得注意的是,尽管软件企业发展需要资金,但对企业来说,资金却是一把双刃剑,用好了会降低企业融资成本,加速企业产品成长，提高企业长期价值；用不好则会提高企业融资成本，损害企业的长期价值。

总体而言，软件企业可通过直接融资与间接融资两种方式筹集资本。所谓直接融资是资本的供给方与需求方直接见面融通资本，如上市公司通过发行股票在一级市场筹集资本等。通过直接融资形成的资本其风险往往由资本的供给方即投资者承担。而间接融资是资本的供给方与需求方在融通资本时通过中介机构进行，如通过银行中介机构存款者将资本贷给借款者。通过间接融资形成的资本，其风险往往由融通资本的中介机构如银行承担。以风险为依据，融资方式可分成五大类。

创业资本：创业资本是一种股权资本，又细分为风险资本与产业资本，属于直接融资的范畴。尽管创业资本都追求高风险、高收益，但比较而言，风险资本看重的是资本的直接增值潜力，而产业资本看重的是投资的项目与原产业的整合所带来的增值潜力。追求项目的高成长性与高盈利性是创业资本的本性。在承受可能遭受较大损失的情况下，风险资本在所投资对象（即项目）处于成长期或成熟期（一般在成熟期）时，通过上市等股权转让方式收回投资，取得高额回报。与风险资本不同的是，产业资本投资的对象一般通过产业整合的方式消化、吸收，变成企业发展中一个有机组成部分。

创业板资本：创业板市场即平常所说的二板市场，创业板资本是一种股权资本，追求的是上市公司高成长性带来的资本增值收益，属于直接融资范畴。高科技产品通过创业资本等的培育，当显示出较好的市场前景时，可通过上市从创业板筹集资本，获得进一步发展。

主板资本：主板资本也是一种股权资本，追求的是较高的红利收入，属于直接融资的范畴。在主板上市的企业是比较成熟的企业，由于企业生产的产品或提供的服务的成熟性，所以，企业上市后，投资者通过购买这些企业的股票而形成主板股权资本，其承受的投资风险比创业资本、创业板资本要小一些，相应的投资回报也会小一些。

公司债券：公司债券是一种债权资本，追求的是固定利息收入，属于直接融资范畴。企业上市后就成为公众公司，对公众公司来讲，要随时披露关于公司经营状况的重大信息，这在一定程度上会影响企业经营，另外，企业上市后，会导致股权分散，影响公司的控制权。鉴于此，西方许多公司不愿意上市，而愿意发行公司债券。

银行贷款：银行贷款是一种债权资本，追求的是稳定的利息收入，属于间接融资的范畴。企业从银行获取贷款，筹集满足企业发展需要的资本，这是企业筹集资本的传统方式。

三、企业发展不同阶段融资模式的差异性

对软件企业来说，不仅要根据不同企业的具体情况，采取不同的融资方式，而且还要以企业发展不同阶段为基础，选择最合适、最有效的融资方式或者方式组合。从企业生命周期角度吸收融资是一种可采纳的标准，软件企业的生命周期一般由产品的生命周期决定。与其他高科技企业一样，软件企业的生命周期一般可分为种子期、初创期、成长期、成熟期和衰退期等五个阶段。软件企业在这五个阶段中表现出的特点是不一样的，相应地，对资本的需求也是不一样。

种子阶段：在种子阶段，项目或者产品还只是一个"想法"，这个时期，创业者要把自己的"想法"变成一种具有使用价值的产品，一般靠自有资本，或者合伙，或者通过非正式的融资渠道筹集资本。

初创阶段：在种子阶段的基础上，创业者为了实现产品的价值，着手创立企业进行生产。在该阶段，企业没有经营记录，而且失败的可能较大，银行不愿意贷款。另外，发行股票条件也不成熟，此时，创业资本进入比较合适。

成长阶段：在经过初创阶段之后，企业生产的产品逐步得到市场认可。在该阶段，由于企业经营业绩日益得到体现，企业获得资本的渠道增多。在该阶段，企业可以向银行申请贷款，申请创业板上市，也可以进一步引进创业投资。

成熟阶段：进入成熟阶段，企业经营业绩比较平稳，经营活动中各种风险减到最低限度，企业可以通过银行贷款、主板上市、创业板上市等多种渠道筹集资本，满足企业发展对资本的需求。

衰退阶段：进入衰退阶段，企业原有的产品已经不能适应用户要求，将逐步被市场上新产品淘汰掉，企业要生存和发展下去，必须开发新产品。新产品的研发费用可以利用企业积累的自有资金获得，或者可以通过创业资本筹集。

资本是企业发展的基础，但这并不意味着资本越多越好。从上面的分析可知，企业产品发展的不同阶段对资本的需求量是不一样的，不同渠道的资本对企业风险的偏好也是不一样的。因此，企业应该根据自身发展的要求筹集适量的资本，不能贪多，这样有利于提高资本的使用效率。

第二节　软件企业融资的国际经验

一、多层次的资本市场

众所周知，美国是信息产业的发源地，美国硅谷走出了许多令世界瞩目的成功的软件企业，因而其推动和发展软件企业的一些经验值得思考和借鉴。大批高

新技术的中小企业之所以能够诞生和崛起,与美国独特的金融制度是分不开的。美国金融制度的独特性主要表现在两个方面:其一,是以创业板(二板)市场为主要退出机制的风险融资制度;其二,是以股权融资为主的宏观金融体系与微观企业所有权结构。这才有了美国高新技术的迅猛发展,并造就了美国的新经济。

图 8-1 展示了多层次的美国资本市场。美国的资本市场体系比较完善,不仅有全国性集中市场(主板市场),纽约证券交易所、美国证券交易所和纳斯达克市场(NASDAQ),这三个全国性市场的公司上市条件依次递减,公司依自身规模、特性可以选择。同时还有区域性市场,如太平洋交易所、中西交易所、波士顿交易所和费城交易所等地方性市场,主要交易区域性企业的证券和本区域在全国性市场上市的公司股票。此外还有小型地方交易市场、未经注册的交易所,由美国证券监督管理委员会依法豁免办理注册的小型地方证券交易所,主要交易地方性中小企业证券。全国性的小型资本市场(二板市场),专门针对富有经验的机构投资人而设立,为那些中小型高成长的企业上市融资服务。全国性的场外交易市场(未上市证券市场)专门为未能在全国性市场上市的公司股票提供一个交易的场所。这些市场之间具有升降的互动关系,如图 8-1 所示。

图 8-1 多层次的美国资本市场

不同层次性的资本市场,使得不同规模、不同需求的企业都可以利用资本市场进行股权融资,获得发展的机会,这无疑有力地推动了美国经济的创新与增长。从风险投资发展历程来看,基本上是以民间市场的力量为主体,政府并不干预具体运作,政府的作用主要表现在制定游戏规则、规范市场行为、引导投资方向、提供优惠政策、鼓励研究开发和培养引进人才等方面。

二、中小企业的融资优惠

美国是世界上较早通过立法，设置专门的政府机构来着手解决中小企业问题的国家。为小企业提供融资支持，美国国会于1953年通过了中小企业基本法（Small Business Art），按法规规定，当年成立了联邦中小企业管理局（Small Business Administration，SBA），其主要职能为：向中小企业提供贷款、技术和管理支援等，并保护中小企业的其他利益。美国政府一般不向小企业直接贷款，以小企业管理局（SBA）作为小企业的借贷担保人，提供各种不同形式的借贷担保。全国性小企业信用担保体系由美国联邦小企业管理局及其在全国各地的96个办公室直接操作，一般是采取选择协作银行，以直接担保和受信担保方式进行的。在全美共有7000家商业银行参与了全国性小企业担保体系，并成为协作银行。同时还有由地方政府操作的区域性专业担保体系和社区性担保体系，后者主要是帮助社区内的贫困人口通过创办小企业实现脱困。小企业管理局还制定小企业投资计划，设立了属于民间性质的小企业投资公司（SBIC），向具有发展潜力的小企业进行证券投资、长期信贷以及在经营和融资方面的指导。政府的"美国进出口银行"开设独特项目，向出口型小企业提供信用和风险担保。

美国政府为小企业提供优惠的财税政策。20世纪80年代初期，宣布了一系列鼓励和保护中小企业的政策措施，包括：在税收和贷款方面给予特别的优惠；简化小企业申请贷款方面的手续，缩短审批贷款的时间；鼓励私人对于小企业经济管理和发明创造方面的支持和帮助；通过各种渠道，使联邦政府能够及时听到小企业的声音；支持中小企业开拓国际市场。在税收方面给予小企业特别的优惠，实行有利于小企业发展的累进税制，专门颁发促进小企业发展的税务计划，国家税务总局提供6个月的纳税限期。国家还先后制定了《小企业融资法案》（1953）、《小企业投资法》（1958）、《机会均等法》（1964）、《小企业经济政策法》（1980）、《经济复兴税法》、《小企业技术创新开发法》（1982）、《准时付款法》（1982）、《加强小企业研究发展法》（1992）、《中小企业开发中心法》、《扩大小企业商品出口法》等一系列法律，来支持小企业发展（高煜等，2004）。

美国小企业管理局免费向小企业提供自己编辑出版的有关小企业生产经营管理的业务资料和手册，在全国各地设立了近60个"小企业发展中心"网络，为小企业提供管理和技术方面的辅导。小企业管理局从1964年组建"退休经理人员服务团"，目前在全国上千个城镇都有这样的志愿人员为小企业提供免费咨询。小企业管理局还开发大专院校和私人机构的资源，和它们签订合同，成立由政府提供费用的小企业发展中心，免费为小企业提供咨询，办培训班。对小企业提供技术和管理支援的还有小企业研究所。

美国不仅通过法律规定要求政府采购小企业的产品，而且制定"出口推动计划"帮助小企业开拓国际市场。进出口银行、国务院、美国贸易与开发署、美国小企业基金会、出口法律服务网络以及美国质量管理协会也都提供积极的帮助。给小企业提供出口方面信息和咨询的还有由各个地区出口委员会组成的网络，它们与学校、银行、商会和小企业管理局协同组织有关出口的研究班、案例分析会和讨论会等。

三、印度软件产业的融资模式

同属发展中国家的印度在软件业发展上的成绩也令世人瞩目，与之相比较也有很多经验值得借鉴。印度政府十分重视发展软件产业。从1991年开始，印度政府发布文件大力扶持软件行业，实施零税负，同时软件和服务公司的银行贷款拥有"优先权"，由此引发了印度软件行业的一场革命。1998年，印度政府组建以总理为组长的"国家信息技术特别工作组"，向政府提交了"印度信息技术行动计划"。该计划在税收、银行贷款、风险投资和基础建设等方面采取了系统、全面的促进措施，倾力为软件企业提供政策支持。融资优惠政策包括设立信息技术产业风险投资基金；允许上市软件企业进入国内外资本市场进行融资；允许外资对软件技术园区内的企业100%控股；放宽对20大软件出口企业的融资额度和收购额度的限制等。

来自"印度风险基金投资委员会"（IVCA）的数字表明，软件业的投资占到全部到位资金的19.8%，仅次于占23.5%的生产机械工业。据风险投资研究机构分析，风险投资家2007年在98笔交易中向印度投资5.43亿美元，投资总额稍微高于2006年，2006年的94笔交易吸引了大约5亿美元。2007年，50%以上的风险投资额小于500万美元，包括23%的投资额低于200万美元的门槛。对于风险投资来说，印度仍然是获得良好增长的乐土。在印度，IT以及IT服务仍然是投资者偏爱的领域，65笔交易吸引了大约3.77亿美元的投资。成立于1999年的ChrysCapital拥有22.5亿美元资金。这家投资公司也是成功地从风险投资转向PE成长基金的代表性投资机构之一。ChrysCapital是印度第一家进行基建相关服务行业投资、第一个进入私人银行业的投资公司。印度排名前5位的私人银行，有两家获得了ChrysCapital的投资。ChrysCapital敢为人先的作为也带来了良好的回报，如对私人银行YesBank和风能公司Suzlon的投资均为其带来了13倍以上的回报。Sequoia Capital India是印度最活跃的风险投资公司，2007年成交9笔投资。它的投资对象以软件企业为主，其中包括从事外包业务的公司Pangea3以及Digital Signage Networks公司。

中印两国的风险投资机构在投资领域的选择方面也有很大的相似性。根据中印两国的研究机构发布的报告，TMT、传统领域、服务领域均受到两国私募和风险投资者的共同青睐，投资额度比例和投资案例均列在前 3 位。当然其中投资策略也有差别，由于印度的资本市场起步较早，很多规模较小的公司也可以上市，在印度市场上有 9000 余家上市公司，其中 5000 家是有活跃成交量的，因此不同于中国的是，在印度 VC/PE 投资的上市公司占到了很大的比例。而且，因为印度代代相传的家族企业较多，对买断型、并购型的基金接受度较小，成长基金则有更大的发展空间。

第三节　中国软件企业融资现状

一、中国软件企业的融资困境

中国的高新科技园区是在模仿美国硅谷模式中发展起来的，当然与硅谷相比，中国的差距还很大。硅谷为什么会取得这么巨大的成功呢？如果把硅谷的成功因素进行分解，那么，科技基础、研究能力、人才、资金是最主要因素，但硅谷的成功并不是这些要素的简单组合。实际上，美国的许多地区也具备与硅谷相似甚至更优越的发展高科技产业的基本条件，但它们经过前期一段时间繁荣之后落伍了。硅谷的成功在于它建立起了以敢冒风险、勇于创新的"企业家精神"为核心的"硅谷文化"，而支撑硅谷"企业家精神"的重要手段就是高效的融资机制。一方面，硅谷地区有超过 200 家的风险投资公司，风险资本总量占全美的 35% 左右，为创业者提供了充足的资金保障。据美国风险投资协会称，仅 2008 年第一季度，硅谷吸引到的投资总额就达到 25.8 亿美元，居全美第一。另一方面，纳斯达克股票市场为硅谷创业公司创造了上市融资的有利条件，同时也为风险投资提供了退出渠道。

硅谷的迅猛发展与资本市场是分不开的，资本市场刺激了投资，导致新技术类公司大量增加，同时风险分散也增加了企业发展的稳定性。美国发达的资本市场依靠大量民间资本支撑，对高科技产业发展起重要作用的是民间资本。而在中国，如果说过去曾有准风险投资存在的话，也是一个由政府和银行为主体的风险投资，而政府与银行的投资只是具有风险投资的某些行为，而没有风险投资的规范运作。因此，虽然对科技成果转化投资逐年增加，但成果转化率未见明显提高，科技与经济脱节的矛盾依然突出。

实际上，在中国，对包括软件企业在内的高新技术产业的投资从来就没有像美国一样被演化为一种规范的社会化的风险投资行为，而是长期依靠企业自我积累、政府投资和银行贷款发展高新技术产业，从而形成一种高新技术产业与社会民间资金相隔离的封闭的投资融资体系，以致使中国的风险投资面对 6 万亿民间储蓄存款而"望洋兴叹"。即使在中国的科技园区里，也主要是依靠"三大资金来源"发展高新技术产业。根据国家统计局数据及《中国民营经济发展报告》，2005 年，内资民营经济在 GDP 中的比重约为 50%。尽管私营经济的作用越来越明显，但其在中介融资中的份额仍十分有限。私营部门的蓬勃发展与其使用中介融资的限制之间的矛盾表明，如果私营部门不能拓展其融资渠道，可能将无力维持现有的增长速度。软件企业大多都属于私营企业，虽然发展潜力巨大，前景广阔，但是受资金不足约束的现象更为严重。目前，沪、深两市以软件和系统集成为主营业务的上市公司共有 21 家，其中东大阿派、天大天财、亿阳信通、南天信息是通过首次发行直接上市的，其他如托普软件、创智科技、青鸟天桥、科利华、新太科技、齐鲁软件、新宇软件都是通过买壳上市的。上市的几家软件企业成立的时间都比较早，实力雄厚，而其他大部分软件企业还都面临着资金短缺的困境。

传统的银行融资关系中，从借贷方银行的角度来看，一来随着金融改革步伐的加快，中国商业银行的商业化程度不断提高，过去那种"首长贷款"、"关系贷款"和"拍脑袋贷款"的现象减少了，银行更加重视项目的收益性和安全性。从融资对象企业来看，由于中小软件企业的主要资产是人力资源，是软件工程师头脑中的智慧，固定资产相对不大，90% 的资产是无形资产。而软件工程师的流动率可能是很高的，所以中小软件企业的价值可能会随时发生很大的变化。加之研究开发方面所表现出的不确定性风险、IT 产品投资分析风险、IT 产品市场风险等，使得软件企业的风险比其他任何行业都要高。根据国内外的经验统计，IT 业（尤其是软件产业）的成功率很低，特别是在企业的孕育阶段，失败率甚至高达 90%，并且 IT 形成产业化的周期较长。

因此，商业银行对于中小软件企业的贷款都是异常小心谨慎。加之银行对软件企业无形资产的评估尚待完善，故此要向银行取得抵押尚需一段时间。并且，由于软件业的高风险性，银行一般不愿意贷款给软件企业。很多软件企业只好依靠自己累积资金，发展非常缓慢，因资金缺乏屡次坐失发展的大好机会，非常令人惋惜。国家的火炬计划、地方科委的科技计划等国家和地方政府的项目资金支持，对于软件企业的资金投入都比较小，主要是起到一个示范的作用。而且申请资格审批很严格，广大的中小软件企业几乎是没有太多的机会享受到这种待遇。

国际金融公司曾对北京、成都等几个典型城市进行了调查，调查表明，80% 的私营企业认为缺乏融资渠道成为其发展的严重制约，它们主要依靠自行融资来开办和扩张。其中 90% 以上的初始资本来源于其主要的所有者、合伙发起人以及他们的家庭，见表 8-1。

表 8-1 不同经营年份企业的融资构成（%）

经营年份	自身融资	银行贷款	非金融机构	其他
小于 3 年	92.4	2.7	2.2	2.7
3~5 年	92.1	3.5	0.0	4.4
6~10 年	89.0	6.3	1.5	3.2
10 年以上	83.1	5.7	9.9	1.3
所有	90.5	4.0	2.6	2.9

在创业后的融资中，公司继续严重依靠内部资源。至少 62% 的资金来源于主要的所有者或其留存收益。在外部资金来源中，非正式渠道、信用社和商业银行占有同样的分量。而包括公共权益和公共（民间）借贷市场在内的外部权益，却没有发挥至关重要的作用。不同融资渠道对于企业的相对重要性取决于企业的规模。随着企业规模的增大，内部融资渠道变得越来越不重要了。微型企业主要从非正式渠道筹集外部资金，但随着企业规模的增大，这些资金所占的份额在减小。而现阶段的大多数软件企业处于发展时期，自有资金已经不能满足企业发展的需要，企业要想发展壮大，必须从外部融通大量资金，而融资体制不健全制约了软件企业的发展，这是软件企业亟待解决的问题。

二、中国软件企业融资渠道

对软件企业而言，由于缺乏足够的资金，往往维持生存都很困难，更谈不上发展壮大了。软件企业要想不被各种经营上的短期窘境所制约，就不得不时时依靠技术实力发展短期项目、谋取暂时利益，去抵御经营中出现的各种风险因素，而不能去顾及投入大、资金回收期长，但又有利于企业发展前途的长期投资项目。因而，资金短缺已经严重影响到了软件企业发展的后劲。由于中国软件企业的初期投资大都是民间自筹资金，产品研究是技术人员个人的成果，初期市场也很小，所以许多国内软件企业能以很少的资金起步，但是当企业需要上台阶、产品更新、技术升级、继续加大后续技术投入时，企业则显得力不从心。而且，资金缺乏还降低了企业抵御风险的能力，很多小软件企业甚至都会由于产品发布第一次回款不及时而破产，更谈不上企业的后续发展了。所以说，资金对软件企业来说十分重要，事关企业未来发展的好坏，选择好的资金融通方式，会对企业的成长壮大非常有利。

在当前中国金融市场条件下，工商企业外部融资的最主要方式是银行贷款，且银行都需要固定资产抵押或信用担保。而在高技术的软件企业中，最重要、最有价值的资产往往是无形的知识资产，固定资产的数量根本不能反映企业的真正实力和赢利能力，对中小型软件开发企业和信息服务企业来说更是如此。这种情况使软件企业往往因缺乏资产抵押和担保而难以申请银行贷款，即使有的企业有一定的资产抵押或担保，获取的贷款数量也远远不能满足其需要。因此，软件产业高技术、高风险的特点与银行稳健经营的原则是有矛盾的，利用银行贷款这一重要融资方式对软件企业在现阶段行不通。

软件企业融资的另一个重要方式是股票上市，即通过在主板和创业板市场发行股票，利用股权资本，从而获得大量的融通资金。主板市场就是常说的深沪两市，能在股票市场通过发行股票获取资金当然是软件企业求之不得的。但是，主板市场的上市条件比较高，它要求发行人认购的股份不得低于3000万元人民币，以工业产权、非专利技术作价出资的金额不得超过股份有限公司注册资本的20%，且最近3年必须连续营利。这些条件对中国相当一部分软件企业来说都是相当苛刻的。以中小型软件企业为例，它们初始规模较小，创建时间不长，大都处于企业生命周期中的种子期和初创期，没有资产可供抵押，没有资产存量和历史业绩可赖，没有充裕的资金支持，所以根本达不到在主板市场上市的标准，也就没有办法通过这种方式融资。当然，国内也有十几家软件企业在主板市场上市，如东大阿尔派、齐鲁软件、用友软件等，更有金蝶在香港创业板上市，走国际化融资道路的成功实例。但这些企业发展时期较长，实力比较雄厚，已经步入了稳定发展的成长期。所以，对中小软件企业来说，在现阶段，还是应该根据实际情况，采取最适合于自己发展的融资方式。

创业板，即二板市场，是第二板证券市场的简称，与主板市场相对应，是指专门为达不到主板市场上市要求的中小成长型企业提供融资服务，使它们也能够公开发行股票进行直接融资的新兴股票市场。由于上市门槛较低，创业板市场为那些规模小、历史短，但赢利前景好的软件企业建立了一条通向公众的股本融资渠道。与主板市场比较，创业板还有一个优势，就是在创业板市场上发行的股票不存在历史遗留问题，不必再分为国有股、法人股和社会公众股，股份可以全额流通，这就为软件企业融通资金创造了有利条件。对软件企业而言，创业板市场有很多优点，但在现阶段，中国推出创业板的时机和条件还都不成熟，因此，软件企业通过创业板获得资金是将来的事情，还需要耐心等待。

中国企业融资结构中企业债券市场的发展远远落后于股票市场，软件企业想要在债券市场上融通资金比较困难。其原因主要有以下几方面：一是中国自身经济背景以及政府在制度上的限制，包括行业限制、所有制限制、发行额度限制和利率限制等束缚了软件企业的手脚，如利率不得超过同期银行存款利率的40%这一条，即便是公司发行了债券，可能对社会公众的吸引力也不大；二是对企业债券的发债主体的要求比较苛刻，《公司法》对企业发债规定，"股份有限公司的净资产额不得低于3000万元，有限责任公司的净资产额不得低于6000万元"。

《企业债券管理条例》对于非公司企业发行债券也规定了"企业规模达到国家要求；具有偿债能力；企业发行债券前连续三年赢利。"中小型软件企业规模较小，资本不充足，创建时间不长，难以达到国家发行债券的标准；三是企业债券市场的相关机制不健全，如对于发债企业的信用等级评定没有强制性的规定，对如何确保信用评级结果的公正性、真实性以及准确性还没有相应的措施和方法，债券担保大部分以提供抵押物作担保，较难甚至无法变现，加大了债权人的风险。相关机制的不成熟减弱了公众对债券投资的信心，使大部分社会闲散资金分流到股票市场。所以，软件企业从债券市场筹措资金的可能性也不大。

在现代企业治理制度规范下，创业资本泛指以新创立的股份公司发起人股份资本形式存在的、构成为法人营运资本主体的职能资本。创业资本包括产业资本和风险资本，虽然两种形式有所不同，但它们都参与高新技术产业的风险投资。风险投资的本质是投资未来，IT 产业是风险投资的主要投入方向，尤其是软件企业。对于中国软件企业来说，利用风险投资融通资金是个很好的选择，既摆脱了其他融资方式繁琐苛刻的融资条件，又可以通过风险投资加强企业管理，使企业沿着健康的轨道发展下去。

三、信息不对称对软件企业融资的阻碍

融资过程中的信息不对称是阻碍中国软件企业融资渠道发展的重要制约因素。信息不对称在经济活动中是非常普遍的，它所引起的"逆向选择"和"道德风险"大大降低了经济运行的效率。在中小软件企业的融资过程中同样存在着企业经营者和资金提供者之间的信息不对称现象。企业家比投资者对自己企业的产品、创新能力、市场前景更加了解，处于信息优势的地位，而投资者则处于相对信息劣势的地位。在信息不对称的程度比较严重的情况下，有可能造成投资不足，出现融资缺口，这也是中国软件企业融资一个最主要的障碍。从软件企业本身来看，这是由其自身的特点决定的：软件企业无形资产较多，而无形资产的价值难以评价。可以说，才智和经验都是看不见摸不着的东西，只有企业了解自己，而投资者很难对它进行正确的评价，尤其是在软件企业创业的初期，更是难上加难。才智和经验这类无形资产又是以人才为载体的，人力资本的高流动性，导致企业的经验和才智的存量和增量的变化不定，这种不确定性的存在更进一步增强了软件企业融资时与投资者之间的信息不对称程度。如果软件企业有足够的有形资产作为抵押，在很大程度上可以矫正企业和投资者之间的信息不对称，其中的道理其实非常简单。假设软件企业原来的资产全部是无形资产 A，关于 A 的信息不对称程度是 100，现在对软件企业注入有形资产 B，关于 B 的信息不对称程度是 50。那么对 A + B 的信息不对称程度一定是在 50 和 100 的区间，B 所占到

的比例越高,总的信息不对称的程度就越接近50。但是,一般的软件企业除了几台计算机以外几乎没有什么有价值的有形资产,甚至连办公室都是租的,这种情形在软件企业创建初期尤其如此。加之软件市场变化快,产品易被淘汰,进一步加深了软件企业价值的不确定性,使得信息不对称的程度又进一步地加深。再从投资者的角度分析,缺乏软件市场专长进一步加深了信息不对称的程度。对于中国目前还不太成熟、基础薄弱、整体经营规模不大的软件产业,国内的投资者同样也比较缺乏经验,由于产业的不成熟,没能够培育出成熟的投资者的群落,他们对这个产业的认识、直觉、经验、判断都有待于进一步的提高,这同样加深了信息不对称的程度。如果投资者对这个产业非常地了解,有非常丰富的投资经验,能够洞察投资对象的优势和劣势,这必然有助于信息不对称的矫正。

从信息传递的渠道分析,连接软件企业和投资者之间的信息通道主要有两种:一是资本市场,资本市场不仅是上市企业获得资金的渠道,同时它所披露的信息还是对上市企业价值进行评价的依据;二是信息的中介机构。从目前中国的情况分析,这两种渠道的建设都不能够起到良好的沟通作用。通过市场途径传递信息存在的问题主要有两个:一是能够利用这个途径的企业数量较少;二是中国资本市场的效率不很高,反映的信息可靠性和准确性也不很高。能够通过资本市场来传递关于自身价值信息的软件企业毕竟是少数。信息中介实际上构成了市场途径的有益补充。独立的、具有软件市场专长的信息中介应该是连接软件企业和投资者之间不可缺少的环节。目前,在中国这样的中介机构数量少、专业水平低,获得的认同程度不高。

第四节 风险投资与软件企业成长

一、软件产业中的风险投资

软件产业是一种新兴产业,其发展过程中存在多种不确定性,其投资具有巨大的风险,同时,投资一旦成功将获得高额回报。国外有很多风险投资成功的例子,根据VentureOne公布的数据,2006年融资规模最大的两支基金分别来自于Oak Investment Partners和New Enterprise Associates,融资额分别为25.6亿美元和25亿美元。整体来看,2006年融资规模在5亿美元到10亿美元之间的基金在所有基金中所占比例为12.1%,比2005年增长了一倍;融资规模在10亿美元以上的基金在所有基金中所占比例为4.4%,远高于2005年的1.6%。属于高新技术产业的软件企业投资风险来自于三个方面:①技术风险,软件对用户而言,可以说是全新的技术,从构思、设计、开发到形成新产品,都存在着极大的不确定性,即便是成功开发出新软件,但由于软件产业技术更新速度快的特点,软件企业存在着技术失败的可能；②市场风险，软件产品研发成功以后，市场能否接受以及什么时候能够接受这种创新产品，这种创新产品的推广速度以及未来的市场竞争力也都存在着不确定性，因而软件企业存在着产品找不到销路和迅速被替代的可能性；③财务风险，对于一个新的软件项目，投资预算通常很难完全确定，而且投资能否按期回收也有很大的不确定性。

风险投资作为一种资本组织形态，是指通过一定的机构和一定的方式向各类机构和个人筹集风险资本，然后将所筹集的资本投入到具有高度不确定性的高新技术企业或项目，期望通过实现项目的高成长率并最终通过出售股权获得高收益的一种投资行为。风险投资是新技术产业崛起的一个关键要素，对经济增长的贡献日益突出。风险投资的特征主要有以下三方面。

风险性：科技创新活动是一个探索的活动，能否成功客观上具有很大的不确定性，且失败的概率很大。一项科技成果通常要经历无数艰难曲折和失败才能取得，有些项目在进行一段时间后，被证明在现有条件下难以成立，不得不放弃；有的项目在立项时是先进的，但到完成时，别人已捷足先登获得了专利或抢占了市场，或者出现了更好的替代产品，或者市场需求发生了变化，从而失去了意义；有的科技成果本质是成功的，但受传统观念的约束，尚不能被市场接受，从而未能取得预计的成效等。总之，风险投资的投资风险是客观存在的，且是不能预先消除的。

收益性：风险投资的项目一旦成功，就能够生产出别人没有的、或更好、更便宜的而又被市场接受的产品或服务，从而可以获取更大的市场份额或开拓新的市场，投资者可以得到高于常规投资的利益。风险投资的最大魅力就在于高风险伴随着高收益。

高新技术性：风险投资集中于高新技术产业，一般来讲，这些项目的技术及市场尚存在巨大风险，但赢利潜力很大。20世纪80年代后，高新技术日益呈现出技术周期短，更新速度快，发展范围广的特征，每天都有大量的高新企业问世，这就为风险投资业的发展提供了巨大的空间。

二、风险投资对软件企业发展的作用

风险投资是以冒高风险为代价来追求高收益为特征的，而软件产业，由于其风险大，产品附加值高，收益也高，迎合了风险投资的本性，因而成为风险投资的理想选择。普华永道与美国风险资本协会联合推出的MoneyTree Report显示，2006年，风险资本家在3416笔交易中共投资255亿美元，成交笔数增加10%，美元价值增加12%。2006年，美国的风险资本家在印度的71宗交易中共投资8.56亿美元，在中国的105宗交易中共投资11亿美元。事实上，世界很多著名的高科技企业的发展都与风险投资有关，苹果公司（Apple）、微软（Microsoft）、雅虎（Yahoo）等世界信息产业巨头都是风险投资的产物。这些企业的发展初始阶段与中国软件企业有相似的地方，所以，中国软件企业在加快软件产业发展的同时要积极向国外知名公司学习，结合国内特点，利用风险投资。风险投资对软件企业的促进作用主要表现在以下几个方面：

风险投资能为中小型软件企业提供成长急需的资金。中小型软件企业无论通过商业银行申请贷款，还是上市融资，都会遇到由于这类企业资本存量不足、经营风险高、无形资产不能作抵押和经营时间短、无历史业绩等原因无法筹集资金的难题。因此，中小高新技术企业的资金来源主要是业主自己的储蓄或者向朋友借款，银行贷款和政府资助只占很小比例。融资难已经成为制约中小企业发展的瓶颈之一。转化资金短缺是高新技术产业发展所遇到的较普遍、较突出的问题。

风险投资不是一种借贷资本，而是一种权益资本，其着眼点不在于投资对象当前的盈亏，而在于其发展前景和资产的增值，以便通过上市或出售达到退资并取得高额回报的目的。软件产业是一种全新的产业，在其发展过程中存在许多不确定性，因此，投资具有巨大的风险，从传统的融资渠道难以获得发展所需资金。风险投资正好弥补了这一资金缺口。它以权益资本或准权益资本的方式注入资金，从而使风险企业得以安心长期发展。

风险投资对于促进中国软件企业的进步、加快软件产业发展意义重大。软件产业不仅具有极高的成长性和效益性，而且对国民经济具有极强的带动性和渗透性，是国民经济的先导产业，关系到国家的综合竞争实力。近几年，中国科学技术的发展支持了国民经济的建设，软件也有了长足的发展。但是，科技向现实生产力转化能力薄弱、具有自主知识产权的软件企业少的状况还未根本改变。风险投资加速软件产业化的作用主要表现在三个方面：首先，风险投资的趋利性特点激励着它去发掘有赢利前景的项目，并对转化项目的前期阶段给予资金资助，推动软件新成果从企业走向市场；其次，在风险投资支持下，软件成果转化过程可以在不同层次上同时展开，而不必按部就班地按照既定的阶段顺序进行，从而大大缩短了软件产品的开发周期；再者，风险投资会适时地将新兴企业推销上市，通过股票市场快速积聚发展资金，加速软件产业化进程。

风险投资的高参与性，有助于提高中小型软件企业的管理水平。由于软件企业成长过程中的高风险性，风险投资的决策机制十分严谨，需要一系列深入细致的分析和筛选过程，对项目进行可行性论证和市场适用性调研，以规避技术风险和市场风险。为了降低投资风险，风险投资者在向软件企业投入资金的同时，也参与企业或项目的经营管理。风险投资者一旦将资金投入软件企业，它与该风险企业就结成了一种风险同担、利益共享的共生体，风险投资者参与风险企业全过程的管理。从产品的开发到商业化生产，从机构的设立到人员的安排，从产品的上市到市场的开拓、企业形象的策划等都离不开风险投资者的积极参与管理。由于风险投资具有较强的参与性，它将独特的管理机制、丰富的管理经验引入到中小型高新技术企业的成长过程中，可以提高企业的管理水平。风险资本不仅向新企业注入资金，而且提供建立新企业、制订市场战略、组织和管理所需的技能，其投资选项过程实际上就是新技术不断淘汰、不断创新的过程。这一点对中小型软件企业成长至关重要。在企业成长各阶段中，风险投资的运作流程如图8-2所示。

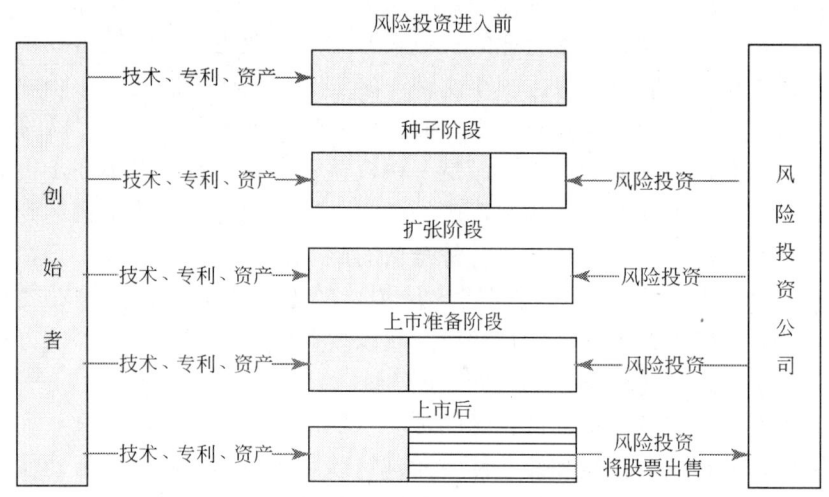

图 8-2　风险投资的运作流程

资料来源：风险投资的运营规则. http://www.pkumpa.cn/

三、软件企业风险投资的现状

在各类风险投资中，软件领域的总体回报较高，越来越成为风险投资青睐的对象。但是在中国，风险投资的规模仍然较小，尚不能在高科技产业化方面起到主导作用。从风险投资商的角度来看，一方面它要帮助企业成长，创造价值；另一方面风险投资最终还是要选择时机退出（通常3~7年），希望在退出时带走更多的价值，获得高额的回报。理论上，风险投资的退出渠道一是通过A股市场上市；二是通过国内或海外创业板上市；三是通过并购等资本运营、产权交易手段退出。然而，目前中国风险投资的政府法规和政策不配套，退出通道的不畅，这是风险投资者不敢投的首要原因。以2007年为例，全年VC/PE对软件行业投资仅有5宗，总金额约为10 140万美元，如图8-3所示。

风险投资商对投资软件企业表示谨慎，第一是因为软件行业同样受到泡沫经

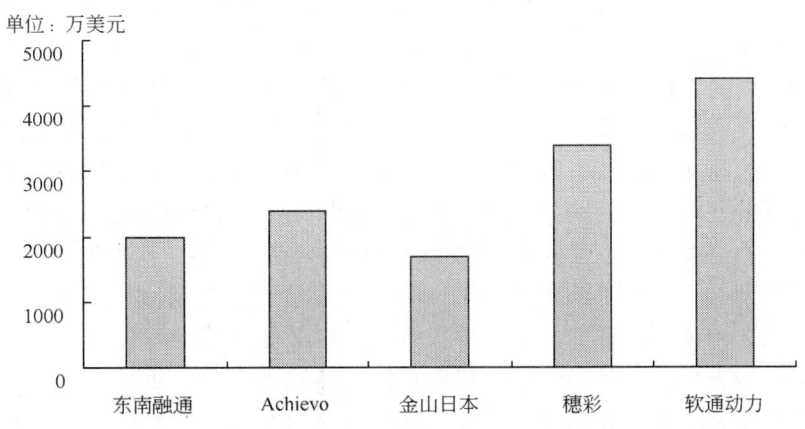

图 8-3 2007 年软件行业风险投资状况
资料来源：http://www.seekfortune.com.cn

济的影响，某些企业存在着设计一个技术或产品出来，为的可能不是做市场、做效益，而是冲着资本来的现象，有了资本再"烧"钱，对于企业的发展规划和市场分析都相当模糊；第二，也有很多只是在做概念炒作，对于市场认可情况并没有做过深入的调研，产品赢利能力有限；第三，就是产品同一化，具有核心竞争力的产品少，众多企业都做同一类产品，可能只是存在细小的区别，并不具备长期发展和行业控制的技术优势；最后，软件企业自身管理与诚信能力不高也是一个普遍的事实。资信能力差，财务运作不透明，过高评定企业价值，能为企业增值的人力资本的不可担保性，产品存在较大风险等，这些都是阻碍风险投资的一部分原因。中国风险投资主体比较单一，很多地区的创业投资公司还以政府为主体，没有充分利用包括个人、企业、金融或非金融机构等具有投资潜力的力量来共同构筑有机的风险投资网络。同时，缺乏真正的风险投资家等，也是风险投资发展不起来的一个很直接的原因。投资的风险集中于国家身上而无更多分担投资风险的渠道，这在政府财力有限的前提下是无法形成良性循环和发展的。

此外，中国的风险企业缺乏示范性，目前高技术企业平均利润率只有 10%左右，加之对风险企业和风险投资作用的宣传不够，使它们缺乏对投资者的吸引力。在这种"看不见高收益"的情况下，很难使得更多风险投资企业愿为其承担"高风险"（吕辉等，2008）。缺乏一个高效率的信息交流网络，不仅使得企业界之间，投资者之间的先进经验不能及时交流，还时常出现拿着项目找投资的企业家或科研人员与拿着资金找投资对象的投资者擦肩而过的现象。站在融资对象——软件企业的角度看，大量需要资金的正是在企业的初创期和成长期的中小企业，可是面向成熟企业的风险投资较多，面向种子期的投资较少。一方面，国内风险投资公司在当前市场情况下更关注风险的控制和利润的实现；另一方面，国内软件创业企业在技术方面的创新不够，创业人员素质特别是管理能力有待提高。

风险投资商要求给予回报的现实，也使风险投资商与软件企业之间存在着较大的落差。投资软件企业一般的退出时间需要6~7年，而这对于风险投资来讲则是不可能的。除此之外，纯粹的优秀风险投资公司有良好的培育创业企业的经验和声誉，并且有广泛的网络关系，它们能够及时发现创业企业成长中的问题，并利用它们的经验帮助创业企业解决这些问题，如帮助创业企业组建经营团队、制定战略规划等。但是目前中国很多风险投资企业却要么是"垂帘听政"，要么是不闻不问。种种原因都造成了风险投资与软件企业之间难以结合。

印度经验表明，现代风险投资机制可以把科技与金融有机结合起来，有效促进高新技术及其服务业产业化。中国实行的是"以市场换技术"的策略，实践证明，这并未调动企业研发积极性。可以考虑借鉴印度经验，改为以研发税形式，通过积累风险投资基金，服务于高风险的软件和信息服务业。针对中国软件和信息服务企业难以进入国内中小企业板市场的实际，借鉴印度经验，由国内银行和其他金融机构，与国内或海外公司共同建立针对不同专业方向的风险投资基金。同时为软件公司进入国内外证券市场融资创造宽松的环境，允许信息技术企业注册后1年内就公开上市集资。除以较低利率融资外，印度商业银行利用存款增量的5%作为研究人员风险投资基金，并以权益资本的方式向企业参股。商业银行的分支机构则建立专门的IT金融部门为软件企业提供服务。

中国主要的软件开发基地都已经建立了风险投资机制，大连、广州、深圳、福州、杭州、北京、重庆已经组建了风险投资公司或设立风险投资基金，用于对高新技术成果转化和产业化项目扶持及融资担保，比较而言，广州、北京、上海的筹资额度较大。广州计划分5年共筹措资金10亿元，北京计划3年内每年筹资额不低于2亿元，上海则设立6亿元的投资基金用于从事风险投资，充分发挥风险投资在软件企业融资渠道当中的作用将会帮助软件企业冲破资金的发展瓶颈。

第九章　软件企业成长的国际经验

第一节　软件企业成长的跨国经营模式

跨国经营是指企业所进行的资源转化活动超越了一国主权的范围，这些活动包括商品、劳务、资本和技术等任何形式的经济资源的国际传递和转化。跨国经营作为一种经济现象早已存在，最早追溯到20世纪60年代，西方国家的少数企业就已在海外设立生产性分支机构，从事较高阶段的跨国经营活动。软件企业更是如此，全球最大的软件企业美国微软公司几乎在全球各个国家都设立了分公司，实行跨国经营，并取得了巨大的成功。近年来，随着经济全球化的不断加深，跨国经营已经成为大型企业新的经营模式。在软件行业中，不仅是微软等老牌企业实施全球化经营，软件行业中的一些后起之秀也纷纷在其他国家设立设计、开发机构。例如印度塔塔信息技术股份有限公司（TCS），截止到2008年已经在全球42个国家和地区设立了分支机构，利用当地的资源和市场实施跨国经营。

一、软件企业跨国经营的动因

（一）跨国经营的理论动因

英国著名跨国公司理论家邓宁提出的国际折中理论认为，从事跨国生产经营活动的企业是所有权优势、内部化优势和区位优势三者结合的结果。所有权优势分为可转让和不可转让两种，前者包括专利权、商标权等，后者则诸如企业的技术创新能力、管理组织技能、营销技能、企业规模经济等。企业所有权优势是相对于其他企业而言，也是相对于一定的经营环境而言的。一般来讲，发达国家大型跨国公司的所有权优势在于其规模的庞大。它们拥有雄厚的知识资产优势，利于占领高精尖产品和资本密集型行业市场，并通过其高市场占有率来控制市场活动。而发展中国家的企业，规模和技术水平都远远落后于发达国家，但如果它们采用并改造成熟的、标准化的技术制造产品，迎合发展中国家的市场需要，在夕阳工业或其他一些行业就拥有相对于发达国家跨国公司的比较优势，同时，小规模也使它们相对灵活，比大型跨国公司更适合那些较小的市场。

内部化优势表现为企业自我利用其所有权优势，进行对外直接投资要比对外有偿转让（即外部化）其所有权优势能获得更大的利益。所有权优势内部化所获得的利益超出对外转让所获得的利益越多，则内部化优势越强。生产区位优势是东道国所拥有的而母国所缺乏的优势，包括直接优势和间接优势两种。前者指东道国经济中所固有的有利因素，也就是通常所说的具有良好的投资环境，如外汇优惠、进口限制、丰富的自然资源、廉价劳动力等。间接优势则是由于母国的劣势造成的结果，如有些国家实施反托拉斯法，限制国内大型企业的发展，使其不得不向国外发展等等。

在企业的跨国经营中，所有权优势是先决条件，一个企业拥有的所有权优势越多，就越容易在跨国经营中胜过竞争对手；内部化优势是动力机制。在跨国经营方式的选择上，企业根据其内部化优势的强弱，在国际直接投资和知识资产转让之间进行选择。区位优势则决定企业开展跨国经营活动的空间，在跨国经营地点的选择上，企业根据各有关国家生产区位优势的强弱来挑选合适的东道国，充分挖掘区位优势为企业跨国经营获取更好的效益服务。

（二）中国软件企业跨国经营的动因

国际折中理论从理论层面分析了企业进行跨国经营最基本的三个原因，不过，每个国家不同的经济环境、地理位置、资源状况、发展程度等因素，决定了各国企业进行跨国经营的动因具有差异性。下面以中国的软件企业为出发点，从微观和宏观两个角度分析软件企业进行跨国经营的动因。

1. 中国软件企业开展跨国经营的主要微观因素

（1）绕开贸易壁垒，拓展海外出口市场

占有足够大的市场，是确立竞争地位、实现赢利和其他经营目标的条件。同大多数发展中国家一样，在开放经济条件下，寻求和占有更广阔的海外市场，同样也是中国企业发展跨国经营最基本和最普遍的动因。对发展中国家来说，拓展出口市场是企业跨国经营的首要动因，只有当出口市场受到威胁时，它们才会考虑到国外去制造产品。联合国跨国公司管理署在一份研究报告中提出，当前发展中国家企业跨国经营的动因主要有四个方面，其中避开已有的或潜在的贸易壁垒以促进产品在东道国的销售，以及寻找经济的生产基地以建立出口市场，是两个最基本的动因，其次才是获取资源和追求技术进步这两个方面的推动。所以说，来自市场的压力是促使发展中国家和地区企业对外直接投资的重要原因。

在当今国际市场上，贸易保护主义进一步加强，传统贸易手段很难适应国际市场的新情况和新趋势。为了维护并扩大原有的贸易市场并开辟新的市场，发展中国家的企业应该开展对外投资活动，到国外建立工厂。通过跨国经营，至少可以在以下几个方面推动出口并拓展市场：一是对外投资建厂能带动机器设备、半成品、原材料以及技术与劳务的出口；二是可以绕开贸易障碍，保住原有市场；三是可以开辟新的市场。

（2）促进对外资的利用并谋求技术进步

中国软件企业在经营过程中面临着资金短缺和整体技术落后的巨大障碍，从事跨国经营可以促进利用外资并获得技术进步。尽管跨国经营活动要从国内带走一部分资金，但同时也大大拓宽了软件企业利用外资的渠道，更有效地充分利用发达国家的金融市场和资本市场进行资金筹集。首先，利用合资经营方式，可以广泛地利用外国资金；同时还可以利用境外企业法人的身份，有效地联系和介绍外商向国内投资。其次，可以利用发达国家的融资手段，向东道国金融机构、非金融机构以及一些国际性金融组织筹资，即利用外资来办境外企业。资金不足是现阶段中国软件企业发展的"瓶颈"，国内资金严重不足的现实在事实上构成了中国企业走出国门的一个基本出发点。

中国实施对外开放政策的一个重要原因就是要引进国外的先进技术，以加快国内企业的技术进步和产品开发步伐，缩短中国与世界发达国家在技术水平上的差距。而通过开展企业跨国经营无疑是一条最直接、最可靠、成本最低的技术获取途径。而且，因为发达国家对外投资通常转移的是那些成熟的普及型技术，所以通过开展企业跨国经营所获取的生产技术的先进性一般也会超过利用外资引进的技术。对软件企业来说，技术是企业的生命线，没有技术企业就无法生存和继续发展，技术领先是软件企业制胜的法宝。利用跨国经营，不仅能获得国外最先进的软件技术，还可以利用国外高素质的软件人才，学习先进的软件企业管理方式，从而缩小与发达国家软件企业的距离。

（3）追求赢利和寻求经营机会

对利润的直接追求也是中国软件企业跨国经营的主要动因。在国家利益和企业利益相对分离的条件下，若只有国家利益，而企业无利可图，那么中国的对外投资实际上很难真正地发生和发展起来。在社会主义市场经济条件下，企业经营自主权不断扩大，独立的商品生产者的意识加强，增强了其按商品生产者行为方式谋求自身利益增大的普遍愿望。企业在现有资产利用和国内市场限制双向约束下的跨国界扩展，对国家、企业职工和企业经营者三方主体都将带来利益，这就构成了企业发展跨国经营的内在动力机制。在中国，软件产业属于新兴产业，大多数的软件企业都处在生命周期中的种子期和成长期，急需资金支持，以利用积累的资本扩大企业规模，形成规模化发展，所以说，追求赢利是软件企业跨国经营的重要原因。

除此之外，中国一些在国内经营十分活跃的中小型软件企业，还把跨国经营看成是寻找新的经营机会的途径。这类企业的投资，通常最初并没有特别明确的市场占有或资源利用目标,而是希望参与合作投资,为自己在国外建立一个试验基地,以此了解和判断国外市场是否有适合自己发展的机会。一般以较少投资作试探性的跨国扩展,一旦成功,便可以为企业的发展开拓一个新的领域,寻找到新的发展机遇。

2. 中国软件企业开展跨国经营的主要宏观因素

(1) 跨国经营是适应世界经济一体化的迫切需要

科学技术的迅猛发展极大地促进了社会生产力的国际化。在越来越多的生产领域,以国内市场为界限的生产经营活动已不符合经济发展的需要。生产国际化的发展,迫使企业从全球角度来安排生产和销售,选择最有利的地方进行投资。

面对这样的国际环境,中国的软件企业不应置身其外,只有积极地参与国际分工、开展跨国经营,抓住时机,与国际竞争者同台竞争,充分利用世界经济一体化带来机遇发展自己。

(2) 跨国经营是对付地区集团化和贸易保护主义的现实需要

当今世界经济发展的一个突出特点是区域经济一体化和集团化,最引人注目的就是欧洲统一市场(刘永和,2007)。区域性国家利益集团的形成无疑将大大加强成员国之间的经济贸易往来,客观上必然会产生对非成员国的排斥作用,这将对来自区域外国家的产品造成巨大的威胁。而且,发达国家的贸易保护主义倾向日益严重,对许多进口商品设置了关税和非关税贸易壁垒,严重影响了包括中国在内的发展中国家的商品出口和国际收支平衡。

对付地区集团化和保护主义的有效手段就是通过直接投资、进入自由贸易区内部,变为成员国的企业。这样,就可以充分利用自由贸易区内部各种优惠政策,并成功躲避关税和非关税贸易壁垒。

(3) 中国的政策支持有利于跨国经营

国家支持是促进企业跨国经营最直接的外部动因。为了鼓励软件产业的发展,国家给予软件企业很多政策上的支持。对跨国经营的软件企业在财政、税收和其他方面尽量提供优惠条件。例如,对国家鼓励的海外投资的非商业性风险,国家可实行担保,优先安排跨国投资企业的信贷,减免税收,等等。

(4) 跨国经营是入世对软件企业的要求

中国加入世界贸易组织,标志着中国的对外开放将进入一个新的发展阶段。入世后,中国企业将面临严峻的挑战。由于降低了保护,扩大了市场开放程度,外国产品将大举进入中国市场,与中国企业展开激烈竞争;但同时对中国跨国经营又是一个好的机遇,其他缔约国特别是西方发达国家对等地向中国企业开放市场。另外中国企业还会享受发展中国家的优惠待遇。所以说,软件企业要在新形势下求生存求发展,必须迅速提高对国际市场环境的适应能力,这也将促使软件企业走上跨国经营的道路。

二、软件企业跨国经营的阶段性

(一) 跨国经营的特殊性

从跨国经营和国内经营的横向表来看，跨国经营有以下几点特殊性：

第一，跨国经营不仅涉及在国内经营中必须面临的国内环境因素，而且还面临国际环境因素和东道国环境因素。在国内经营中，环境因素是既定的，内在的，企业并不会对这些因素十分在意。但在跨国经营中，我们不仅要面对自己熟悉的国内环境，还要面对不熟悉的国际环境，特别是东道国环境。所以，开展跨国经营的软件企业从策略、政策、组织到具体的经营过程都要做出相应的调整和改变。

第二，虽然跨国经营不要求改变管理中包含的基本职能，但是却从广度和深度上大大扩展了每一项职能的内容，在具体管理操作中必须注意由于跨国经营引起的各种内部因素的差异。因此，软件企业在跨国经营过程当中，要做好各方面的准备，以应付国际上和东道国在文化、经济、社会和政治环境等方面的变化。

第三，由于跨国经营涉及东道国和国际环境因素，这里面包括不同的主权国、经济条件、风俗习惯、市场环境、地理空间、产业结构、市场容量及人口因素等，因此，企业承受的风险要比单纯在国内经营大得多，软件企业的管理者应该制定相应的策略，以避免企业遭受巨大的损失。

(二) 软件企业的跨国经营与价值增值

跨国经营活动的种类较多，而且随着时间的推移，会产生新的形式。而软件企业的跨国经营发展通常需要经历一个由单纯的国内经营企业发展成跨国经营企业的过程。在这个过程中，企业的国际性经营活动，如出口、国际技术合作、跨国兼并与收购、创建国外独资企业或合资企业等，规模不断扩大，并对企业的未来发展产生越来越显著的影响。

软件企业的软件产品或软件服务的生产经营过程是一个增值过程。企业从购入各种生产要素到在市场中售出产品获得收入，是通过各种以增值为目的的生产经营活动，或称增值活动实现的。如果一个企业的部分增值活动发生在其他国家，那么该企业就是一个正在从事国际化生产经营活动的企业。企业在国外从事的增值活动越多，国际化程度也就越高。

增值链是描述企业增值过程的一个重要概念。它从增加价值角度把企业具有前后衔接关系的生产经营活动分为不同阶段，每个阶段上的生产经营活动均在前一个阶段基础上增加新价值。不同行业中的企业选择的增值过程往往不同，同一行业中的不同企业选择的增值过程也不一定相同。在软件产业中，有的企业可能不设技术与新产品开发环节，靠提供管理服务维持日常经营；有的企业把售后服务承包给独立经销商。对于任何一个企业，特定增值过程的选择和建立主要取决于所在行业的竞争性质，以及为在核心业务能力上建立长期竞争优势所制定的战略。

在竞争激烈的软件产品和软件服务市场中，软件企业必须具备较强竞争实力才能生存和发展。一个软件企业的竞争实力主要体现在它的核心业务能力上，以及产生于核心业务能力的竞争优势上。企业的整体竞争优势是在其增值过程的不同阶段上形成的。在不同行业，企业为建立竞争优势所应侧重的增值活动并不相同。例如，在计算机制造行业中，由于技术进步和产品更新换代速度快，企业必须在技术与新产品开发上具备明显竞争优势，不断领先于竞争对手推出受市场欢迎的新产品，才能在市场中获得支配地位。在软件制造业中，快速的技术进步和市场需求变化对企业的竞争力提出了更严峻的挑战。软件企业必须在成本、时间和价值三个方面建立竞争优势。如图9-1所示，软件企业只有以更低的成本、更快的速度和更高的质量满足市场的需求，才能真正建立起雄厚的竞争实力。

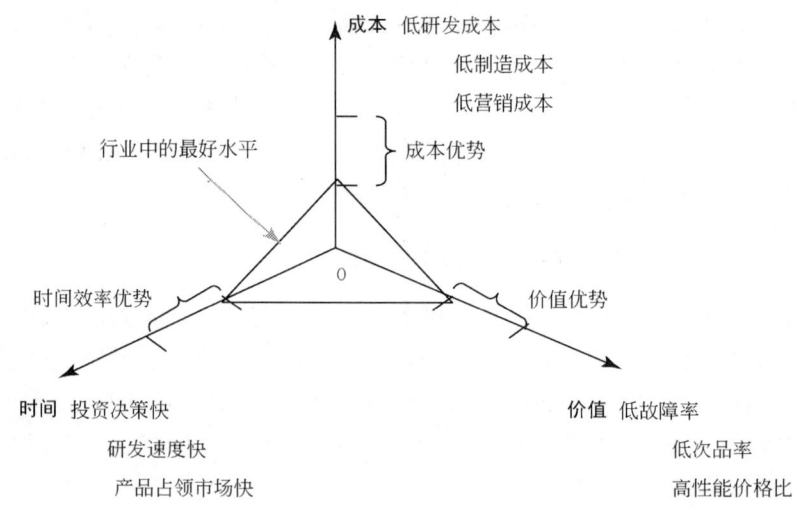

图9-1 企业的三种竞争优势

（三）软件企业跨国经营的五个阶段

软件企业的跨国经营进程通常由多个阶段组成，在不同阶段上，企业开展跨国生产经营活动的侧重点是不同的。在开始阶段需要了解国际市场的特征和竞争性质，然后采用产品出口、服务出口或技术转移的方式开展国际经营活动。当企业积累了一定国际经商经验并对国际市场有较全面了解时，就可以采用各种对外直接投资方式,扩大国际化生产经营活动的规模。我们把软件企业跨国经营进程分为以下五个阶段。

1. 第一阶段,企业开始进入国际市场

软件企业最初决定从事跨国经营,通常有两个主要动机:一是从国外获得作为投入要素的软件人才、知识和技术,目的是增强在国内市场的竞争实力;二是为软件产品或服务开拓新市场。在这个阶段,企业缺乏必要的跨国经营经验,对国际市场也不熟悉,能否成功具有很大不确定性。因此,是否应该进入国际市场,对处在这个阶段上的企业来说是一个重要的战略性抉择。

企业最初开展跨国经营可能有多种方式,具体采用哪种方式则取决于目标市场的特点、产品的类型、企业对国际化经营风险的承受能力等各种因素。一般地,企业有三种选择:

第一种选择是企业采用出口方式把产品打入外国市场。由于企业对所要进入的市场不了解,产品能否被接受具有很大的不确定性,因此倾向于通过当地经销商推销产品。但是,当地经销商并不总能满足企业的需求,有时企业为了保证国际化经营的成功,必须从进入外国市场之初就着手建立市场营销与分销网络。例如,企业产品在东道国是全新产品,需要通过各种营销活动创造一个新市场;企业在东道国销售多种产品,统一协调这些产品的销售会产生明显竞争优势;各种售后服务是建立产品品牌的重要决定因素。这时,企业直接介入出口产品的营销、分销和售后维护服务就显得十分必要。

第二种选择是企业采用与特定国外贸易伙伴建立业务关系的方式开展跨国经营活动。寻找合适的贸易伙伴,包括供货商和产品客户,并与之建立长期稳定的贸易关系,是开展这类国际化经营活动的前提。这类国际化经营活动适合于批量小、不定期交易的产品,如非标准化产品、专业服务、技术专利等等。

第三种选择是企业采用直接投资方式开展跨国经营活动,但是这类对外直接投资仅限于那些很难或不可能在空间或时间上把生产和消费分离开的产品或服务。

2. 第二阶段,侧重于与贸易有关的设施进行直接投资

多数企业在进入国际市场的最初阶段,往往借助外国经销商和代理商打开局面。利用外国经销商和代理商有两个显著优点:一是它们熟悉当地的市场供求情况并具备必要的经验;二是它们有能力实现规模经营。它们的主要缺点是同时可能为多家企业代理进口或经销业务,为了保证它们按企业要求去经营,就需要付较高代理或经销费用。

随着对所进入国家市场的了解不断加深和国际化经营经验的日益积累,企业

将越来越倾向于建立自己的销售和分销网，把所拥有的所有权优势内部化。因此，企业跨国经营进程第二阶段的一个显著特征，是与贸易活动有关的对外直接投资增加。实际上，几乎所有国家的跨国公司都把与贸易有关的对外直接投资作为跨国经营活动的重要内容。

与贸易有关的跨国经营活动包括多种职能，企业可以选择不同进入方式协调各种职能。例如，广告可以委托给专业广告公司，而售后服务网点却由企业自己建立。一般来说，东道国市场越不完善，企业就越倾向于通过对外直接投资提高跨国经营的内部化程度。

3. 第三阶段，沿着增值链前向或后向移动

尽管第二阶段是企业跨国经营进程中十分关键的一个阶段，但是在这个阶段，企业从事跨国经营的资源投入通常很少。当企业决定在国外进行产品生产时，对外直接投资的数额就会大幅度增加。

当然，企业在这个阶段也可以有多种战略性选择。如果企业在东道国已建立了营销网，它可以投资建立自己的研发生产型子公司，或者向当地企业出售技术许可证，然后通过自己的营销网销售最终产品。无论哪一种选择，企业产品的跨国生产都可能产生两种结果：一是出口减少；二是母国生产减少。尤其在海外低成本生产的产品返销到母国的情况下，母国生产就会被海外生产所取代。企业在决定是否在其他国家投资建立产品生产基地时，必须考虑多种因素。其中主要因素包括：

（1）跨国经营管理经验

这种经验在很大程度上是在东道国从事与贸易有关的活动中积累起来的，包括如何与东道国的供货商、顾客、政府机构、甚至竞争对手建立联系；为满足当地消费者需求，产品应该做什么样调整；当地有什么样的技术条件和组织结构。具备这些经验可以减少与生产有关的交易成本，保证对外直接投资的成功。

（2）规模经济

东道国市场的扩大，是企业把生产转移到东道国的一个有利条件。但是，在多大程度上这种条件可以促使企业真正进行对外直接投资，却在很大程度上取决于当地生产能力。对于软件制造业中的企业来说，如果东道国缺乏大量经过专门培训的软件人才，进行对外直接投资难度就比较大。

（3）进口壁垒与出口鼓励

在进口国市场规模不断扩大的情况下，进口国政府通常会鼓励进口产品的当地生产。它们采取的措施是对进口施加各种限制条件，如关税、定额等等。同时，为促进出口，东道国政府也会制定各种优惠政策，吸引外国企业到本国建立出口导向的子公司。政府限制进口和鼓励出口的各项政策产生的直接影响，是提

高了进口成本，降低了出口成本。但是东道国政府的这些政策是否会吸引更多外国企业的直接投资，取决于这些企业是否相信直接投资会实现其战略目标。

（4）竞争对手的反应

如果一个企业进行了对外直接投资，它的主要竞争对手很可能会做出反应，例如采取跟进战略。因此，当某一行业的跨国生产有利可图时，可能会有多家跨国公司在同一个东道国或不同东道国投资建立生产型子公司。

（5）跨国管理成本

跨国经营管理成本通常发生在对外直接投资的初期，其数额大小取决于所进入国家的特点（文化、商业惯例、政府政策、经济体制等）、企业的规模以及企业跨国经营管理的经验。这类成本在了解所进入国家的市场、缓解文化差异所产生的冲突、提高企业当地化经营的灵活性等方面，是必不可少的。

4. 第四阶段，深化和扩大跨国经营增值活动

当企业在前三个阶段的国际化经营活动获得成功后，会积极致力于扩大国际化经营活动的范围。以开拓国际市场为目的的软件企业，最初的跨国经营生产活动往往是低附加值的，例如，按客户的设计方案或订单要求进行编程。这类低附加值的生产经营活动通常风险小，所需资金投入少。如果获得成功，或东道国的投资环境得到改善，企业就会把高附加值的生产经营活动（如 R&D）由母国转移到东道国。

软件企业跨国经营增值活动的增加可以采取多种形式。一种形式是逐步增加国外子公司生产经营的软件产品或服务的品种数量。在国际化发展的早期阶段，一个国外子公司往往只生产经营一种或少数几种可以获取最大收益的产品，而东道国市场需求的其他产品则从母国转为当地生产。一般地，只要国外子公司能够实现范围经济，那么当条件成熟后，这些进口产品在子公司生产的数量会逐渐增加。企业扩大增值活动的另一种方式，是在成功进入一国市场后再向邻近国家的市场渗透。例如，日本的一些跨国公司在 20 世纪 70 年代初进入英国市场后，依次进入其他西欧国家市场。

5. 第五阶段，跨国经营活动的地区一体化或全球一体化

在多数跨国公司的国外市场进入战略和扩张战略中，协调国内外的生产经营活动是一项重要内容。在企业国际化发展的第五阶段，侧重点是企业在母国和东道国之间增值活动的分配与协调。母公司和国外子公司制造不同产品，并分别把产品销往地区或全球市场。由于企业生产经营活动是统一协调的，一种产品的不同增值活动可能由设在多个国家的子公司完成，一个子公司负责一个或几个部分的产品制造，然后运往母公司或某个子公司集成或装配成最终产品。因此，企业

的跨国内部交易较为普遍。

随着企业跨国经营的深化，企业的经营活动所涵盖的范围将突破原先的地域，在企业跨国经营的各个地区和国家进行一体化的统筹和规划。通过不同国家、地区设立的分支机构的分工合作，企业充分利用不同国家地区的优势资源，为己所用，提高企业的竞争力。

三、软件企业跨国经营的绩效评估

准确衡量软件企业跨国经营的绩效，无论对软件企业开展跨国经营活动还是对政府部门有针对性地制定产业政策，都是十分必要的。对软件企业跨国经营绩效进行衡量之前，有必要确定一些基本原则。

传统上，衡量一个企业跨国经营绩效的指标多是定量的，如各种财务指标。定量指标的赋值通常基于历史数据，不利于准确把握技术和市场需求变化都有很大不确定性的软件企业的未来发展趋势。因此，有必要设立一定数量的定性指标，从战略、政治、社会和全球经济环境变化等角度判断软件企业的跨国经营绩效。定量指标的赋值通常基于专家判断结果的综合分析。

软件企业的跨国经营是一个随时间变化的历史过程，从形成到成熟直至跨国转移，要经历生命周期的不同阶段。不同阶段有不同特征，需要设立不同指标衡量其跨国经营绩效。指标体系构造的原则包括科学性原则、可行性原则、完备性原则、独立性原则、针对性原则和时效性原则。

科学性原则：衡量软件企业跨国经营绩效的工作是一项系统工程，指标体系的构建必须符合相关学科的原理，指标选取应采用科学的概念，内涵和外延必须明确，同时能够反映指标之间的支配或隶属关系。

可行性原则：指标体系必须具有操作的可行性。一方面，指标选取应尽量与政府的统计口径和统计系列保持一致，以最大限度地应用现有统计资料。另一方面，指标选取和指标体系设计过程中要考虑可比性、可测性和量化的可能性。

完备性原则：完备性有两层含义：一是指标体系中所含指标应尽量全面，能覆盖涉及软件产业国际化的所有重要方面；二是指标体系的结构符合客观要求，没有缺陷。当然，这种完备性是相对的，必须与可行性统一考虑。否则如果指标设置过多过细，将给指标体系的建立和应用造成困难。

独立性原则：为了使指标体系便于应用，必须尽量减少指标的重复设置，同一层次的指标保持相对的独立性。同时要使目标体系的结构尽量简化，以减少冗余信息。独立性应与完备性同时考虑，理想的状态是指标体系中所设置的指标既不欠缺又不重复。

针对性原则：若把该指标体系应用于其他地区或城市，由于各地区条件的差异,需要设立一些针对不同地区特点的指标。

时效性原则:软件企业跨国经营是一个动态过程,相关指标的制定必须突出时效性,指标体系需要包括短期、中期和长期等具有不同时间跨度的指标,把有利于定期衡量作为选择指标的一个重要条件。表 9-1 设计了一个衡量软件企业跨国经营绩效的指标体系。

表 9-1　衡量软件企业跨国经营绩效的指标体系

衡量方面	衡量指标
软件产业对地区经济增长的贡献	• 软件产业增长率 • 软件产业占 GDP 的比重 • 软件产业的投资增长 • 软件产业的新增企业数
软件产业国际化与地区经济国际化的关系	• 软件产品出口占地区出口额的比重 • 软件产业吸引外资占地区吸引外资总额的比重 • 软件产业产品和服务出口增长率 • 软件产业吸引外商直接投资增长率 • 本地区培养的软件人才国内外就业的比例
软件产业国际化对推动地区技术进步的贡献	• 软件产业引进的软件人才、软件产品,购买的软件技术数量 • 软件产品升级速度 • 本地区市场国外和国内软件产品各占的份额
产业关联	• 软件产品在不同产业的普及率 • 其他产业中 IT 人才占职工人数的比重 • 软件产业与其他产业之间的投入产出系数
社会效益	• 软件产业的就业水平及其增长 • 软件产业国际化对提升城市功能的影响

四、软件企业的国际化

(一) 软件企业国际化的特征

软件产业本身具有浓重的全球化色彩,如各种技术、标准,基本上都是全球通用的。因此,国际化就成为帮助塑造一国软件产业化的一个大环境、促进软件企业发展的强劲动力。企业国际化是经济全球化进程的一个方面,软件企业的国际化具有以下特征:

1. 资本的国际化

资本国际化是企业国际化的基础,国际资本的注入,不仅能带来宝贵的资金，还能带来国际信息、资源和技术，包括与国际投资者的沟通和联系，以及高效率的管理方式。更重要的是，它为国际化提供了一种资金运作机制保障以及由股东背景构成的全球化资源和视野。例如金蝶国际软件有限公司在香港联交所上市，从而完成了从本土民营高科技公司向香港上市国际公司的跨越。上市5年来，金蝶国际营业额增长至2.7倍，净利润增长至2.5倍，每股赢利增长至1.9倍，累计上缴税金人民币2.3亿元。集团高速成长的经营业绩和高科技软件公司概念吸引了众多的国际投资者。在资本市场的良好表现给金蝶在管理水平国际化、国际资本市场运作、股权激励机制建立等方面带来了巨大的机遇。

2. 市场国际化

国际贸易中产生的产品市场的国际化仅仅是市场国际化的一部分，市场的国际化更重要的是整个生产和销售体系要融入世界市场中，生产原材料从全球调配资源，生产能力在全球布局，生产出来的产品也在全球范围内占有市场。

市场国际化，是软件企业从采购、生产、产品、销售的全面国际化。对于争夺全球软件市场的跨国公司来说，中国庞大而迅速增长的市场是必争之地。中国进入WTO以后，随着国门的进一步打开，无论从产品、技术还是服务来考察，国内软件市场已成为全球软件市场不可分割的一部分。

3. 管理和品牌国际化

支撑软件企业国际化的可持续发展，需要构建与世界级一流企业接轨的管理体系和充满活力的企业机制，培养国际化的组织形式，符合国际规范的管理制度，在人事、财务、生产、物流、营销、研究与开发等方面实现国际化的科学管理。软件企业要按照国际规范和国际惯例的要求来运作，建立一套有效的信息网络系统，采用先进的管理手段提高软件企业的运行效率，要推行公认的软件质量认证和评估体系，规范软件企业开发生产、质量管理过程。

软件产品国际化是软件企业国际化的终极目标，是国际化的核心。国际市场上最有竞争力，最终也最有价值的就是品牌自身，这是软件企业实现国际化的最高层次。在软件企业国际化进程中的每一分努力都是为了一个国际品牌的树立，无论是资本国际化，还是管理、市场的国际化，本质都是为品牌国际化服务的。而一个软件企业只有在全球拥有了广泛的市场和管理能力才能实现品牌的国际化。品牌国际化远远难于其他形式的国际化，它是一个软件企业被全球认可的标志，中国品牌和中国创新体现的原创力才是国际化的核心。

（二）中国软件企业国际化的概况

中国软件产业国际化起步于1994年，随着改革开放的深入，国外大批软件企业涌入中国，对民族软件企业提出了严峻挑战，同时也带来了前所未有的机遇。一批中国专业化软件企业从激烈的竞争中得以生存发展，在教育、财务管理、娱乐游戏等领域取得了一定的优势。这一阶段典型的软件企业的代表有金山、用友、金蝶等。中国软件企业已经走过了一个从无到有、从弱到强、从单个企业到产业群落的发展历程，预计到 2011 年中国软件运营服务产业将突破 400 亿元，达到 406 亿元，未来五年的复合增长率达到 43%。

1. 中国软件产业规模不断扩大，但国际化影响很小

目前中国已经形成了以 6 大软件出口基地为依托的软件出口群，质量管理水平不断提高，软件出口价值链从低端向中高端转移，自主知识产权产品出口成为新的增长点，在国际软件产业总额中所占的分量逐年递增。但是与美国、西欧各国、日本这些软件大国相比差距很大，中国软件产品出口的份额很小，国际影响力较弱。中国在全球软件产业所占份额如图 9-2 所示。

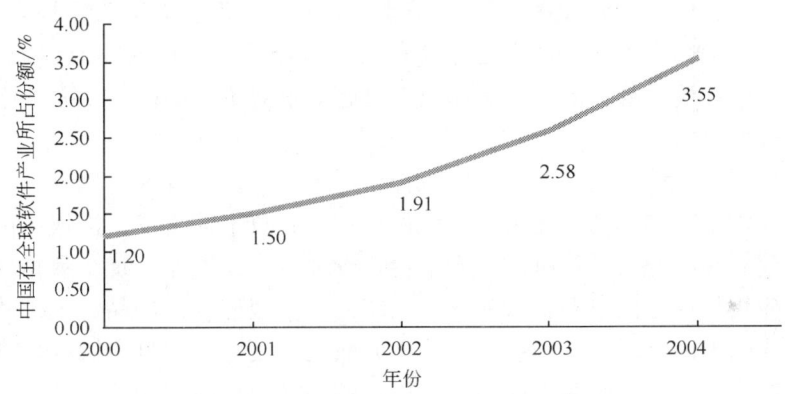

图 9-2　中国在全球软件产业所占份额
资料来源：中国软件行业协会

中国软件产业在当前经济全球化的发展大势中，尚无产业国际地位。中国软件产业主要在国内市场上，而且只是在国内应用软件市场上占有一定地位，拥有 54.1% 的市场份额；在国内的系统软件市场，国外品牌占据了 95.3% 的市场份额；在支撑软件市场，国产品牌也只有 49.7% 的市场份额。国外品牌产品占领了高端的系统软件、数据库软件、行业应用软件、ERP（管理软件）软件市场份额的绝大部分，国内品牌产品则在财务管理软件、防杀毒软件、中文信息处理等领域占据优势，但是国内的软件销售额只占全球软件销售额的 1% 左右。中国的软件企业规模小而且分散，缺少在国际市场上有知名品牌的软件企业，无法在国际市场上树立起中国软件企业的整体形象。

2. 多数软件企业未能与国际标准接轨

中国软件企业对国际市场信息、先进软件的设计以及开发方式缺乏了解，没有完善的质量保障体系，对软件开发过程缺乏有效的管理体系，缺乏严格的质量认证和规范化管理。以 CMM 为例，CMM 被认为是国际软件市场的通行证，特别是美国的政府项目或大型项目，没有获得 CMM 认证的企业几乎不可能得到参与的机会。在中国的软件企业中，通过 CMM 认证的企业很少。2001 年以前，中国没有软件企业获得 CMM2 以上的认证，至 2003 年 3 月，有 4 家企业获得 CMM5 认证，2 家获得 CMM4 认证，9 家获得 CMM3 认证。根据印度"软件服务公司国家联盟"（NASCSMO）的统计，印度最大的 500 家软件开发公司中已有 170 家获得了 CMM 认证，是世界上软件公司获此认证最多的国家。

3. 软件企业缺少自主知识产权的关键技术与核心技术

国产管理软件企业要发展，要参与国际竞争，要获得更持久的核心竞争力，"技术突破"是必经之路，除此之外没有任何捷径可寻。加入 WTO 以后，国产软件进入国际环境，要在同一国际跑道上赶超竞争对手，中国软件企业唯有发展自己的核心竞争力。

中国企业在软件研究与开发上投入长期严重不足，企业的原始创新能力信心不足，多注重跟踪和模仿，无力从事软件自主核心技术的研发，造成中国信息产业多年来建立在国外公司提供的技术平台基础之上。在操作系统、数据库管理系统和关键应用软件方面没有形成完整、系统的自主版权软件产品，国外软件产品占据了 2/3 的国内市场。其中在系统软件方面几乎没有中国自主版权软件的立足之地，国产支撑软件只是凤毛麟角，应用软件同样面临激烈竞争。缺乏关键技术和核心技术的知识产权，导致中国在软件产业领域受制于人，不仅使得大量利润流入外国企业，影响中国在软件产业的再发展能力，而且还严重威胁着中国的信息安全。

4. 中国软件企业缺乏市场开拓能力和市场营销手段

目前，中国软件企业主要面对的是国内市场，但是走向国际市场后就会面临许多竞争对手。中国企业在海外市场上明显缺乏市场拓展经验和人才，也缺乏企业管理的国际化运营经验。例如中国发展软件外包面临的障碍就是中国软件企业国际市场开拓能力的欠缺。很多国内企业也尝试依靠自身的力量与国外分包机构建立联系，甚至花费大量的人力物力到美国等地建立办事机构，但效果并不明显。所以增强企业的市场开拓与营销能力，就成为国内软件企业迫切需要解决的问题。

（三）软件企业国际化的策略建议

中国软件企业经过近20年的发展，已经具备了一定的规模。但是，在全球化、信息化、网络化时代，中国市场已经成为全球化市场中的一部分，产品与技术创新、参与国际化标准的制定、商业模式创新以及企业联盟是中国软件企业参与国际化竞争的需要。

1. 软件企业选择关键环节，形成相对竞争优势

根据国际经验，如果一个企业竞争优势的绝大部分来自价值链的上游活动，如软件产业链的上游（操作系统、数据库等基础平台软件，主宰软件外包服务市场，决定产业内的游戏规则），那么这些企业可以将这些优势在世界范围内推广，跨国战略就成为可能的选择；相反，如果一个企业竞争优势的绝大部分来自价值链的下游活动，如软件产业的下游（高级应用类软件、一般应用类软件和系统集成中的软件开发，主要是在上游的基础平台上进行二次开发），那么，这些企业就适合采用多国战略，独立服务于各种市场（邢仁芳，2006）。

中国的软件企业作为后发型企业，要想在国际市场上取得成功，必须注意"避实就虚"，选择关键环节，争取形成相对竞争优势。中国软件企业与跨国公司相比，在规模、技术、创新等方面差距都很大，在进入国际市场的初期没有能力也没有必要像大型跨国公司那样创造企业的全球价值网。其现实选择就是根据企业已有的能力系统和外部环境，选择价值链上的一两个环节，有所为有所不为，瞄准自己的强项，集中资源，做有特色的产品，建立相对竞争优势。例如东软选择应用软件作为突破口，而没有选择操作系统作为主要的产品，就是因为在操作系统领域都不具有优势，也避免了与微软产生激烈的正面竞争。

软件领域与家电领域有许多的相似性，一个家庭需要多种不同的电器，一个企业也需要多种不同的管理软件。海尔在进入美国市场时，采取的是"一路纵队"而不是"一排横队"的策略，即让产品一个一个地进入，最后形成一个系列。在单一产品进入时去尝试客户的消费需求，选择最受欢迎的产品提供给当地客户，慢慢地就形成了规模效应，成本也随之降低。所以，在软件市场上的产品品种和种类不下数百种的情况之下，中国软件企业在进入国际市场时必须选择当地客户最为需要的产品，针对不同文化与不同需求，不同地域使用不同产品先进入，并真正实现本地化。

2. 组建出口软件联盟，走联合的竞争之路

中国虽然有金蝶、用友、方正、神州数码等一批领军的软件企业，但与国外该领域的软件巨头相比，无论在企业规模还是开发实力上差距仍很明显。走联合

的竞争之路，形成中国软件企业联盟，将对中国企业国际化的发展起到不可估量的积极影响。当前由于全球技术创新的加快和技术竞争的日益激烈，软件企业依靠自身的力量进行技术创新越来越困难，合作创新有利于创新资源的优化组合、分摊创新成本、分散创新风险。因此利用外部力量和创新资源，实现优势互补、成果共享已经成为当前软件企业技术创新的新趋势。

软件企业之间的合作是产生核心竞争力的重要源泉，兼并、控股、合资与许可协议等方式是企业获得核心竞争力的外部途径。中国软件企业应该以大型软件企业为主体，以重大研发领域和研发项目为纽带，带动一批中小企业按照产业链和技术分工开展研发活动，促使软件企业组成技术创新联盟，或以联盟方式承接国家重大技术攻关项目，加速技术创新进程。

在一个相当长的时期内，加大软件出口是发展中国软件产业的重要途径，而组建出口软件联盟对中国软件业的发展可以起到积极的作用：第一，软件出口联盟将团结众多软件企业的力量形成规模，实现资源共享，互助互惠，降低成本，形成价格优势，增强竞争力；第二，培养中国的软件企业获得承接国际软件开发能力，把海外客户的需求作为软件工程项目带给中国企业，把中国的软件技术和产品带进国际市场；第三，帮助成员企业成功转型，更加国际化、标准化，有能力面对 WTO 的冲击；第四，构筑国际信息交流纽带，共享国际市场信息，实现资源的合理配置（邢仁芳，2006）。因此，要进一步加强国际合作与交流，促进软件的国际化，大力发展软件出口，提高中国软件企业在国际市场的竞争力。

3. 软件企业要参与全球行业标准制定

全球软件产业发展 50 年以来，技术的发展一直伴随着商业模式的创新。传统渠道即传统实体分销的模式，主要有直销、包销、代理和捆绑销售等方式。随着互联网和电子商务的发展，网上销售、在线应用阵 SP 等新的方式逐渐兴起。目前传统的渠道仍占主流地位，但渠道的扁平化和电子商务化已成为发展趋势，参与国际竞争是今后中国软件企业的必然选择。

衡量一个软件企业国际化经营成功与否的一个重要标志是看该软件企业能否参与制定本行业的全球性标准。在科学技术突飞猛进的今天，参与本行业的全球性标准的制定，是软件企业技术实力和全球竞争力的集中体现。现今软件产业的国际标准都是由跨国软件企业巨头牵头制定的，从而实现了跨国软件产业技术垄断。制定"游戏规则"的企业和被动适应"游戏规则"的企业在全球竞争中所处的地位是不一样的。所以，中国软件企业若想在国际化经营的过程中快速发展并不断巩固自己在同行业中的地位，应当积极参与软件行业全球标准的制定。中国软件企业国际化经营的一个优势就是中国国内市场的优势，因此在行业的重大标准上，中国软件企业可以完全形成一个事实标准，并通过企业间的联合来实现地区性标准、亚洲区域性标准的联合,形成有利于中国软件企业的行业标准。

第二节 微软公司的成长模式

一、微软的发展

软件作为信息技术的核心和灵魂,是信息技术竞争的一个重要制高点,成为带动经济增长、促进社会进步和保障国家安全的重要因素。软件产业将成为21世纪经济的重要组成部分和新的重要增长点。2000年,全世界软件及信息服务业的产值已达6000亿美元。目前,各国的政治家和一切有识之士都有这样的共识:一个国家软件产业的兴衰成败,将决定它在21世纪国际竞争中的地位和格局。没有强大的软件产业和广泛信息技术应用能力,这个国家就会失去参与国际竞争的基本资格。

现在,软件产业在世界上蓬勃发展,以美国为代表的发达国家已经打开知识经济的大门。预计到2010年,中国软件收入将超过13 000亿元,软件出口将达125亿美元。我们的软件企业应该怎样行动,才能在知识经济下的世界经济舞台占据一席之地,成为很多人关心的问题。微软公司是美国的典型知识型软件企业,自1975年诞生到今天,只有短短30几年时间,从微不足道的只有3人的小企业发展到一个大型的国际公司,并在现在的软件市场上呼风唤雨,甚至影响软件产业的发展进程。对微软公司的成长方式进行分析,有助于我们认识知识经济下软件企业发展的某些规律,从而对中国软件企业的发展起到一定的借鉴作用。

微软公司在初期的发展速度非常快,增长率相当高,甚至超过600%。1984年以后,其增长才趋于平稳,但仍然非常高。1987年、1988年、1989年都超过70%,在此之后逐步稳定在30%左右。微软在20世纪90年代的平均增长率是36%,但是随着互联网成为计算机技术发展的核心,以计算机软件为主业的微软业绩出现下滑。2000年微软收入的增长率只有8%,但是随后Windows XP的推出为微软带来了可观的收入,近一年之后,在2001年微软的增长率就上升到15%。2005年以来,随着微软的发展进入成熟期,其增长率一直控制在15%~20%。通常认为,一个国家的经济增长率达到10%以上(两位数)就是超高速增长。但这个指标对于软件企业来说,基本不适用。在创业初期,这类企业的销售收入可能不高,但无一例外的是其增长率都非常高。像近年出现的几个例子有Oracle公司、CISCO公司等,其增长率都非常惊人。

软件产业的特点是高投入、高风险、高回报,这由微软的经营利润率情况可见一斑。1986年3月,微软公司股票在纽约股票交易所上市,以后各年都有规范的财务数据。数据显示,微软的发展速度在不同的年份显然有很大区别,高的达到 75%，低的则只有 8%，微软股票上市的 20 年间利润率则基本稳定在 30%～40%，1997～2006 年，微软的经营利润率波动空间为 40%～50%，见图 9-3。

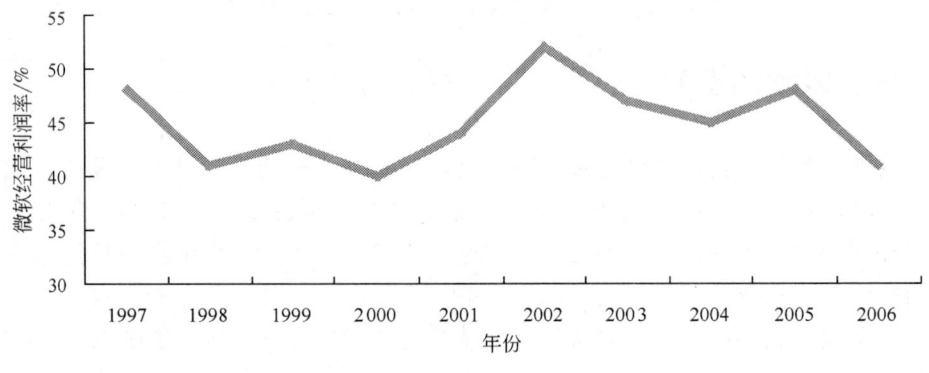

图 9-3　微软的经营利润率

二、成功的研究与开发

软件企业都需要巨额的资金投入，这点对处于初创阶段的小型企业如此，对于大型的软件企业更是如此。从图 9-4 我们可以清楚地看出，微软历年的 R&D 投入均大于销售收入的 10%。

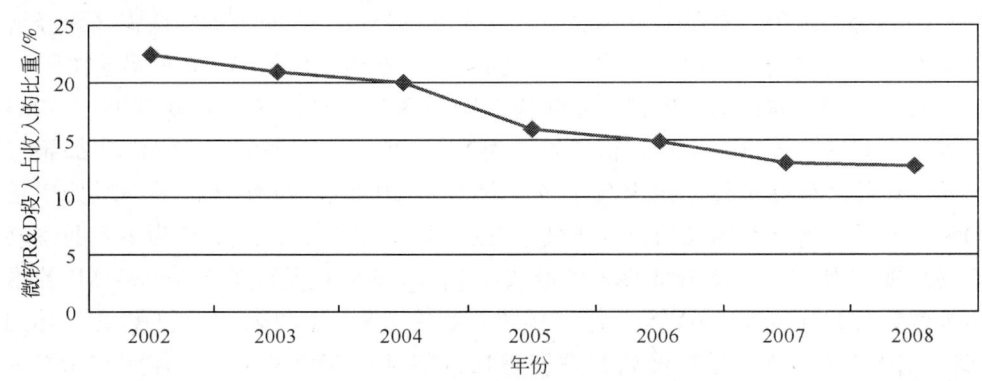

图 9-4　微软公司研发占收入的比重

欧盟委员会公布的 2008 年工业研究开发投资统计数据显示，微软是 2008 年全球研发投资最多的公司，它的投资总数达到 56 亿欧元（约合 76.5 亿美元）。欧洲企业的研发投资比去年增长了 8.8%，美国企业的研发投资增幅为 8.6%。巨额的 R&D 投入，使企业能够维持一个巨大研发系统的正常运作，保证新产品、新技术能不断地推出，始终保持自己在相关领域的优势地位，使企业建立高效的开发模式，同时确立若干研究课题，开展多个产品的开发工作。尽管高科技项目中，真正成功的并不多，按风险投资的统计仅约 5%，IBM 的产品项目，也只有不到一半能推向市场。但是，这些经过认真分析、筛选的产品总会有很多是有生命力的。作为一个希望长期生存的企业，无论规模大小，无论对创新的管理方式如何，都必须有足够的 R&D 投入，从制度上保证创新的实现。

三、分工明晰的创新团队

所有处于最尖端的科技，其发展和变化也是最快速的，更新换代的速度远非传统产业可比。极高的产品更新换代速度，使高科技企业不能再仅依靠某个人的能力去创新，也不能再依靠偶然的机遇、灵感去自发创新。一个产品的研制、一项技术的攻关或一个研究领域的突破，需要很多人的协作与分工。无论是在世界上最大的独立软件公司微软，还是印度的软件加工业，人才构成都是金字塔形。微软公司编程人员分为五个等级，最高等级只有 5 人。Windows NT、Windows 2000 操作系统的核心开发队伍只有十余人，核心人物 Dave Cuttler（原 DEC 公司 VMS 操作系统的创作者）亲自编写内核程序，而提供软件开发工具的队伍则多达 2000 余人，编写各种程序模块的外围编程人员有 1000 余人。

即便是在微软公司，软件大师所起的作用也是关键的。可以说，没有来自原 DEC 公司的操作系统大师 Dave Cuttler 及 Mark Lucovsky，就没有 Windows NT、Windows 2000；没有 Jim Gray 这样的数据库大师，就没有 SQL7.0。培养这样的软件大师，当然是中国软件产业发展的目标之一。

同时，在微软公司中体现出来的团队精神，也是其制胜的关键因素。据了解，在 Windows 2000 开发过程中，有 1500～1700 人直接参与，还有同等数量的人在间接参与。所谓直接参与就是所写的程序直接进入 Windows 2000 的源代码，间接参与者是为编写程序提供边缘性服务。3000 多人，工作了近 5 年时间，写下了几千万行程序，才成功推出 Windows 2000，这可以堪称是软件工程之最。参与开发者认为，Windows 2000 几千万行程序不互相矛盾，关键有两点，一是标准化，有统一的写代码的格式，有标准的研发过程，一拿到任务，所有人都知道该用什么语言，怎样写；二是依靠大家的团队精神、合作精神，所有个人的努力都包含在 Windows 2000 里面，而不计较个人的得失。

四、延伸产品的生命周期

每一种产品都有它的生命周期，都有引入期、成长期、成熟期和衰退期。知识经济下的产品也不例外。对于产品的市场规律，我们不能改变它，但可以认识它、利用它。一种产品的生命是有限的,但我们可以通过发展序列化的产品,不断赋予产品以新的内涵,有效的提高产品的生命周期。DOS、Windows 的生命如此之长也在于此。

最初,微软的产品只有 BASIC。1981 年,微软与 IBM 公司合作以后,开始为 PC 机提供操作系统。从图 9-5 中可以看出,微软几乎每一年都有新的操作系统问世,一代比一代功能更强,界面更友好,操作更便捷。从一开始的 DOS 命令行,到后来出现一些图形界面,再到色彩缤纷的 Windows 系统。除了操作系统外,微软还有 Office 系列产品,以及其他一些定制的产品,它们的情况也大体相似。从初期的独立的 Word、Excel 到后来的 Office 软件包,都处于快速的更新换代中。

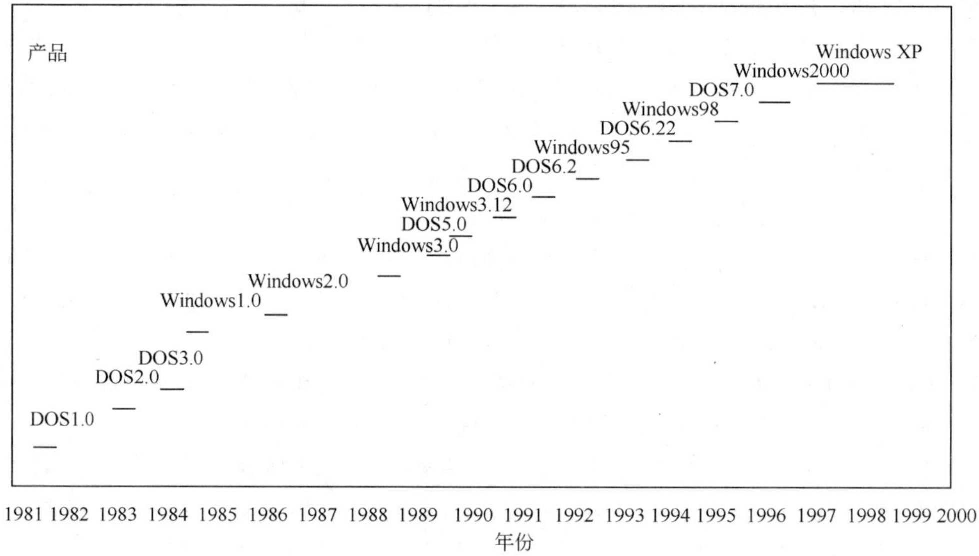

图 9-5　微软产品的序列化进程(1981~2000)

五、微软的软件市场战略

对微软任意一个市场战略的理解,都应该从微软的整个公司战略的大环境中来评价和理解,即首先巩固自己在某种产品市场中的垄断地位,然后向相关的产品市场领域积极扩散其垄断优势。当它进入某一特定市场时,其产品往往不是最先进的或最实用的。但是,它首先在该市场和垄断市场之间建立起资本的、市场的和技术的连接,然后利用这种垄断连接,通过技术收购和市场优势等手段,进入该市场并逐渐击败竞争对手,从而占领该市场,并在该市场上形成新的垄断优势。

软件之间的纵向连接是由计算机的体系本身决定的，即应用程序必须运行于操作系统之上，而操作系统又必须运行于硬件之上。硬件、操作系统和应用程序之间就构成了一种纵向连接关系。例如，Office 和 WordPerfect 等办公软件与操作系统 Windows 之间就有一种纵向连接关系。纵向软件之间必须兼容，但不具有排他性。例如，只有 Windows 版的 WordPerfect 才能运行于 Windows 之上，而 Linux 版的 WordPerfect 却不能运行于 Windows 之上。在同一操作系统上，可以运行不同公司生产的办公软件，即很多公司可以同时竞争同一平台上的办公软件市场。

软件之间的横向连接是由计算机网络决定的。一般来说，相互联网的两台机器，客户机和服务器，运行着分工不同而功能相似的操作系统和应用软件，具有不同的信息资源，扮演着不同的角色，因此形成了不同的产品市场：客户软件市场和服务器软件市场。这种在网络中具有不同分工和类似功能的对应软件之间连接即横向连接，如桌面操作系统 Windows 与网络操作系统 Windows NT 或 UNIX，微软 Office 与 Backoffice 软件之间的连接都是横向连接（像微软 Office 一样，Backoffice 也是一个软件包，其中包括数据库服务器、电子邮件服务器、系统管理软件、网络连接功能等）。

微软利用 Windows 的垄断优势本身及其所得的大量资金，战略性的 OLE 技术体系和 CuI 界面"锁定"效应，在纵向上，轻而易举地进入办公软件市场，并击败包括 Lotus、Word perfect 和 Corel 等公司在内的其他办公软件企业；在横向上，大举网罗软件人才，如原 DEC 公司服务器系统设计大师，以 Windows NT 进入服务器市场，并迅速成为一支令 UNIX 望而生畏的"十字军"。由于微软在 OLE 体系中没有提供与数据库服务器相关的规范，因而微软在进入数据库服务器时显得步履维艰，力不从心，没有获得微软自己的其他产品（如办公软件）类似的成功，并且至今还没有对其他数据库企业构成实质性的威胁。

六、微软对各类市场的控制

（一）控制 OS

在软件市场中，对操作系统的控制有着特殊的内涵。操作系统是计算机系统和网络中最底层的、功能最强大的、最具可依赖性的软件层，无论在软件纵向连接上还是横向连接上，或者是操作系统软件本身的版本升级上，它都是最具利用价值的软件层。可以说，控制着操作系统，就控制着计算机和网络。对操作系统任意一个小小的改动，都可能会使纵向连接的软件过时。这种纵向软件开发商对于这种巨大代价的承受理由，可能会是微软一次简单的升级和一个小错误的修复。这种几近无理的单方面制约，使微软具有无与伦比的、对上层软件及其开发商所实行的生杀权力。

尽管微软总是宣称 Windows 是一个开放的操作系统，而事实上，Windows 的体系和核心技术是从未公开过的。其实 DOS 是完全公开的，微软对操作系统的垄断态势就不是非常明显。只有在 Windows 取代 DOS 并成为主流操作系统之后，微软才逐步体现出其霸主地位。同时微软利用 DOS 所得的垄断资金，积极向应用软件系统领域扩张。这样，微软既提供操作系统，又提供上层的应用软件，就像英特尔公司既生产芯片，又生产整机。微软在应用软件市场上的优势是不言自明的。

微软竭尽全力扼杀 DR DOS、Java 和 Navigator，主要是因为这些产品都具有成为新兴操作系统，从而很可能替代 Windows 的潜力，并冲击微软在桌面操作系统市场中的垄断地位，这在微软是不可想象的事情，微软最终动用一切手段成功"保位"。由此可见，操作系统的垄断权势之大。

（二）控制 CHI 和 OLE

计算机系统的人机接口（computer-human interface，CHI）是一种具有强烈"网络外在性"的计算机接入点——计算机用户界面。CHI 的友好性直接影响用户对软件的接受程度，同时，用户需要投资相当多的时间、精力和资金来学习并熟悉这种软件的 CHI，因此，在具有不同 CHI 的软件之间的切换代价是昂贵的。

Windows 采用了 Xerox 发明的、由 Apple 首先应用于计算机操作系统的图形用户界面（GUI），从而淘汰了 DOS，更主要的是，Windows 淘汰了 Novell 公司当时最新推出的、较微软 DOS 更加先进的 DR DOS，进一步确立并巩固了微软在桌面操作系统上的垄断地位。

用户学会了 Windows 的使用方法，他就会对图形用户界面非常熟悉，而对于其他 GUI 界面的操作系统，如 UNIX，就难以接受。因为对一般用户而言，Windows 锁定的不仅仅是操作系统，还有 GUI 界面和联网功能。这种 GUI 锁定很容易使用户心甘情愿地随微软产品的版本更新而更新，而且还毫无障碍的接受基于 GUI 的其他微软软件产品（如办公软件产品）。因此，在商业上，软件的这种锁定效应，不仅锁定着公司的品牌和知名度、用户无与伦比的忠诚度，而且创造并繁衍着一种类似于宗教的商业文化，使 Windows 能像 Hollywood、Coca-Cola 和 McDonalds 一样成为美国向全球输出的流行文化，成为美国在全世界的象征。

对象连接与嵌入（OLE）技术是微软倡导的，在应用程序之间和应用程序与操作系统之间实现信息共享，能够应用于客户端和服务器端的一种战略性技术。微软利用 OLE 技术和在操作系统平台上的垄断地位，一方面，为自己保留了一块从不公开的技术文档，从而在新兴市场上形成新的技术优势；另一方面，实行 OLE 技术的层次型公开策略，即先将这些可公开的技术透露给自己的核心层合作伙伴，在 18 到 36 个月之后再将所有的可公开技术完全公布。这种由微软垄断的，在技术传递中的内容差和时间差，可以控制独立软件开发商（ISV），驱逐并消灭竞争对手。

（三）控制浏览器

当微软正在对互联网的发展有所忽视的时候，Netscape 公司以其 Navigator 浏览器征服整个互联网世界。随着互联网的迅速发展，基于互联网的信息服务和电子商务等服务方式孕育着无限商机，而浏览器（browser）作为互联网的"门户（portal）"，颇有一夫当关，万夫莫开之势，蕴含着极大的商业价值。微软利用种种商业手段迫使 AOL，Apple 和其他 ISP 等 Netscape 公司的合作伙伴放弃 Navigator 浏览器，转而使用微软自己的 IE，并通过将 IE 与 Windows95 捆绑销售，甚至用将 IE 直接集成到操作系统中的方式强行增大 IE 的市场份额。

值得一提的是，浏览器之争的实质，除了"互联网门户之争"外，还有操作系统之争的内涵。Netscape 公司的 Navigator 的领先技术和用户流行程度改变了操作系统的传统概念，即浏览器能够逐渐扩展成为一个可与 Windows 竞争和抗衡的新一代操作系统。用户可以利用 Navigator APL 开发自己的应用程序，这是所谓的浏览器操作系统化。而微软则希望将浏览器集中到 Windows 中，以保证自己在操作系统上的垄断地位，这是所谓的操作系统浏览器化。

（四）控制个人财务软件

1991 年微软开始以其产品 Money 进入个人财务软件市场。至 1994 年，在个人财务软件市场，微软占 10%，Meca 公司和 CA 公司合占 20%，而 Intuit 公司的产品 Quicken 占有 70% 的市场份额。更重要的是，Quicken 的市场增长率远高于其竞争对手。因此，微软打算完全放弃其产品 Money，转而收购 Intuit 公司。如果收购成功，一方面，微软完全可以通过 Intuit 公司的产品 Quicken，轻易地控制个人财务软件市场；另一方面，微软可以通过 Intuit 公司的另一产品 TurboTax 首次进入税收软件市场。

在一个高度集中、高度细分定位的市场领域，如个人财务软件市场，微软的这种并购很容易形成新的垄断优势，从而有机会加大市场进入难度。因为在个人财务软件和个人税收软件市场，软件的"锁定"效应异常明显。一旦用户采用了 Intuit 公司的产品，用户的所有财务和金融数据都采用了该系统的数据格式。因此，这种数据转换的代价会令绝大部分想采用其他产品的用户望而生畏。

与此同时，这种并购的结果是降低了该市场的集中度，它直接排除了微软作为一个竞争对手存在于该市场上的可能性。相应地，如果微软收购成功，微软将毫不犹豫地利用其"OEM 王国"的优势，加速自身在个人财务软件市场中的垄断地位，并将 Quicken 和 TurboTax 树立成该市场中的既成事实标准。最终由于美国司法部的直接干涉，微软于 1995 年放弃收购 Intuit 公司。随后微软的 Money 和 Intuit 公司的产品 Quicken 继续各自发展，根据 2000 年的调查显示 Intuit 公司的 Quicken 继续占有 70% 的市场份额，Quicken 和 Money 目前仍然是市场份额最大的两大主流个人财务软件。

（五）控制服务器

在当今的网络时代，服务器软件市场显得更为重要。这不仅是因为服务器软件的技术创新性更大，而且因为服务器市场都是商业用户，市场透明度高，市场潜力巨大。例如，Netscape 公司可以免费赠送客户机软件（浏览器），而将 WWW 服务器软件卖以高价。另一特征是，在软件生产和营销过程中，对软件横向连接的控制和利用就显得更为重要。因为软件开发商都在从桌面系统或终端系统向服务器市场过渡，这种横向连接将是这两种不同市场之间的桥梁。

微软的最终目标是服务器市场。在网络时代中，谁控制了服务器市场，谁就控制了所有信息、数据和网络传输，谁就控制了整个网络内容市场。因此，如果微软控制了服务器市场和网络，微软就控制了未来的信息社会。目前，微软仍在无所顾忌地进行着。微软利用横向和纵向软件连接，以及在桌面系统上的商业和技术优势，大势进军服务器市场，意在彻底排斥并消除当今服务器市场中现存的所有竞争对手。事实上，微软的 Windows NT 在低端网络服务器市场上已经颇具号召力，而且其市场份额增长非常惊人，其技术成熟相对较快。NT 对 UNIX 和 Novell 公司的 NetWare 的冲击令人触目惊心。

专题：微软的广阔世界

1975 年比尔·盖茨创建微软公司。1981 年开发 DOS 操作系统，当时公司有 60 名员工。今天，微软在世界各地有 20000 多名员工，并在社会生活的各个方面起着重要作用。

一、家庭计算机

微软计划将个人计算机技术发展到家庭，从汽车到厨房电器。

- 家庭计算机：核心业务，个人计算机操作系统，Windows、DOS。
- 住宅系统：开发控制电炉、电灯等家用电器的软件。
- 广播计算机：计算机将能传送卫星电视、有线电视和网络电视。
- 环球网电视：可以用电视浏览环球网，与三星等同类产品竞争。
- 汽车："智能汽车"将告知你在哪里，如何到你想去的地方。
- 手持电脑：Windows Mobile 将竞争运行于新一代掌上计算机。
- 电话：软件不需要个人计算机，就能直接把电话连到国际互联网上。

二、多媒体

多媒体软件微软百科软件的销量占有百科软件市场的 1/3。但它初出茅庐的游戏部分占有市场不到 5%。

- 游戏：高尔夫、篮球和疯狂卡车参与游戏市场竞争。
- 金融：Money 软件与 Quicken 软件竞争，能让你付账和结账。
- 音乐：音乐中心软件让你查找唱片片断和评论，购买唱片集。
- 教育：魔幻校车系列软件用卡通解答难懂的科学问题。
- 百科：Encarta 软件是主要的只读光盘百科全书。
- 地图：汽车公路地图以北美旅行信息向 AAA 提出挑战。
- 电影：Cinemania 软件包含对 20000 部电影的评论，包括演员介绍和电影剪辑。
- 联盟：拥有半数 Dream Works Interactive，将生产多媒体产品。

三、工作场所

几年来，微软一直在蚕食莲花等公司的市场份额，莲花公司是进入工作软件市场的第一家公司。

- 办公套件：商用软件包 Office 与 Corel 等其他公司竞争。
- 电子表格：Excel 软件让用户建立表格和数据库，设计商业图表。竞争对手是莲花公司。
- 文字处理：Word 软件使 Corel 公司的 WordPerfect 软件失去第一地位，已占市场首位。
- 呈现图形：PowerPoint 软件让用户创建幻灯片和投影片。
- 出版：Publisher 软件能在个人计算机上进行文档设计；FrontPage 软件能创建网页。
- 办公计算机：BackOffice 软件运行于公司的服务器，管理业务量、电子邮件和电子商店。
- 内部：Windows NT 运行于企业网，数据库等其他程序运行于其上。
- 购物：Merchant Server 软件与 IBM 的同类软件竞争，能通过环球网进行安全的交易。
- 数据库：SQL Server 软件同 Oracle 公司运行记账系统等的主要数据库产品较量。
- 网络计算机：SUN 等竞争对手竭力兜售这种贫乏的"网络计算机"。微软计划提出更丰满的网络机型。

四、通信软件

微软说今后三年它可能在联机产品上损失 10 亿美元。

> - 环球网浏览器：在浏览器之战中，Explorer 软件战胜网景公司 Navigator 软件，夺得霸主地位。
> - 联机服务：MSN 开始时是像 AOL 那样的专用服务，现在网络成员可以通过环球网连接它。
> - 互联网经营商：MSN 提供互联网的拨号连接，与 AT&T 等公司竞争。
> - 电子杂志：其中包括迈克尔·金斯利公司的 *Slate* 和为妇女办的 *Under Wire*。
> - 投资：Investor 环球网站点让你通过查尔斯·施瓦布服务在线跟踪股市和贸易行情。
> - 旅行：Expedia，以环球网为基础的旅行社，帮你预订机票，阅读旅行指南。

第三节　印度软件企业成长的经验与规律

中国和印度都属于发展中国家，在国情上有较多的共同点：人口众多，农业人口占总人口的 60% 以上，国民平均收入水平较低，经济体制都处于转型阶段等。中国的软件产业园区和印度班加罗尔也有许多共同点，相互具有借鉴之处。在出口导向型扩张战略主导下，充分认识印度发展软件产业的一些策略和规律，在此基础上进行整合创新是一种实事求是、理论联系实际的研究方法。

一、印度软件企业成长过程中的规律

印度软件产业出口模式的演化大致可分为三个阶段：第一阶段是以劳务输出为主；第二阶段是以转包开发为主；第三阶段是以创立自主品牌为主的阶段。

（一）以劳务输出为主的第一阶段

印度软件产业出口的第一阶段起始于 20 世纪 70 年代后期，软件产业劳务输出主要表现为：印度本国类似于人才中介类的公司承接国外主要是美国公司的"合同项目"，根据合同中的特殊约定，派出不同档次的软件人员到国外"打工"，为客户提供编程和现场服务。

这种方式几乎没有风险，虽然附加价值低，但相对于印度的收入水平来说，这些软件人才中介企业和软件开发人员还是得到了相当高的收益。

由于印度软件人才的软件服务和开发才能得到了欧美客户的认可，印度软件产业的劳务输出业务越来越多。在 1988 年印度软件出口额中提供现场服务的劳

务输出所占比例高达90%。

这一阶段占主导地位的是印度的软件人才培养机构，如印度理工大学、印度科技大学等高等院校。

（二）以转包开发为主的第二阶段

20世纪80年代中期以来，跨国公司为了更加充分地利用印度廉价的、质量有保障的软件人才，以降低成本、提高竞争力，纷纷到印度本土设立研究中心或分公司，最早的是1985年美国的得克萨斯仪器公司在印度班加罗尔设立的分公司。这样就使印度软件产业的发展模式发生了变化，逐渐由当初向国外派出工程师为客户提供现场开发或服务，转变为跨国公司在印度本土接受国外客户的订货，就地招聘印度软件人才来开发软件和提供软件服务。由于跨国公司一般都在全球具有成熟的营销网络，产品的市场需求巨大，在印度的软件开发公司难以满足其需求，或为了减少运营和管理成本，不愿扩大其企业规模，跨国公司就将其中的一部分项目通过转包开发的方式让印度本地的软件企业来完成。这样就极大地促进了印度本土软件企业的迅速成长。

这种转包开发的方式对印度软件业从业者来说风险不大，但从长远来看收益比劳务输出要高得多。这一转变促使印度软件产业由先前的散兵游勇式发展转变为有根据地的正规化企业发展。

到1996年，印度软件产业中劳务输出所占比例降到了60%，1999年时这一比例又降到59%。相应地，以转包开发为主的项目所占的比例越来越大。可以认为，印度软件产业出口模式正逐渐演化到第二阶段，即以转包开发为主的阶段。

这一阶段虽然印度高等教育机构依然发挥着举足轻重的作用，但在印度软件产业界占主导地位的角色变为了美国、西欧、日本的跨国公司和印度本土的大型软件企业。围绕着跨国公司在印度开设的软件研究机构，日益壮大起来一个新的群体，这就是印度本土的软件企业群落。

（三）以自创品牌为主的第三阶段

1999年，当全球面临"千年虫"危机时，印度软件企业抓住机遇，在世界上率先提出解决"千年虫"危机的系统方案，崭露头角，为印度软件企业在全球树立了品牌优势的同时，出口赚汇20多亿美元，很多小的印度软件企业由此完成了资本的原始积累。

到2000年底，在印度软件产业前20家软件企业排名中，印度本土软件企业数已超过了跨国公司，并开始出现自创品牌的趋势，印度软件产业品牌建设初露端倪。到2007年，印度最大的软件公司塔塔咨询服务公司（TCS）年收入已经超过10亿美元。目前TCS是印度最大的IT企业，是印度最大的单一软件服务出口商，也是亚洲最大的独立的软件和服务业公司（见表9-2）。

表9-2 印度软件产业出口不同阶段的发展特征

发展分期	发展形势	起始及代表性年份	风险	附加价值	发展主体
第一阶段	软件人才国际劳务输出	20世纪70年代后期 1988年占90% 1996年占60% 1999年占59%	很小	较低	公办高校为主 民办培训学校 人才中介公司
第二阶段	软件转包本土开发服务	1985年开始 比例逐渐增大	较大	较高	跨国公司为主 本土公司为辅
第三阶段	企业自创软件产品品牌	1999年开始比例还很微小	很大	很高	本土公司为主

相对于前两种模式，自创品牌阶段对于印度软件企业来说，风险较大。一方面，要求企业具有较多的技术积累、资本积累和管理经验积累；另一方面，风险资本运作的成败也直接决定一些中小企业自创品牌的努力能否有大的成果。但近来在印度，传统的回避风险的思维模式已出现了变化，既懂技术又具有国际思维的年轻企业家的数量正在增加。但印度企业家一般都不愿意在融资时让风险投资企业的股份占到51%而使他们自己丧失控股权，这种自主态度导致项目投资在创始阶段规模过小，以致无法引起风险投资家的投资兴趣。

印度风险投资业的现状表现为：风险资本规模小，海外投资基金占主导地位，风险投资主要集中在比较成熟的项目，而真正需要种子基金的创业公司普遍资金短缺。但总的说来，印度软件产业还是越来越受风险投资基金的青睐，来自"印度风险投资委员会"（IVCA）的数字表明，软件产业的风险投资占全部到位风险投资资金的19.9%，仅次于占23.6%的生产机械工业。

二、印度软件企业成长过程中政府作用的演变

回顾印度政府对待软件产业的态度与政策，依据时间先后大致可以将印度政府软件产业政策分为三个阶段和三种态度（周昱，2007）。

（一）承认软件产业地位：1984～1986年

1984年之前印度软件业已连续多年在印度出口行业中增速最快，表现出良好的发展势头，但政府的作用主要表现在支持高校办学的自主权上。印度高校得到政府很大的财政支持，而且办学的市场导向性强，政府的行政限制很少，这也可看作是政府开明支持的一种表现。1984年11月，在总理拉吉夫·甘地推动下

颁布了一项关于计算机工业的新政策，软件业才被正式确认为产业，可以合法获得正常的投资补贴以及其他优惠。同时政府明确承认了劳务输出，认为不同档次的印度软件人员到国外"打工"、为客户提供编程和现场服务都是合法出口。1985年美国得克萨斯仪器公司被印度政府允许在班加罗尔设立分公司，这就为印度软件产业顺利地由第一阶段发展到以转包开发为主的第二阶段突破了政策的障碍。

（二）主动提供配合：1986～1998年

1986年12月，拉吉夫·甘地政府出台了《计算机软件出口、软件开发和培训政策》，这是印度政府第一次明确提出要配合外向型软件产业发展的政策。这一产业政策为印度外向型软件产业的进一步发展起到了促进作用。这些政策包括：第一，向软件出口公司提供使用外汇的便利和税收减让等；第二，放宽外资政策，积极引进计算机技术，在国内兴办合营企业；第三，加强软件开发和研究，加紧培训软件技术人才。政府对软件产业发展的配合程度从下面的例子可见一斑：当1986年得克萨斯仪器公司为了运用卫星传输数据，申请在班加罗尔建立第一个卫星地面接收站时，印度政府为此做出了很大的努力，整个申请过程共打破了印度25条政策限制，最终才获得通过。但总的来说，印度政府在1990年之前的政策主要是排除了印度软件产业出口发展的一些原有的体制障碍，以此对软件企业界和软件教育界提供实质性的支持。

1988年，印度38家软件企业联合成立了一个民间团体——"全国软件和服务公司协会"（NASSCOM），这一软件企业团体为了维护软件企业自身的利益，在政策建议和制定方面和政府讨价还价，很大程度上影响了印度政府对外向型软件产业的态度。到1999年，NASSCOM一共有464个成员企业，它们的总收入占印度软件产业的95%，《印度信息技术行动计划》的制定在很大程度上得益于这个组织的要求。

1990年印度电子部宣布建立首批软件科技园区，并且将软件科技园区注册为独立的机构，以保证产业的自主发展能力。如地处班加罗尔的印度第一个、也是印度最大的国家级软件技术园区就是1991年由卡纳塔克邦政府、印度塔塔财团和新加坡电信公司合资（控股比例分别为20%、40%、40%）建立的。到1998年，印度电子部在全国范围内建立了25个不同规划下的软件科技园。软件科技园区至少对软件产业有以下几个支持作用：一是促进软件园区内集聚效应的形成，便于企业间技术扩散、信息交流和人才的流动、竞争，有利于技术分工的细化和规模经济的涌现；二是园区一般都有高速卫星连接、核心电脑设备、现成的办公场所和可靠的电力供应，降低了软件企业运作的技术壁垒和行政壁垒。这一时期，在外向型发展政策的推动下，印度软件业呈现出爆发式增长，如图9-6所示。

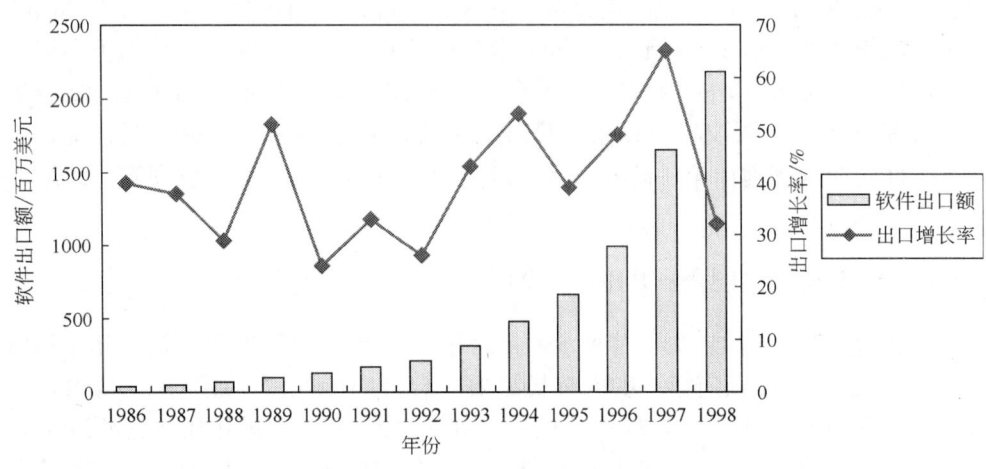

图 9-6 印度软件出口情况（1986～1998 年）
资料来源：印度全国软件和服务企业协会 . http://www.nasscom.in/

（三）积极提供支持：1998～2007 年

印度外向型软件产业的迅速发展和产业组织的利益驱动促使印度政府对软件产业提出了更宏大的规划。1998 年，印度政府组建了国家信息技术特别工作组，由总理瓦杰帕伊亲自出任组长，制定了《印度信息技术行动计划》，决定在税收、贷款、投资等方面采取优惠措施，试图通过该计划中 108 条措施的实施，使印度的软件总产值在 2008 年达到 870 亿美元，其中软件出口额从 1998 年的 30 亿美元增长到 2008 年的 500 亿美元，使印度成为世界"信息技术产品头号供应国"。印度软件产业的发展历程表明，在印度政府的新优惠措施施行之前，从 1980 年到 1997 年，印度软件产业的出口额大致就是每三年翻一番。而按照印度政府的计划，从 1998 年到 2008 年印度软件产业的年均增长率达到 33%。

如今的印度软件产品和服务已经得到了世界的广泛认可，软件产品远销世界各国，成为世界软件的供给与开发中心，是全球最大的软件外包承接国。2006 年，印度的软件公司已经为 303 家全球 500 强公司提供软件外包的业务。NASSCOM 数据显示，印度目前占有全球服务外包市场总额的 46%，及全球软件外包市场总额的 65%。印度软件及相关服务的出口额在印度外贸出口额中所占的比重已经从 1996 年的 3.2% 增长至 2007 年的 42.8%。按照世界银行对软件出口国家能力的调查评估，印度软件出口的规模、质量和成本等综合指数名列世界第一位，并成为世界上仅次于美国的第二大软件出口国。

发展外向型软件产业这一思想虽然最早孕育和起源于印度民间组织的经济动机，但民间组织发现软件产业存在的巨大市场机会后，是在政府宽松政策的维护和支持下成功地把握住了这一机会,最终才实现了印度外向型软件产业的崛起。这一崛起是印度的政府、企业、高校在市场利益的激励下进入协同进取、自催化、自组织发展状态的结果。如图 9-7 所示。

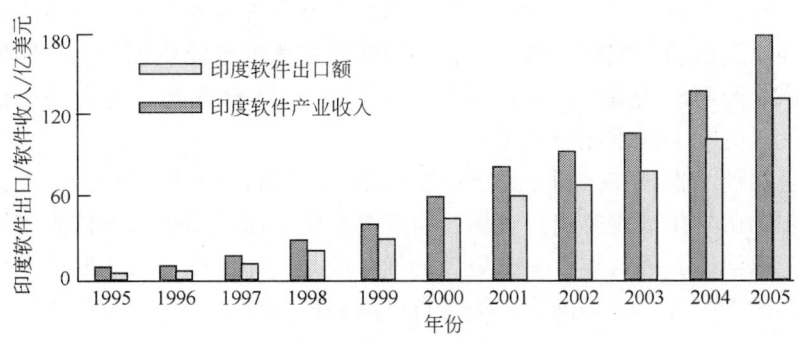

图 9-7　近年印度软件产业发展情况
资料来源：印度全国软件和服务企业协会. http://www.nasscom.in/

印度政府的软件产业政策是适应性变迁的积极政策,其效用随着时间而演化增长。它在客观上降低了软件企业的发展阻力,维护了软件企业的自主发展能力,通过减免税和软件园区建设等措施提高了企业的资本积累速度,降低了企业进入软件产业的技术壁垒和行政壁垒,对印度软件产业规模效应的形成起到了积极的作用。

三、印度软件企业快速成功的缘由追溯

现在印度发展软件产业的成功来自于孕育阶段的偶然性和必然性的结合。软件产业在世界范围内的兴起主要得益于国际上信息产业的壮大,尤其是 20 世纪 70 年代末期美国为数众多的高科技公司需要大量的软件人才,而美国高校毕业的软件人才不能满足其需求,从国外输入软件人才就势在必行。正是西方发达国家尤其是美国计算机软件工程师的供给不足,为发展中国家发展外向型软件产业提供了一个机遇。不同的国家对机遇的把握能力存在着巨大的差别,印度独特的历史与文化形成的因素无形中推动了印度外向型软件产业的崛起。

印度对美英的软件业出口具有得天独厚的语言优势。印度在 1947 年独立以前曾被英国殖民统治了二百多年,英语在印度相当普及,印度约有 5000 万人能熟练运用英语,是世界上讲英语人口第二多的国家。印度和欧美国家的市场联系和交流,自独立以来不曾中断过。受市场经济的熏陶,印度人时刻在寻求着到海外尤其是到美国和英国的致富机会。为数众多的印度大学毕业生为了自身的发展前途,漂泊过海到欧美留学,这种师徒相承的"人脉"使印度和美国在高技术

方面的市场联系非常密切。印度受过高等教育的人的市场经济意识相对于其他发展中国家来说也较为成熟。

编写计算机软件程序需要软件工程师有较好的数学逻辑思维能力，而印度人和中国人一样，在这方面有一定的天赋。加之印度软件专业学生大多熟悉开放式软件开发环境及最新的编程技术，对软件国际质量标准也能熟练运用。印度属于发展中国家，经济较为贫困，人口众多，至今有5.25亿人每人每天的生活费用低于2美元，劳动力成本相对低廉。

美国公司偶然发现在公司工作的印度留学生的软件开发能力很强，尤其是印度班加罗尔的留学生表现突出。美国公司最终发现，印度本地的软件人才不仅资源丰富、英语熟练，而且还有一个更大的优势就是，印度软件人才的劳动成本仅相当于美国的1/8左右。美国公司为了自己能获得的更大经济利益，就开始放手使用印度软件人才。所以说，处于萌芽期的印度外向型软件产业，面对世界范围内的众多潜在竞争对手，能够抓住发展的机遇，很大程度上得益于印度独特的历史路径和文化积淀。在20世纪70年代后期印度IT产业输出的高科技人才主要来自于同一个城市班加罗尔。班加罗尔能成为印度软件产业的发源地主要有四个原因：一是这里有在印度率先成功开展IT教育的几所大学，如印度理工大学等；二是这里有一些政府资助的高科技公司；三是班加罗尔人具有崇尚教育的传统和勇于尝试的创业者精神；四是这里的房地产价格适宜，有良好的自然环境和新建的国际机场等，是印度与世界市场沟通的一个"窗口"。

20世纪70年代，在印度不少大学生一毕业就面临着失业，但在班加罗尔印度理工大学学习软件专业的学生，80%都能拿到奖学金到美国留学。纵使不能留学，也可通过人才中介公司到国外从事"合同项目"，很容易找到高薪的工作。在这种高薪和大量软件人才需求的刺激下，印度理工大学等高校着眼于经济利益与社会利益的增值，对IT人才的培养很自然进入良性循环，规模越来越大。迄今印度理工大学还是印度IT产业的研究中心。跨国公司需求的软件工程师不仅希望是合格的，而且希望是尽可能廉价的，而印度培养出去国外"打工"的软件人才自认为跨国公司给的工资待遇并不低。跨国公司觉得自己发现了"金矿"，印度的软件人才觉得实现了自己的价值。这种供需的良性互动使班加罗尔率先受益，此后印度很多城市也纷纷效仿。就这样首先借助于软件人才的劳务输出，印度由此走上了外向型软件产业的发展之路。

在印度软件产业的发展过程中，印度高校自主办学的教育制度起了重要的作用。因为软件产业既是知识密集型产业又是劳动密集型产业，软件产业发展的最关键要素就是软件从业人员的数量和质量。而造就为数众多的、具有国际竞争力的高素质软件从业人员就成为印度教育界在市场经济中的一个发展机会。印度软件产业的发展与印度高等教育办学的自主化和市场化导向密切相关。如果印度高校的教育制度僵化，高校在软件人才的培养方面没有自主权，那么印度历史形成的文化优势和体制优势就不会涌现。但事实正相反，为了追求经济效益和社会利益，印度高等教育界和民办的培训机构根据新兴的软件产业技术的发展趋势，能够并且很快开始自主地、大力地、批量化地培养具备国际水准的软件产业技术人才，为印度外向型软件产业的发展提供了较为充足的"原材料"。

四、印度软件发展中海外留学归国人员和创业家的作用

当印度外向型软件产业的出口模式转变时，即由第一阶段以劳务输出为主向第二阶段以转包开发为主转变时，软件产业的推动力已不单纯由高校扮演，跨国公司和印度本土"转包开发"型软件企业开始逐渐发挥重要作用，企业家开始占据主导地位。可以说印度外向型软件产业发展的第一阶段主要是由教育界来促成的，第二阶段主要是由企业界来推动的。

印度自由企业制度的变迁为印度外向型软件产业的发展起了积极作用。跨国企业进入印度软件产业，转包开发这种模式就有了发展的可能。但这种转变能否实现，首先需要有一大批能够推动软件产业进一步发展的创业者和企业家。这时一个国家企业制度的竞争力和企业发展自由度的大小就成为发展的决定性制约因素。不同的企业制度就会造就出有不同工作效率的企业。通过积极改革陈规陋习来推行自由企业制度成了印度软件产业能够顺利发展的一个重要保证。因为自由企业制度所倡导的企业自由涌现、自由组织、自由竞争，不仅保证了印度软件企业这一经济组织的高效率，印度软件产业从业人员创造性的有效发挥，而且有效地保证了企业的自组织发展能力，降低了企业的交易费用，提高了企业的国际竞争能力。可以说，如果印度没有改革旧的企业制度，没有推行自由企业制度，印度的外向型软件产业就不会顺利发展过渡到第二阶段。印度企业制度的不断完善促进了印度外向型软件产业进入收益递增的、正反馈的自组织发展状态。

印度软件企业家和高级管理者主要有两个来源，一个是海外"打工"者，一个是"海归派"。在印度软件产业发展的第一阶段，到海外"打工"的软件技术人才得到了锻炼，这些人才的回国工作导致印度软件产业技术的快速扩散，有力地促进了印度软件产业技术人才与国际的接轨。这些曾在海外"打工"的软件产业技术人才中具有创业冲动和管理经营素质的人中的一部分就逐渐发展为创业者、企业家或企业的高级管理人员，从事软件的转包开发工作。在印度软件产业界具有启蒙性质的那些印度软件专业的留学生，大多曾在美国的硅谷工作过。而硅谷作为世界IT产业的发源地，也一直是印度IT留学生毕业后工作的福地。在完成资本和技术积累后，随着印度软件产业发展环境的改善，印度在硅谷的软件企业家开始兴起"归国潮"。这些"海归派"中的大部分开始在印度自主投资

开办软件企业,这些"海归派"一方面已经具备了从事软件开发和服务的良好技能和丰富经验,促进了印度软件开发技术优势的迅速形成;另一方面他们又与海外软件同行存在较密切的业务联系,软件出口信息灵、渠道畅,从而促进了印度软件产业出口优势的迅速形成。"海归派"对印度软件产业出口模式向转包开发的转变发挥了重要的作用。

为了吸引"海归派"回归发展软件产业,印度对那些陈旧的、一度被认为是最好的制度,也不得不进行了大的修改。而一旦"海归派"们认定制度的变迁已使他们回国的成本远远小于其收益时,风险小了,前途有保障了,"海归派"才真的动身回归印度。那些印度"海归派"带回的不仅仅是资金、技术和管理经验,他们回国后出于自身利益的考虑,还继续推动印度政府与美国等发达国家在制度建设等更多的方面进行接轨,他们构成了促进印度企业制度变迁和社会、文化、经济等方面进步的一支重要力量。而企业制度的每一步宽松都意味着生产力的极大解放。

总之,印度外向型软件产业的飞速发展正是建立在自由企业制度不断完善的基础上,在政府的主导下通过人的自律成长、教育界的自主办学、企业界的自由竞争,最终印度外向型软件产业协同演化,形成了一个自组织、自催化的发展过程,促成了印度软件产业出口额的指数增长。

五、印度软件产业国际竞争优势的主要表现

在一些已实现经营思想国际化的印度软件企业家的引导下,外向型软件企业面对全球自由竞争的市场压力,很自然地表现为追求软件质量标准的国际化。而软件产业作为知识性产业,追求软件质量标准的国际化客观上不仅要求教育界施行软件人才培养和评价标准的国际化,而且要求印度软件企业把软件产品和软件服务的质量看成是企业的生命线和参与国际竞争的有力工具。

早在1991年,位于班加罗尔市的摩托罗拉印度电子私营公司获得了 SEI – CMM 5 的质量标准认证,这使国际软件企业界大为震惊。因为当时在全球范围内,只有世界计算机业的 IBM 公司获得过这项殊荣。到1999年12月,印度企业已有10家软件企业获得了 SEI-CMM 5 的质量标准认证,而同期美国仅有6家企业获得。到2006年时,全球有42家软件企业达到了 SEI-CMM 5 的质量标准认证,其中印度企业就占了24家。

世界银行的调查表明:印度的软件开发能力强、质量高而相对费用低。特别是比它当时的竞争对手爱尔兰、以色列、新加坡的软件产品和软件服务价格低、质量高。而那时菲律宾的软件产品虽然价格更低,但质量不高。随着印度的软件产品和软件服务在国际上认可程度的不断提高,印度软件质优价廉的口碑又为印

度软件出口规模的扩大创造了更大的竞争优势。一方面,印度软件企业积极开拓世界市场;另一方面,跨国企业也慕名到印度考察寻求在软件开发方面进行投资合作。此后,日本、欧洲的著名跨国公司的代表纷纷赴印度考察,目的就是在印度找一个价廉物美的合作伙伴,进行软件的转包开发工作。随着这种累积性因果关系的膨胀,印度出口的软件产品已在美国、欧洲和日本占据了不小的市场份额。从印度软件出口国家和地区来看,美国是印度软件出口的主要市场,并且美国已经认定印度为最可靠的软件供应国。2007年印度软件外包市场规模达到310.3亿美元,占全球软件外包市场的46%,占当年印度软件及相关服务出口额的66.5%。

软件产业作为印度为数不多的出口主导型高技术产业之一,呈现出惊人的高速增长态势。印度电子及计算机软件出口促进会公布的数据显示,印度2000年的软件出口额从1990年的1.39亿美元骤增至62亿美元,增长幅度高达4200%。该报告还显示,1990年至2000年前5年的软件出口增长了240%,而后5年的软件出口增长了655%。2005年软件出口额达到172亿美元,比2004年增长32%。而今的印度已经拥有了一批积累了相当强的开发与服务能力以及开拓国际市场经验的软件公司,印度软件公司已经在国际市场上占据了重要位置,具有良好的国际声誉和全球客户。

第四节 软件企业高速成长的共性

高速成长的企业往往都有各自不同的发展道路,但其中也都存在很多共性引领企业、特别是高技术型企业在全球化的市场环境中高速成长。

一、以人为本的企业文化

以人为本的企业文化在不同的企业中得到了不同的体现。例如,中兴新公司考虑到南京是中国交换机技术的开发地,而吸引更多的人南下深圳很困难,于是在成立的当年便在南京办研究所。上海高校林立,科研信息灵便,是国内人才最密集地区之一。但许多上海人不愿离开家乡,中兴新公司就斥巨资在上海租下写字楼,购买员工住房,把研究所办在上海。这两大决策在当时给中兴新公司增加许多不便和投资,然而中兴的大发展主要就得益于这两大决策。南京所开发的ZXJ2000、ZXJ10数字程控交换机,为中兴赢得了10多亿元的销售收入,并在国产机中第一个进入9个省区的市话网;上海所的接入网技术居世界领先水平。还有,中兴在湖南建立了世界首个商用网,市场前景广阔。

中兴的分配制度也有利于人才积聚,大部分利润用于员工收入,并给技术骨干持股、设立项目奖、解决户口、住房、建立养老、医疗保险。公司每年投入200万元左右资金,与全国22所重点高校建立科研协作和人才推介关系,对校方推介人才跟踪考察。为员工提供学习、出差、研究开发机会和相应设备,并鼓励员工向公司要求自己认为适合的岗位。此外,每年都有一批三资企业的中高级人才投奔中兴公司,而中兴公司的人相当稳定,在国内人才流动频率最高的深圳,其人才流动比率不到1%。

又如,深圳华为公司高薪吸引人才。我们调查了解到华为公司员工的起薪是5000元人民币/月。而在深圳,一般公司的中层干部月薪是3000~5000元。通过高薪可以吸引人才,而要留住人才并发挥其作用,却需要帅才,同时需要一种企业文化和管理制度。正如公司总裁任正非在研究试验系统先进事迹汇报大会上讲话中所表述的:"……历史呼唤英雄,当代中国更迫切地呼唤英雄的群体,华为青年应该成为这样的英雄。谁能说今天的土博士不会是明日的世界英才……公司的总目标是由数千数万个分目标组成的,任何一个目标的实现都是英雄的英雄行为所为……无数的英雄及英雄行为就组成了我们这个强大的群体……由这些英雄行为……推动我们的事业向前进。"

二、持续不断的创新能力

高速成长企业的第二个共性是它们都保持不断的创新能力,它们每年投入的研发经费均占销售额的10%左右。例如,深圳华为公司自行开发的产品覆盖交换、传输、接入网、无线及移动通信、ATM、数据通讯、智能网、智能高频开关电源、动力设备及环境集中监控系统等主要通信领域。安徽现代所成立10年来,一直把树立民族产品的品牌,推广民族高新技术视听产品作为己任,并为此不懈地努力着,至今已开发了近80多种产品。继字幕机以后,1993年推出了世界上第一台VCD民用视听产品(被列入国家级火炬计划项目);1994年推出了TVM-21电视节目自动播控系统(被列入国家级火炬计划项目);1995年推出了APF-94M全自动机械手自动播控系统;1996年开发了APS-96大型自动播控系统;1997年推出了适用广播电台数字化改造进程的AS-1000音频工作站;1998年推出了适用于专业和民用的数字卫星接收机(IRD)。

《商业周刊》评选出的2007年全球最具创新企业中,苹果连续第三年高居榜首。从Mac计算机到iPod音乐播放器,再到iPhone多媒体手机,苹果从来都不缺乏创新。苹果的iPod几乎已经成为创新的标志,它几乎拥有创新的所有重要元素:设计的优势、对用户体验的重视和整个体系的巨大能量。消费者青睐iPod的外观和易用性,也正是在iTunes软件平台的推动之下,苹果将其变成了营收的主要来源。苹果于2008年6月份推出iPhone手机,这一创新产品成为苹果公司未来创新带动的又一利润增长点。

三、正确的市场定位

市场定位（market positioning）是 20 世纪 70 年代由美国学者阿尔·赖斯提出的一个重要营销学概念。所谓市场定位就是企业根据目标市场上同类产品竞争状况，针对顾客对该类产品某些特征或属性的重视程度，为本企业产品塑造强有力的、与众不同的鲜明个性，并将其形象生动地传递给顾客，求得顾客认同。市场定位的实质是使本企业与其他企业严格区分开来，使顾客明显感觉和认识到这种差别，从而在顾客心目中占有特殊的位置。

传统的观念认为，市场定位就是在每一个细分市场上生产不同的产品，实行产品差异化。事实上，市场定位与产品差异化尽管关系密切，但有着本质的区别。市场定位是通过为自己的产品创立鲜明的个性，从而塑造出独特的市场形象来实现的。一项产品是多个因素的综合反映，包括性能、构造、成分、包装、形状、质量等，市场定位就是要强化或放大某些产品因素，从而形成与众不同的独特形象。产品差异化乃是实现市场定位的手段，但并不是市场定位的全部内容。市场定位不仅强调产品差异，而且要通过产品差异建立独特的市场形象，赢得顾客的认同。

根据自身产品的竞争力进行正确的市场定位，几乎是所有成功软件企业的共性。安徽现代电视技术研究所由于其产品无论在技术性能和价格上无人能与之抗衡，因此，其电视广播领域的产品一推出，市场就定位在最高层次——中央电视台，通过中央电视台的示范，在全国范围内打开市场。而中兴、华为等公司在开始时的产品性能还无法与国外大公司竞争的情况下，走的是先打开外国公司还顾不上的农村市场，积累资金和技术以后，再进军城市市场。而安科公司走的是一条中间道路，它们在技术上还无法与国外大公司竞争，在价格上无法与地方性的小公司竞争（但技术上比这些公司领先），因此，其市场定位是中小城市。

四、合理分配和岗位轮换制度

成长较快的企业中，许多是民营企业。它们的第四个共性是有一种合理的分配制度和职工持股制度。例如，中兴通讯的很大一部分利润用于员工收入，并给技术骨干持股、设立项目奖、解决户口、住房、建立养老、医疗、行业保险。效益主导产品 ZXJ10 的研发项目奖达百万之巨，项目组每人至少都有数万元入袋，收入高的达二三十万元。又如，安科公司根据新产品开发的难易程度，在未来利润的 10%~25% 中确定一个比例值作为技术股份，由公司分给开发部，开发部根据各人开发进度及个人在开发过程中的贡献再分配,而不是在开始时一次性分完。其理由是考虑到在开发后期可能有新的开发人员加入开发队伍。这种股份的概念不是通常意义上的股份,而是利润的第一次分配,这种分配完毕,再考虑计算公司利润。对于销售部门,实行销售责任制,当其销售任务完不成时,降5%的工资,如果以后补上上一次的销售任务,可以补上所降的工资缺口。

一些企业在发现管理或市场出了问题时,采用了一种很有效的办法:岗位轮换。华为公司认为,公司至少浪费 10 个亿,包括几个亿用于培训,几个亿报废了,报废的原因是研究开发人员设计中的不负责任或疏忽引起的。为此,公司采取了岗位轮换制度。所谓的岗位轮换制度就是让研究开发人员到生产第一线去工作,让开发、生产人员到市场部去工作。

岗位轮换的效果可以用华为公司员工的体会来说明。素质高的人由于沉淀在开发部,接触不到生产对产品的要求是什么,不知道什么是可生产性,什么是工艺上的可操作性,甚至不清楚自己开发出的样机每个元件的成本构成及竞争对手的差距;接收不到市场信息,感受不到市场的强大压力,不知道客户的意见、需求,等等。有人在轮换后自我认识也逐渐得到了升华,对产品的认识已不再停留在科研成果上,对市场有了更多的了解等等。

1993~1995 年是安科公司最困难时期,当年公司亏损 1000 多万。这与中国取消进口许可制度有关。为了提高竞争力,渡过难关,安科公司采取了一系列的行动。①加大研究与开发投入的力度,每年投入 1000 多万的研究开发费用。②让技术人员去接触市场,让他们去感受市场的压力,让技术人员知道用户的需求是什么,安科的产品与国外大公司产品的差距是什么。③在开发方面,改变中央集权管理方式为技术人员有充分决策自主权,从而缩短决策周期。④加强质量管理,通过学习和培养人才,花了 2 年时间,安科公司自行搞 ISO9000 认证工作,它们认为只有这样,才能使员工真正提高质量意识。1996 年,公司通过了 ISO9001、ISO13458 认证工作。通过了一系列的措施,安科公司终于渡过了难关。这些案例成长发展的事实,已经给我们提供了许多丰富、生动的启示,相信这些用巨大代价取得的经验与教训,无疑将对软件企业的发展发挥有益的参考作用。

五、软件企业的国际化发展

软件产业的崛起是在区域经济系统中很多经济要素非线性相互作用的结果,主要取决于四个因素:文化语言优势、体制政策优势、技术成本优势和知识教育优势。但在不同时期,起主导作用的因素是不同的。政府应充分重视和利用历史形成的文化上的比较优势,努力把握住出口导向型扩张软件产业的崛起机遇,推动软件人才、软件产品质量标准的国际化建设,大规模地培养具有国际水准的软件人才，大力引进跨国软件企业，推动民营软件企业和跨国企业的合作，改善企业的发展环境，推动软件产业集聚效应的膨胀，保护和推动中小型企业竞争优势的尽快形成，使出口导向型扩张软件产业的崛起能够在文化积淀和制度激励下实现政府、学校、企业、软件人才和城市整体的自组织跨越式进步。

根据总结印度软件产业演化的规律，借鉴和超越印度外向型软件产业发展经历三个阶段的经验（第一阶段以劳务输出为主，第二阶段以转包开发为主，第三阶段以自创品牌为主），目前在重视转包开发的基础上，既要充分地重视海外留学人员的引进，又要特别重视软件人才的国际劳务输出。应在强调政府作用的同时，注重市场和价值规律在资源配置方面的基础作用，通过国际化要素市场（产品展销市场、人才交流市场、技术专利市场、信息媒介市场、知识培训市场、IT设备市场）的完备建设，以民营股份制企业的自主努力为主导，借助于跨国企业，最终争取成功实现中国软件产业的出口导向型扩张发展。

中国和印度在软件外包领域既是竞争者，也是合作者。在竞争中合作，在合作中竞争，实现双赢。合作能够把印度软件公司优秀的管理经验和先进的营运模式引入中国，共享国际软件外包市场，加快中国软件外包人才的培养，帮助中国软件企业走向国际化。但同时，中国的软件发展，不能简单地照搬印度模式，因为两者的国情不同，中国有着巨大的内需市场，这是印度所不能比的。中国在积极参与国际软件外包市场竞争的同时不能忽视国内市场。发展软件外包，要一手抓国际市场，一手抓国内市场，两手都要抓，两手都要硬。中国宏观经济高速增长，信息化浪潮不断袭来，各行各业对软件的需求也越来越大。近年来一些跨国公司纷纷将生产和研发本地化的软件业务转移到中国，以降低成本，这给中国软件企业带来了商机。软件企业要抓住机会，拓展发展空间，提高自主研发能力，增强市场竞争力。利用自己的内需市场优势，发展基础软件、应用软件、嵌入式软件、系统集成、国内软件服务等。用内需拉动中国软件产业的发展，促进中国软件外包业的发展，提升中国软件外包企业在产业链中的位置。

六、完善的软件人才培训和认证体系

借鉴印度软件人才培养模式，充分发挥各方优势，如教育部门、软件协会、软件企业、计算机职业培训机构等等，以完善中国的软件人才教育和培训体系。在教学中注重传授学生软件开发的思想，开阔学生的思维，激发他们的创造性；时刻关注计算机技术的发展，及时更新教材的内容，使学生及时吸收最新鲜的科技知识；有条件的学校，教材应尽量选用原版的英文教材。英语在软件外包中有着重要的优势，使用原版的英文教材，不仅能使学生接触到最前沿的技术，而且能提高专业英语的水平、培养英语思维习惯。同时，发展软件外包业，我们的软件人员必须具有良好的外语沟通能力。

　　完善计算机职业培训教育。现在中国软件人才缺口很大，要想在短时间内缩小缺口，最有效的办法就是"职业培训"。职业培训，比起大学教育，时间短，投资少，效率高。从印度的情况可知，这也是培养软件人才的长久之计。相关部门应当出台相应政策，引导软件培训市场积极健康的发展。这方面也可以与印度合作办学。印度有着完善的职业培训体系，与其合作以汲取经验，也为学生提供了接受国际教育的途径。与企业建立合作关系，使学生有更多的机会零距离接触软件开发过程，能够亲身参与项目的开发，提高实践能力，企业也可以从中选择优秀的毕业生，达到双赢的局面。由于计算机软件知识的更新速度很快，软件人员必须不断学习，更新自己的知识，所以企业应定期对员工进行培训。培训人才的同时，企业要尊重人才，重视人才，防止人才流失。因此，建立一套合理有效的激励机制、晋升制度和薪酬体系是必要的。这也能吸引国外优秀人才来中国发展，扭转当前中国软件人才不足的局面。

　　CMM是目前国际上最流行、最实用的一种软件生产过程的评价标准，CMM是对于软件组织在定义、实现、度量、控制和改善其软件过程的进程中各个发展阶段的描述，以便于确定软件组织的现有过程能力和查找出软件品质及过程改进方面的最关键的问题，从而为选择过程改善战略提供指南。其目的是帮助软件企业对软件工程过程进行管理和改善，增强开发与改进能力，从而能按时地、不超预算地开发出高品质的软件（Xu，2004）。CMM是一种用于评价软件能力并帮助其改善软件品质的方法，以逐步演进的架构形式不断地完善软件开发和维护过程，具备变革的内在原动力。如图9-8所示。

　　CMM在美国和北美地区已得到广泛应用，同时正在被越来越多的欧洲和亚洲等国家的大型信息技术企业所采纳，成为当今企业从事规模软件生产不可缺少的一项内容，也是目前世界上公认的软件产品进入国际市场的通行证。软件开发公司如果没有获得CMM高级认证，客户就会对企业的开发能力产生怀疑。因此，中国的软件企业应该对CMM予以足够的重视。印度软件外包业具有强大市场竞争力的重要原因之一，是在流程管理和质量控制方面非常规范，把公司的管理按照国际标准CMM认证来运作，拥有很多获得CMM认证的软件企业。市场和客户对软件功能、开发进度和质量的要求不断提高，市场竞争日益激烈，因此，企业无论规模大小，要想提升企业的竞争力，大幅度提高开发能力，走向世界，都应该按照规范化的方法管理软件研发过程。关键之一就是要获得CMM认证的通行证。CMM能够帮助企业进行对软件过程的管理、改进，增强企业的软件开发能力，使企业能够按时开发出高质量的软件产品。软件开发过程中每一个环节都要按照CMM模式严格控制管理的流程进行，每一个流程环节都不能少，从而严格保证开发质量。

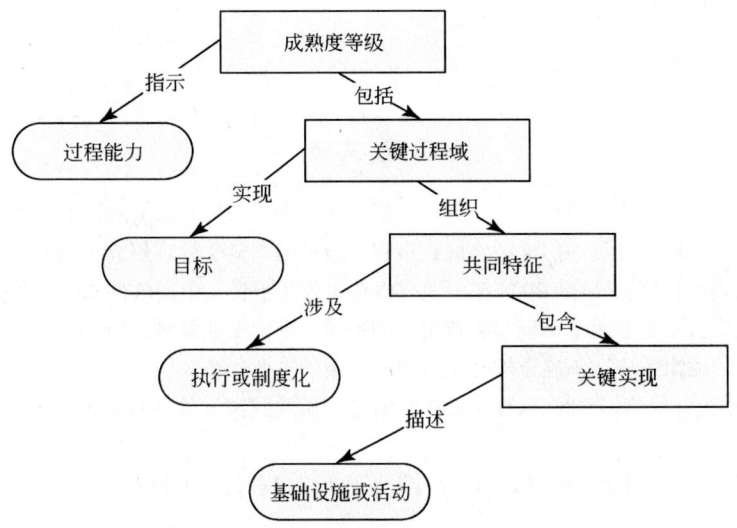

图 9-8　CMM 总体结构
资料来源：上海世范软件技术有限公司 CMM 国际咨询中心
http：//docs.huihoo.com/development/cmm/cmm_introduce.html

参 考 文 献

陈安国,周立. 2002. 发展中国家技术成长历程的新探索. 科学管理研究,(8)
陈浩,邓锋,侯自强等. 2008. 2008 年中国软件自主创新报告. 中国软件和信息服务交易会
陈佳贵. 1995. 关于企业生命周期与企业蜕变的探讨. 中国工业经济,(11)
陈鹏宇. 2002. 溢出效应、不确定性和企业集群. 中国工业经济,(11)
戴伟辉,肖小云,倪伟. 2005. 软件产业的价值链分析及我国软件园区的发展策略科技进步与对策,(5)
丹尼斯·卡尔顿,杰弗里·佩罗夫. 1997. 现代产业组织理论. 上海:上海三联书店,上海人民出版社
傅家骥. 1998. 技术创新学. 北京:清华大学出版社
高煜,郭俊华. 2004. 软件产业投融资体制:问题与对策,(4)
哈罗德·德姆塞茨. 1999. 企业经济学. 梁小民译. 北京:中国社会科学出版社
胡宝民. 2002. 技术创新扩散理论与系统演化模型. 北京:科学出版社
互联网实验室. 2006. 中国软件产业发展战略研究报告. 互联网实验室
金碚. 1999. 产业组织经济学. 北京:经济管理出版社
康灿华,阮飞. 2007. 知识溢出效应及我国软件外包企业价值链提升路径. 商场现代化,38(29):55~57
李平. 1999. 技术扩散理论及实证研究. 山西:山西经济出版社
李志强,冀丽俊. 2001. 市场结构与技术创新——兼论中国企业技术创新的市场结构安排. 中国软科学,(10)
理查德·L. 达夫特. 1999. 组织理论与设计精要. 北京:机械工业出版社
刘文海. 1996. 技术的政治价值. 北京:人民出版社
刘毅,何炼成. 2006. 软件产业国际价值链与软件外包. 西北工业大学学报(社会科学版)
刘永和. 2007. 中国软件外包发展关键成功因素初探. 计算机软件,(7)
吕辉,李红昌. 2008. 我国软件外包产业发展现状研究
罗长刚. 2002. 论创新企业成长的生命与特征. 计划与市场,(6)
罗纳德·哈里·科斯. 1990. 企业、市场与组织. 上海:上海三联书店,上海人民出版社
马歇尔. 2001. 经济学原理. 北京:北京大学出版社
倪光南,邓寿鹏,陈禹等. 2007. 2007 年中国软件自主创新报告. 中国软件和信息服务交易会
钱德勒. 1987. 看得见的手. 北京:商务印书馆
乔治·J. 施蒂格勒. 1998. 产业组织和政府管制. 上海:上海三联书店
山红梅. 2007. 软件企业成长机制与成长制约因素分析. 科技管理研究,(2)
孙艳,薛澜. 2002. 软件产业的人力资源特点及中国的发展现状. 科学学与科学技术管理,

（2）

孙玉明．2002．高技术企业成长的动力及支持结构．中外管理导报，（12）

孙早，董明会．1998．面对知识经济的企业成长模式．企业活力，（11）

王核成．2001．R&D 投入与企业成长的相关性研究．科学管理研究，（6）

王金营．2000．人力资本在技术创新、技术扩散中的作用研究．科技管理研究，（1）

王庆江．2002．对软件产业外向型发展的几点思考．国际商务研究，（1）

王西麟．1996．高技术企业成长论．广州：暨南大学出版社

王子君．2002．市场结构与技术创新．经济学家，（4）

魏江，叶波．2002．企业集群的创新集成：集群学习与挤压效应．中国软科学，（12）

邬爱其，贾生华．2002．国外企业成长理论研究框架探析．外国经济与管理，（12）

吴敬琏．2002．发展中国高新技术产业：制度重于技术．北京：中国发展出版社

吴宣恭．2002．企业集群的优势及形成机理．经济纵横，（11）

夏东林．2000．公司如何成长．管理科学文摘，（7）：19～20

谢伟．2000．技术和技术结构科学管理研究，（5）

信息产业部软件与集成电路促进中心．2008．2008 年中国软件与信息服务外包产业发展白皮书．赛迪数据

信息产业部软件与集成电路促进中心．2008．2008 年中国软件与信息服务外包企业发展调研报告．赛迪数据

邢仁芳．2006．我国软件产业集群化发展研究．博士论文

邢以群．1998．高技术企业的系统构成及其特点．科技管理研究，（3）

熊彼特．1990．经济发展理论．北京：商务印书馆

亚当·斯密．1972．国民财富的性质和原因的研究（上卷）．中译本．北京：商务印书馆

杨德林．1997．高技术企业成长过程中的企业家角色．中国工业经济，（9）：49～54

杨德林，陈春宝．1997．模仿创新、自主创新与高技术企业成长．中国软科学，（8）

杨杜．1996．企业成长论．北京：中国人民大学出版社

杨爽．2007．基于价值链理论的中国离岸软件外包行业问题研究．财经界，（10）

杨永福，何泽华，朱桂龙．2000．产业技术结构分析．中国软科学，（3）

张国方，曾娟．2002．基于网络环境的技术扩散机制研究．科技进步与对策，（8）

张林格．1998．三维空间企业成长模式的理论模型．南开经济研究

张维迎．1996．企业的企业家——契约理论．上海：上海三联书店，上海人民出版社

中国软件行业协会．2008．2008 年中国软件与信息服务外包产业发展白皮书．中国软件企业协会

周昱．2007．基于"钻石模型"的中印软件外包业发展比较研究．西安科技大学学报，（7）

朱和平，王韬．2002．现代企业成长的必要条件．经济学家，（5）

朱丽．2002．企业成长与并购．南开经济研究，（3）

Acs Z J, Karlsson C. 2002. Introduction to institutions, entrepreneurship and firm growth: From Sweden to the OECD. Journal of Small Business Economics, 19 (3): 183～187

Agmon T. 1990. International technology transfer and organizational development interventions: Effective patterns in international business. USC Working Paper, April

Buckley P J, Carter M J. 2002. Process and structure in knowledge management practices of british and US multinational enterprises. Journal of International Management, (8): 29~48

Carrie S. 2000. From integrated enterprises to regional clusters: The changing basis of competition. Computers in Industry, 42 (2~3): 289~298

Chandler A D. 1991. Scale and Scope: The Dynamics of Industrial Capitalistic. Uassachusetls. Harvard University Press.

Cheung S N S. 1983. The contractual nature of the firm. Journal of Law and Economics, 26 (1): 1~21

Davidsson P. 2002. Determinants of the prevalence of start-ups and high-growth firms. Journal of Small Business Economics, 19 (2): 81~104

Kess P, Haapasalo H. 2002. Knowledge creation through a project review process in software production. Int J Production Economics, (80): 49~55

Leonardo B, Giovanni T. 2002. The determinants of growth for small and medium sized firms. The role of the availability of external finance. Journal of Small Business Economics, 19 (4): 291~306

Ma J Q, Li J Y, Chen W B et al. 2007. An Industrial Survey of Software Outsourcing in China. Lecture Notes in Computer Science, (8)

Mccormick D. 1999. African enterprise clusters and industrialization: Theory and reality, world development. World Oeve Lopment, 27 (9): 1531~1551

Nambisan Satish. 2002. Software firm evolution and innovation-orientation. J Eng Technol Manage, (19): 141~165

Padmore T, Gibson H. 1998. Modeling systems of innovation II: A framework for industrial cluster analysis in regions. Research Policy, 26 (6): 625~641

Penrose E T. 1959. The Theory of the Growth of the Firm. Oxford: Oxford University Press.

RamMudambi. 2002. Knowledge management in multinational firms. Journal of International Management, (8): 1~9

Sagafi-nejad T, Robert B. 1980. Transnational Corporations, Technology Transfer and Development: A Bibliographic Source Book. Book #3 in the Technology Transfer Trilogy. New York: Pergamon Press

Stoneman P. 1983. The Economics of Technology Change. Oxford: Oxford University Press

Weinert Stephan, Meyer Kirsten. 2005. The evolution of IT outsourcing: From its Origins to Current and Future Trends. Arbeitspapiere des Fachbereichs Wirtschafts and Sozizlwissenschaften.

Xu J H. 2004. China Offshore Software Outsourcing Industry Development Strategy Analysis. Tsinghua University

Yang X K, Ng Yew-kwang. 1994. Theory of the firm and structure of residual rights. Journal of Economic Behavior and Organization Forthcoming

Zhao N, Natanable C. 2008. A comparison of institutional systems affecting software advancement in China and India: The role of outsourcing from Japan and the United States. Technology in Society, 30: 429~436

"21世纪科技与社会发展丛书"
第一辑书目

《国家创新能力测度方法及其应用》
《社会知识活动系统中的技术中介》
《软件产业发展模式研究》
《软件服务外包与软件企业成长》
《追赶战略下后发国家制造业的技术能力提升》
《城市科技体制机制创新》
《休闲经济学》
《科技国际化的理论与战略》
《创新型企业及其成长》
《劳动力市场性别歧视与社会性别排斥》
《开放式自主创新系统理论及其应用》